Theorien der Psychologie

Psychologie für das Menschsein

Dr. Eduard Schellhammer

9. Ausgabe revidiert 2014.
© Copyright. Dr. Eduard Schellhammer. Alle Rechte vorbehalten.

ISBN-13: 978-1478367192
ISBN-10: 1478367199

www.EduardSchellhammer.com

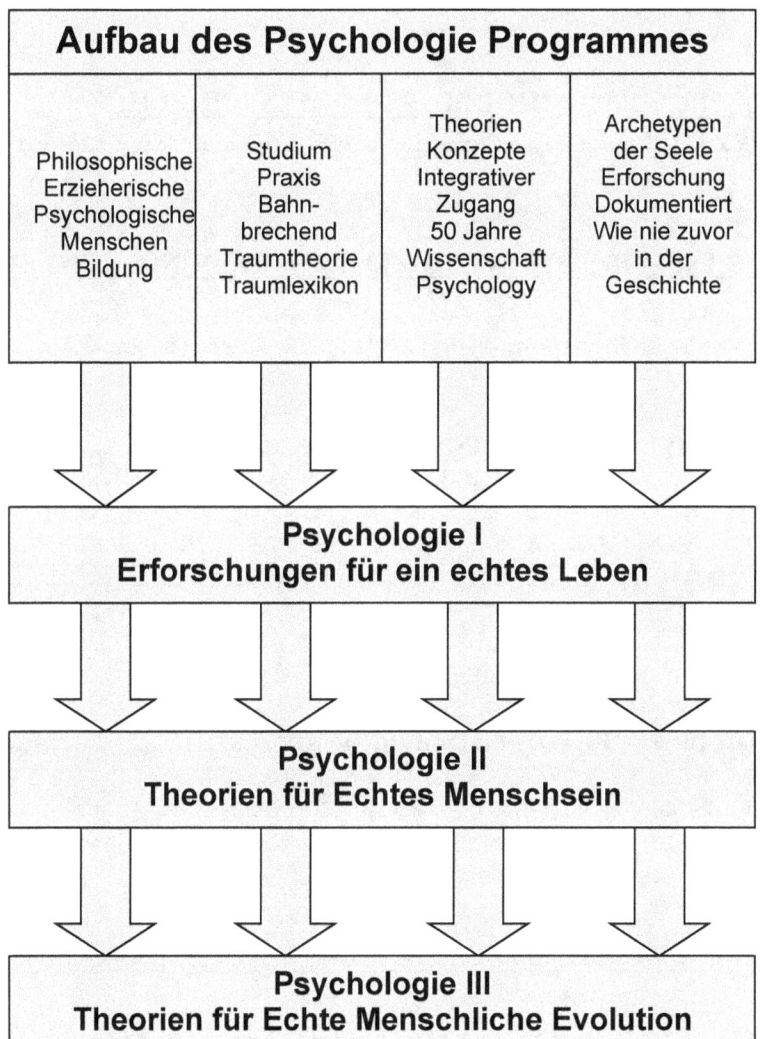

Aufbau des Psychologie Programmes

| Philosophische Erzieherische Psychologische Menschen Bildung | Studium Praxis Bahn- brechend Traumtheorie Traumlexikon | Theorien Konzepte Integrativer Zugang 50 Jahre Wissenschaft Psychology | Archetypen der Seele Erforschung Dokumentiert Wie nie zuvor in der Geschichte |

**Psychologie I
Erforschungen für ein echtes Leben**

**Psychologie II
Theorien für Echtes Menschsein**

**Psychologie III
Theorien für Echte Menschliche Evolution**

Inhaltsverzeichnis

Einleitung: Psychologie und Menschliche Evolution

Wer andere Menschen verstehen will, benötigt Menschenkenntnis. Wer Menschen bilden und führen will, kommt nicht darum herum, das psychische Leben gründlich zu studieren. Wer beruflich mit Menschen zu tun hat, sei es im Unterricht, in der Seelsorge, in der Sozialarbeit, in der Fürsorge, in der Krankenpflege oder in der Beratung, kann nicht hinreichend professionell arbeiten ohne umfassendes Grundwissen der Menschenkenntnis. In vielen Berufsfeldern ist Menschenkenntnis mehr als nur hilfreich.

Das Wissen über den 'inneren Menschen' ist eine Voraussetzung für eine erfolgreiche und befriedigende Arbeit; mehr noch: eine Grundbedingung, um das menschliche Leben in all seinen Tiefen verstehen zu können. Wer Antworten sucht auf die Grundfragen des Daseins, findet diese kaum ausserhalb des psychischen Lebens. Wer sich selbst erkennen und bilden will, benötigt psychologisches Wissen. So kreist unser Thema um das menschliche Handeln und die innerpsychischen Verflechtungen. Wir erforschen die psychischen Kräfte und ihre Formungen.

Wir suchen bis in alle Tiefen des psychischen Lebens und stellen viele Fragen, so z.B.: Was erkennen wir aus dem Handeln des Menschen in verschiedenen Lebenssituationen? Was bewirkt der Mensch mit seinen Handlungsmustern in seinem Umfeld? Was bewegt ihn, gerade so und nicht anders zu handeln? Welche inneren und äusseren Kräfte steuern das Handeln des Menschen mit? Was bringt den Menschen aus seinen Lebenserfahrungen dazu, gerade so zu leben und zu denken? Was bedeutet die psychisch-geistige Biographie für die Zukunft eines Menschen?

Wie wirken die verschiedenen psychischen Kräftesysteme (wie z.B. die Psychodynamik, die Intelligenzfunktionen, die Gefühle, die Liebe) auf das tägliche Handeln? Was kann der Mensch mit Träumen und Meditationen gewinnen? Wie bedrängen die Bedürfnisse das Ich? Was ist "Bewusstseinserweiterung"? Wie geschieht Selbstbildung?

Wohin führt eine systematische umfassende Selbstbildung? Wie sind die Schlagworte wie "Emanzipation", "Selbstverwirklichung", "Selbstentfaltung", "Glück", "Lebenserfolg" und manche mehr in der Verbindung zu den vielen einzelnen psychischen Kräften zu interpretieren?

Die Antworten auf solche Fragen finden, bedeutet letztlich: Selbsterkenntnis durch Reflexion über sich selbst, über das eigene Handeln und das eigene Leben. Gründliche und systematische psychologische Menschenkenntnis ist Voraussetzung für jede bewusste Lebensführung und vertiefte Selbstbildung.

Zur Selbstbildung und zur Menschenbildung, aber auch zur Menschenführung und Menschenbetreuung wollen wir Wissen aufarbeiten, das helfen kann, das eigene Handeln im Beruf und im persönlichen Leben in den psychologischen Verflechtungen zu reflektieren, sich selbst dadurch besser zu verstehen. Das ist eine Voraussetzung, die andern Menschen psychologisch tiefgehend erfassen zu können. Wege wollen wir zeichnen, Instrumente entwickeln und Modelle konstruieren, die ermöglichen, das individuelle und gesellschaftliche Leben so ganzheitlich wie möglich psychologisch und geistig zu verstehen. Wir bezeichnen diesen Bereich des psychologischen Wissens unter solchen Betrachtungsperspektiven mit "Andragogische Psychologie". Unser Ziel ist in verschiedener Hinsicht ein schwieriges Unterfangen.

Da ist zuerst einmal eine harte gesellschaftliche Wirklichkeit: Einige wenige Leute, die über etliche hundert Milliarden Dollar verfügen, haben mehr Macht und damit Einfluss auf das tägliche Leben des einzelnen, als viele hundert Sozialwissenschaftler. Das grosse Kapital entscheidet über das Wohl des Bürgers in den Industriestaaten, nicht das Wissen um die Persönlichkeit. Arbeitslosigkeit ist ein hartes Los. Da geht es oftmals ums Überleben, auch das Überleben des Beziehungsglücks und des Familienglücks. Was soll hier die Persönlichkeitsbildung?

Die tägliche Realität der Armut in Europa (und auch in Amerika; vom Rest der Welt nicht zu reden) schlägt der Weisheit und Liebe ins Gesicht. Eine gigantische Vermassung der Völker macht jede wissenschaftliche Forschung – sei sie auch noch so handlungsorientiert im Interesse der Andragogik – zu einer lächerlichen Handlangerarbeit des Grosskapitals.

Weltweite kriminelle Systeme (Mafia) im Bereich von Handel, Energie, Wirtschaft, Immobilien, Drogen, Waffen und Korruption bestimmen das psychische Wohl von vielen Millionen Erdenbürgern mehr als alle Forschungsergebnisse der Sozialwissenschaft. Wollen einige Krieg und "spielen" Politik, bis sie diesen Krieg haben, dann fragen sie dazu die Sozialwissenschaftler nicht.

Jene, die die Welt und damit die Massen im Griff haben, reden nicht

8

"klienten-zentriert" nach Rogers, allenfalls an der Verkaufsfront. Eigentlich beginnt diese Art Dominanz und Macht im gesellschaftlichen Leben schon in kleineren Dimensionen. Lügen, Betrügen, Spiele spielen um sich einen Lustgewinn oder einen gut finanzierten Platz im Getriebe der Riesenmaschinerie unserer Industriegesellschaft zu verschaffen, kommen vor der Persönlichkeitsbildung. Politik ist auch Bühnenspiel. Jeder kann da Vater- und Muttersehnsüchte oder frühkindliche Wünsche nach vorgeburtlichem Einssein projizieren.

Wer sich nicht an Personen libidinös bindet, fixiert sich oral an den Konsummöglichkeiten. Das Glück ist das Haben und Erleben des Objektes. Das Objekt ist die Ich-Erweiterung und damit die Selbstverwirklichung. Pädagogische und andragogische Bildungsideale haben nicht genügend Kraft, das gesellschaftliche Räderwerk prägend mitzulenken. Wir haben diese "Um-Systeme" und Charakteristiken gesellschaftlicher Grundkräfte im Auge zu halten, wenn wir den Menschen in seinem Innenleben betrachten.

Als weitere kritische Problemlage gilt das Bewusstsein des einzelnen Bürgers in den Industriegesellschaften. Er hat die Klarsicht nicht. Er hat keinen Überblick. Er sieht da nicht mehr durch. Er ist rundum abhängig von Fakten und von sozialpsychologischen Kräften. Die Wirklichkeit ist das, was die Fernsehkanäle mit symphonischer Einleitung tagtäglich in ihren Nachrichten den Menschen vor Augen führen. Die Zeitungs- und Illustriertenjournalisten gehen da hin, wo etwas "läuft". Das ist gefragt. Aber das ist die Wirklichkeit nur zu einem sehr kleinen Teil.

Der Mensch weiss nicht, was seine Wirklichkeit ist. Er hat keine Ahnung von seinem innerpsychischen Funktionieren. Er kennt vor allem Bilder und Götzen, unwirkliche Ideale oder die Härte der Hölle im Kampf um Haben und Anerkennung. Das ist die äussere Seite des Lebens; war es immer schon. Er ist durch und durch trainiert und gewaschen von den Maximen der Ideologien, des Zeitgeistes und des Dogmatismus seines Umfeldes, pluralistisch und freiheitlich heute gewiss. Und er meint tatsächlich, er sei frei, er denke kritisch und handle verantwortlich.

Doch keiner kann (will?) sehen, dass die Wellen der Mündigkeit und Emanzipation den Verstand längst korrumpiert haben.

Dabei ist alles, was der Mensch glaubt und für wahr hält, zuerst einmal nichts anderes als das, was er in seinem Leben ab der vorgeburtlichen Zeit aufgenommen hat, oder (oft in Opposition dazu) sich selbst erdacht hat. Er lebt Freude, Lust und Sex, soweit ihm das sein Geldbeutel, sein Umfeld und seine Ideologie erlauben. Nach der berauschenden Liebe kommt überall der

Alltag, z.B. so: Geld fehlt; mehr Geld muss her; Güter müssen gekauft werden zur Stütze des Glücks; die Kinder engen die freiheitliche Liebe ein; Putzen, Kochen, Einkaufen, Waschen und manche kleinen Dinge mehr nehmen Oberhand; Schokoladenstengel und Sonnenbaden am Meer versöhnen den täglichen Kampf. Wenn nichts Schlimmeres vorfällt, dann ist das das Glück. Alle projektiven Zuammenhänge seines Tuns durchschaut der Mensch nicht.

Der "geheime Alltag" hinter den Fassaden und Kulissen von mehr als zwei Drittel aller Menschen ist Leiden, Charakterschwäche, Wertgleichgültigkeit, instinktgebundenes archaisches Verhalten und enorm viel destruktive – sagen wir direkt: "böse" – wirkende psychische Kräfte. Die andragogische Psychologie hat u.E. diese Dimensionen psychologisch einzufangen und für die Bildungsprozesse zu erforschen.

Wenn die Wissenschaft über den psychischen Menschen sich der Wahrheit verpflichtet fühlt, so kann diese die tatsächliche psychologische Realität des menschlichen Daseins dem Bürger nicht vermitteln.
Er will diese Wahrheit nicht. Er kann sie nicht wollen. Pflicht, Solidarität und Treue sind, wenn überhaupt vorhanden, überall an Gruppenzwänge, an Ideologien, Dogmen, Geld und persönlichen Vorteil gebunden; nie an die Wahrheit des inneren psychischen Menschseins. Das ist das "Gefängnis", in dem der Mensch gefangen ist.

Die Persönlichkeitsbildung beginnt mit dem Spiegel der Selbsterkenntnis. Jeder ist angesprochen, zuerst hinzuschauen, wer (was) er ist und wie er lebt. Die Selbstbetrachtung setzt Wahrhaftigkeit voraus. Sie verlangt, mit Methoden systematisch das eigene Leben zu durchleuchten. Doch diesen Spiegel meiden viele Menschen. Manche verkaufen deshalb "gefärbte Spiegel". Eine solche "Färbung" ist zum Beispiel: "Spielend leicht ist Glück, Liebe, Weisheit und Transzendenz zu finden"; oder: "Mensch, sieh einfach die positiven Seiten des Lebens"; oder: "Mit der Macht des Unterbewusstseins wirst Du erfolgreich".

Persönlichkeitsbildung wird wie ein Marktartikel, wie eine Art versüssendes psychologisches Beruhigungsmittel als "sanfte Droge" gehandelt. Allenfalls kann das Wissen der Persönlichkeitsbildung für die einen bedeuten: Wie bilde und präsentiere ich mich für meine Karriere? Und für einen andern: Wie forme ich die Massen, damit sie noch mehr konsumieren? Oder: Wie muss man zum Volk reden, damit sie "mitmachen", sei es in der Partei oder in der Kirche?

Wirkliche Persönlichkeitsbildung aber verlangt, sich auf sich selbst zu besinnen, alles Wissen und alle Methoden zu nutzen, die verhelfen, das eigene Menschsein und Dasein bis in die inneren Tiefen zu verstehen: Warum? Wieso? Wozu? Selbsterkenntnis und Selbstbildung verlangen mühselige und umfangreiche Arbeiten. Die andragogische Psychologie liefert dazu die wissenschaftlichen Grundlagen.

Dazu wollen wir in dieser Studie Konzepte entwickeln, zur Selbstreflexion, zur Selbsterkenntnis und Selbstverwirklichung des Individuums in dem Riesengetriebe der Gesellschaft.

Persönlichkeitsbildung als Lebensschule bzw. Lebensbildung verlangt systematische Bildungsleistung. Wer "Erlösung" und "Erleuchtung" will, muss sich selbst auf den Weg machen. "Andragogische Psychologie" schafft dazu die "Landkarten" und "Instrumente".

Die erste Kernfrage, die uns immer wieder begleitet, heisst: "Was ist der Mensch?". Das ist das Grundthema der philosophischen Anthropologie (Landmann 1969; Gadamer/Vogler 1973; Diemer/Frenzel 1968; Schöpf, in: Roth 1991). Unser Betrachtungsaspekt ist überwiegend psychologisch, erreicht jedoch tiefenpsychologische und parapsychologische sowie transzendentale Dimensionen. Die Zielrichtung unserer Aussagen ist: "Das ist wesensmässig der Mensch"; d.h. Jeder Mensch zu jeder Zeit in der Vergangenheit, in der Gegenwart und in der Zukunft (soweit antizipierbar) hat wesensmässig diese psychischen und transzendentalen Merkmale (psychischen Kräfte und Subsysteme). Und in jeder Zeit werden diese je nach Umfeld immer wieder anders geformt und anders gewertet.

Daran knüpfen wir Fragen und Aussagen an, die für die Bildungstheorie der Andragogik und für ihre Praxis konstitutiv sind. Eine umfassende Theorie der philosophischen Anthropologie kann hier nicht entwickelt werden. Das erachten wir als einen Fachbereich, der gesondert zu bearbeiten ist. Deshalb lassen wir in der andragogischen Psychologie biologische, medizinische, soziologische und kulturelle Aspekte weitgehend offen.

Ihre philosophische Bearbeitung können wir hier nur am Rande als Anknüpfungspunkte andeuten.

Die psychologische Formbarkeit des Menschen und insbesondere die Entfaltungstendenz der Individuation sowie das Geistprinzip, das sich aus den Träumen und der Dynamik der Imagination herausarbeiten lässt, führt uns zu einer zweiten Kernfrage: Wie soll der Mensch gebildet werden? Als empirische Aussage kann die andragogische Psychologie die Vielfalt der vorgegebenen Variationen und ihre Auswirkungen auf Mensch und Umwelt darlegen. Als normative Aussage kann sie Sollensurteile als Formulierung bzw. sprachliche Beschreibung vorschlagen.

Solche Werturteilsformulierungen können allerdings nicht aus einer Deskription geschlossen werden. Wir können jedoch nach dem Prinzip der Sachlichkeit (Hengstenberg, in: Rocek 1972, 66) den Argumentationszusammenhang darlegen und die Sollensformulierungen diskutierbar machen. Das ist u.E. ein Teilbereich der "Andragogischen Psychologie". Die systematische Entwicklung eines normativen Aussagesystems ist jedoch Gegenstand der Ethik und damit Teil der philosophischen Anthropologie. Generell gilt für uns: Was wir als Sollensurteil formulieren (z.B. Bildungsziele, Normen, Werte, Handlungsappelle), stellen wir zur Diskussion, auch wenn das eigene Werten (des Verfassers) eine klare Stellungnahme erkennen lässt.

Über das psychische Leben zu schreiben verlangt, in alle Richtungen und Positionen zu schauen und zuerst einmal die wichtigsten fünfzig Modelle der Persönlichkeit zu überblicken. Dazu gibt es eine kaum mehr bewältigbare Literatur mit Einzelthemen und Gesamtkonzeptionen, Zusammenfassungen und kritischen Würdigungen. Die Psychologie ist heute ein kaum mehr überblickbares Fach mit vielen Teilgebieten und mannigfaltigen spezifischen Anwendungsinteressen. Da ist im voraus jede Auswahl auch subjektiv und damit problematisch. Da sind immer verschiedene Faktoren mit entscheidend gewesen, was bearbeitet oder grundsätzlich weggelassen werden soll. Als Hauptkriterium haben wir den "andragogischen Bezug" festgelegt.

Dieser wiederum ist rückgebunden in unserer Bildungstheorie (Schellhammer: Evolutionäre Menschenbildung. 1998). So haben wir im Laufe der Jahre ein erstes Modell der Persönlichkeit entworfen, dieses schon bald korrigiert, dann erweitert und wieder korrigiert und schliesslich – unter Berücksichtigung der eigenen Praxiserfahrungen – ein für dieses Jahr "letztes Modell" entworfen. Wir gehen also schon heute davon aus, dass unser Modell der Persönlichkeit ("der psychische Organismus") aus sachlichen, systemischen und didaktischen Gründen gelegentlich wieder erneuert werden muss.

Die Begriffe "Persönlichkeit", "Bildung" und "Strukturmodell" haben wir in unserer Studie "Visionen zur Menschenbildung" (1998) erörtert. Unsere Definition der "Persönlichkeit" schliesst verschiedene Konzeptionen mit ein, entspricht u.a. auch anderen Vorschlägen: "(Persönlichkeit ist) ... das Gesamt der psychologischen Charakteristika einer Person" (Meili/Rohracher 1978, 143). Diese Definition erfasst grundsätzlich alle psychischen Kräfte bzw. psychischen Subsysteme, die als solche erkannt und beschrieben werden können, betont dabei die individuelle Eigenart durch die Geformtheit

(Meili/Rohracher 1978, 142). Der Aspekt der Formung von psychischen Kräften lässt sich vielseitig umschreiben.

Wir wollen hier noch, ergänzend zur erwähnten Studie, einige Stichworte anführen, wie sie schon die Neo-Psychoanalyse formuliert hat: unentwickelt, unterentwickelt, zurückgeblieben, weitgehend latent, herabgesetzt, gestört, blockiert, schwach, lückenhaft u.a.m. (Schultz-Hencke 1950, 70-71). Im Gegensatz zur Psychotherapie – das sei hier hervorgehoben – bezeichnen wir derart geformte psychische Kräfte noch lange nicht als krankhaft bzw. pathologisch, sondern schlicht als das, was die Worte eben meinen. Beziehen sich solche Eigenschaftsworte auf die (An-)Triebe (nach Freud, Adler oder Jung), so bedeutet das für die Andragogik noch nicht, dass sie als "neurotisch" im pathologischen Sinne interpretiert und gewertet werden müssen. Daraus entsteht für die Andragogik der Bildungsauftrag: Die psychischen Kräfte sind entsprechend dem, was sie aus ihrer Art vermögen, für das Leben und den Menschen zu bilden.

Dennoch erheben wir den Anspruch auf eine relative Vollständigkeit der wesentlichen psychischen Kräfte, die nicht weiter auf andere psychische Kräfte rückführbar sind. So ist für uns die Kraft der Liebe und das System der Träume mit der Imagination (als bewusstes Träumen) ein eigenständiges psychisches System, wie die intelligenten Funktionen, die Bedürfnisse und das Unbewusste.

Wir werden jeweils begründen, weshalb wir gerade diese "Subsysteme" als eine Einheit definieren. Das ganze System der Psyche, wie es hier vorgestellt wird, ist sehr dynamisch und offen. Es ist mit den "Handlungen" eng im Lebensraum verbunden. Und dieser ist millionenfach verschieden, nie völlig identisch wiederholbar. Was in unserem Modell als "Subsysteme" und als einzelne psychische Kräfte definiert ist, sind lebendige Wirklichkeiten, die jeder Mensch rund um den Erdball als ihm eigene lebendige psychische Kräfte hat. Die Formungen sind unendlich verschieden, zwischen den Menschen nie völlig identisch.

Das Gesamtsystem des psychischen Lebens ist keine mechanische Maschine. Es ist weder vom Ich beherrschbar, noch von einer experimentellen Situation kontrollierbar. Keine Versuchsplanung wird jemals diese Lebenskomplexität als Einheit einfangen können. Der Mensch wird mit diesem Modell nie auf "gesicherte Faktoren" reduzierbar. Die experimentelle Situation ist nie Realität. Sie ist nicht einmal realitätsnah. Das aber muss die "Andragogische Psychologie" sein: lebensnah und menschennah. Das psychologische Experiment ist infolge vieler unkontrollierbarer Variablen bei einer Versuchsperson nie in den Griff zu bekommen. Die Theorieleistung aus dieser Richtung beschränkt sich auf schmale Ausschnitte der Wirklichkeit. In den meisten Bereichen ist man noch nicht einmal zu einer bescheidenen Systematisierung der einschlägigen Gesetzesaussagen gelangt (Brezinka 1978, 142).

Den behavioristischen Ansatz zu einer Beschreibung der Persönlichkeit erachten wir als viel zu eng, vor allem innerpsychisch motiviert durch zwanghafte und angstbesetzte Lebenseinstellungen bei gleichzeitigem verdecktem Machtbedürfnis. Welcher Wissenschaftler könnte mit welchem Recht behaupten, nur die empirische Wirklichkeit im Sinne der Naturwissenschaft könne Gegenstand der Wissenschaft, und der systematischen Forschung sein?

Wir haben in unserem Werk "Visionen zur Menschenbildung" (1998) dargelegt, dass es verschiedene Wirklichkeiten des Menschen gibt, und dass jede Wirklichkeit mit den ihr eigenen Methoden erforscht werden muss.

Wenn also ein Wissenschaftler zum Beispiel behauptet: "Es gibt das Unbewusste nicht"; oder: "Es gibt die psychische Energie nicht", dann können wir einen solchen Menschen nicht als Gesprächspartner achten, denn er ist für diese Wirklichkeiten grundsätzlich und innerpsychisch bedingt, verschlossen.

Um in der Vielheit der Sache etwas Ordnung zu finden, vor allem in der Auswahl der Bearbeitungen, haben wir folgende Aspekte festgelegt: 1) Kritische Erarbeitung von Wissen (Begriffe, Theorien) und Anwendungen; 2) Zusammenstellen von Konstrukten für Modelle (siehe: Schellhammer. Werkhefte 2000); 3) Zerlegen von Tatsachen zur Anknüpfung an den Handlungsbedarf der Erwachsenenbildung; 4) Thesen und kritische Fragen, sowie diese vielseitig vernetzt reflektieren; 5) Bildungsleistung für die Andragogik; 6) Positive, aufbauende Aspekte für Mensch und Gesellschaft; 7) Kritische Aspekte im Kontext von Störungen, Konflikten, Krisen und Lebensleiden; 8) Philosophisch-anthropologische Reflexionen; 9) Ethisch-moralische Überlegungen und Leitlinien; und 10) Verbindungen zur Lebenswirklichkeit.

In der Erfahrung des Unbewussten und der Wirkungsweise der Träume bzw. des Geistes, aber auch in der Erfahrung der Kraft der Liebe als psychische Realität und insbesondere in der Erfassung des Individuationsprozesses gilt letztlich der Grundsatz: "Wer den Individuationsprozess nicht durchläuft, diese Kräfte nicht in sich sucht, hat dazu nichts zu sagen, nur zu fragen." Es gibt psychische Wirklichkeiten und Prozesse, die sind fast nur mit Symbolen umfassend mitzuteilen. Den Zugang findet der Einzelne durch den inneren

Nachvollzug.

Berechenbarkeit, Planbarkeit und Voraussage erweisen sich hier als Mythen einer falsch verstandenen Aufklärung (Vinnay 1993, 60, 43-79). Planck sieht in dem Bestreben nach Herrschaft durch exakte Wissenschaft: "... und wenn ihn (der Mensch) die Religion nicht befriedigt, so sucht er einen Ersatz für sie bei der exakten Wissenschaft." (Planck 1971, 5). Wir wollen uns von diesem "Joch" frei halten, damit die wissenschaftliche Arbeit ein realistisches und lebenspraktisches Ziel verwirklichen kann – und damit wir auch ein bisschen echte Freude bei der "lebendigen" Arbeit erleben können.

Wenn es uns gelingt, mit der "Andragogischen Psychologie" die komplexe psychische Wirklichkeit so in Sprache zu fassen und mit Systemmodellen zu ordnen, dass darüber sachlich diskutiert werden kann, und dass die Systematisierung eine fliessend-flexible Ordnung im immerwährenden Chaos der tausend psychischen Kräfte und Lebensraumdeterminanten erhält, dann haben wir unser Ziel erreicht: Die Verständigung über die umfassenden Grundlagen einer psychisch-geistig ganzheitlichen Menschenbildung schaffen.

Verständigung schaffen über die psychisch-geistigen Grundlagen der Menschenbildung ist einerseits Aufgabe der Bildungstheorie der Andragogik. Diesen Aspekt haben wir in Visionen zur Menschenbildung (1998) bearbeitet. Anderseits ist hierfür die "andragogische Psychologie" zuständig. Diese Fachbezeichnung ist ungewöhnlich.

Die Wissenschaft der Erwachsenenbildung verfügt nicht über eine eigene Psychologie zur Menschenbildung, im deutschsprachigen Raum auch nicht über ein entsprechendes wissenschaftliches Lehr- und Forschungsfach. Insofern ist in der Tat die Bezeichung "Andragogische Psychologie" ungewohnt. Bekannt ist allerdings im Fachbereich Pädagogik der Begriff "Pädagogische Psychologie".

Darunter wird gemäss Lexika und entsprechenden Publikationen vor allem Folgendes verstanden: 1) Die psychologischen Komponenten des schulischen und ausserschulischen (erzieherischen) Geschehens; 2) Psychologische Lehr- und Lernprozesse; 3) Psychologische Erziehungsmethoden; 4) Psychologisches Lehrerverhalten (Führungsstile); 5) Unterrichtsformen und Leistungsbeurteilung; 6) Diagnose und Therapie von Lernstörungen und Erziehungsschwierigkeiten (Böhm 1988, 451; Horney u.a., Bd. 2, 540-544).

Die pädagogische Psychologie versteht sich als die Grundlage für das pädagogische Handeln.

Die "pädagogische Psychologie" ist interdisziplinäre Wissenschaft (Herzog 1994, 425). Die Problemstellungen dieser Wissenschaft werden von Herzog auf verschiedenen Ebenen formuliert: Es gibt eine Fülle von Konzepten. Pädagogische Psychologie ist mehr als "angewandte Psychologie". Sie verhilft zur erziehungswissenschaftlichen Theorienbildung, d.h. zur Erforschung der psychischen Seite der Erziehung. Sie ist aber auch die Psychologie der Erziehungspraxis, d.h. praxisrelevant, unmittelbar, lebendig und individuell.

Das menschliche Sein umfasst mehr als die angewandte Psychologie. Insofern ist die "Pädagogische Psychologie" eine interdisziplinäre Wissenschaft, die die Perspektiven der Pädagogik erschliesst (Herzog 1994, 442). Übertragen auf die "Andragogische Psychologie" bedeutet das, dass diese als interdisziplinäre Wissenschaft jene Perspektiven forschungsmässig erschliesst, die die Andragogik als Bereiche der Menschenbildung bestimmt.

Soll die pädagogische Psychologie nützlich sein als Hilfe zu Entscheidungen, Instruktionen und Reflexionen (Weidenmann, in Mader 1991, 125, 128), dann müssen u.E. die Persönlichkeit, Lebenswelt, Lebensraum und Individuation zentrale Gegenstandbereiche der andragogischen Psychologie sein.
Sie kann sich nicht wie die pädagogische Psychologie um Leistungsbeurteilung, Zensuren, Interaktionsformen im Unterricht, Lehren und Lernen u.ä.m. zentrieren. Es wäre auch völlig verfehlt, wollte die Andragogik die Psychologie quasi als "Datensteinbruch" (Siebert 1987, 150) für die Erwachsenenbildung nutzen.

Die andragogische Psychologie hat für die Biographieforschung, für die Sinnkrisen, für das Umweltverhalten, für die weltanschaulichen "Suchbewegungen", für die Identitätsfindung (Tietgens 1986, 21, 114-115) und für die Individuation eigenständige andragogisch-psychologische Fragen zu stellen und zu beantworten.

Das impliziert didaktische wie beratungsbezogene Aspekte, die nicht einfach an die Psychologie delegiert werden können. Entwicklungspsychologische Betrachtungen (Gloger-Tippelt 1993, 98-118; Whitebourne/Weinstock 1982) werden zu bildungstheoretischen Problemstellungen und handlungsorientierten Konzepten. Und nur nebenbei: Persönlichkeitsbildung ist viel mehr als "Realitätsverarbeitung", "Vergesellschaftung" und Sozialisation (Hurrelmann 1993, 155-175).

Mit unserer Studie zur andragogischen Psychologie können wir "Substanz" in eine für die Pädagogik ziemlich peinliche Lücke stellen. Da heisst es: "Ist es nur bescheidene Beschränkung von Wissenschaftlern oder der Zustand der gegenwärtigen pädagogischen Psychologie, wenn in einem vierbändigen Werk

"Psychologie in der Erziehungswissenschaft" (Heller/Nickel 1976-1978) kein Kapitel über Persönlichkeitspsychologie zu finden ist?" (Mader 1991, 14). Auch die "Pädagogische Psychologie" von Gage/Berliner (1986) lässt in dieser Hinsicht zu wünschen übrig. Die "Psychologie des Erwachsenen", wie sie z.B. Olechowski aufrollt (Zdarzil/Olechowski 1976), liegt weit hinter dem zurück, was die Persönlichkeitstheorien heute an Wissen vorlegen können.

Die folgende kritische Anmerkung wollen wir besonders hervorheben; sie trifft unser zentrales Anliegen: " ... *tiefenpsychologische und psychoanalytische Konzepte werden zur Zeit noch immer zu wenig berücksichtigt und auf ihre Transferierbarkeit ins andragogische Feld reflektiert*" (Kürzdörfer, in: Dewe 1988, 166). "Psychoanalytische Denkformen" in der Menschenbildung (und in der Politik) fordert auch Becker (1992, 187-196), wobei er besonders die Abwehrmechanismen, die Ängste und Wünsche sowie das Unbewusste im Visier hat. Dabei kritisiert er hart: "Die traditionelle Psychologie ist nicht nur für die Erkenntnis der geistigen Störungen und der Handlungsverantwortung unzureichend, sie ist überhaupt nicht in der Lage, die Komplexität menschlichen Handelns adäquat zu beschreiben."; und: "... selbst innerhalb der Psychologie gibt es die merkwürdigsten und gefährlichsten Vereinfachungen." (Becker 1992, 190 bzw. 195).

Wir hoffen, mit unserer "Andragogischen Psychologie" einen Beitrag zum Verständnis und zur praktischen Bildung aller Tiefen und Komplexitäten des psychisch-geistigen Menschen liefern zu können, damit die praktische Menschenbildung nicht "merkwürdig und gefährlich vereinfacht" gelehrt, erforscht und praktiziert wird. Wir können hier allerdings weder eine Theorie über die psychische Entwicklung des Erwachsenen, noch die Vielfalt der biographischen Entwicklungsprozesse theoretisch aufarbeiten. Dazu sind Forschungen und interdisziplinäre (universiäre) Zusammenarbeit nötig, über die wir nicht verfügen. Das Spektrum der Konzepte ist aufgearbeitet (vgl. Kruse 1990; Flammer 1988; Olechowski 1974; Roszak 1994). Die Brücken zu schlagen zur Individuation als psychisch-geistige Evolution und als Konzept der Menschenbildung überlassen wir der akademischen Fachwelt.

In Anlehnung an die pädagogische Psychologie, aber ohne die Inhalte gleichermassen zu übernehmen, skizzieren wir, was die "Andragogische Psychologie" enthalten soll:

1) Die Psychologie der Persönlichkeit und Individuation, soweit sie für die Bildungsziele der Andragogik relevant ist; 2) Die Handlungen unter psychologischen und bildungsbezogenen Gesichtspunkten; 3) Die psychologische Beschreibung von Bildungszielen im Kontext der Formbarkeit; 4) Die Beschreibung der Formungsprozesse und ihre Verflechtungen im

Gesamtsystem Mensch-Umwelt; 5) Sozialpsychologische und soziologische Vernetzungen mit dem psychischen Leben des Menschen; 6) Die Psychologie geistiger bzw. spiritueller Erfahrungen (Sinn, Wert, Transzendenz), einschliesslich ihrer Symbolik; und 7) Die Methoden und Instrumente, die den Zugang zum psychischen Leben und die aktive Bildungsleistung des einzelnen ermöglichen.

Im Interesse einer übersichtlichen Aufteilung ordnen wir die Aspekte des konkreten Bildungsgeschehens im andragogischen Unterricht, insbesondere Unterrichtsmethoden, Lernpsychologie, Lehrerverhalten des Andragogen, gruppendynamische Prozesse, Leistungsbeurteilung u.ä.m. der "andragogischen Fachdidaktik" zu.

Die Lebensthemen, insbesondere die "Konflikte, Krisen, Schwierigkeiten, Störungen und Lebensleiden" gruppieren wir als ein eigenständiges andragogisches Fachthema. Hierzu eignet sich zum Beispiel der Begriff "andragogische Lebensthemen". Die "Beratungsmethoden" des Andragogen sehen wir als einen weiteren eigenständigen Fachbereich.

Zu unserer Menschenbildung glauben wir sagen zu dürfen, dass wir hiermit ein Konzept vorlegen können, das in den höchsten ethischen Werten der abendländischen Geschichte der Menschenbildung verankert ist. Wir bewegen uns auf dem anspruchsvollen Niveau der philosophisch-pädagogischen Tradition der europäischen Kultur.

Wir nehmen uns deshalb das Recht, zu warnen vor all jenen Konzepten der Menschenbildung, die "Glück", "Erfolg", "Geld", "Karriere", "lustvolles und leichtes Leben", "Ansehen" und "Beachtung" als zentrale Ziele der Menschenbildung versprechen.

Wer solches lehrt, und dazu noch sagt "ohne Gesundheit ist alles nichts", ist nicht nur diskriminierend und zynisch, sondern auch Rassist. Es gibt in der Menschenbildung viel zu viele "Betrüger", die Fairness, Seriosität und gar Gott als Maske vorsetzen. So heben wir hervor: Probleme, Krisen, Konflikte und Schwierigkeiten gehören zum Leben. Auch Leiden, Krankheit und Schicksalsschläge sind Teil des Lebens. Wir können das annehmen und damit konstruktiv umgehen. Denn wir kennen das "Mysterium des Menschen".

Werfen wir schliesslich noch einen Blick auf die Charakteristika unserer "Postmoderne. Der Soziologe Vester umschreibt dieses "Ambiente". Wir entnehmen da (1993) einige Stichworte: Vermischung von Dingen und Ideen (von allem und jedem), Nebeneinander und Durcheinander von Fiktionen und Fakten; keine Grenzen zwischen Kultur, Kommerz, Konsum und

Produktion; "Kulturelle Werte werden nicht einfach internalisiert, sondern müssen durch Marketing und Promotion an den Mann oder die Frau gebracht werden" (ebenda, 35); "Gewichtsverschiebung vom Inhalt einer Äusserung zu deren Verpackung" ... u.s.w.

Wo diese Postmoderne jeden einzelnen Menschen und das gesamte Kollektiv hinführt, sehen wir jeden Tag, wo immer wir hinschauen.

"Menschenbildung" heisst unsere "Lösung". Dazu wollen wir hier Grundlagen erarbeiten.

1. Der Individuationsprozess als Bildungskonzept

1.1. Wandlungsstufen und Wandlungsprozesse

Die drei Phasen und ihre Hauptcharakteristiken

Wir rollen in diesem Buch die Psyche als ein komlexes System auf und zerlegen die einzelnen Subsysteme nach theoretischen Elementen. Wir machen deutlich, dass dieser psychische Organismus mit den vielen psychischen Einzelkräften das Menschsein ausmacht. "Die Psyche ist das Leben" zeigen wir in vielen konkreten Zusammenhängen auf. Das psychische System ist das eigentlich Lebendige. Psychische Kräfte sind die Instrumentarien zur Lebensgestaltung und Weltbewältigung. Die Psyche als Ganzes ist jedoch mehr. Sie ist der Wert und das Ziel des menschlichen Lebens. Alle Fragen des Menschseins können nur innerhalb dieses psychischen Organismus formuliert, gesucht und beantwortet werden. Wo denn sonst?

Die Psyche formt das Leben. Aber es gilt auch umgekehrt: Das Leben formt den psychischen Organismus ab dem Zeitpunkt der Zeugung. Jede einzelne Kraft in jedem psychischen System wird durch das äussere Leben, durch andere Menschen und durch Selbstbildung geformt. Die enorme Fülle der Kräfte, die auf die Psyche des Menschen gestaltend und bestimmend einwirken, hat zur Folge, dass in jedem psychischen System vielfältige gegensätzliche und widersprüchliche Kräfte vorhanden sind.

Es ist wohl nicht falsch, wenn man sagt, dass diese Vielfalt ein fast unüberschaubares Chaos an Kräften darstellt. Auch zwischen den einzelnen Systemen wirken die Kräfte vielfach gegensätzlich und unvereinbar aufeinander.

Kein Subsystem kann ohne die andern "vernünftig" funktionieren. Das Ich steht in einem enormen Kräftefeld, gleichsam als Steuerungszentrum. Das Ich hat die Aufgabe, zwischen allen Kräften zu vermitteln. Die Handlungen sollten das Ergebnis dieser umfassenden inneren Vermittlung sein.

Tatsache ist, dass die Fülle der "chaotisch geordneten" Kräfte das Ich oft zu sonderbaren Kompromissen zwingt. Das Ich muss einzelne Kräfte und Subsysteme als inexistent erklären, zum Beispiel das Unbewusste, die Liebeskraft und den Geist.

Jeder Mensch hat seine eigene Dynamik, wie er einzelne Kräfte zulässt oder blockiert, nutzt – oder brach liegen lässt. Das Denken wird vernachlässigt oder falsch angewendet. Die Gefühle "spielen" viele Varianten von Melodien, meist wenig harmonisch, vielfach laut und kräftig.

Wir legen dar, dass alle psychischen Kräfte vollumfänglich ins Bewusstsein aufgenommen und bewusst gebildet bzw. verändert werden können. Diese Bildung tun nur wenige Menschen. Die meisten Menschen wissen nicht, dass dies möglich ist. Sie haben nie gelernt, dass dies für ein aufbauendes Leben notwendig ist. Sie haben eigentlich alle Angst vor der Zuwendung zu sich selbst. Sie meinen, das Unbewusste sei ein "schwarzes Loch ohne Boden", vielleicht mit "gefrässigen Tieren und Teufeln" darin. Oder die Träume seien "dumme Geschichten", oder die Gefühle seien nur störende Kräfte. Oder die Liebe sei sexuelle Lust und Bedürfnisbefriedigung, habe vielleicht mit Selbstaufopferung zu tun. Oder das Denken funktioniere automatisch richtig. Das alles ist grundfalsch. Alle psychischen Kräfte sind eingrenzbar, bewusstseinsfähig, reflektierbar, veränderbar und vom Ich in die Lebensführung integrierbar.

So wie der Mensch psychisch geformt ist, so lebt er mit sich selbst, mit andern Menschen und mit dem Lebensraum. Der Umgang mit der eigenen Psyche zeigt sich im Umgang mit der Natur, mit dem Wasser, der Luft, der Erde, der Tierwelt. So wie die psychischen Kräfte geformt sich, so gestaltet der Mensch sich seine eigene Welt und so wirkt er auf die grundlegenden Lebensbedingungen.

Die enormen Schäden und Gefahren, die damit weltweit entstanden sind, können nicht wegdiskutiert werden. Auch im individuellen und gesellschaftlichen Leben sind die Schäden enorm: psychische Leiden, psychosomatische Krankheiten, Unfälle, Zerstörungen, Scheidungen, soziales Leid, Aggressionen, Kriminalität, Gewalt und Krieg sind die markantesten Auswirkungen des innerpsychischen Chaos.

In der Psychologie wird das Schulderleben meist im Zusammenhang mit dem Gewissen bzw. dem Über-Ich diskutiert. Wir müssen die Schuldthematik erweitern. Der Mensch schuldet sich die Integration der eigenen psychischen Innenwelt. Dazu gehört vor allem die Bildung und Neuformung dieses ungeordneten "Wildwuchses" an Kräften. Die Auswirkungen seines Handelns im individuellen Leben ebenso wie in der Gesellschaft erweitern die Schuldthematik. Der einzelne hat seine individuelle Schuld an der kollektiven Lage, auch wenn er nicht als direkter Verursacher identifiziert werden kann. Er ist solidarisch in der Lebenslüge, die das psychische Leben verneint oder zumindest als unerheblichen Wert handhabt. Solange der Mensch in dieser Schuld verharrt und sich seiner inneren Bildung nicht zuwendet ist er, gewissermassen durch Erziehung und Sozialisation an dieser kollektiven Schuld Teilhaber. Gezwungen von innen muss der Mensch mit Hass und Abwehr die Welt und sein Leben bewältigen. Denn Hass und alle Formen der Abwehr überdecken diese Schuld.

Die Umwandlung und das Wachstum des psychischen Systems zu einem neuen, harmonisch funktionierenden Ganzen nennen wir "INDIVIDUATION". Umwandlung heisst: verändern, korrigieren, ausgleichen, Wachstum entwickeln, entfalten, ausformen, stärken, differenzieren, reichhaltiger werden und Neues entstehen lassen. Mit "Einheit" meinen wir: Jede psychische Kraft und jedes psychische Subsystem lebt und wirkt vielseitig ausgewogen mit allen andern psychischen Subsystemen und einzelnen Kräften. Das Ich ist dabei das Zentrum dieser ausgewogenen Einheit. Dieser Prozess wird vom Geist durch Träume und in der Imagination gelenkt.

Es gibt in psychologischen Fachkreisen die irrige Vorstellung, dieser Prozess sei nicht bis zum Ziel vollziehbar. Wir möchten mit deutlicher Klarheit hervorheben, dass dieses Ziel erreichbar ist, dass viele Frauen und Männer dieses Ziel erreichen können. Der Prozess dauert allerdings ziemlich lange. Die Dauer hängt vom gelebten Leben ab, von den Rahmenbedingungen der Person und natürlich vom Einsatz. Entscheidend aber ist nicht das Ziel. Entscheidend ist vielmehr, dass der Mensch in dieser "Rückbindung" an sein eigenes psychisches Leben immer bewusster zu leben lernt. Aus dieser Innen-orientierung – wir haben das Selbstliebe genannt – wird das Leben aufbauend und progressiv. In dieser "Rückbindung" findet der Mensch seinen eigentlichen Wert und seinen Daseinssinn. Dies zu erleben und zu leben, ist viel wichtiger als sich das ziemlich ferne Ziel immer vor Augen zu halten.

Es sei hier nochmals hervorgehoben, dass der Begriff "Individuation" nicht mit Individualisation oder "Ich-Findung" gleichgesetzt werden darf. Der Begriff gehört auch nicht in eine orthodoxe psychoanalytische Konzeption. "Individuationsprozess" als Aushängeschild für Abhandlungen Freud'scher

Grundthesen und zum Beispiel der Schizophrenie-Behandlung (vgl. Simon 1984) ist deplatziert und schafft nur Täuschung. Die historische Tradition dieses Begriffes hat C.G.Jung in vielen seiner Werke aufgerollt. Wer sich mit dem Prozess der Individuation befasst, kommt nicht um diese Werke herum, auch wenn viele der da konstruierten Theorien heute revisionsbedürftig sind. Wir haben diese Konzeption weiterentwickelt und didaktisch (bildungstheoretisch) für die Menschenbildung in unseren Werken aufgearbeitet.

Wir teilen den Prozess der Individuation in drei Phasen ein. Natürlich kann man auch zehn oder dreissig Phasen bestimmen, wie das beispielsweise in der Esoterik immer wieder phantasiereich konstruiert wurde. Doch das würde zu kompliziert und hätte seine Tücken. Wir können nicht ein Ablaufprogramm vorlegen, das in allen einzelnen Schritten in der festgelegten Reihenfolge für alle Menschen gleich abzuschreiten wäre. Unsere Einteilungskriterien sind ziemlich formal. Dennoch kann diese Unterteilung klar und eindeutig operational beschrieben werden.

In gewisser Hinsicht ist der Individuationsprozess wie ein Baum: Man kann da zwar gewisse Wachstumsschritte erkennen und in ihrer Reihenfolge definieren. Doch vieles an diesem wachsenden Lebensbaum lässt sich nie genau festlegen. Überhaupt scheint uns, dass der Mensch mit seinem Intellekt diesen Prozess nicht bis ins Detail kontrollieren und bestimmen kann. Dafür gibt es den Geist im psychischen System. Dies ist die einzige Kraft, die immer weiss, was gerade bearbeitet werden soll und wie die einzelnen Kräfte zu einem Ganzen zusammengeführt werden können. Im Übrigen kann man die inneren Wandlungsprozesse nicht "machen" oder einfach "erlernen". Sie geschehen, wenn das Individuum die nötigen Arbeiten umfassend und engagiert ausführt. Man kann u.a. auch deshalb die Menschenbildung nicht auf Lernprozesse reduzieren.

Kann der Mensch diesen Prozess alleine durchlaufen? Wir meinen: nein, ausser wenn der innere Geist einen Menschen dahin lenkt und es gewissermassen seine Bestimmung ist, den Weg vollständig allein zu gehen. Ansonsten führt das zu allerlei eigenartigen Lebenskonstruktionen, und je nach Einseitigkeit der Bestrebungen in eine Katastrophe. Zur Orientierung geben wir zuerst eine Übersicht über die drei Phasen der Individuation:

Der Beginn:

Grundbildung als "Allgemeine Persönlichkeitsbildung"

1. Phase: Bejahung des psychischen Lebens; entdecken, zerlegen und

verstehen der Kräfte; Neugeburt des inneren Menschen.

2. Phase: Anerkennung des Geistes als Führungsprinzip; Wandlungen aller psychischen Kräfte; Vereinigung (Auflösung) der Gegensätze.

3. Phase: Vom alten psychischen Regierungsprinzip zum neuen geistigen Regierungsprinzip; Einklang zwischen Innen und Aussen herstellen; Vollzug der Ganzheit.

Das Ziel: Die erreichte Individuation leben.

Den Ablauf des Individuationsprozesses darf man sich nicht einfach additiv linear vorstellen. Der Weg verläuft in der Dynamik: "drei Schritte vorwärts und zwei zurück", manchmal "zehn Schritte zurück und dann elf voraus", oder ein "Absteigen über längere Zeit und dann ein kraftvolles Aufwärts". Man kann in der ersten Phase der Individuation gewisse Kräfte schon völlig umwandeln, während andere Kräfte in der dritten Phase erst so richtig zur Formung gelangen. Man kann Zeit sparen, wenn man systematisch vorgeht.
Wer einen Plan von der Landschaft der Psyche hat, kann sich seine Reise ziemlich genau festlegen, während ohne Plan die Persönlichkeitsbildung und die Arbeiten zu Veränderungen und Wandlungen überwiegend ein Treten an verschiedenen Orten bedeutet. Das tägliche Leben ist immer Teil der psychologischen Beschäftigungen. Man kann nicht die Zeit stoppen und aus dem Lebensraum gewissermassen austreten. Die praktische Arbeit geschieht immer auf der Zeitachse Gegenwart-Vergangenheit-Zukunft. Oft muss man täglich ein Stück Vergangenheit anschauen, die Gegenwart näher unter die Lupe nehmen und mit einem Auge etwas in die Zukunft (der nächsten Tage oder Wochen oder Monate) schauen.

Eine allgemein gültige Didaktik für alle Lern- und Wandlungsschritte ist dazu theoretisch und praktisch erstellbar. Es gibt einige typische Verlaufscharakteristiken, die in den psychischen Systemen direkt begründet sind und sachlich einleuchtend argumentiert werden können, zum Beispiel "Erkenntnis kommt vor Wandlung", oder "Keine Wandlung ohne das vorangegangene Erlernen der Praktik zur Handhabung der psychischen Kräfte!" Die neun Hauptwandlungen in unserem Phasenmodell sind nur in der vorgegebenen Reihenfolge vollziehbar. Die Begründung liegt in der Sache selbst.

Vom archaischen Menschen zum evolutionären Menschen

Unsere Übersicht macht eines ganz deutlich: Individuation führt nicht zur "Ich-Auflösung" (wie z.B. im Zen-Buddhismus). Individuation bildet den Menschen in all seinen psychischen Kräften zur sinnvollen und konstruktiven Bewältigung des Lebens. Individuation ist auch nicht egozentrisch fixiert, wie zum Beispiel Kegan's Konzept der "Stufenentwicklung des Selbst": "Unser Überleben und unsere Entwicklung hängen davon ab, ob wir beim Werben um die Aufmerksamkeit anderer erfolgreich sind" (Kegan 1994, 39). Entwickung und Überleben des "Selbst" lassen sich weder mit Kohlberg's Stufentheorie, noch mit Piaget's Entwicklungspsychologie, noch mit der amerikanischen Erlebnisphilosophie nach Rogers oder Maslow evolutionär verankern. Kegan's Begriffsverwendung des "Selbst" – zum Beispiel: das impulsive, das überindividuelle, das zwischenmenschliche, das institutionelle, das souveräne und das einverleibte Selbst" – fassen das nicht, was unser Konzept der Individuation an Möglichkeiten grundlegt. Das folgende Modell zeigt den Horizont und die Dimensionen unseres Verständnisses über "Entwicklung":

Aus dem Phasenmodell der Individuation ergeben sich zwei Menschenbilder:

☐ DER ARCHAISCHE MENSCH

- Verneinung der Psyche
- Ablehnung des inneren Geistes
- Fixierung an Dogmen, Ideologien
- Bedrängt von inneren Belastungen
- Ohne Innenerfahrung
- Abwehr und Verdrängung
- Kein ganzheitliches Wachstum
- Leben in Unbewusstsein

☐ DER EVOLUTIONÄRE MENSCH

- Bewusst mit der Psyche leben
- Kommunikation mit dem inneren Geist
- Individuation als Lebensorientierung
- Ordnung und Freiheit im Unbewussten
- Systematische Innenerfahrung
- Integration und Bearbeitung
- Wachstum ganzheitlich ausgewogenes

● Leben in umfassendem Bewusstsein

Das "Selbst" gilt bei Rogers als Schlüsselbegriff. Das Selbst ist das individuelle organisierte Wahrnehmungsmuster, bestehend aus dem, was das Ich als "mein" identifiziert. Das Selbst ist die Konfiguration von Wahrnehmung und Erfahrung über sich selbst. Das Ideal-Selbst ist dann das, was das Ich sein möchte bzw. besitzen möchte. Das Ich will das, was das Selbst enthält, aktualisieren, erhalten und erhöhen. Diese Tendenz drängt nach Differenzierung und Integration, nach Unabhängigkeit und Veränderung. Das nennt Rogers "Selbstverwirklichung". Der sich selbst verwirklichende Mensch hat zu sich und zu andern Vertrauen, ist erfahrungsoffen, spontan, flexibel, kreativ und fähig, auf andere echt zu reagieren (Rogers 1971, Pervin 1993).

Rogers beschreibt die Grunderfahrungen im Prozess der Entwicklung (1973, 114-129). Wir entnehmen da die Stichworte: falsche Fassaden und Masken fallen lassen; Grundlegenderes hinter den Masken erkennen; Entscheidung, sich selbst zu sein; die eigenen Einstellungen voll erfahren; Abhängigkeiten erkennen; sich zuwenden: Schmerz, Ärger, Begehren, Trauer, Stolz etc.; den inneren Reichtum erkennen; das innere Muster finden; offen sein für lebendige Erfahrung; Abwehrhaltung und Rigidität abbauen; Ungewissheiten ertragen; den ganzen eigenen Organismus erfahren und Vertrauen finden darin; die eigene Quelle der Entschlüsse und Werturteile erkennen; sich selbst als einzigartiges Wesen annehmen, Entwicklung erleben und die Verantwortung zum Wachstum übernehmen. Dazu beschreibt Rogers sieben Prozessphasen der Persönlichkeitsveränderung (ebenda, 136-162).

Diese Konzeption der humanistischen Psychologie ist anders als jene der Analytischen Psychologie. Das "Selbst" als Archetypus der Ganzheit und als das Ziel der Individuation erreicht ganz andere Qualitäten als die humanistische Konstruktion. Wir können mit der Definition von Rogers wenig anfangen. Sie bietet keine umfassende psychologische Tiefe. Sie ist im Ansatz narzisstisch.

Es gibt einige banale Weisheiten: Vertraue dem andern nur soviel, wie dieser sich selbst trauen kann. Kapitalinteressen, Machtbedürfnisse und Neurose machen viele Menschen unberechenbar. Wer sich da offen und vertrauensvoll zuwendet, kann "Totalschaden" erleiden. Auf andere "echt und spontan" reagieren bedeutet oft dasselbe wie auf eine "Bananenschale treten".

Das von Rogers als lebensnotwendig hervorgehobene Klima der "emotionalen Wärme" ist vielfach Ausdruck des Wunsches nach symbiotischer Einheit und Ausdruck von Lebensangst. Dies ist keine Liebe und nach Fromm die Gegentendenz zum Wachstum. Man kann auch mit einem normalen Mass an Zuwendung, ohne dass da Wärme strahlen müsste, eine andragogische Beratung durchführen. "Emotionale Wärme" schafft nur allzuoft Illusionen, verdeckte Abhängigkeiten und gruppendynamische Zwänge.

Auch können wir die positive Beurteilung solcher Selbstverwirklichungstendenzen nicht teilen. Das Leben zeigt das Gegenteil. Und die Liebe kann von selbst auch nicht wachsen. Diese Einschätzung der Wachstumskräfte des Menschen ist weltfremd. Sie zeugt von wenig realistischer Lebenserfahrung. In diesem Selbst-Konzept fehlt vor allem der "Geist". Wir haben in der zugänglichen Literatur zur humanistischen Psychologie nirgendwo ein Konstrukt finden können, das dieses organisierte Wahrnehmungsmaterial als einzelne psychische Kräfte oder psychische Kräftesysteme strukturiert. Rogers meidet auch, in die Welt des Unbewussten, sei es nach Freud oder Jung, vorzudringen. Gerade hier beginnt die innere Wirklichkeit des Menschen erst so richtig spannend zu werden. – Wir erachten den Begriff des "Selbst" von Rogers als nicht geeignet für eine umfassende Persönlichkeitstheorie, schon gar nicht für eine Konzeption der psychisch-geistigen Entfaltung im Sinne der Individuation.
Die Individuation nimmt in den Werken von Jung einen breiten Raum ein. Jung meint mit "Individuation" generell "Selbstentfaltung des Individuums" (1971, 65). Diese gliedert er in zwei Arten. Die erste Art der Individuation ist der biologische und psychologische Reifungsprozess. Er nennt dies die "Initiation ins Erwachsenenalter und in die äussere Wirklichkeit" (Jacobi 1971, 42). Das Ich wird autonom und entfernt sich vom inneren Selbst. Die "Persona" wird geformt und die Bewusstseinsfunktionen (Denken, Fühlen, Intuieren, Empfinden) entfalten sich. Entsprechend erweitert sich das Bewusstsein aussen-orientiert.

Die zweite Art der Individuation ist ein Prozess, der in der zweite Lebens-hälfte anzusiedeln ist. Es ist dies die Zuwendung zur inneren Wirklichkeit. Vertiefte Selbsterkenntnis und "Vollendung der eigenen Person" sind hier zentrale Ziele. Das "Selbst" ist neu und erweitert zu erlangen. Charakteristisch ist in diesem Prozess die Integration der gegengeschlechtlichen Funktion (Anima, Animus). Und weiter schreibt Jung in "Die Beziehungen zwischen dem Ich und dem Unbewussten": "Das Selbst ist aus den falschen Hüllen der Persona einerseits und der Suggestivgewalt unbewusster Bilder anderseits zu befreien" (Jung 1971, 66). Der "Schatten" ist in diesem Prozess zu integrieren. Damit meint Jung an verschiedenen Stellen die "dunklen Seiten der Person". Die Schattenthematik bedeutet ein moralisches Problem. Individuation ist "Auseinandersetzung mit dem Numinosen"; Individuation ist "Selbstverwirklichung".

Die Individuation der zweiten Art (nach Jung) wird zu einem Prozess der Verwirklichung der Individualität, worin die Gegensätzlichkeiten zu einer höheren Einheit ("das Selbst") zusammengeführt werden sollen. Mit "Selbst" meint Jung in diesem Zusammenhang "die Ganzheit der persönlichen Disposition", unabhängig ob bewusst oder unbewusst. Individuation ist Herausdifferenzierung aus der Kollektivpsyche, Bewusstseinserweiterung, Auflösung der Gegensätze, Erweiterung und Entwicklung, Vereinigung zwischen Ich und Selbst. Dies geschieht durch die Auseinandersetzung mit den "Archetypen".

Die Archetypen haben in diesem Prozess eine Schlüsselfunktion. Mandalas repräsentieren diese höhere Einheit und Ganzheit, schaffen Zentrierung und Neuorientierung (Jung 1977; 1987, 118-126). In seinem Werk "Aion" analysiert Jung "Christus" als ein Symbol des Selbst. "Der Individuationsprozess ... ordnet das Viele dem Einen unter. Der Eine aber ist Gott, zu welchem die Entsprechung in uns die imago dei, das Gottesbild, darstellt. Das Gottesbild aber drückt sich ... im Mandala aus" (Jung 1977, 75). Die historische Quelle ist die Gnosis: "Die Gnosis ist unzweifelhaft psychologische Erkenntnis, deren Inhalte dem Unbewussten entstammen" (Jung 1976, 239). Das Unbewusste und damit auch der Archetypus der Ganzheit (Kreis, Quadrat, Kreuz) ist durch Träume, Visionen und Imagination zu erschliessen (Jung 1976, 241; 1977, 115-117). Wir werden auf den Hauptarchetypus, das Kreis-Kreuz-Mandala, zurückkommen.

Kritisch ist zu Jung anzumerken, dass manche Begriffe undifferenziert bzw. vieldeutig verwendet werden (z.B. Selbst, Archetypus, Animus, Anima). In der ganzen Konzeption fehlt auch eine umfassende lernpsychologische Theorie. Das Modell über die Psyche, das Jung vorgelegt hat (Jung 1975, 51 bzw. 1935) (bestehend aus Empfinden, Denken, Fühlen, Intuieren, Gedächtnis, subjektive Komponenten der Funktionen, Affekte, Einbrüche, kollektives Unbewusstes u.s.w.) ist wissenschaftlich seit langem überholt und muss als historische Pionierleistung betrachtet werden.

Der natürliche (biologische) Prozess des Wachstums der Persönlichkeit in der ersten Hälfte des Lebens, hat die Pädagogik bzw. pädagogische Psychologie (Entwicklungspsychologie) mit "Sozialisation und Enkulturation" viel weiter entwickelt. Die Individuation als "inneren Prozesss nach der Lebensmitte" anzusiedeln mag de facto einer gewissen Klientenpopulation der analytischen Psychologie entsprechen, ist aber weder sozialpsychologisch noch entwicklungspsychologisch begründbar. Die Individuation als Verfahren der Psychotherapie zu deklarieren, entbehrt der wissenschaftlichen Grundlage.

Wir setzen hier die Gegenthese: Personen mit schwerer Neurose oder

Psychopathie haben nicht die notwendigen lernpsychologischen Voraussetzungen, diesen psychisch-geistigen Prozess zu durchlaufen. Individuation ist viel mehr als "Schadenbehebung" (Traumabefreiung) und "Erziehungskorrektur".

Die Individuation von Jung hat kaum klar fomulierte Ziele, etwa ähnlich allgemein wie sie in der humanistischen Psychologie bekannt sind. Die Schritte zu den Zielen sind operational nicht festgelegt. Eine Kontrolle des Verlaufes ist objektiv nicht möglich. Das Endziel ist unerreichbar, vielleicht irgendwann für wenige am Lebensabend annähernd erfassbar. Methodische Hilfen sind keine definiert, ausser dem psychoanalytischen Gespräch. Tatsächlich ist es nicht möglich, die Ideen zur Individuation von Jung und der analytischen Psychologie didaktisch zu erfassen. Eine solche ist von Jungianern auch nicht entwickelt worden.

Konstruktiv sind folgende Aspekte hervorzuheben: Die grosse Leistung von Jung besteht u.E. in der Sammlung und Analyse von Bildern über das Unbewusste und über innerpsychische Prozesse aus Alchemie, Mythologie, Religionen, Archäologie, Rituale, Märchen, Sagen sowie aus kulturellen Objektivationen aller Art. Die aus diesen Untersuchungen abgeleiteten "Prinzipien" der Individuation haben überzeitliche Gültigkeit: die innere Zielgerichtetheit des Wachstums, das Streben nach Ausgleich aller psychischen Kräfte zwischen innen und aussen, eine innere (spirituelle und intelligente) Kraftquelle, der Drang nach umfassender Entwicklung aller psychischen Kräfte, die Auflösung der Gegensätze, der Prozess von Unbewusstsein zu Bewusstsein, die Konfliktträchtigkeit (Neurose) der inneren "Zerrissenenheit" und die Befreiung durch Schaffung der harmonischen inneren Ganzheit.

Wir wollen versuchen, den Prozess der Individuation im Zusammenhang mit den psychischen Systemen klar und eindeutig zu beschreiben.

Während bei der Konzeption der Individuation von Jung sich nahezu alles um das Unbewusste dreht, werden wir nachfolgend darlegen, dass alle psychischen Subsysteme in diesem Prozess mit einbezogen werden müssen; dass der Prozess in der dritten Phase zu transzendentalen Erfahrungen und zu Gott führt, ist nicht unsere "Schuld" und auch nicht eine "metaphysische Entgleisung".

Darauf hat Jung (und haben noch manche andere) hingewiesen: "Individuation ist Schaffung der Ganzheit, die aber ist Gott" (Jung 1976, 46-80). Insofern ist Individuation mehr als blosse Selbstverwirklichung, mehr als ein "Grundbedürfnis". Auch Campbell nennt das höchste Ziel "Gott finden"

(1978, 31). Wer es wissen will, muss sich selbst auf den Weg machen. Individuation kann letztlich nur erfahren werden von dem, der den Weg geht (Jung 1971).

Im Übrigen sei darauf hingewiesen, dass Individuation nicht dasselbe ist wie "Individualismus". Das wäre reiner Ego-Zentrismus, Individuation als Lebensform bedeutet auch "Achtsamkeit" in Bezug auf das psychische Leben (Kerényi 1971, 194). Dies ist "Religio" im eigentlichen Sinne des Wortes: Rückbindung an das Sein und Wachsen des psychischen Lebens und somit Wiederherstellung des Ursprünglichen (Eliade 1961, 165).

Der Begriff des "Selbst" charakterisiert bei Jung auch das Ziel. Doch wir wollen diesen Begriff vermeiden. Es gibt hier zuviele Begriffsverwendungen und Bedeutungen: das Überselbst, das niedrige Selbst, das höhere Selbst, das wahre Selbst, das geistige Selbst, Pseudo-Selbst, das Selbst als das Zentrum, das Selbst als das Ziel, der Mensch als das Selbst, das Selbst als Archetypus u.s.w.

Mit einer solchen Bedeutungsvielfalt kann man nicht mehr ernsthaft arbeiten. Was im Indischen (Atman, Brahma) mit "Selbst" gemeint ist, bezeichnen wir mit "Geist". Was mit Archetypus gemeint sein kann, erklären wir exemplarisch mit dem Lebenssymbol als der höchste Archetypus.

Im Kapitel über die Träume haben wir Bilder, Symbole und Archetypen gegeneinander abgegrenzt. Der Archetypus hat die Funktion etwas über die psychisch-geistige Wirklichkeit auszusagen, was in Worten schwer zu fassen ist, aber imaginativ erlebt werden kann.
Das ist unsere Definition von "Archetypus". Wir wollen hervorheben, dass die verschiedenen Studien von Jung über Individuation eine reichhaltige Vielfalt zum psychisch-geistigen Prozess enthalten.

Ebenso beschreibt Campbell (1978) in kaum zu übertreffender Vielfalt die Individuation. Der "Heros" hat tatsächlich tausend Gestalten. Und wir meinen: unsere Darlegung dieses Prozesses kann in vielen weiteren Fomen präsentiert, d.h. sprachlich gefasst und gelebt werden. Fehlen aber die psychischen Subsysteme und ihre Ganzheit, ist es nicht mehr Individuation, sondern Phantasie, Schöngerede, Illusion, Betrug, Lüge oder Spielerei. Die Welt mag gleichgültig und verständnislos auf jene schauen, die diesen Weg leben und gar das Ziel erreicht haben (Campbell 1978, 42). Keine Inquisition, keine Knechtschaft und schon gar nicht ein positivistisches Wissenschaftsverständnis vermögen die Wahrheit der Individuation zu schmälern.

Die Verwurzelung der Theorie der Individuation erfasst zwei Wirklichkeiten:

einerseits das psychische System mit all den einzelnen Subsystemen und anderseits die Hauptarchetypen der Individuation. Das "Selbst" ist dabei für unsere Konzeption weder eine hinreichende Theorie noch ein Archetypus.

Wir legen in diesem Kapitel über das Träumen dar, dass die Bilder und die Symbole in den Träumen und in der Imagination dem Menschen alles vermitteln, was es über ihn und über das Menschsein zu sagen gibt. Denn diese Bilderwelt wird von der geistigen Intelligenz – dem inneren Geist – geschaffen. Innere Bilder und Symbole sind die Sprache der Seele und die Schlüssel zum "Mysterium Mensch". Innere Bilder und Symbole sind die "sieben Siegel" (Hartmann o.Jahr; Horneffer 1979; Kessler 1977; Poeppig 1972).

Daraus folgern wir, dass die Persönlichkeitsbildung und Individuation ohne diese Erkenntnisquelle unmöglich zur umfassenden vollständigen Ganzheit des psychischen Lebens führen kann. Entscheidende Konsequenzen ergeben sich daraus auch für die Beurteilung von Werten, Einstellungen, Überzeugungen und dogmatischen Lehren, soweit diese das umfassende psychische Leben und sein Wachstum betreffen.

Je mehr der Mensch diese innere Sprache versteht, desto leichter kann er mit Träumen und Meditationen auch ethische Fragen, religiöse Themen und transzendentale Dimensionen erschliessen. Die Deutung dieser inneren Erfahrungen hängt selbst wiederum davon ab, was die Person über das psychische Leben und den inneren Prozess der Entfaltung bzw. des Wachstums durch Erfahrung weiss.

Diese Konzeption der Innenschau ist für uns eine unerlässliche Erkenntnisquelle im Zusammenhang mit der Persönlichkeitsbildung generell und der Individuation im besonderen.

Wir wollen zwei Symbole herausgreifen, die in der abendländischen Geschichte zur Darstellung der inneren psychisch-geistigen Evolution eine zentrale Stellung eingenommen haben: Der "heilige Gral" und das "Kreis-Kreuz-Mandala" (von uns auch "Lebenssymbol" genannt). Wir haben uns mit diesen Symbolen eingehend in "Mensch-sein in der Zukunft" (1987) befasst und wollen hier nur das Wesentliche festhalten.

Der "Gral" ist der "Stein der Weisen" ("lapis philosophorum"). Die Esoterik und Gnosis sprechen auch von "Kelch", "Smaragd" oder "Juwel". Die Mystik interpretiert den Gral als ein "Gefäss der Wandlung". Gral meint auch "der geistige Mensch" und "der innere Christus". Der Gral ist nach Auffassung verschiedener Autoren das grösste Geheimnis des Menschen überhaupt

(Boron 1980; Bosshart 1970; Campbell 1978; Chrestien de Troyes; Jung 1975; Jung, E. 1980; Ravenscroft 1982; Schäfer 1983).

Gralsgeschichten erzählen vom "Mysterium Mensch". Darin ist im Kern etwa folgendes Schema enthalten: Zu Beginn ist ein Land, das im Chaos mit einem kranken König der Zersetzung entgegengeht. Der leidende König ist immer auch ein Despot. Der "Held" in dieser Geschichte will den kranken König heilen. Er erkennt nicht, dass die Erlösung ein anderes Ziel enthält. So muss er auf eine lange Abenteuerreise gehen, wo er viele Hindernisse zu überwinden, Gefahren zu bewältigen und Prüfungen zu bestehen hat. Allmählich erkennt der Held, dass er den kranken König nicht heilen kann, sondern selbst zum Nachfolger – und damit zum Retter dieses Landes – werden soll. Ein Geist hilft dem Helden, alle Gefahren zu meistern. Er findet das "grosse Geheimnis", erhält übernatürliche Kräfte und wird selbst "Gralskönig". Er wird im Land (in dem Epos) das, was er vorher in der geistigen Welt war.

Psychologisch kann man dieses Schema als innerer Wandlungsprozess deuten. Das "Land im Chaos" ist das innere Land des psychischen Lebens (des Unbewussten). Die Gestalt, die den Helden führt, ist psychologisch gesehen der innere Geist bzw. die Träume und die Imagination. Manche Gestalten in solchen Heldenepen repräsentieren innerpsychische Kräfte, andere reale Bezugspersonen. Alles verliert der Held auf seiner Reise. Sogar seine Heimat muss er verlassen. Seine Freunde taugen wenig. Doch alles erhält er zurück in neuer Form. Dies ist der Prozess von "Stirb und werde" bis zur neuen inneren Ganzheit.

Der Gral ist hier Sinnbild für höchste psychisch-geistige Entwicklung. Der "Gral" kann als die höchste spirituelle Kraft und als das Ziel dieses Prozesses begriffen werden. Jung hat in seiner Analyse zur Alchemie (1975) die psychischen Prozesse des Weges zum Gral (Ziel) umfassend erläutert: vom Unbewusstsein zum Bewusstsein, von den Gegensätzen zur Versöhnung und Einheit.

Über eine Interpretation im Rahmen der Individuation hinaus kann die Gralsgeschichte auch als gesellschaftlicher Erneuerungsprozess gedeutet werden:

Ist ein Staat – und seine Religion – von innen heraus krank und in chaotischem Zustand, so kann die "Heilung" nie von innen geschaffen werden. Das gilt auch für die Andragogik als Wissenschaft. Der Lösungsweg ist ein Neuaufbau aus dem "Gral", wobei der Held (z.B. König Artus) aus innerer Bestimmung zuerst den psychisch-geistigen Prozess allein vollziehen muss.

Keine psychologische Theorie vermag in Worten zu fassen, was dieser Archetypus "Gral" erfasst. Aus unserem Theorieverständnis über Symbole folgern wir, dass die innere Erfahrung eines Symbols seine Wirklichkeit jedem offenbart. Die höchste Erfahrung allerdings ergibt sich nicht durch Meditation, sondern durch den inneren Vollzug des Prozesses. Meditative Erfahrung der Archetypen bedeutet noch nicht deren Vollzug. Das darf man nicht verwechseln.

Das Kreis-Kreuz-Mandala hat eine Geschichte zurück bis in die ägyptische Hochkultur (Eggebrecht 1984). Das Sonnenrad ist die wohl erste symbolische Darstellung des "Mysterium Mensch" (Bauer 1982; Herder 1978; Schwarz-Winklhofer u.a. 1980).

Zum Kreuz gehört auch die Symbolik der Quaternität (Jung 1975), womit wiederum psychisch-geistige Prozesse gemeint sind. Trieb und Geist, Erde und Himmel, Ganzheit und Zentrierung, das Männliche und das Weibliche sind Dimensionen bzw. Wirklichkeiten, die dieses Symbol ansprechen.

Das Rad ist gemäss alter esoterischer Tradition auch die Kreisbewegung der Wiedergeburt, der inneren Neugeburt. Dieser Archetypus stellt ferner die Sonne dar und damit die Transzendenz.

So haben wir hier zwei Wirklichkeiten in einem Symbol abgebildet: einerseits die Ganzheit des Menschen als lebendiges Abbild der geistigen Sonne; und anderseits das Kreis-Kreuz-Mandala als ein Abbild von Gott.

Damit wird dieses Symbol zum höchsten Archetypus überhaupt. Denn es ist die abstrakteste Darstellungsform einer psychisch-geistigen Realtät in höchster Evolutionsstufe. Was Gott ist, kann kaum in Worten gefasst werden. Ebenso kann die Ganzheit des inneren Prozesses nur beschränkt in Sprache gefasst werden. Die Eigenschaft eines Symbols besteht gerade darin, dass der Sinngehalt durch innere Erfahrung erlebt werden kann. Das Lebenssymbol wird zu einem Sinnbild für den Prozess der Individuation. Der Archetypus ist die symbolische Darstellungsform der "Theorie" über diesen psychisch-geistigen Prozess.

Ist die Symbollehre – die Erkenntnis durch Symbolerfahrung – Wissenschaft oder Glaube, Religion oder Psychologie, Andragogik oder esoterische Philosophie (Gnosis)? Wir meinen: Glaube ist das nicht. Ein Dogma ist das auch nicht. Noch weniger kann hier von Mythologie gesprochen werden. Wenn hundert Personen über dieses Lebenssymbol meditieren und alle einen Aspekt erleben, der Teile der Bedeutungsganzheit erfasst, ohne darüber etwas zu wissen, dann bedeutet dies: Diese innere Erfahrung erfasst eine Realität, die alle Menschen durch die Kraft des Geistes finden können.

Jung spricht hier vom kollektiven Unbewussten. Wir finden diese Zuordnung sprachlich unglücklich gefasst und meinen: Der innere Geist ist die Quelle der Information, die jeder in der Meditation und in Träumen dazu erfahren kann.

Die Geschichte der Gnosis (in allen Varianten von Lehre und Praxis) bestätigt den Tatbestand: in uns allen ist ein Wissen verborgen über unsere Herkunft, unser Ziel und den Prozess, der zu diesem Ziel führt. Deshalb haben wir einleitend gesagt, dass wir hier nicht etwas durch (natur-)wissenschaftliche Aufklärung Überwundenes durch die Hintertüre wieder hereinholen. Die Realität ist im Innern eines jeden Menschen findbar und kann Gegenstand der wissenschaftlichen Beschäftigung sein. Tiefenpsychologisch-hermeneutische Methoden erschliessen diese innere Wirklichkeit bzw. Erfahrung.

Die wissenschaftliche Erforschung dieser inneren geistigen Realität liegt noch weitgehend brach. Ansätze einer undogmatischen systematischen Erforschung dieser inneren Wirklichkeiten haben wir unternommen. Soviel hat sich dazu aus der praktischen beruflichen Tätigkeit gezeigt: Das Erleben geht vom Zustand der psychischen Innenwelt und des Denkens der meditierenden Person aus.

Darüber hinaus gibt es psycho-energetische Techniken, die eindeutige Erfahrungen ermöglichen: Das Lebenssymbol ist auch eine operative Kraft, die psychische Energie aktiviert und ihrem Sinn entsprechend auf das gesamte psycho-energetische System wirkt. Wir haben diese Phänomene andernorts beschrieben (Schellhammer 1986 und 1987) und wollen dies hier nicht weiter aufrollen.

Der Gral und das Lebenssymbol enthalten beide im Kern dasselbe Thema: den inneren psychisch-geistigen Menschen in der höchsten Stufe dieses Evolutionsprozesses. Wir stellen das Lebenssymbol höher, weil es durch seine abstrakte Form weltweit interkulturell ist und die Ganzheit angemessener darstellt. Wir können den Prozess und das Ziel der Individuation nur in Bezugnahme auf diesen Archetypus hinreichend erfassen. Da wo Worte, insbesondere psychologische Begriffe, die Sachverhalte kaum mehr einzufangen vermögen, spricht dieses Symbol weiter. Wer dann die Augen schliesst, nach innen schaut und diesen Archetypus sieht, erfährt mehr als Worte auszusagen vermögen. Die Andragogik hat u.E. auch diesen Schritt in die Methodologie und Theorienbildung einzubeziehen.

Die vielen Entwicklungsstufen zur Erleuchtung, wie sie die Geschichte der

Esoterik bietet, sind Beispiele phantasiereicher Verirrungen und Verblendungen (Miers 1980). "Selbstverwirklichung" wird sogar "ohne Bewusstsein" gedeutet. Das "Hinaufsteigen des Kundalini bis zum siebten Chakra", sei das höchste Ziel, eben "Selbstverwirklichung" (Johari 1979, 36). Durch die Befreiung von aller irdischen Gebundenheit erfahre der Mensch "höchste ewige Gnade und göttliche Weisheit". Träume sind da nur "Werkzeug zur Erfüllung unterdrückter Triebe" (Johari 1979, 29,35). Wir halten solche Vorstellungen für eine Verirrung, für Ausdruck von Lebensverneinung, für Denken ohne Geist.

In manchen psychologischen Bewegungen, in allen esoterischen Orden und psycho- oder pseudo-religiösen Ideologiesystemen findet man immer wieder die gleiche Illusion: Sie alle meinen, der Mensch erreiche irgendeine höhere Entwicklungs- und Bewusstseinsstufe ohne die Klärung seines unbewussten Lebens, ohne den inneren Geist, ohne "harte" Arbeit der systematischen, tiefen und umfassenden Selbsterkenntnis und Psychokatharsis. All diese Ideenlehren sind voll Lebenshass, für die Menschen zutiefst schädlich und die Demokratie bedrohend. So mag denn ein "plötzlicher Durchbruch" (Dürckheim 1976), gewissermassen der Moment der Wende vom Saulus zum Paulus bedeuten. Dann aber beginnt die erste Phase der Individuation und damit eine lange Abenteuerreise. Campbell beschreibt das Modell dieser "Heldenfahrt" in allen bunten Bildern der Möglichkeiten (1978, 237). Wir bemühen uns, den Weg frei von mythischen Bildern darzulegen.

Es ist nicht der Mühe wert, in den vielen esoterischen Büchern nach der lebendigen Wahrheit der Individuation zu suchen. Für sexuelle Ekstasen wende man sich besser an entsprechende Dienstleistungen, bekanntlich in einschlägigen Inseratekolumnen zu finden. Die Übermenge an maternalen und patriarchalen Erziehungs- und Bildungsideen im Bereich der Esoterik, einschliesslich Freimaurer, Rosenkreuzer und christlich geprägten Gemeinschaften enthält erschreckend viel Inkompetenz über die tiefenpsychologischen Wirklichkeiten. Bewegungen aller Art, die die "neue göttliche Ordnung" auf Erden errichten wollen, haben mit Macht und Illusionen zu tun, nichts mit Individuation und kaum etwas mit Gott und seinem Geist im Menschen. Sie sind für eine pluralistische Demokratie gefährlich, weil sie aus emotiven Ideologien und wirren Dogmen bestehen.

Das Beruhigende in dieser fatalen Situation der vielen Lehren über den inneren Weg ist (im Interesse der Sache), dass Gott die Menschen nicht erlösen wird. Er kann nicht. Der Mensch muss Gott in sich selbst erlösen. Wie auch immer seine Theorie über diese Erlösung ist, sie findet nur dann statt, wenn Theorie und Praxis übereinstimmen. Nicht eine Heilige Schrift sagt, wie Sonne und Erde sich bewegen, sondern das Leben selbst lehrt den

Menschen die Stellung seines Ich's zu sich selbst, zur Welt und zu Gott. Das Nachsehen haben jene, die nie erlöst werden, weil sie immer nach kurzen Wegen Ausschau halten und alles tun, um dem Leben auszuweichen, um das Ewige im Menschen leugnen zu können, um die Arroganz des Ich's gegenüber Gott und dem Geist nicht eingestehen zu müssen. Der Weg zu dieser Erlösung ist keine Angelegenheit des Glaubens. Man kann da nicht in der Stube auf Gnade warten und auf Vergebung hoffen. Es gibt viel an sich zu arbeiten. Die Menschheit steht noch am Anfang dieses psychisch-geistigen Evolutionsprozesses. Die Menschen müssen zuerst begreifen, dass die äussere Welt ohne die innere Welt nicht zu verstehen ist (Jung 1957).

Individuation erschafft das evolutionäre Menschsein. Das hat Jung in umfangreichen Forschungen nachgewiesen; wir heben zum bereits erörterten Aspekt hervor (1971, 65-122): "Individuation ist Selbstwerdung ... (d.h.) das Selbst aus den falschen Hüllen der Persona (Masken, Schatten) einerseits und der Suggestivgewalt unbewusster Bilder anderseits zu befreien ... Auflösung der Gegensätze zwischen Unbewusstem und Bewusstsein ("diese zu einem Ganzen zusammenschmieden") ... Beziehung finden zum eigenen Unbewussten (auch Anima/Animus) ... Einheit schaffen und innen zentrieren (Mittelpunkt innen) ...".

An anderer Stelle (1973, 170-171): "Psychologisch ist das Selbst definiert als die psychische Ganzheit des Menschen ... Da der Mensch sich nur als ein Ich kennt, und das Selbst als Totalität unbeschreibbar und ununterscheidbar von einem Gottesbild ist, so bedeutet die Selbstverwirklichung in religös-metaphysischer Sprache die *Inkarnation* Gottes." Und weiter: "Das Gottesbild aber drückt sich ... im Mandala aus." Zentral ist: "Das Bewusstsein ist weit davon entfernt das Ganze der Psyche zu umfassen." (1976, 372)

Der 'selbstverwirklichte Mensch' ist durch folgende Eigenschaften charakterisiert, die durchaus mit dem Konzept der Individuation einhergehen (Maslow 1973, 160):

1. Deutlichere, wirksamere Wahrnehmung der Wirklichkeit.
2. Grössere Offenheit für Erfahrungen.
3. Stärkere Integration, Ganzheit und Einheit der Person.
4. Stärkere Spontaneität und Expressivität; volles Funktionieren; Lebendigkeit.
5. Ein reales Selbst; eine feste Identität; Autonomie; Einzigartigkeit.
6. Grössere Objektivität, Distanz, Transzendenz des Selbst.
7. Wiedererlangung der Kreatvität.
8. Fähigkeit, Konkretes und Abstraktes zu vereinen.
9. Demokratische Charakterstruktur.
10. Liebesfähigkeit.

Was der Mensch sich aussen schafft und geschaffen hat, ist ein Abbild dessen, was in der psychischen Innenwelt lebendig vorhanden ist. Würden die Völker Individuation leben, wäre Krieg nicht möglich. Denn es ist das Verdrängte und nach aussen Projizierte, das die Psychodynamik der Kriege schafft (Neumann 1980, 47).

Diese psychisch-geistige Evolution des Menschen geschieht nicht von selbst. Die Menschen haben diese zu wollen, zu erforschen, zu planen und zu erarbeiten. Selbsterkenntnis, Persönlichkeitsbildung und Individuation sind diese Arbeiten für die menschliche Evolution. Die Andragogik als die wissenschaftliche und praktische Fachinstanz dieser psychisch-geistigen Entwicklung hat hier viel zu tun.

1.2. Die erste Phase der Individuation

Die Wandlungsprozesse: Bejahung der psychischen Innenwelt, entdecken und Verstehen der Kräfte sowie Neugeburt des inneren Menschen.

Bevor die praktische Arbeit der Individuation überhaupt beginnen kann, muss das Individuum die Individuation als eine Lebensmöglichkeit gefunden haben. Zuerst lebt der Mensch gewissermassen ohne bewusste Ausrichtung auf sein psychisches Innenleben. Der Mensch weiss nicht, dass er die Innenwelt zu entdecken und zu wandeln hat. Es fehlt an Wissen.

Die Menschen realisieren im allgemeinen Zustand ihres Bewusstseins auch nicht, dass sie unbewusst leben, das heisst, dass gewisse Ich-Kräfte gar nicht an einer Integration des psychischen Lebens ins Bewusstsein interessiert sind.

Meist beginnt die Annäherung an diese Innenwirklichkeit in kleinen Etappen und Schritten. Man liest ein Buch, besucht einen Kurs und lernt Menschen kennen, die über Erfahrungen aus dem Bereich der Persönlichkeitsbildung berichten. So beginnt der Einstieg zaghaft und unmerklich. Wir bezeichnen diese Zuwendung und Bejahung als den "ersten Wandlungsprozess".

Die Grundfrage "Wer bin ich?" führt durch alle psychischen Subsysteme hindurch. Unser Systemmodell "der psychische Organismus" ist dazu eine Art Landkarte. Daraus lassen sich Arbeitseinheiten zur Selbsterkenntnis entwickeln, bei denen die Orientierung immer klar bleibt. Systematisch kann gefragt werden:

Welches sind meine täglichen Gefühle? Wie denke ich? Wie nehme ich die Aussenwelt wahr? Welches sind meine täglichen Bedürfnisse? Wie gehe ich damit um? Wie ist meine Psychodynamik? Wie erlebe ich meinen Willen? Wie erlebe ich mein Ich? Wie wirken meine Abwehrkräfte? Wie erlebe ich meine Liebeskraft? Wie ist mein Traumleben? Wie erlebe ich mein Gewissen? Was bewegt sich noch unerkannt in meinem Innern (Unbewussten)?

Das Entdecken, Verstehen und Zerlegen der Vielfalt der psychischen Kräfte ist die Basisarbeit in der ersten Phase. Die Einstellungen zur psychischen Innenwelt werden dadurch zunehmend grundlegend gewandelt.
Der Mensch ist immer auch Vergangenheit. Man kann eigentlich einen Menschen nur erfassen, wenn man ihn auch in der Perspektive seiner Lebenserfahrungen betrachtet.

Die Lebensgeschichte prägt nicht nur einen Menschen. Sie ist immer Teil seines gegenwärtigen Daseins. Die nahe Vergangenheit kann das "Gestern" sein. Wie wirkt es nach? Wie bewegen sich die letzten Tage und Wochen im täglichen Bewusstsein? Welche Erinnerungen kommen oftmals in die Gegenwart hinein? Wie erlebt sich der erste Überblick über das gelebte Leben bis in die frühe Kindheit zurück? Welche markanten Lebenserfahrungen prägen die Identität? Welche Zukunftsperspektiven sind schon heute lebendig? Das können die nächsten Ferien sein. Das können auch Wünsche sein aller Art: ein Freund fehlt; ein neues Auto sollte gekauft werden; berufliche Ziele sind geplant u.s.w.

Jeder Mensch steht in einem psycho-sozialen Geflecht. Er hat Freunde oder zumindest Bekannte. Er hat seine Elternfamilie und seine Verwandten. Vielleicht sind sie schon gestorben. Dann sind sie Teil seiner Geschichte. Die Verwandten mögen nah oder fern wohnen. Im Innenleben sind sie Teil des Daseins. Jeder Mensch hat seine Bezugssysteme im Bereich Arbeit, Freizeit und Haushalt.

Mancher ist verheiratet und hat Kinder, wenn er mit der Individuation beginnt. Dieses komplexe Netz ist sein Bewegungsspielraum. Alle beziehungsdynamischen Kräfte bestimmen mit, was jeder leben kann. Sie widerspiegeln psychische Kräfte.

Dann mögen bestimmte Krisen, Konflikte oder Störungen aktuell sein. Auch diese sind immer ein Teil des Lebens. Der eine erlebt sich in konstantem Stress. Ein anderer hat gerade die üblichen Spannungen in seiner Beziehung. Oder Probleme am Arbeitsplatz mit dem Vorgesetzten oder mit Arbeitskollegen sind aktuell. Die Freizeit mag mancher als eine leere Zeit empfinden. Was tun? Die kleinen Störungen der psychischen Kräfte können ziemlich plagen: Hemmungen, Konzentrationsschwäche, Minderwertigkeitsgefühle, Schwierigkeiten im Umgang mit den eigenen sexuellen Bedürfnissen. Manche rauchen oder essen zuviel. Der Alkoholkonsum mag "an der Grenze" des Vernünftigen liegen. Meinungsverschiedenheiten mit den eigenen Eltern können auch ziemlich markant das tägliche Leben belasten. Die berufliche Situation ist vielleicht unbefriedigend. Es fehlt an Ideen und vor allem an Initiativen, das eigene Leben aus dem "Trott" hinauszuführen. Wer Kinder hat, kann eine ganze Liste der täglich anfallenden Kleinigkeiten erstellen. Im Laufe der Monate und Jahre kann das ziemlich ins Gewicht fallen. Über all diese kleinen und grösseren Belastungen verschafft ein Überblick den Einstieg zur praktischen Individuation.

Zum täglichen Leben gehören immer auch Verpflichtungen. Das sind die finanziellen und administrativen Verpflichtungen, z.B. Steuern und Versicherungen. Dazu rechnen wir auch das persönliche Eigentum wie Auto, Möbel, Hobby-Gegenstände, Wohneigentum u.s.w. Die tägliche Pflege (Unterhalt) der eigenen Lebensbedingungen ist auch Teil der Lebensverpflichtungen: Haushalt, Essen, Medienkonsum u.s.w. Der Umgang mit diesen Gegebenheiten widerspiegelt psychische Kräfte.

Ein weiterer Zugang zur Selbsterkenntnis bietet die Analyse kritischer Ereignissituationen. Dazu kann man die lebensbedeutenden Situationen im Überblick zusammenstellen: Essen, Körperpflege, Wohnen, Autofahren, Arbeiten, Haushalten, Freizeit, Sexualität, Kommunikation mit dem Lebenspartner, Umgang mit Geld, Ferien, Wochenende, Alleinsein, Plaudereien, Kontakte u.s.w. Diese Stichworte können als Liste gebraucht werden. Sie ist gewiss verlängerbar. Zu jedem Stichwort kann danach eine "kritische Ereignissituation" gesucht und notiert werden. Der Überblick über die verschiedenen Handlungen ist schon Erkenntnis. Weiter sollen einzelne Situationen kritisch fragend angegangen werden. So entstehen Brücken zu den psychischen Kräften und Subsystemen: Warum handle ich gerade so? Warum erlebe ich diese und jene Situation als kritisch? Warum zieht sich wie ein roter Faden immer dasselbe Muster durch?

Viele Menschen träumen viel. Andere müssen zuerst wünschen, dass Träume sich melden bzw. dass sie sich an Träume erinnern können. Träume in ein Traumtagebuch notieren ist unerlässliche Grundlagenarbeit. Dabei ist es wenig sinnvoll, gleich mit Interpretationshöhenflügen zu beginnen. Es genügt, wenn man zuerst über einige Monate sich einen Überblick verschafft: Welches sind die Hauptfiguren und Hauptthemen in den Träumen? Welches sind die Gegenstände und Handlungen? Wie ist der Träumende in den Träumen beteiligt? Welche Verbindungen zum Alltag und zur Vergangenheit lassen sich herstellen? Ein erster Überblick gibt Richtungen an, wo weitergesucht werden soll. Die Elemente in Träumen sind wie der Anfang eines roten Fadens. Wer daran zieht kommt automatisch zum Kern der Sache eines Traumes.

Erst danach soll man sich mit dem Bezug zu den psychischen Subsystemen bzw. Einzelkräften befassen. Die vertiefte Annäherung an den Inhalt eines Traumes bietet die Imagination. Traumelemente und Fragen nach einzelnen psychischen Kräften können mit Imagination angegangen werden.

Die Innenschau zeigt die äussere Realität mit eigenem Blickwinkel und anderer Logik als das Denken es zu leisten vermag. Dabei ist im Auge zu behalten, dass man die Träume und Imaginationsbilder immer nur soweit interpretieren kann, wie man Kenntnisse über die Vielfalt des eigenen Lebens und der psychischen Kräfte hat. Die implizite Theorie der Persönlichkeit determiniert den Rahmen und den Inhalt der Traumdeutung und des Verständnisses der Imaginationsabläufe. Allmählich lernt man so, die eigenen Träume zu deuten und mit Imagination aufbauend umzugehen.

Die täglichen Beschäftigungen mit diesen Aspekten machen jedem deutlich, was er weiss und was er nicht weiss. Wissen und Können sind nötig. Bildung führt da weiter. Insbesondere aber erkennt jeder zunehmend, wie das Ich mit Abwehr und Verdrängung, mit Projektion und Integration funktioniert. Manchmal muss man sich eingestehen: "Das will ich nicht sehen. Es ist peinlich, unangenehm, lästig, störend, mühevoll und aufwendig". Die Dynamik zwischen Bewusstsein und Unbewusstsein wird langsam ein Steuerungsthema des Ich's: "Ich will wissen. Ich will die Realitäten ins Bewusstsein holen und nicht mehr ausserhalb funktionieren".

Mit diesen ersten praktischen Arbeiten formt sich das Bild über sich selbst und über das eigene Leben: "Das bin ich und das ist mein Leben". So wächst das Bedürfnis, das psychische Innenleben als Teil der Alltagswirklichkeit bewusst zu leben und zu pflegen. Psychische Kräfte werden wichtig. Sie erhalten zunehmend ihren Lebenswert. Dies ist die Voraussetzung, dass sich die Kraft der Liebe aufbauen kann. Auch der andere Mensch – der Lebenspartner, die eigenen Eltern, Freunde und Bekannte oder die Kollegen am Arbeitsplatz werden zunehmend mit ihrer psychischen Wirklichkeit wahrgenommen.

Immer deutlicher wird so, dass das psychische Leben das wirkliche Leben ist. So kommt Bewegung in das psychische Innenleben. Unerkanntes Fremdes wird zum wichtigen eigenen Teil. Vernachlässigtes erhält Pflege. Schwaches erhält Schutz und Stärkung. Das Innenleben ist nicht mehr die "Black Box" und das dunkle unerreichbare Numinose. Es gibt Licht in diese Räume.

Die Kräfte sind ansprechbar und werden zunehmend ein selbstverständlicher Teil des Ich-Managements. Es formt sich eine erste Ordnung in der Übersicht. Anzeichen von Veränderung werden zunehmend deutlich. Der Prozess der Individuation beginnt eine systematische Dynamik zu erhalten. Entsprechend aufbauende Wirkungen sind im täglichen Leben zu erkennen.

Die Innenorientierung erhält ab Ende der ersten Phase eine lebenswichtige Bedeutung. Das psychische Leben wird für die Person zu einem grossen Wert. In diesem Stadium taucht eigentlich immer ein Traum auf, in dem die Person eine Geburt hat, eine für die Person wichtige Geburt geschieht oder ein Neugeborenes plötzlich da ist. Manchmal ist das Baby im Traum auch schon einige Monate alt, und der Traum will vielleicht darauf aufmerksam machen, dass man es pflegen und behüten soll. Das ist der Anfang des neuen inneren Lebens. Die erste Phase geht dem Abschluss entgegen.

Die praktische Individuation bewirkt folgendes gefühlsmässiges Erleben:

- Spannendes erleben und entdecken der psychischen Wirklichkeit
- Erhöhung des Selbstwertes durch Zuwendung zu sich selbst
- Inneres gefordert sein mit Konzentration und Wachsamkeit
- Innere Verankerung des Lebens und Erhöhung der Ich-Stärke
- Befreiung von innerem Druck und Lasten aus dem Unbewussten
- Vertrauen in sich selbst mit positiven Lebensgefühlen
- Leben mit dem Körper, mit der Psyche und mit der Natur
- Ergriffensein von den innerlich erlebten Wahrheiten des Lebens
- Selbstverantwortung im Bewusstsein: "Niemand tut es für mich"
- Positive Körper- und Lustgefühle, frei von Schuldgefühlen
- Sachlichkeit und Nüchternheit im Umgang mit der Psyche
- Selbstverständlichkeit im Integrieren der psychischen Realität
- Immer mehr vielseitig ausgewogene psychische Kräfte
- Freude und gesunder Stolz auf die eigenen Leistungen
- Gesunde Selbstliebe und differenzierte Menschenliebe
- Verankertsein in der Erfahrung der Intelligenz des Geistes

1.3. Die zweite Phase der Individuation

Die Wandlungsprozesse: Initiation als Anerkennung des inneren Geistes als Führungsprinzip; Wandlungen aller psychischen Kräfte ("stirb und werde") sowie Auflösung aller Gegensätze.

Schon wenige Monate nach dieser "Geburt" des inneren neuen Menschen kommt die Zeit, wo man immer deutlicher erkennt, dass in den Träumen und Meditationen eine Kraft wirkt, die diesen Prozess steuert. Der innere Geist gibt Rat, analysiert die Situationen und setzt Kräfte in Bewegung in Richtung lebensaufbauender Zukunft. Das ist eine besondere Herausforderung: Will das Ich diesen Geist als höheres Führungsprinzip anerkennen oder nicht? Das verlangt Demut und Kooperation, Verantwortung und Pflicht. Wer sich da einmal entschieden hat, kann nicht mehr so leicht zurück ins Unbewusstsein, ohne langfristig Schaden zu nehmen. Die Erfahrungen mit dem psychischen Innenleben zu leugnen verlangt eine immense Verdrängungskraft. Dies bewirkt Selbst-Schuld, die dann auch wieder verdrängt werden muss.

Wer jetzt in der Individuation vorwärts kommen will, sollte immer mehr sein Ich und die Lebensweise in diese lebensführende Instanz, die in Träumen erfahren wird, integrieren. Das Ich muss eingestehen, dass es "kleiner" ist als diese geistige Kraft.

Das Ich kann nicht mehr mit grossen schönen Worten sich selbst als mächtig und wissend in der eigenen Welt breitmachen. In der regelmässigen Beschäftigung mit Träumen und imaginativen Meditationen wird klar, dass dieser Geist transzendental ist, d.h. nicht sinnlich, nicht hirnphysiologisch und auch nicht empirisch angelernt.

Der Geist wird in Träumen dem Ich die Frage stellen: "Willst Du mich? Willst Du Dich und Dein Leben mit mir leben? Willst Du die Geheimnisse des Lebens erfahren? Willst Du werden, was in Dir als Archetypus grundgelegt ist?" Das allmähliche Hineinwachsen in diese innere Wirklichkeit ist Bedingung für die Hauptwandlungen in der zweiten Phase der Individuation. Das nennen wir "Initiation". Die Erfahrung dieses Vollzuges kann man esoterisch als "Lebensgeheimnis" bezeichnen.

Deutlich muss darauf hingewiesen werden dass diese grundlegende Entscheidung noch lange nicht stabil ist. Das Ich mag eine solche "Einfügung" nicht. Das Ich will immer wieder ausbrechen, zieht Ideologien, Dogmen, Güter und Anerkennung vor. Überhaupt muss der Mensch erst lernen, sich freiwillig dem Geist zu verpflichten. Die "Emanzipationswelle" und die Proklamationen zur "Selbstverwirklichung" haben eine solche Selbstverpflichtung nicht im Auge. Das Ich will selbständig sein, grösser auch, als es tatsächlich ist. Das Ich will die Herrschaft nicht aufgeben. Die tiefsten Traumerfahrungen, viele bewegenden Meditationen und auch rituelle Erfahrungen über die Kraft der Archetypen (siehe in: Schellhammer 1987) können diese Stabilität noch nicht herstellen, weil die unbewussten Kräfte noch viel zu wenig bearbeitet sind und die Kraft der Liebe noch zu schwach ist.

In schwierigen Situationen, wo es darauf ankommt, ob man "ja" sagt zur Rückbindung an den inneren Geist, kann das Ich mit allen Registern der Abwehr alles verdrehen, um vor dieser Einordnung und verpflichtenden Kooperation zu fliehen. So werden dann die Träume und inneren Erfahrungen "zurechtgebogen", bis sie dem Ich genehm sind.

Das Ich hat Angst, nicht mehr "frei" leben zu können, nicht mehr beliebig "haben" zu können und die äussere Pseudo-Einheit mit Menschen und Gütern aufgeben zu müssen. Wahrhaftigkeit und echte Liebe bedeutet auch Aufgabe der unbewussten Lebensweise. Das Ich hat eine gewisse Arroganz gegenüber dem Geist, die nicht einfach zu lösen ist.

Zudem hängt die kooperative Kommunikation mit dieser inneren Kraft davon ab, wie der Mensch kompetent wird, die Sprache der Träume zu verstehen. Das bedeutet, dass der Mensch vieles lernen muss und die volle Verantwortung für sein Können und sein Tun übernimmt. Auch möchte das Ich fast um jeden Preis meiden, umfassend Wahrhaftigkeit zu leben. Die Initiation ist tatsächlich eine grosse Herausforderung.

Nach der Initiation muss das Feld der psychischen Landschaft tiefer beackert und vollständig neu bebaut werden. Alle psychischen Systeme, einschliesslich der Handlungen, sind bis auf den Grund zu bearbeiten. Die Arbeit gleicht einer Totalrenovation. Die gut geformten Kräfte sind weiter zu fördern. Ungefomte Kräfte sind zu entwickeln. Falsch gefomte Kräfte sind zu korrigieren. Immer wieder sind die Kräfte aus den einzelnen Subsystemen mit Kräften aus andern Subsystemen auszugleichen. Viele Kräfte sind bis zu den Wurzeln zurückzuverfolgen.

Die ganze psychische Landschaft ist meist voll von Unkraut und Wildwuchs, voll langer und tiefer Wurzelverzweigungen. Immer wieder ist die Wirkung im täglichen Leben mit einzubeziehen. Und umgekehrt hat die Neubildung immer Konsequenzen für das tägliche Leben. Entstehungsgeschichte einerseits und Wachstum anderseits, werden zu einem bewussten Erleben. Manch einer mag das eine lächerliche Übertreibung finden. Doch wer einen hohen Gipfel erstürmen will, muss bei seiner Expedition auf die kleinsten Details achten, darf nichts übersehen und nichts vergessen.

Die zweite Phase der Individuation ist eine eigentliche Abenteuerreise. Mit der Initiation kann der Kapitän loslegen und mit seinem Schiff auf's offene Meer steuern. Der innere Geist ist gewissermassen sein Kompass und das jetzt vertraute System der psychischen Kräfte seine Landkarte.

Die zweite Phase der Individuation ist so herausfordernd wie eine grosse Expedition. Verständlich ist es, dass die meisten Psychologen und Pädagogen vor dieser Reise fliehen. Verständlich ist die Haltung der Behavioristen. In ihrer Welt kann man kontrollieren, beherrschen, muss nie Besonderes wagen und kann immer auf Distanz zu Verpflichtungen und Verantwortung bleiben.

Individuation wird jetzt definitiv zu einer Lebensfom. Sie führt etwas weg vom aussen-orientierten Leben. Aber sie wird in der dritten Phase wieder zurückführen mitten ins Leben. In der Literatur wird diese Reise vielfältig beschrieben. Homer hat mit seiner Odyssee ein prächtiges Bild von diesem Abenteuer gezeichnet. Die Gralsgeschichten und Heldenepen aller Art sind Geschichten, die diese Abenteuerreise beschreiben (Jung Emma 1980). Mythische Geschichten, in manchen Filmen hautnah erlebbar gemacht, beziehen sich ebenfalls auf diese Reise. Die Kämpfe des König Artur sind keine Übertreibungen (z.B. Film Exkalibur). Das Ich hat mit seinen vielen Kräften, die einer Schiffsmannschaft gleichen, enorme Aufgaben zu bewältigen.

Die Menschen im Lebensraum desjenigen, der in diesem realistischen "Epos" lebt, spielen wichtige Rollen. Einige erweisen sich als Freunde in schwierigen Stunden. Andere legen Steine in den Weg. Viele stehen als feindliche Gestalten da. Das Kollektiv unternimmt unbewusst alles, was möglich ist, einen Menschen von dieser Reise abzuhalten, als wäre die Erde flach und drehte sich nicht um die Sonne.

Das Beziehungsnetz eines Menschen wirkt als unbewusste kollektive Dynamik immer gegen diese Reise. Wir können das nicht "wissenschaftlich" beweisen. Die Erfahrungen zeigen aber, dass Gegenspieler täglich auf der Bühne der Geschehnisse mitwirken. Denn es gilt bei den Menschen der "geheime Schwur": "Decke nie die psychische Innenwelt auf und gehe nie diesen Weg." Dies ist die unbewusste Auflehnung des Menschen gegen seine psychische Innenwelt, gegen den Geist und damit gegen Gott, wie wir in der dritten Phase erklären werden.

Die "Reise" selbst erweist sich zuerst als ein banales Bildungsgeschehen sehr psychologischer Natur. Die einzelnen psychischen Systeme sind bis in die hintersten Ecken zu durchleuchten. Immer wieder stehen dieselben Fragen am Anfang:

Was ist da vorhanden? Wie wirkt es? Wie ist es zustande gekommen? Wie nutze ich diese Kräfte? Wie wirken sie zusammen mit andern Kräften? Wie "machen" sie das tägliche Leben? Wie sind sie zu formen und zu wandeln? Wie wollen sie aus sich selbst wachsen und zu einer Einheit werden?

Gleichsam mit der Lupe muss das Ich das kleinste Leben in sich selbst anschauen und durchleuchten. Dazu haben wir in den einzelnen Kapiteln bereits eine Reihe von Türen geöffnet und einzelne Räume detailliert erhellt.

Die Psychoanalyse bewegt sich vor allem im Bereich des Unbewussten und der Abwehrkräfte, der Grundbedürfnisse (bzw. der Triebe) und der damit verbundenen Gefühle. Das ist tatsächlich ein weites Land, wo viele "wilde Tiere" und dunkle Gestalten ihr Unwesen treiben. Wer sich diesen Kräften zuwendet, findet sie schon bald als Freunde. Sie machen nur deshalb Angst, weil man sie nicht kontrollieren kann, und weil sie ihr Unwesen aus dem dunklen Hinterhalt treiben. Man muss da zuerst einmal ein Tabu brechen, das heisst: "Schaue da nicht hin. Das ist alles schon in Ordnung". Es ist dies nichts anderes als das Tabu der patriarchalischen Gesellschaft: "Hinterfrage deinen Vater und Deine Mutter nie kritisch". Doch es gibt kein ganzheitliches Wachstum ohne genaue Durchleuchtung, und Wandlung des Unbewussten.

Das Unbewusste kann durchaus systematisch erhellt werden. Wir haben die Bereiche dieser inneren Bilderwelt in vier Gruppen unterteilt. Der eine Zugang ist rational. Den andern und immer notwendigen Zugang bieten die Träume und die Imagination. Rational kann man sich durch Erinnerungen seine eigene Landschaft skizzieren: Was für ein Mutterbild hat das Leben in mir geformt? Welche Vaterbilder haben sich gefühlsmässig aufgebaut? Welche Frauen sind einprägsam im Leben aufgetaucht? Was stelle ich mir vor unter einem "rechten Mann"? Welche Männer haben im Laufe des Lebens Eindrücke hinterlassen? Wie sehe ich mich als Kind? Welche Bilder über das Kindsein hat das Leben in mir geprägt?

Mit solchen Fragen kann man ein lebendiges Museum über die eigenen

Lebenserfahrungen einrichten. Weiter hinterfragt man, wie die Gestalten gegenseitig aufeinander wirken, zum Beispiel: Die Mutter lässt die Tochter nicht Frau werden; der Vater ist der Beste; der ehemalige Freund ist Vorbild und Leitdee für den eigenen Versuch original zu sein. Die Mutter hat eine Seite, die sich als "Hexe" erweist und der Vater verehrt irgendein irreales Frauenbild.

Die inneren Bilder geben in der Gesamtdynamik enormen Druck auf das Ich, ob Mann oder Frau. Was der Mann aussen lebt, ist das Ergebnis dieses inneren Kräftespiels. Das gilt umgekehrt auch für die Frau. Reale innere Bilder und Ideale erzeugen Gegensatzspannungen. Jeder Mensch unterliegt den Kräften der Projektion, die aussen das suchen, was innen ist.
Die Frau findet dann einen Mann, der zum Beispiel einerseits ein Knabe ist und anderseits der "Macho". Was die Frau aussen ist, zum Beispiel ein kleines Mädchen und eine hervorragende Mutter, hat innen und im Partner eine Gegendynamik, die gleichsam das psycho-energetisch geladene Muster der Lebensverwirklichung darstellt.

Auch das Über-Ich bewegt sich in einer dynamischen, teils gegensätzlichen Vielfalt. Was das Kind tausendmal von Eltern und Lehrern gehört hat, ab Geburt bis zum zwanzigsten Lebensjahr, beeinflusst das Ich ein Leben lang, wenn es nicht verändert wird. Manche reproduzieren diese Stimme zwanghaft ein Leben lang.

Andere stellen sich dazu in eine starre Opposition. Normen, Verbote, Strafmuster und richterliches Gebaren sind nicht stark, weil sie gedanklich durchgearbeitet sind, sondern weil die Lebenserfahrungen diese emotional einprägsam im Unbewussten verankert haben. Der strafende und gleichzeitig gütige Gott, zu dem manch einer betet, ist nur das aufgenommene Bild, nie Gott. Das Bild im Innern wird angebetet. Und die Angst ist die Angst vor der psychischen Dynamik dieses Bildes.

Das ist die Realität der weitgehend praktizierten Religion. Vieles muss da in diesem Raum neu möbliert werden. Dabei ist es nicht Ziel, all die Götzen gleichsam vom Sockel zu fegen. Vielmehr geht es darum, diese durch neue angemessene Bilder zu ersetzen. Manches mag sich als gut und richtig erweisen. Das gilt es zu bewahren und zu fördern. Die Träume weisen da den Weg. Die Liebeskraft gestaltet diese normative Welt mit. Dies nennen wir bewusste Gewissensbildung.

Jeder hat seine Vorurteile, Meinungen, Einstellungen und Überzeugungen. Einiges zeigt sich im Denken bzw. Reden. Warum lassen sich diese meistens nicht ändern durch Analysieren und rationales Klären? Was aussen sich zeigt, hat im Unbewussten ein lebendiges, emotional geladenes Bild. Viele Einstellungen sind nicht das Ergebnis eines Denkprozesses, sondern schlicht eine Einprägung durch Lebenserfahrungen. Manches hat jeder von seinen Eltern übernommen. Vieles hat das tägliche Leben in diesen inneren Erfahrungsraum gestellt. Die Schule, die Kirche, die Parteien, das gesellschaftliche Leben, der Arbeitsplatz, die Freizeit und vor allem auch die Fernsehkanäle sind wesentliche Schöpfer solcher Bilder. Farben, Kleiderpracht, Musik und gefühlvolle Äusserungen sind die Kräfte, die prägend wirken. Eindrucksvolle Bilder, Filme, Ereignisse und Gegebenheiten verankern sich bildhaft im Unbewussten, dies schon ab frühester Kindheit.

Die allgemeinen Lebenserfahrungen bestimmen und prägen eigentlich den gesamten Lebensverlauf, wenn an diesen Bildern nichts geändert wird. Die Bilder wollen im äusseren Leben reproduziert werden. Das ist ein Prinzip der psychoenergetischen Dynamik des Unbewussten. Dabei lassen wir die sog. "Komplexe" ausser Acht.

Die Psychoanalyse orientiert sich vor allem an diesen Komplexen. Denn sie haben einen besonders störenden oder krankmachenden Einfluss. In der Individuation aber geht es immer grundlegend um alle Bilder. Das Ich hat zu entscheiden, welche Möblierung es haben will. Tief versteckt, quasi in geheimen Räumen, kann der Mensch viele eigene Kräfte, gute Wünsche und wertvolle Möglichkeiten entdecken. Diese sind aus ihren "Mottenkisten" zu befreien. Sie sind zu pflegen, zu schützen und wachsen zu lassen.

In der Bearbeitung des unbewussten Inventars ist auch das Denken gefordert. Die Gefühle sind gewissermassen ein Messinstrument der Bedeutung solcher Bilder. Die Verarbeitung leidvoller Erfahrungen stärkt die Liebeskraft. Die Integration der Grundbedürfnisse ist oft eine Folge der Versöhnung mit der eigenen Geschichte. Diese Arbeit mit dem Unbewussten nennt man auch "Psycho-Katharsis".

Reden ist ein Ausdruck des Denkens und der Wahrnehmung. Viele Menschen reden so schnell, dass man eigentlich Zweifel haben muss, ob sie tatsächlich so schnell, vor allem in Neuland, denken können. Das kann jeder schon beim Telefonieren erkennen. Kleine Protokolle über das eigene Reden und Zuhören können zu "Aha-Erlebnissen" führen. Denken über psychische Systeme geht sehr langsam vor sich. Denn das ist Neuland. Ebenso ist die Wahrnehmung langsam und kritisch konzentriert zu pflegen. Nur so kann man sehen, was man vorher nicht gesehen hat. Das ist vor allem auch für zwischenmenschliche Beziehungen sehr bereichernd.

Es ist eine peinliche Erfahrung, die wohl jeder machen muss: "Ich habe nicht hingeschaut und ich habe nichts gedacht". Das bewegt das Ich. Doch nur ein "glühendes Eisen kann geschmiedet werden". Plötzlich geht viel Nebel weg. Man sieht klar, wie die Menschen nicht sehen und nicht denken, oder falsch denken und vor allem unüberlegt wertend reden.

Man mag dann nicht mehr soviel reden. Denn das, was die Menschen reden, wenn sie zusammen sind, ist meist leer. Wozu reden sie dies und das? Warum erzählen sie einander diese oder jene Geschichte? Was ist der Inhalt der Gespräche an Stammtischen in den Beizen? Was redet Mann mit Frau und Frau mit Mann? Schuppen fallen dem von den Augen, der über einige Zeit beobachtend und als Beteiligter Protokolle schreibt.

Gefühle werden von verschiedenen anderen psychischen Subsystemen aktiviert. Auch die Aussenwelt schafft viele Gefühle. Der Mensch ist da mehrheitlich ziemlich hilflos. Man hat halt so seine Gefühle. Die Befriedigung von "Quasi-Bedürfnissen" ist ein Versuch, Gefühle zu überdecken und zu beruhigen.
Die Gefühle sind die wichtigsten Barometer, um Kräfte identifizieren zu können. Wie der Schmerz, der immer sagen will, dass hier oder dort etwas nicht gut ist. Würden die Menschen ihre täglichen Gefühle als Musik hören, dann würden sie bestimmt diese CD abstellen wollen. Es würde sie "verrückt" machen.

Gefühle sind ein Hinweis auf bestimmte andere Kräfte. Naheliegend ist es somit, immer wieder die eigenen Gefühle genau zu erfassen und zu untersuchen. Warum bin ich traurig? Was hat mich aggressiv gestimmt? Woher kommt diese Stimmung der Leere? Warum bin ich jetzt froh? Was macht mich unzufrieden? Warum habe ich keine Hoffnung? Was bedrückt mich seit Monaten oder Jahren sosehr? Warum erlebe ich Gefühle der Peinlichkeit, wenn ich sexuelle Lust verspüre? Warum zeige ich jedem immer gleich jedes Gefühl, das ich habe? Warum lasse ich mich von Gefühlsstimmungen anderer "anstecken"? Solche Fragen öffnen die Türe zu einer Klärung. Mit der Zeit werden dann die Gefühle zu einer lebbaren Musik, echt und tief, ausgeglichen und positiv.

Wer fragt sich schon "Was sind eigentlich meine Grundbedürfnisse?" Oder: "Wie gehe ich mit meinen Grundbedürfnissen um?"

Wohl jeder wird da erkennen können, dass er täglich "Quasi-Bedürfnisse" befriedigt, aber wesentlich tiefer liegende Bedürfnisse übergeht. Wie erfüllt sich sein Bedürfnis nach Liebe? Das ist eine "heisse" Frage. Sie bringt das Eisen schnell zum Glühen, wer ehrlich und vorbehaltlos in diese Tiefen schaut. Dieses Bedürfnis muss geformt werden und benötigt einen differenziert bewusst gepflegten Umgang. Die Grundbedürfnisse lassen viele Fragen fomulieren.

Auch in Träumen melden sich die Bedürfnisse. Meist zeigt es sich da, wie der Mensch Bedürfnisse befriedigt. Ein zentrales Bedürfnis ist die Selbstaktualisierung. Wir können das auch bezeichnen als "ganz sich selbst sein" und das leben, was von innen leben will aus der Kraft der Liebe. Sehr belebend ist es auch, wenn man etwas genauer hinschaut, welche "Quasi--Bedürfnisse" dominant sind:

Ferien, Besuche, Ausgehen, Alkohol und Essen im Übermass, Ausfahren mit dem Auto, Sensationserfahrungen, Reden über andere, Fernsehkonsum, Kapitalproduktion, Macht, Geltungsdrang und vieles mehr. Um die hier verborgenen Kräfte verstehen zu können, muss man über längere Zeit sein tägliches Leben gegen Abend noch einmal betrachten. So kann die Erfüllung von Grund-Bedürfnissen erlernt werden.

Das Ich kann sich selbst reflektieren: Wie sehe ich mich selbst? Wie möchte ich sein (Ideal-Ich)? Bin ich wirklich der, den ich meine zu sein? "Kleider machen Leute" und Kapital kann das Ich vergrössern. Die heikle Frage an das Ich heisst nicht "Wie schwach bin ich?", sondern: "Was habe ich im Leben wirklich geleistet, was für die Liebe und den Geist von Bedeutung ist?" Es ist eine völlig falsche Orientierung vieler psychotherapeutischer Bemühungen, das Ich durch emotionale Zuwendung zu stärken.

Das Ich soll sich selbst stärken lernen dadurch, dass es lernt, etwas zu leisten. Es ist schon richtig, wenn der Mensch zuerst sieht, dass sein Ich objektiv einen sehr kleinen Wert hat. Die Menschen haben eine echte Schuld und ein objektiv kleines Ich. Das sollte die Psychotherapie ernst nehmen und nicht hintenrum mit diesem "Schwur der Verdeckung" kollaborieren. Es ist eine Tatsache, dass das Ich gegen Gott ankämpft, das Leben behindert, wenig liebesfähig ist, rundum eine Lebenslüge lebt und viele Götzen anbetet. Da hinab, in diese Tiefen muss der Mensch steigen, will er den Prozess der Individuation meistern.

Das Ich muss zuerst anerkennen, dass es abwehrt, verdrängt, übergeht, projiziert, agiert, regrediert, entstellt und verwischt, immer nur um sich seiner Lebenswirklichkeit nicht stellen zu müssen. Die Fernsehkanäle berichten täglich anschaulich und lebendig über die Folgen. Die Krankenkassenprämien und die Höhe der Steuerbelastungen sind auch ein Gradmesser über den Schaden, der durch die Ignoranz der Menschen bewirkt wird. Leicht kann der Nachweis erbracht werden, dass die enorme Schadensliste mit den psychischen Kräften eines jeden einzelnen zu tun hat. Die Kirchen als "Hort des Friedens" haben nicht die Schlüssel zur Lösung dieser Lage.

Die Kraft der Liebe verwechseln die meisten Menschen mit dem Grad ihres Lustempfindens. Doch die Tragfähigkeit der Liebe erweist sich im individuellen und gesellschaftlichen Leben als ziemlich schwach. Manche meinen, dass die Treue zu einer Ideologie und zu einer dogmatischen Lehre, Ausdruck der Liebe sei.

Doch da fehlen praktisch alle psychischen Subsysteme, vor allem fast überall der Geist. Nur im Verbund mit allen Kräften kann die Liebe wirklich wachsen. Es ist deshalb eine etwas gar vereinfachte Vorstellung, diese Kraft im Herzen anzusiedeln. Symbolisch aber trifft das Bild vollends zu: Das Herz ist ein entscheidendes Organ für das Leben des Körpers. Gleichzeitig besagt das Symbolbild, dass eben die andern Organe auch lebensnotwendig sind.

Darum bringt die Liebe ohne Denken nichts. Sie ist wenig wert, wenn das Unbewusste als Gegenspieler wirkt und ihr fehlt die Substanz, wenn der Geist schweigen muss. Jeder Schritt auf dem Weg der Individuation stärkt die Liebeskraft. Das ist ein Prinzip und das ist auch nötig. Ohne die Liebeskraft schafft der Mensch diese Reise nie. Er muss versöhnen und verarbeiten. Er muss verstehen und akzeptieren lernen. Er muss über seinen Stolz hinaus gehen, sein Ich annehmen, eben so wie es ist. Er muss Demut lernen und sein psychisches Leben wichtiger nehmen als alle Götzen. Dadurch wächst die Liebe. Und gleichzeitig ist dieser Prozess nur möglich durch die Kraft der Liebe.

Die Träume führen durch all diese Erfahrungen hindurch. Die Träume informieren nicht nur, sondern formen auch direkt das psychische Material um. Sie zeichnen den Weg in die Zukunft. Aus den Träumen ergeben sich die Hauptwandlungen. In der Esoterik nennt man dies "sterben und neu werden".

Mit diesen Beschäftigungen beginnt allmählich ein neuer Mensch sich innen aufzubauen. Das ist Hoffnung. Durch all die Erziehungsprozesse, Sozialisation und Enkulturation hindurch kann das psychische System "ab ovo" neu aufgebaut werden. Das bezweckt die Individuation.

Das ist das Entscheidende. Damit geht dieser Prozess weit über das hinaus, was die humanistische Psychologie an Wachstumsbotschaft vermittelt.

Sind alle psychischen Kräfte durch den Prozess von "Sterben und neu werden" in Wandlung gekommen, dann folgt der nächste bedeutende Wandlungsprozess. Dieser besteht in der Auflösung der inneren Gegensätze. In jedem Subsystem müssen diese Gegensätze im Zusammenspiel mit dem

Ich aufgelöst werden. Insbesondere aber erweisen sich die Gegensätze im Unbewussten als äusserst stark und damit als eine zentrale Aufgabe. Es heisst: "wie innen, so aussen". Das gilt besonders für das Unbewusste. Die inneren Bilder über Mann und Frau formen den äusseren Menschen. Auch hier sind Gegensätze aufzulösen. Der Prozess der Auflösung aller gegeneinander wirkenden Kräfte vollzieht sich in kleinen Schritten.

Immer wieder wollen die alten Kräfte Oberhand gewinnen. Die neuen Kräfte sind stetig zu "nähren", zu pflegen, zu schützen, zu stärken. Das geschieht durch das Training im Alltag. Was innen erarbeitet wird, muss aussen im Leben trainiert und umgesetzt werden. Der Neuaufbau ist immer zentriert in dem, was der Geist durch Träume gestaltet und aufbaut. Irgendwann sind dann das Bildmaterial im Unbewussten, die Liebeskraft und die Kräfte der andern Subsysteme gewissermassen "ins Lot" gebracht.

Die Vereinigung der Gegensätze ist vollzogen. Das Ich kann jetzt mit allen psychischen Subsystemen vielseitig ausgewogen kooperativ das Leben gestalten. Gefühle stehen nicht mehr in Opposition zum Denken. Das Unbewusste ist nicht mehr eine störende Gegenkraft gegen das Ich. Das Männliche ist ausgewogen dynamisch zum Weiblichen (Jung 1972, 175, 473). Die Grundbedürfnisse sind integriert und werden, soweit wie möglich, in der täglichen Lebensführung berücksichtigt. Die Liebeskraft ist gewachsen.

Es versteht sich, dass durch die Auflösung der inneren Gegensätze sich die destruktiven Kräfte auflösen. Der Mensch lebt jetzt im Kräftespiel des entfalteten Lebenstriebes, Geltung und Herrschaft, Kämpfen und Objektfixierungen sowie "inzestuöse" Einheitssehnsucht haben keine Kraft mehr, sich durchzusetzen. Diese aufbauende Dynamik ist die Dynamik des vollumfassend gesunden psychischen Lebens.

So geht die zweite Phase dem Abschluss entgegen. Die Träume können dieses Ergebnis harter Bemühungen vielseitig "rückmelden". Manchmal wird im Traum diese Vereinigung mit einer Hochzeit dargestellt, oder zum Beispiel mit einem Einswerden mit der Sonne. Es sind verschiedene Bilder der umfassend harmonisch funktionierenden Kräfte möglich.

Der Mensch hat mit dem Abschluss der zweiten Phase seine innere Harmonie gefunden. Verschiedene Yantras widerspiegeln dieses harmonische Zusammenspiel. Mandala's aller Art können ebenfalls als Ausdruck der Auflösung aller Gegensätze gelten (Jung 1968).

Jedes psychische Subsystem hat seine eigene Zentrierung gefunden und alle einzelnen Systeme haben ihren angemessenen Platz in der lebendigen psychischen Wirklichkeit gefunden.

Doch die Kräfte sind noch jung und wenig gefestigt. Die Konsequenzen dieses Zustandes sind dem Ich noch nicht voll bewusst bzw. haben noch keine umfassende Relevanz für das Leben erhalten. Die Harmonie des Kräftespiels muss sich erst festigen.

Ist das Leben in der zweiten Phase stark innen-zentriert aktiv, so kann der Mensch jetzt allmählich mehr und mehr nach aussen sich öffnen und das leben, was er geworden ist.

1.4. Die dritte Phase der Individuation

Die Wandlungsprozesse: Vom alten zum neuen Regierungsprinzip; Einklang zwischen innen und aussen sowie Vollzug der Einheit aller psychischen Kräfte zur Ganzheit.

Das Ich hat die vielseitig ausgewogene Integration der psychischen Kräfte mit dem Abschluss der zweiten Phase erreicht. Das bedeutet aber noch nicht, dass die psychischen Kräfte vollständig gewandelt sind. Auch werden sich in der zunehmenden Orientierung auf das Aussenleben manche alten Kräfte wiederbeleben. Gewohnheiten und alte Muster, der noch immer gleiche äussere Lebensraum und die Bedingungen der äusseren Determinanten haben eine starke Wirkung auf den Menschen. Manche einzelnen Kräfte sind nochmals durchzuarbeiten.

Das innere Sein ist mit der Lebenswirklichkeit konfrontiert. Diese Lebenswirklichkeit kann wie ein Schock wirken: Die Menschen sind sehr weit entfernt von diesem inneren Zustand. Die Religionen lehren Mythen. Sie lehren an dem vorbei, was der Mensch innen ist. Politiker geben sich als Menschenführer aus, ohne dass einer sein vollständiges Menschsein geschaffen hätte. Die Psychologie ist die Wissenschaft über die Psyche. Doch da gibt es nur wenig, was der zweiten Stufe der Individuation entspricht. Die Philosophie hat das innere Menschsein längst verloren. Und die Pädagogik ist in dieser Hinsicht ziemlich oberflächlich.

Die Menschen bauen babylonische Türme, doch innen bauen sie nichts. Die Menschen "nähren" sich aussen. Sie holen sich ihre Lebensnahrung in Objekten, Ideologien und Dogmen. Sie sprechen Wände an und kennen die Kommunikation mit dem inneren Geist nicht. Die Menschen leben ihre skurrilen Konstruktionen. Sie bauen sich ihre Lebenslügen immer komplizierter aus. Das bedroht das Ich in der Individuation und belastet die neu gewordene harmonische Integration der Kräfte enorm.

Die neue harmonische Dynamik des Zusammenspiels der psychischen Kräfte enthält etwas wie ein inneres "Regierungsprinzip". Charakteristisch ist dabei, dass gewissermassen der "Chef" eines jeden psychischen Subsystems zusammen mit den andern an einem runden Tisch sitzt. Das Ich hat dabei die Führung zu übernehmen. Immer gemeinsam wird entschieden, wie der neue Mensch zu leben hat. Jeder "Chef" hat sein Mitsprache- und Mitbestimmungsrecht.

Kein psychisches System darf vernachlässigt oder gar unterdrückt werden. Dabei melden sich immer wieder alte Kräfte, vor allem aus dem Über-Ich. Aber auch alte Denkmuster und Handlungsgewohnheiten wollen dominieren. Der Kampf der Mächte ist hier noch nicht abgeschlossen. Was dreissig, vierzig oder fünfzig Jahre gelebt hat, kann kein Mensch innert Tagen völlig wandeln. Das Ich muss darüber hinaus Kompromisse mit den Bedingungen des täglichen Lebens eingehen.

In diesem Spannungsfeld hat das Ich zu lernen, wie die innere "Demokratie" funktioniert und im Leben zum Tragen kommen kann. Das neue Regierungsprinzip ist erst zu festigen. Diese Kraft muss ausdifferenziert werden. Dann kommt die Zeit, in der auch in schwierigen und belastenden Situationen dieses neue Regierungsprinzip das Leben aus den eigenen Mustern zu meistern vermag. Damit ist der erste Schritt in der dritten Phase abgeschlossen. Der neue Kapitän hat das Steuer fest in der Hand und führt auf sicherem Kurs auf seiner Lebensreise.

Nach diesem Schritt kommt die eigentliche Durchsetzung des neuen Menschen im täglichen Leben. Innen und Aussen sind in Einklang zu bringen. Das hat in allen Lebensbereichen deutliche Konsequenzen. Die persönliche Beziehung zum Lebenspartner oder Freund gestaltet sich wechselseitig aus diesem Innenleben. Die Freizeit ist der Raum, wo viele kreative Kräfte einen persönlichen Ausdruck finden können. Der Beruf steht nicht neben dem Menschen.

Die Arbeit selbst und vor allem Beziehungen am Arbeitsplatz erhalten eine innere Resonanz. Die Beziehung zur Arbeit ist lebendig. Da geht es nicht mehr bloss um "Geldverdienen" oder um Ansehen oder um Karriere. Ob Arbeiter, Angestellter, Geschäftsmann (-frau) oder Freiberuflicher: immer ist die Arbeit ein Teil des Lebensausdruckes. Da sind ganz unterschiedliche Ausprägungen möglich. Wir können dies hier nicht festlegen.

Jeder einzelne, der in der dritten Phase der Individuation lebt, wird sich seinen Ausdruck gestalten lernen. Auch die soziale und politische Arbeit erhält in dieser Rückbindung eine neue Tiefe und vor allem neue Ausdrucksformen.

Man kann sich eigentlich nichts Wertvolleres für eine Gesellschaft wünschen, als Politiker, die aus ihrer inneren Verwurzelung ihre Verantwortung wahrnehmen. Wissenschaftler, besonders im Bereich der Sozialwissenschaften, sowie Lehrer aller Schulstufen und Schultypen könnten in dieser Art Menschenzentrierung arbeiten. Die Gestaltung des persönlichen Lebensraumes, das Wohnen ebenso wie die Ferien, erhalten eine völlig neue Ausprägung. Im Laufe vieler Monate wird sich dieses neue Regierungsprinzip im persönlichen Leben durchsetzen. Das Leben wird umfassend zu einem Ausdruck des neuen Menschen. Damit ist dieser zweite Schritt erarbeitet.

Im letzten Abschnitt der dritten Phase erlebt der Mensch sich selbst zunehmend als eine innen zentrierte Ganzheit und Einheit. Der Kreis ist geschlossen und dennoch immer offen gegen aussen. Der Mensch erlebt sich als ein lebendiges Abbild des höchsten Archetypus. Er ist die Verwirklichung seiner Ursprünglichkeit geworden. Er hat alles in sich gefunden und geformt, was das Leben innen ist. Der Mensch ist darin die Verwirklichung dessen, was Religionen in Worten lehren und viele Mythen über den Menschen bildhaft zeichnen. Da gibt es nichts zu "glauben". Da ist die Wahrheit über den Menschen lebendige Inkarnation. Das ist das wahrhafte "Erleuchtet-sein". Doch der Individuierte leuchtet nicht. Er kann keine Wunder vollbringen. Er will nicht Macht zur Herrschaft.

Dieses neue Sein kann man als wahrhaftige Gotteserfahrung bezeichnen. Erst in diesem Zustand und Bewusstsein kann der Mensch wirklich verstehen, was es bedeutet, ein "Gottes-Mensch" zu sein, die "Wahrheit" zu leben oder ein "lebendiges Abbild von Gott" zu sein. Solche Erfahrungen über das ursprüngliche Menschsein kann kein Mensch "machen". Er hat den Weg zu gehen, bis er diesen psychisch-geistigen Zustand des Einsseins und Ganzseins geworden ist. Was an "Erleuchteten" in der Welt feilgeboten wird, erweist sich gegenüber solchen Erfahrungen als leere Hülsen.

Man muss nicht in ein Kloster gehen, um diese Stufe des Menschseins zu erlangen. Das höchste Erleben der (echten) Mystiker muss nicht gesucht werden in einsamen Waldhütten, frei von Sex und unter Verzicht auf Güter. Das mag früher eine Form gewesen sein, diese Stufe zu erreichen. Heute aber sind diese Prozesse in der Welt zu vollziehen und in die Welt hineinzutragen mit den Möglichkeiten von heute. Die Tragweite dieses Seins und Wissens ist enorm. Wo sind die Menschen, die das leben wollen?

Es ist nicht möglich, die Erfahrungen in der dritten Stufe derart konkret zu skizzieren, dass sie für alle Menschen, die diesen Prozess durchlaufen, Gültigkeit haben könnten.

Wie auch? Das Wachstum geht bestimmt in die Richtung des Lebenssymbols bis eben zu diesem Ziel. Als lebendiges Abbild des höchsten Archetypus soll der individuierte Mensch leben. Kann er das nach Jahren des Trainings, dann hat er das Ziel erreicht. Er hat alle wesentlichen Grundfragen durch seinen inneren Geist klären können.

Nun ist die dritte Phase der Individuation abgeschlossen. Der Mensch ist ein "individuierter Mensch". Er hat seine Selbsterfüllung vollumfänglich gefunden. Das Leben des Individuierten bleibt, was das Leben des Menschen eben ist: irdisch. Dazu gehören die alltäglichen banalen Dinge. Keine Krone krönt den Individuierten. Kein Kleid präsentiert ihn machtvoll erhaben. Kein Aktienpaket macht ihn zum "Macher" der Wirtschaftspolitik. Keine politischen Kompetenzen geben ihm die Möglichkeit, Gesetze für die Menschen zu erlassen. Er kann nicht kämpfen.

Der Vollzug der Individuation ist das letzte Argument, dass dieser Weg der einzig wahre Weg zum Menschsein ist. Zwar sind die psychologischen Grundlagen klar und eindeutig. Die einzelnen Prozesse sind selbstverständlich und diskutierbar. Doch die transzendentale Bedeutung lässt sich wissenschaftlich nicht "messen", nur geisteswissenschaftlich erschliessen. Die Liebe leben aus dem Ziel der Individuation darf wohl als die höchste Form der Liebe bezeichnet werden. Wer diesen inneren Weg nicht geht, hat immer nur äussere Vorstellungen über diese Wandlungsprozesse und über das psychisch-geistige Mensch-sein.

Durch den inneren Vollzug der Individuation kann umfassend bestimmt werden, was mit "Transzendenz" gemeint ist. Jeder Versuch, die Transzendenz zu deuten bzw. zu definieren ausserhalb der Erfahrungen aller Wandlungsprozesse bleibt rein metaphysisch und damit spekulativ bis illusionär. Wir können verschiedene Dimensionen der Transzendenz unterscheiden.

Eine erste zentrale Erfahrung ist, dass im psychischen System eine geistige Intelligenz durch Träume und in der Imagination wirkt.

Allein diese geistige Kraft weiss, wie der Prozess der Individuation verlaufen muss. Dieser Geist hat seine eigenen Werte und seine eigene Sprache. Der Geist ist mehr als eine psychische Kraft wie zum Beispiel die Intelligenz. Der Geist übersteigt das irdische Leben und hat damit Zugang zur jenseitigen Wirklichkeit. Der Geist ist ein Aspekt von Gott. Die systematische Traumarbeit führt zu dieser Erfahrung. Deshalb ist dies die erste grundlegende transzendentale Erfahrung.

Eine zweite Erfahrung der Transzendenz ergibt sich durch das Wachstum der Kraft der Liebe. Die Liebe übersteigt das Denken nach der Nützlichkeit. Die Liebe überwindet die Logik und die Dynamik der psychischen Kräfte. Die Liebe ist auf "höhere" Interessen ausgerichtet, nämlich auf die Integration allen Lebens zu einer Einheit und Ganzheit. Durch allen Hass und Neid hindurch vermag diese Kraft der Liebe, das Leben wiederzufinden, zu schützen, zu pflegen und zu entfalten. Insofern ist die Kraft der Liebe transzendent. (Ansonsten wäre sie bloss "drive" und würde damit ins Subsystem der Bedürfnisse eingeordnet werden müssen.). Wer diese Art der Liebe in sich erfährt und leben kann, erlebt "transzendentale Erfahrung".

Die dritte Art der transzendentalen Erfahrung kann bezeichnet werden als das "Erleben von Archetypen". Der Weg dazu ist die Kontemplation, d.h. das sich Hineinversetzen in einen Grundarchetypus. Das Lebenssymbol gilt als der Haupt-Archetypus. Rituelle Praktiken mit diesem Archetypus, auch mit andern Archetypen, sind weitere innere Erfahrungen über diese Wirklichkeit. Der Archetypus ist dabei gewissermassen die Türe, die in eine andere Wirklichkeit führt, wer sie zu öffnen weiss (vgl. Schellhammer 1986 und 1987).

Die vierte Art der transzendentalen Erfahrung sind die Hauptprozesse der Individuation. Wer diese vollzieht, erlebt nicht bloss eine psychische Prozedur, sondern eine andere Wirklichkeit. Er erfährt dabei die "Geheimnisse des Lebens", die sich nur durch den Vollzug der Individuation offenbaren. Wir können das an einem Bild veranschaulichen:

Das Unbewusste ist wie ein Gefäss voll Wasser. Der Inhalt trübt den Blick und ist gleichzeitig eben schlechtes Lebenselixier. Die Katharsis dieses Wassers ist dann nicht nur ein Erleben, sondern nach Vollzug ein geklärtes Wasser. Dies ist eine andere Wirklichkeit. Auch dieses Erleben bezeichnen wir als transzendentale Erfahrung. Das "geklärte Wasser" ist das Sein dieser transzendentalen Erfahrung.

Die fünfte Art der transzendentalen Erfahrung ist das Ziel der Individuation. Wer dieses Ziel erreicht hat, erlebt in sich ein völlig neues Menschsein, das nicht bloss aus der "renovierten Psyche" besteht, sondern sich ergibt aus dem Erleben der allseitigen Verbundenheit. Durch die Individuation wird der Mensch ein lebendiges Abbild des höchsten Archetypus. Dieser aber ist anderseits auch ein Abbild von Gott. Näher bei Gott kann kein Mensch sein. Nur der Vollzug der Individuation ermöglicht es, so nahe zu erfahren, was Gott ist und so nahe bei Gott zu sein. Die kontemplative Erfahrung allein erreicht diese Seinstiefe nie. Das, was der Mensch hier geworden ist, ist ein Teil des transzendentalen göttlichen Seins.

Eine sechste Form der transzendentalen Erfahrung ist die Erfahrung des eigenen psychisch-geistigen Standortes in der jenseitigen Welt sowie die Erfahrungen über die Organisation der "Seelenwelt". Spiritisten behaupten, sie hätten Kontakte zum Jenseits. Der Verfasser hat viele hundert solche spiritistischen Sitzungen selbst als Medium durchgeführt, zudem zahlreiche Astralreisen experimentell unternommen und die Erfahrungen in den Kontext mit der Individuation überprüft. Es kann hier nicht der Ort sein, darauf näher einzutreten.

Unsere Folgerungen sind: Das meiste, das sog. "Medien" erfahren, hat nichts zu tun mit transzendentalen Erlebnissen, sondern mit dem persönlichen und kollektiven Unbewussten. Uns scheint, der einzige verlässliche Garant für verlässliche Informationen über das ewige Sein des Menschen und allenfalls über die Organisation des Seelenreiches im Kosmos sind die Träume. Doch diese berichten nur und erst darüber, wenn es für diesen Menschen eine besondere Bedeutung hat, über solches Wissen zu verfügen.

Tatsache ist natürlich, dass alle diese transzendentalen Erfahrungen weder "Entzücken", noch "Ekstase", noch "Glückseligkeit" vermitteln. Überhaupt gibt es in der spirituellen, transpersonalen und transzendentalen Erleuchtungsszene eine Vielzahl an Begriffen, die hohl und pompös sind. Was ist das "All-Bewusstsein"? Oder das "Essentielle der Seligkeit"? Oder das "Essentielle des Wunders"? Oder die "Transzendierung des Ichs"? Oder "Heiligung des Alltags"? Oder: "die auf's Höchste gesteigerte sinnliche Wahrnehmung" (vgl. Tart 1975; Assagioli 1992; Dürkheim 1976). Wir halten solche Begriffe für sehr gefährlich. Sie täuschen etwas vor mit ihren Formen des Superlativs. Sie sind rein emotional. Sie aktivieren diffuse Erwartungshaltungen. Sie sind nicht rückgebunden an die psychischen Teilsysteme. Sie sind Ausdruck eines äusserst narzisstischen und infantilen Ich's.

Die Individuation dagegen verliert sich nicht in Inflation. Da wird kein Ich "aufgeblasen" und schon gar nicht irgendetwas kompensiert oder verschoben. Die Erfahrungen in der Individuation sind tiefe, lebensnahe menschliche Herausforderungen. Sie verlangen eine hohe intellektuelle und emotionale Anstrengung zu ihrer Verarbeitung und Integration. Gibt es vielleicht eine andere, uns noch unbekannte Wirklichkeit, die jene Erfahrungen vermitteln, von denen manche "Erleuchtete" aus der "Trans-Szene" berichten? Nein; zumindest haben wir bei aller Akribie unserer Forschungsbemühungen nichts dergleichen gefunden.

Deshalb sagen wir entschieden: Es gibt kein "höheres" transzendentales Bewusstsein ausserhalb der Erfahrungen der Individuation. Die dritte Phase der Individuation ist Weg, Grundlage und Voraussetzung für sog. "höchste" transzendentale Erfahrungen. Alles andere ist nur Illusion und Schöngerede, Verblendung oder Phantasie, allenfalls metaphysische Spekulationen und gnostische "Suchbewegungen".

Diese Behauptungen – wir anerkennen, dass dies eine persönliche Stellungnahme ist – haben enorme Konsequenzen. Vieles auf dem psycho-esoterischen Markt erweist sich demzufolge als neurotische Fehlorientierung. Das Sektenwesen fällt völlig weg vom Tisch als wahrhafter Weg zum Menschsein und zu Gott.

Und die heikelste Frage ist: Wie kann eine Religion "Gott vertreten auf Erden", wenn sie den gesamten psychischen Organismus und damit den Prozess der Individuation nicht in ihre Lehren und Praktiken integriert hat? Was ist denn Religion überhaupt, wenn sie diesen psychischen Organismus nicht umfassend erfasst? Oder: Wie kann jemand "Priester" sein, ohne die Individuation vollzogen zu haben? Doch das sind Probleme, die hier nicht weiter aufgerollt werden können.

Mit dem Abschluss der Individuation ist der Mensch aus diesem Prozess "entlassen". Er trägt alles in sich, was das Leben zu geben vermag. Die "Psyche" ist dann das, was Jones zu klären versuchte unter der Frage "Gibt es eine normale Psyche?" (1978, 260). Mit der völlig "normalen" Psyche muss der Individuierte leben. Das muss er umsetzen. Er bleibt immer in Entfaltung. Das Wachstum hört mit diesem Tag gewiss nicht auf. Immer wieder muss er Psychohygiene betreiben, sein Unbewusstes erneuern und das Kräftespiel der psychischen Subsysteme auffrischen.

Das äussere Leben verlangt schliesslich auch die Erledigung der täglichen Dinge, Sartre meint: "Der Mensch ist verurteilt, frei zu sein" (1977, 16). Es gibt keine Freiheit ausserhalb dieser täglichen Selbstpflege. Es gibt auch keine Freiheit ausserhalb des psychischen Systems. Der individuierte Mensch hat die höchste Form der Freiheit erreicht, die ein Mensch haben und leben kann.

Manch einer mag da denken: "Und jetzt weg von diesem irdischen Chaos, weg zu einer Oase oder auf eine Insel". Doch das kann nicht sein. Der Individuierte hat in sich die psychich-geistige Evolution vollzogen. Das ist Thema der ganzen Menschheit. Es gibt keine Änderung der Masse ohne Veränderung des Individuums (Jung 1977, 71).

Es kommt für jeden Individuierten die Zeit, wo er zurück zu den Menschen muss: Damit andere Menschen aus dieser Kraft der Liebe schöpfen können für ihre eigene Individuation; damit Politik betrieben wird aus der Individuation; damit eine Gesellschaft aufgebaut wird, die aus dieser inneren Zentrierung sich organisiert; damit Philosophie, Psychologie und Pädagogik ihr Menschenbild erweitern; damit ein neues hoffnungsvolles Menschsein eine Chance erhält.

Die Andragogik befasst sich zentral mit der umfassenden Persönlichkeitsbildung. Die Individuation ist ihre Bildungskonzeption in der Zukunft. Darin sind die einzelnen Schritte der Selbsterkenntnis und Selbst-Bildung eingebettet. Damit übernimmt die Andragogik die höchste Verantwortung in der Menschenbildung.

Die Andragogen und Andragoginnen müssen allerdings erst noch gebildet und geformt werden, so dass sie diese Verantwortung tragen und professionell ausüben können. Viele können diese Chance zu einer grossen Pionierarbeit ergreifen: für eine hoffnungsvolle menschen-zentrierte pluralistisch-demokratische Gesellschaft.

Der moderne Held – Die moderne Heldin

Der moderne Held und die moderne Heldin, die von ihrem Alltagsleben sich aufmachen, werden angeregt, aufgefordert oder begeben sich freiwillig auf das Abenteuer. Zuerst begegnen sie dem Torwächter, der keinen durchlässt, der nicht wirklich die Lebenslügen aufdecken will. Demut und Entschlossenheit sind die Schlüssel, die das Tor öffnen. Dann, jenseits der Schwelle beginnen die "Kämpfe" und die "Prüfungen". Viele Schattenwesen stellen sich dem Helden und der Heldin entgegen. Denn zuerst will jeder nur das reproduzieren und für wahr halten, was er aufgenommen hat. Viele Kräfte drängen zurück, wollen alles entstellen und locken mit dem schnellen Glück. Von überall her rufen sanfte Stimmen: "Wir haben die Wahrheit. Bei uns sind die wahren Götter". Die dunklen Mächte tragen keine Hörner und der König keine Krone. Von überall her winken düstere Gestalten: "Komm, komm ...". Du suchst nach Wandlungen und wirst gebannt vom magischen Zauber vieler schöner Worte. Weisheiten müssen geschmiedet werden. Toren verkaufen sie als Marktartikel. Der instinkt- und egogebundene Verstand wird wahre Weisheit nie finden. Der Held und die Heldin können das Geheimnis des Grals nur enthüllen, wenn sie sich stets leiten lassen von der Kraft des Geistes. Das verlangt Kompetenzen: Fähigkeiten sind zu erlernen und zu verantworten. Am Ziel dieser Abenteuerreise ist die Seele des Helden und der Heldin eine Einheit: eins mit der Sonne. Das ist die wirkliche Freiheit. Das ist wahrhafte "Gottesverwirklichung".

Ideen entnommen aus alter Lieratur und neu für die Zukunft formuliert.

2. Die Handlungen des Menschen im Lebensraum

Handlungen und ihre Charakteristiken im Lebensraum

In den ersten Jahrzehnten des Behaviorismus ist "Verhalten" definiert worden als "jede psychische Aktivität" und somit grundsätzlich als von andern Beobachtern feststellbar. Heute werden auch Denken, Wollen, Erleben und Gefühle als Verhalten bezeichnet. Sogar das Bewusstsein wird heute als Gegenstandbereich der Verhaltenspsychologie begriffen (Dorsch 1987; Link u.a. 1986; Pervin 1993; Pawlik 1968; Kaufmann 1970).

Die Verhaltenspsychologie versteht sich zunehmend auch als Sozialpsychologie und Sozialforschung. Das menschliche Verhalten findet in der "ökologischen Psychologie" eine erweiterte Perspektive, basierend auf Lewin's Feldtheorie (Kaminski/Bellows 1981) sowie auf zahlreichen multidisziplinären Ansätzen (Kruse / Graumann / Lantermann 1990).

Wir verwenden zur Vermeidung von Missverständnissen hier den Begriff "Handlung" und meinen damit die ursprüngliche Bedeutung von "Verhalten". Während die Behavioristen das Verhalten als isolierbar betrachtet haben, ist für unser Verständnis der Handlungsraum und der psychische Regelkreis zum Begriff konstitutiv. Die Person handelt in einem Lebensraum und erlebt das Handeln immer zusammen mit dem Handlungsresultat. Das Handeln geschieht dabei im Verbund mit den innerpsychischen Kräften. Handlung als psychologischer Begriff – und nicht etwa als physiologischer Begriff – ist ein Konstruktbegriff (Systembegriff) und enthält somit theoretische Annahmen.

Diese Theorieimplikationen sind von der Sozialpsychologie, der Kognitionspsychologie, der Tiefenpsychologie und eben der ökologischen Psychologie weitgehend bestätigt. Die Prinzipien des Lernens sind charakteristisch für die Strukturdynamik unseres Systembegriffes "Handeln": das klassische Konditionieren, das operante und instrumentelle Konditionieren, das Lernen durch Regeln sowie das Lernen am Modell (Hilgard/Bower 1971, I, II). Bronfenbrenner (1979) beschreibt umfassend die dynamischen Kräfte des menschlichen Handelns, der menschlichen Entwicklung und des Lernens im ökologischen Verständnis, d.h. im Mesosystem, im Exosystem und im Makrosystem (Oerter 1987, 87-128).

Die Frage nach dem Menschen beginnt mit der Tatsache, dass wir uns selbst und andere in dieser Welt als Handelnde wahrnehmen. Da sind Menschen, die sind tätig und manchmal untätig. Sie bewegen sich auf diesem Planeten als handelnde Menschen. Der Mensch kann nicht im leeren Raum handeln. Der Mensch handelt immer in einer mehr oder weniger organisierten Welt, wenn wir hier von der Naturwelt absehen. Handeln ist Leben, wie auch immer dieses Tätigsein aussieht und wirkt. Das Handeln selbst können wir eigentlich nur erfassen als ein Handeln in einem Lebensraum.

Ist der Lebensraum relativ spezifisch strukturiert, so nennen wir diesen Raum "Lebenssystem" (Katz/Kahn 1966, 39-47). Ist der Lebensraum relativ unspezifisch, so sprechen wir von "Lebensraum" (in Anlehnung an Lewin 1963, 99). Lebensräume enthalten meist verschiedene Lebenssysteme. Ohne Lebenssysteme gibt es kein menschliches Leben.

Bronfenbrenner untersucht die menschliche Entwicklung in der Vernetzung mit Lebenssystemen. Er definiert: a) das Mikrosystem, d.h. der Lebensbereich des Menschen, in dem er tätig ist; b) das Mesosystem, d.h. die Lebensbereiche, in denen der Mensch tätig ist und ihre Wechselbeziehungen; c) das Exosystem, d.h. die Lebensbereiche, in denen der Mensch nicht tätig ist (nicht beteiligt ist), in denen aber Ereignisse stattfinden, die beeinflussen, was im Mikrosystem geschieht; und d) das Makrosystem, d.h. die formale und inhaltliche Ähnlichkeit der Mikro-, Meso- und Exosysteme in einer Gesellschaft (Bronfenbrenner 1989, 38, 41, 42, 59). Person-Strukturen werden in diesem Modell in eine Wechselbeziehung zu den Umwelt-Strukturen gesetzt. Wir vereinfachen unser Analysemodell, das in erster Linie praktischen Interessen (Selbsterkenntnis und Selbstbildung) dienen soll.

Nach Lewin enthält der jeweils gegenwärtige Lebensraum auch Ansichten des Individuums über seine Zukunft und Vergangenheit. Der Ausdruck des Gefühlserlebens, oft zukunftsgerichtet oder vergangenheitsgebunden, ist Teil der menschlichen Handlung: "Die psychische Vergangenheit und Zukunft stellen gleichzeitige Teile des psychischen Feldes dar." (Lewin 1963, 96). Elemente aus der Lebensgeschichte und ebenso zukunftsorientierte Hoffnung und Erwartung, d.h. wie das Individuum den gegenwärtigen und zukünftigen

Zustand des spezifischen Lebensraumes und seiner Handlung sieht, sind Bestandteile jedes Lebensfeldes. Zudem hat jeder Handlungsraum nebst der Zeitperspektive auch verschiedene mikro- und makroskopische Elemente (Lewin 1963, 93). Ein Lebenssystem enthält ferner einzelne Elemente (Variablen) oder Subsysteme. Für die Theorienbildung und ebenso für Handlungsstrategien der Innovation bzw. Handlungsveränderung werden dabei nur jene Faktoren berücksichtigt, die für das Handeln selbst eine konstitutive oder kausale Funktion haben.

Nach Miller, Galanter und Pribram (1991 bzw. 1964, 23-25, 116-120) liegen jedem Handeln ein Bild (d.h. ein Wissen von der Welt) und ein Plan (die Antizipierung der Umsetzung dieses Bildes) zugrunde. Bild und Plan werden zu Handlungen durch die Bewertung (Motivation, Wille; vgl. Lewin's Valenzparameter).

Aspekte von Handlungen sind dabei: Ursprung von Bild und Plan, Zeitspanne, Einzelheiten, Flexibilität, Geschwindigkeit, ins Bewusstsein rufen, Offenheit, Stop-Befehle, Sprache bzw. Bedeutungsvielfalt und die erkannten oder nicht-erkannten Alternativen. Bei aller Zerlegung des Handelns in seine Teile wollen wir im Auge behalten, was Miller, Galanter und Pribram markieren (1991, 207): "Das Leben ist mehr als ein Ding ... ist auch ein Prozess, der sich im Tun verwirklicht." Die Dynamik des Lebens selbst bewirkt Handlung. Das impliziert Lernprozesse und instinkthafte Aspekte des Verhaltens.

Es ist eine lapidare, aber dennoch entscheidende Tatsache, dass jeder Mensch als lebendige Einheit immer in einem und/oder mehreren Lebenssystemen handelt. Wir können also den Menschen als Persönlichkeit, sei es als psychisch-geistiges Individuum oder sei es als "Tierwesen" im Sinne der höchsten Stufe des organischen Lebens, nur erfassen und verstehen, wenn wir ihn in seinen Lebenssystemen als handelndes Individuum wahrnehmen (Lewin 1963, 168).

Unter "Handlung" verstehen wir: eine einfache oder komplexe Abfolge von Bewegungen, die ein Individuum in einem Lebenssystem ausführt (Dorsch 1991). Wir grenzen hier Handlungen in dem Sinne ein, dass ein unspezifisches Handeln, wie z.B. die Arme oder Füsse bewegen (das tut ja jeder gelegentlich unspezifisch) nicht als Untersuchungsgegenstand in Betracht fällt. Die Handlung kann ein explizites Ziel oder einfach implizite Wirkungen haben. Die Handlung selbst ist dabei rückgebunden an innerpsychische Kräfte wie Denken, Urteilen, Gefühle, Bedürfnisse, unbewusste Lebensmuster, Liebeskraft, Ich-Steuerungskräfte wie Wille und Abwehr, Traumkraft und Psychodynamik. Die innerpsychischen Systeme behandeln wir in den nachfolgenden Kapiteln. Mit den einzelnen innerpsychischen Systembegriffen stellen wir die Brücke dazu her, ohne theoretisch und weiter differenzierend darauf einzutreten.

Aebli (1993, I, 83) baut seine Handlungstheorie auf den Bausteinen des Handelns auf: "Es sind die Bausteine des Handelns, die Handlungsschemata, die wiederholt ins Spiel treten ...

Die Wiederholung einer Handlung liegt dann vor, wenn zwei Episoden die gleiche Struktur haben". Solche Handlungsschemen sind: "wiederholbar, auf neue Aufgaben und auf neue Situationen übertragbar sowie durch seine im wiederholten Vollzug invariante Struktur definiert". Dazu gehört die Handlungssituation, d.h. der "Rahmen" ('frame'). Handlung ist "ein In-Beziehung-Setzen von Elementen im Hinblick auf ein Ziel" (ebenda, Band II, 13).

Aus dem Werk von Cranach (1980, 10-23) entnehmen wir: "... das Handeln (ist) ein System von Über- und Unterordnung einander zugeordneter grösserer und kleinerer Einheiten ...", in zeitlicher Abfolge sind das "Handlungsschritte", also "ein Weg von einem Ausgangspunkt zu einem Endpunkt". Als weitere Analyseebene gilt: "der hierarchische Aufbau einer Handlung". Auf einer weiteren Ebene ist das "subjektive Erleben" zu erfassen: "das Bewusstsein der Zielsetzung, der Planung und Kontrolle und der Absicht" ... "Ziele sind Gründe, die in der Zukunft liegen" ... "Planung setzt Ziele voraus" ... "Ziele richten die Handlungen, Pläne und Strategien kontrollieren ihre Ausführung" ... "Menschen handeln zielgerichtet und zielbewusst". Und wir ergänzen mit Eckensberger und Silbereisen (1980, 23-26): "Handlung (ist) eine zentrale psychologische Kategorie" ... Der Begriff "Handlung" setzt voraus, dass "der Mensch potentiell reflexiv ist und intentional auf die Umwelt bezogen handelt". Zehn Aspekte werden dazu vorgestellt.

Charakteristiken von Handlungen sind:

- Relativ stetig und gefestigt, begrenzt variabel
- Überwiegend langzeitlich veränderbar, erneuerbar, korrigierbar
- Teils bewusst, teils unbewusst; vom eigenen Bewusstsein zensurierbar
- Handlungen als Manöver für "geheime" Ziele sind verdeckbar und entstellbar
- Überwiegend komplex und vielschichtig
- Geformt worden in der Dynamik Mensch-Lebenssysteme (Lernprozesse)

Handlungen manifestieren Absichten, Zielrichtungen, Bedeutungen und enthalten einen Ausdruck vom psychischen Zustand (Meili/Steingrüber 1978, 41-42). Filipp bestimmt im "Allgemeinen Modell für die Analyse kritischer Lebensereignisse" folgende Merkmale (Filipp 1990, 10):

● Antezendenzmerkmale (vorgängige Erfahrungen)
● Personmerkmale
● Kontextmerkmale
● Ereignismerkmale
● Merkmale der unmittelbaren Auseinandersetzung (instrumentell, kognitiv)
● Effektmerkmale: Person, Kontext, Interaktionen
● Zeitachse (subjektive, objektive; Vergangenheit, Gegenwart, Zukunft)

Handlungen können ferner auf verschiedenen Ebenen analysiert werden: "Makro-, Meso- und Mikroebene" (Belschner/Keiser, in Filipp 1990, 178). Das menschliche Handeln kann und muss in einem komplexen Geflecht von verschiedenen Mikro-, Makro- und Sub-Systemen verstanden werden. Jedes einzelne Teilsystem hat seine Ganzheitlichkeit, Zielorientierung, Regelhaftigkeit, Rückkoppelung, Homöostase, Wandlungsstufen, Grenzen und sein "internes Erfahrungsmodell" (Schneewind, in: Oerter/Montada 1987, 976-980). Aebli erfasst mit seinen 16 Thesen zur Handlungstheorie einige spezifische Aspekte, die wir für die praktische Persönlichkeitsbildung (Problemlösungslernen) hier zurückstellen. Wir verweisen darauf mit Stichworten: Neustrukturierung aller Elemente in der Handlung; Naturgesetze und Kausalbeziehungen der Elemente; Zwischenziele; frei erzeugte oder nachkonstruierte Handlung (Aebli 1993, I, 87-95). Unter spezifischen Gesichtspunkten analysiert Aebli das eigentliche Problemlösen: Handlungsstrukturen, Denkprozesse und die Medien des Problemlösens, v.a. die Sprache (Aebli 1993, II, 13-82). Ein entscheidendes Element der Handlung ist auch der Lernzuwachs und seine Wirkung auf nachfolgende ähnliche Situationen.

Ein Systemmodell über Handlungssituationen impliziert theoretische Annahmen:

■ Jede Handlung geschieht in einem Lebenssystem.
■ Das Lebenssystem beeinflusst den Menschen, der die Handlung ausführt.
■ Das Lebenssystem beeinflusst direkt das Handeln im Sinne von Determinanten.
■ In jeder Handlung ist auch das Resultat bzw. das Ziel teilhaft.
■ Jede Handlung hat mit dem Resultat einen bestimmten Wert.
■ Das Handeln basiert auf einem Handlungsrepertoire aus früheren Situationen.
■ Das psychische System ist vieleitig an einer Handlung beteiligt.

■ Jede Handlung enthält implizit eine zukunftsorientierte Perspektive.

■ Durch die Zeitdimension erhält Vergangenheit und Zukunft eine Rückkoppelung.

Will man beim Menschen eine Handlung bewirken oder eine bestimmte Art Handlung verändern, so ist es unerlässlich, all diese Komponenten mit zu berücksichtigen. Anwendungsbereiche sind Marketing, Menschenführung, Innovation von Institutionen und ebenso die Persönlichkeitsbildung.

Auch das politische Handeln kann in diesem System erfasst werden. Andragogik und Pädagogik sowie ihre Diagnostik und Beratung können nicht allein innerpsychisch orientiert sein. Mensch und Lebenssystem sind ein Verbund, der im Leben eine Ganzheit bildet. Selbstverwirklichung und Wachstum sind nicht machbar ausserhalb der Ganzheit. Heckhausen und Oerter (1987, 681) setzen eine Handlung in den Kontext folgender Systeme: Umweltstruktur, Situation, Handlungsergebnis, Exekutive, Sollwert und Personstruktur. Unser Modell der "Handlungssituation" schliesst diese Teilsysteme mit ein.

Die hier erarbeitete Analyse des Themas "Handlungen des Menschen" ist subjektorientiert. Unser Konzept mag den Experten als einseitig ("naiv") erscheinen. Denn verschiedene durchaus bedeutungsvolle Aspekte haben wir weitgehend ausser Acht gelassen.

Wir verweisen da auf Stichworte wie "Interaktion", "Rollen", "Kommunikation", "Sozialisation", "Habitus" (Bourdieu 1974; 1979; 1984, 279), "situative Strukturmuster" (Deutungsmusteranalyse; vgl. Arnold 1985; Dewe 1988, 184 ff.) sowie "sozialwissenschaftliche-kulturtheoretische Ansätze". Im Interesse eines überschaubaren Umfanges müssen wir uns hier bescheiden und möchten diese Aspekte der Wissenschaft der Andragogik zur bildungsorientierten Bearbeitung empfehlen.

Unsere Bestimmung des Begriffs "Handlung" ist durch die Lebensnähe charakterisiert, enthält den manifesten Ablauf, das subjektive Erleben und die soziale Bedeutung, wie auch Cranach (1980, 29) beschreibt. Cranach bestimmt weitere Komponenten, die auch in unserem Modell gegeben sind: Bewusstheit, Zielgerichtetheit, Planung, Intentionalität, Anfang/Ende, Person- und Umweltkomponenten, Anstrengung und Qualität (motorische Fähigkeit), Wissen, informationstheoretischer Regelkreis, Bild über die Handlung, Plan bzw. Struktur im Bild, Wert, Kognitionen, persönlichkeitsformende Wirkung, Wille, Steuerung, Selbstausdruck, Regeln und Rollen (Selbstdarstellung). Jedem Handeln liegen psychische Prozesse zugrunde, die wir im Modell beim System "das psychische Leben" integriert haben.

Cranach listet folgende Komponeten als Klassifikation auf (1980, 77-99):

- Konkrete Handlung (Verlauf): zielgerichtet, bewusst geplant, beabsichtigt
- Interaktion/Kommunikation: bestimmte Arten von Handlungen
- Organisation der Handlung: kognitive und unterbewusste Selbstregulierung
- Objektive und subjektive Phänomene: von aussen sichtbar/subjektiv erlebt
- Anpassungsfunktion: innen-aussen Regulation
- Wissen
- Motivation und Emotion
- Soziale Kontrolle
- Werte und Attitüden

Wir schätzen die Bedeutung des Unbewussten hoch ein und referieren dieses Subsystem im entsprechenden Kapitel. U.E. unterschätzt Cranach dieses Subsystem, wenn er dieses nur in pathologischer Sicht gelten lässt (Cranach 1980, 29). Die Handlungen des Menschen sind entscheidend beeinflusst vom organisierten Lebenswissen im Unbewussten, bestehend überwiegend aus Bildern. Generell werden wir bei allen psychischen Subsystemen eine Brücke zu den Handlungen herstellen.

Es gibt viele Lebenssysteme und jedes Lebenssystem hat seine Subsysteme. Die Soziologie und Politologie mögen hierzu systematische Konzepte erstellen. Für unser Interesse genügt es, eine grobe Einteilung dieser Lebenssysteme nach dem Kriterium der thematisch engeren Verbundenheit einzelner Komponenten vorzunehmen. Jeder Mensch hat an den einzelnen Systemen unterschiedlichen persönlichen Anteil. Jedes System bietet Elemente, mit denen sich jeder Mensch seinen persönlichen Lebensraum gestaltet. Darüber hinaus steht jeder Mensch erweitert im gesamten Systemzusammenhang, sei es als passiver Zuschauer, sei es durch gelegentliche Handlungen, sei es durch die erweiterten Bedingungszusammenhänge seines persönlichen Lebensraumes.

In Anlehnung an "ANNO 709 o.R." (NHG 1973) können wir folgende Liste von bedeutenden Lebenssystemen erstellen (ohne bestimmte Reihenfolge):

- Persönliche Beziehungen
- Konsum, Güter
- Völker, Menschengruppen
- Schulen, Bildungsinstitutionen
- Beruf, Arbeit

- Wissen, Wissensträger
- Spiel, Sport, Hobby
- Kunst, Kultur
- Kapital
- Wohnraum
- Fremde Kulturen
- Allgemeine Umwelt
- bebauter Lebensraum
- Energie, Rohstoffe
- Verkehr, Transport
- Ethische bzw. moralische Systeme
- Abwasser, Abfall
- Sozialwesen
- Natur- und Tierwelt
- Staatsfinanzen
- Religion, spirituelle Institutionen
- Parteipolitik
- Gesundheitswesen
- Internationales
- Nationale Politik
- Friedenspolitik, Militär

"Lebensraum" erfasst bei Lewin den psychischen Lebensraum (d.h. die Person) und den realen Lebensraum des Menschen (1963, 99). Wir erschliessen damit den äusseren Lebensraum und betonen die Bedeutung im Sinne von Schütz/Luckmann (1991, 27): räumliche Gegebenheiten, körperliche Existenz anderer Menschen, Dinge der Aussenwelt, gegliederte Sozial- und Kulturwelt sowie alle möglichen Interaktionen Mensch-Mensch und Mensch-Lebenswelt.

Handlungen sind nach Schütz/Luckmann (1994, Bd.2, 14, 37-134) "Erfahrungsabläufe", Sie enthalten: Ziel, Motiv, Entwurf, Plan, Zeitstruktur, Sinn, Wille, Erfahrungs- bzw. Handlungsgrenzen, Interessen, eine gesellschaftliche Reichweite und Bedingungskonstellation, Wahl, Entscheidung, Bedingungen der Durchführbarkeit, eine Ablaufstruktur und einen Wissensvorrat. Handlungen basieren auf einer historischen (biographischen) Grundlage.

In sozialen Beziehungen ist das Handeln in der Reziprozität der einzelnen Komponenten zu interpretieren. Denken, Wirken und Arbeiten sind besondere Formen des Handelns. Die verschiedenen Vernetzungen mit einzelnen psychischen Kräften diskutieren wir in den entsprechenden Kapiteln. Die soziologische und sozialpsychologische Betrachtung von Handlungsereignissen kann hier nur mit Stichworten eröffnet werden. Inwieweit dem Handeln eine transzendentale Dimension zugesprochen werden kann, wie das Schütz/Luckmann (1994, Bd.2, 145) tun, ist eine Interpretationsfrage. Wir erörtern die transzendentale Kraft im Kontext mit Liebe, mit Geist und mit den Wandlungsprozessen der Individuation.

Die Lebenssysteme des Menschen beinhalten selbst weder ein "Ich" noch ein "Bewusstsein". Das Bild an der Wand hat kein Gefühl, wenn es betrachtet wird. Der Abfallberg am Stadtrand leidet nicht darunter, wenn er immer grösser und grösser wird. Die Staatsverfassung ist nur bedrucktes Papier. Die Kirche bleibt unbewegt, ob sie am Sonntag voll oder leer ist und was immer die Menschen darin tun.

Die Konsumgüter empfinden keine Lust, wenn sie gekauft werden. Ob der Fernseher läuft oder nicht, ob da in der Stube mitgelebt wird oder nicht, das kümmert den Apparat nicht. Ein Konzern kann tausend Leute entlassen. Deshalb hat das System von Mobilien und Immobilien keine schlaflosen Nächte. Zehntausend Jahre kann ein Land atomverseucht und menschenleer sein; da weint kein Stein eine Träne. Gesetze, Verordnungen, Verträge und administrative Regelungen in Staat und Firmen sind nur aneinandergereihte Buchstaben. Eine Universität kann gesellschaftlich bedeutsame Forschungen unterlassen und "Wertfreiheit" beanspruchen. Das interessiert die akademischen Hallen nicht.

Feines Essen mag dem Munde gut tun und dem Subjekt Lust vermitteln. Was kümmert dies die Ware im Teller? Bomben und Waffen aller Art haben kein Gewissen. Geld ist bekanntlich ein Mittel, um fast alles zu kaufen. Es wird nicht rot vor Scham. Tausend Tonnen Goldbarren auf einem Fussballplatz können das Universum nicht in Staunen versetzen.

Das Gold selbst bleibt unbewegt. Ob die Luft stinkt, vergiftet ist oder global zerstört wird, das ist der Luft selbst egal. Da mögen viele zerstörerische Produkte und Institutionen vorhanden sein. Leiden tun diese deswegen nicht. Schloss und Bretterbehausung können nicht miteinander reden, auch wenn sie hundert Jahre nebeneinander stehen. Heilige Schriften zuhauf, einschliesslich ideologische Lehren, streiten sich nie. Die Bibliothek fasst alle Positionen ohne Wimperzucken. Es erscheint wiederum lapidar: All das ist nur da, weil Menschen gehandelt haben und handeln. *Alles erhält nur eine*

Funktion im Kontext mit den Menschen. Die Lebenssysteme und ihre Subsysteme bzw. Einzelelemente stehen in Beziehung zur menschlichen Handlung.

Die Wissenschaft hat längst nachgewiesen – und eigentlich wissen wir das auch ohne Forschungsergebnisse –, dass der Mensch in diese Lebenssysteme hineingeboren wird und ohne solche Systeme – ob primitive oder industrielle – nicht lebensfähig ist. Ja noch mehr wissen wir: Der Mensch wird von diesen Lebenssystemen geformt; er selbst handelt in den Lebenssystemen, hält sie aufrecht, verändert sie und schafft sich neue Systeme. Jeder schafft sich innerhalb der Lebenssysteme seinen eigenen Lebensraum, sein privates Lebenssystem.

Der Mensch nutzt diese Lebenssysteme für seine Interessen. Er bindet sich gemäss seiner innerpsychischen Lage. Er beutet die Systeme aus, gedrängt von seinen inneren Kräften. Statt sich selbst zu einer Einheit zu formen, schafft er eine Symbiose mit Institutionen, Personen oder Objekten. Ungesättigte orale Lust findet stetige Repetition im Konsumverhalten. Minderwertigkeit kann im Machtgebaren kompensiert werden. Aggressionen werden nach aussen an einem Objekt projektiv gebunden und ausgelebt.

Innere Leere wird mit Gütern vollgestopft. Bindungen an Ideologien und Dogmen bzw. ihre Vertreter sind Wiederholungen unbefreiter Mutter- und Vaterbindungen. Lebenshass aus Mangel an erfahrener Liebe oder aus tiefen Demütigungen kann in manchen Lebenssystemen sadistisch ausgelebt werden.

In vielen Formen kann der Mensch die Lebenssysteme belasten und schädigen. Er kann darin als "Dieb" tätig sein. Er will vor allem möglichst viel nehmen, ohne angemessene Gegenleistung bei gleichzeitigem Benachteiligen des andern (Fromm 1973).

Umgekehrt wirken die Lebenssysteme ebenso auf den Menschen: Geld ist ein Faktor, der in allen Lebenssystemen die entscheidende Determinante ist. Ohne Geld kann man nicht leben. Ohne Geld bewegt sich fast nichts und niemand in den Lebenssystemen. Der Mensch erlebt sich in Lebenssystemen oft einsam, verloren und machtlos. Vieles schafft Entfremdung. Die Freiheit ist in manchen Sektoren illusionär. Die Lebenssysteme haben ihre eigene Dynamik und (Sach-) Zwänge zur Erhaltung ihrer Lebensfähigkeit. Man stelle sich vor: von heute auf morgen gibt es fünfzig Prozent weniger Unfälle und Krankheiten. Das hätte enorme Konsequenzen für das Gesundheitswesen. Viele tausend Ärzte würden auf der Strasse stehen.

Oder: Ein Konzern A muss Kapital und Produktion ausbauen, da sonst

Konzern B diesen aus dem Markt verdrängt und ruiniert. Dabei sind, sagen wir einmal, sechzig Prozent der Produktepalette überhaupt nicht lebensbedeutsam. Man erfindet neue Produkte, schafft mit hypno-suggestiver Werbung das nötige Ersatzbedürfnis, und zwingt so den Menschen in diesem Teilsystem zu handeln. Er braucht das System dann zum Leben und handelt entsprechend als Konsument oder Mitspieler.

Es gibt auch kleine und grössere Teilsysteme, die nur einen einzigen Zweck haben: Kapital beschaffen. Solche Systeme sind eigentlich "Geldmaschinen". Der Mensch wird dabei als Konsument zu einem Handeln gedrängt, das an sich nicht das geringste Grundbedürfnis erfüllt.

Der Zweck liegt im System, nicht im Menschen selbst. In den Lebenssystemen gibt es viele Objekte, die Götzenfunktion haben. Ideale, Ideen und ihre Hauptvertreter fixieren libidinöse Bindungen, die dann als Ersatz für etwas Ursprünglicheres im Menschen gelten. Lebensangst wird damit überdeckt. Das Ganze funktioniert dann wie ein Automat, wo sich das Subjekt in seinem Handeln frei glaubt und die "totale Manipulation" keiner für möglich hält. Die meisten glauben, das Steuer ihres Lebensschiffes in der Hand zu halten und auf richtigem Kurs zu fahren. Lebenssysteme haben offensichtlich nicht nur die Funktion, Leben zu ermöglichen und zu fördern. Sie drängen den Menschen oftmals weg von sich selbst, weg von seinem eigentlichen Leben, weg von seiner Persönlichkeit als sein zentrales Lebensthema.

Die Lebenssysteme haben Charakteristiken, die das Handeln konstitutiv kennzeichnen. Das Handeln steht in der Wechselwirkung Mensch-System. Wir formulieren dazu zehn Thesen:

1. Die Lebenssysteme wirken auf den Menschen.

2. Der Mensch handelt in Lebenssystemen.

3. Der Mensch schöpft und profitiert von den Lebenssystemen.

4. Die Lebenssysteme setzen dem menschlichen Handeln Grenzen.

5. Der Mensch gestaltet sich seinen Raum in den Lebenssystemen.

6. Die Lebenssysteme können beim Menschen Schaden anrichten.

7. Der Mensch kann in diesen Lebenssystemen Schaden anrichten.

8. Der Mensch kann durch diese Systeme leiden oder sich freuen.

9. Die Lebenssysteme sind eine Tatsache; sie sind da.

10. Die Lebenssysteme sind in den Grundfunktionen lebensnotwendig.

Daraus kann gefolgert werden:

- Wir können den Menschen ohne die Lebenssysteme nicht erfassen und nicht verstehen. Jedes Handeln ist an Lebenssysteme gebunden.

- Glück, Freude und jede Art des subjektiv positiven Erlebens oder objektiv positiven Zustandes stehen immer in einem Bezug zu Lebenssystemen.

- Leiden, Schaden und jede Art des subjektiv negativen Erlebens oder objektiv negativen Zustandes stehen immer in einem Bezug zu Lebenssystemen.

- Der Mensch kann sich nur innerhalb der Lebenssysteme verwirklichen, wie auch immer er sich seine Selbstverwirklichung vorstellt.

- Persönlichkeit formt sich, stagniert oder wächst in den Verflechtungen mit den Lebenssystemen.

- Die Lebenssysteme bestimmen mit, was für den Menschen gute und/oder schlechte "Wirklichkeit" ist.

- Der Mensch ist existentiell gebunden an diese Lebenssysteme und er bindet sich selbst auf vielfältige Weise.

- Manche Lebenssysteme tabuisieren sich selbst durch ihre Träger und Nutzniesser, indem sie sich selbst als Ziel vermitteln und so genutzt werden.

- Das menschliche Handeln in diesen Lebenssystemen kann so sehr systembedingt sein, dass man Gefahr laufen könnte, "Persönlichkeit" in diesem bedingenden Gefüge als rein mechanisches Konstrukt zu sehen.

Persönlichkeitsbildung ohne Berücksichtigung dieser komplexen Verflechtungen und Bedingungen bleibt ohne gesellschaftliche Relevanz und erreicht mit ihren humanistischen Zielen nur wenige. Die Theorie über die Persönlichkeit ist ohne diesen Systembezug immer einseitig. Jede Art Lösung bzw. jedes zielgerichtete Handeln ist da schon im theoretischen Ansatz konform und opportunistisch. Dies wird vor allem dann zu einem Sachproblem, wenn das Ziel der Wissenschaft über die Persönlichkeit auch das Erstellen von Handlungswissen und methodischen Konzepten sein soll, z.B.: gesellschaftliche Probleme politisch zu lösen.

Die Problemliste der sog. Risikogesellschaft ist gross. Es scheint, dass das Spiel der Kräfte solange in der destruktiven Spirale läuft, bis die

Lebenssysteme in sich selbst zerbrechen bzw. sich zerstören. Das trifft dann den Menschen, zuerst einzelne (wie immer schon), heute zunehmend viele und in der näheren Zukunft dann ganze Völkergemeinschaften (wie Zukunftsprognosen darlegen). Will der Mensch die totale Selbstzerstörung durch die Zerstörung der Lebenssysteme, indem er diese ausbeutet und ihre menschen-zentrierte Funktion ad absurdum führt?

Da die Lebenssysteme kein Ich und kein Bewusstsein haben, müssen die nächsten Schritte beim Untersuchen des Handelns ansetzen und von da zum "inneren Menschen" weiter gehen. Ins Blickfeld der Betrachtungen nehmen wir hier die Aspekte des Handelns, soweit sie primär den Menschen ansprechen und für ihn eine "kritische" Funktion und Bedeutung haben.

Verfahren zur Erfassung "kritischer Ereignissituationen"

Flanagan (1954) hat die "Critical Incident Technique" entwickelt. Verhaltensweisen, die im Kontext zu Erfolg und Misserfolg eine kritische Bedeutung haben, d.h. vom Handelnden eine Entscheidung verlangen, werden deskriptiv erfasst und inhaltsanalytisch ausgewertet. Inhaltsanalyse bedeutet zuerst: Identifizierung der Elemente des Feldes, d.h. phänomenologische Qualitätsbestimmung. Als zweiter Schritt werden die dynamischen Qualitäten erfasst: die konstitutiven und kausalen Funktionen sind zu identifizieren und als Hypothesen bzw. vorläufige Theorie zu formulieren. Diese Art Theorienbildung nennen wir allgemein "Strukturanalyse".

In Anlehnung an dieses Verfahren bezeichnen wir eine Handlung, die untersucht werden soll, als "kritische Ereignissituation" ("KES"). Mit "kritisch" soll angezeigt werden, dass der Untersuchung von Handlungen ein kritisches Interesse an Erkenntnis, Handlung und Glück zugrunde liegt. "Kritisch" meint auch: tiefer schauen wollen, mehr Bewusstsein darüber haben wollen, bessere Varianten suchen, andere Muster als Möglichkeit in Erwägung ziehen, enthält ein Problem oder Konflikt und ähnliches mehr. "Was ist der Fall?" ist die Ausgangsfrage jeder Feldforschung (Brezinka 1978, 146). Wir können "kritisch" auch als "bedeutsam" interpretieren, in dem Sinne, dass z.B. Schwangerschaft, Erfolg, Lottogewinn indirekt durchaus kritische Handlungsperspektiven eröffnen (Thomae 1988, 14, 28).

In gewisser Hinsicht kann ein "KES" auch als "Problem" definiert werden. Die Merkmale sind da: Anfangszustand, erwünschter Zielzustand und Hindernisse i.w.S. (Geue 1993, 11-13). Ein Problem ist eine ungelöste Aufgabensituation oder eine unbeantwortete Frage. Hier ist das "kritische" Element in unserem Sinne zwar enthalten, doch die definitorische Zielgerichtetheit (d.h. das "erwünschte Ziel") ist für unser Interesse zu einengend. Ebenso fassen wir den Aspekt "kritisch" weiter, als das Wort "problematisch" meint.

Die zentrale These von Geue im Zusammenhang mit Problembewältigungslernen in der Erwachsenenbildung ist jedoch auch unsere Leitidee: "Werden Informationen über Strategien des Problemlösens auf methodisch-didaktischem Weg vermittelt, dann verbessert sich die individuelle Problemlösungskapazität" (1993, 54, 142).

Um das individuelle Problemlösen zu verbessern, sind zwei Aspekte zu differenzieren: a) Die Lösungsstrategie mit den Elementen: Präzisierung, Wissensdefizit, lösungs-orientierte Theoriebildung, praktische Lösungswege und die Durchführung; sowie b) Die Problemlösungskapazität, d.h.: die Wahrnehmungsfähigkeit, die Überwindung von Hemmfaktoren, die Motivation und die Fähigkeit zur Anwendung von Strategien. Die "Critical Incident Technique" ist dazu ein Arbeitsinstrument.

Hervorzuheben sind in unserer Konzeption v.a. auch die sog. "kleinen Dinge", die in ihrer Summierung zur kritischen Belastung werden (Weber/Knapp-Glatzel 1988, 140-142) und nicht bloss altersspezifische und/oder situationsspezifische kritische Ereignisse. Gerade hier sind subjektive Wahrnehmung, interindividuelles Erleben, Verlaufscharakteristik und Bewältigungsressourcen forschungsmethodisch und andragogisch bedeutsam.

Eine "kritische Ereignissituation" als Untersuchungsobjekt kann unterschiedlich eingegrenzt werden. Wir können zuerst die kritische Handlung festlegen und dann die möglichen Situationen offen lassen. Wir können auch eine kritische Situation festlegen und die darin gegebenen kritischen Handlungen suchen und analysieren. In der kritischen Situation tritt der direkte Anteil des Lebensfeldes bzw. Lebenssystems, in dem die Handlung geschieht, hervor. Darin steht der Mensch. Ziel und Entwicklungsmöglichkeiten sind prospektiv in der Situation schon antizipiert. Die Untersuchungseinheit "Handlung" soll also in Anlehnung an Lewin nebst der engeren Handlungssituation auch die Zeitperspektive und den erweiterten Makrobereich enthalten. Die tatsächliche Wirklichkeit ist gewiss immer komplexer und nuancierter.

Die "Critical Incident Technique" ermöglicht, das menschliche Handeln lebensnah und system-zugeordnet zu untersuchen. Prinzipiell können wir jedes Handeln in jedem beliebigen Lebensraum als Gegenstand der Betrachtung wählen.

Wir können das Handeln unter verschiedenen Zeitperspektiven betrachten: eine Momentaufnahme von einigen Sekunden, ein Handlungsablauf über einen Tag oder bestimmte Handlungssituationen über einen längeren Zeitraum oder eine zeitlich begrenzte Ereigniseinheit (z.B. Fest, Sitzung).

Die Auswahl hängt vom spezifischen Interesse ab. Ein Forscher kann in der Auswahl vielleicht frei flexibel sein und seine Neugier mitentscheiden lassen, während ein Unternehmensberater oder ein Konfliktlösungsbeauftragter spezifische Handlungsabläufe auswählen wird. Der Marketingmanager wiederum wird andere Situationen auswählen.

Die Hauptkriterien zur Auswahl von "kritischen Handlungssituationen" sind:

- Erkenntnisinteresse
- Innovationsabsichten
- Schulung und Bildung
- Konfliktlösung
- Problemreduktion
- Produkteplanung
- Produktionsprozesse
- Produkteverkauf
- Schadenreduktion
- Medizinische Prävention
- Soziale Prävention
- Schadenbehebung
- Lebensberatung
- Psychagogik
- Reduktion von Leiden
- Umgang mit Leiden
- Abbau von Kriminalität
- Optimierung von Arbeitsabläufen
- Förderung der politischen Partizipation
- Qualitätsverbesserung im Alltagsleben
- Förderung von Lebensqualitäten
- Problemlösungsstrategien

Die Struktur der Untersuchungseinheit enthält drei Systeme:

1) Die handelnde Person;
2) Die Handlung (das Ereignis);
3) Das Lebenssystem, in dem die Person handelt.

Das Modell "Person-Verhalten-Umwelt" findet auch Anwendung im interaktionistischen Modell des Selbstkonzeptes (Filipp 1993, 212). Im Kontext mit dem "kritischen Element" bestehen verschiedene Untersuchungen, referiert von Filipp und anderen (1990). Die "kritischen Lebensereignisse" werden unter dem Aspekt der besonders einschneidenden Wirkungen definiert. Obgleich verschiedene Definitionen vorliegen (Hultsch/Cornelius, in: Filipp 1990, 74) gelten folgende allgemeine Charakteristiken (Filipp 1990, 23-25):
Charakteristiken von "kritischen Lebensereignissen":

● raum-zeitlich-punktueller Ablauf
● Stadien des relativen Ungleichgewichts
● Emotionale Bedeutung (Ungleichgewicht)
● Plötzlicher (unerwarteter?) Eintritt
● Stressreiches (herausforderndes) Erleben
● Krisen-/Konflikterleben

Ferner können solche kritischen Ereignisse unter drei Gesichtspunkten klassifiziert werden: 1) altersbezogen (Lebensverlauf), b) zeitbezogen (Incident), c) non-normativ (Sachereignis) (Hultsch/Cornelius, in Filipp 1990, 76). Zur Verdeutlichung sei eine Auswahl von Beispielen vorgestellt (Filipp 1993, 12, 118, 255-256; Saup 1988, 125-127; Tress 1986, 50-70; Jungk/Müllert 1994, 69-70; Hurrelmann 1994, 142).

Themen-Beispiele "kritische bzw. bedeutende Ereignisse" aus der Biographie-, der Stressoren- und der Gesundheitsforschung sind:

▪ Beförderung	▪ Wechseljahre
▪ Urlaub	▪ Opfer eines Diebstahls
▪ Heirat	▪ Midlife Crisis
▪ Erbschaft	▪ Pubertät
▪ Geburt	▪ Eintritt Stiefvater/-mutter
▪ Ende Schullaufbahn	▪ Altersheimübersiedlung
▪ (Früh-/)Pensionierung	▪ Auszug der Kinder
▪ Scheidung	▪ Informationsüberlastung
▪ Krebserkrankung	▪ Verlust an Lebenssinn
▪ Arbeitslosigkeit	▪ Umzug
▪ Tod Ehepartner	▪ Unerwünschte Zeugung

▪ Sitzenbleiben	▪ Wiederheirat
▪ Führerscheinverlust	▪ Negativer Erziehungsstil
▪ Pflichtbesuche	▪ Wegzug Geschwister
▪ Verkehrslärm/-stau	▪ Umzug
▪ Auseinandersetzung mit Chef	▪ Abwesenheit des Vaters

Unsere Bestimmung von "kritischen Ereignissituationen" ist näher bei sich wiederholenden täglichen Situationen und nicht durch die Einmaligkeit spezifiziert. Die Verwendungsmöglichkeiten dieses Ansatzes schliesst dennoch mit ein, was Filipp und andere erwähnen (Danish/Augelli, in Filipp, 1990, 156-171): Erziehung, primäre Prävention, Kompetenzerhöhung, Fertigkeiten zur Krisenbewältigung, Fähigkeiten zur Hilfeleistung (soziale Interventionen), Stressbewältigung (Lazarus, in Filipp 1990, 216-229), Erfassen von Selbst-Bild-Veränderung (Mummendey, in Filipp 1990, 252-268), Lebensereignisforschung und entwicklungspsychologische Modelle (Filipp 1990, 303-306; Montada, in Filipp 1990, 272-289), Verbesserung von Beratung, Versorgung, Einrichtungen, Präventionen, Vermittlungen (Montada, in Filipp 1990, 287; Belschner/ Kaiser in Filipp 1990, 192).

Thomae (1988, 79-100, 110) hat einige typische Reaktionsformen auf bedeutsame Ereignisse im biographischen Kontext untersucht. Die Reaktionsformen sind: Leistung, Anpassung an institutionelle Aspekte der Situation, Anpassung an Eigenheiten und Bedürfnisse anderer, Stiftung und Pflege sozialer Kontakte, sich verlassen auf andere, evasive Reaktion, Akzeptation der Situation, depressive und resignativ-ängstliche Reaktion, Zurückstellen eigener Bedürfnisse, Identifikation mit Zielen und Schicksalen anderer, Bitte um Hilfe, Widerstand, Aggression und Kritik, Behauptung, Korrektur von Erwartungen, Aufgreifen von Chancen, Distanzierung, Situation den Umständen überlassen, Hoffnung. Wir sehen in diesen Gesichtspunkten entscheidende Ansätze zur selbstkritischen Reflexion und zur Formulierung von Bildungszielen. Identitätslernen (Tietgens 1986, 21, 31) durchdringt sich wechselseitig nicht nur mit berufsbezogenem Qualifikationslernen, sondern vor allem auch mit leben lernen.

Hurrelmann (1988, 106-110) diskutiert in seiner Studie die entwicklungsbedingten Handlungskapazitäten im Lebenslauf. Diese erhalten im Kontext mit den grundlegenden Lebensrisiken und Lebenschancen hervorragende Bedeutung. Denn, positiv formuliert, bedeutet dies: "Die in einer Entwicklungsphase erreichten Kompetenzen können als Voraussetzungen und Konsequenzen für die folgenden Entwicklungsschritte definiert werden. Wenn die Koordination und Organisation der personalen Ressourcen in einer Lebensphase gelingt, dann ist auch eine gute Bewältigung von zukünftigen Herausforderungen zu erwarten: Ein kompetentes

Individuum ist in der Lage, die Umweltressourcen und die persönlichen Ressourcen so einzusetzen, dass ein guter Ausgang für die persönliche Entwicklung gegeben ist." Davor sagt Hurrelmann: "Durch sozialen und technischen Wandel ebenso wie durch psychische und körperliche Veränderungen ist eine ständige Anpassung des Verhaltensrepertoires mit den zugeordneten Verarbeitungs- und Bewältigungskapazitäten notwendig, um flexible, angemessene Antworten auf Anforderungen der Umwelt zu generieren und zu koordinieren und die Gelegenheiten zur Handlungsentfaltung, die die soziale Umwelt bietet, auszuschöpfen." Mit andern Worten kurz und einfach: Handlungskompetenzen sind nötig zur Bewältigung realer Anforderungen; und diese bilden sich ab der frühesten Kindheit.

Die biographische Rückschau ermöglicht es, entwicklungsbedingte Kapazitäten bzw. ihre Schwachstellen selbst-reflexiv zu erfassen. "In jeder Lebensphase kann ein Missverhältnis zwischen sozialen, psychischen und körperlichen Anforderungen einerseits und den eigenen Handlungskapazitäten anderseits auftreten und als bedrohlich oder belastend erlebt werden." Wir nehmen Bezug auf die Liste der Faktoren von Hurrelmann (ebenda, 108-109) und fassen kurz die Folgerung für das persönliche Leben: *Je grösser die Schwachstellen, desto höher die Lebensrisiken.*

Es gibt bei jedem Menschen im Laufe des Lebens verschiedene Ereignisse, die wie gewisse Handlungen als "kritisch" bezeichnet werden können. Hier steht nicht die eigentliche Handlung, sondern das Ereignis im Mittelpunkt der analytischen Betrachtung. Filipp hat zusammen mit verschiedenen Autoren diese Phänomene untersucht (1990, 74-82). Norbert Halsig und Annette Schröder untersuchen die verschiedenen Bewältigungsstrategien von kritischen Ereignissen (1988, 42, 117).

Der Verfasser hat im Rahmen verschiedener Forschungsprojekte zur Lehrerbildung und Heimerziehung (für Jugendliche) die "Critical Incident Technique" angewendet. Isenegger (1971) hat die Technik in der Schweizerischen Bildungsforschung eingeführt. Roth und der Verfasser (1973) haben diese im Rahmen eines Forschungsprojektes zur Feststellung der Bildungsbedürfnisse der Volksschullehrer ("BIVO-Projekt") erstmals angewendet. "Incident" wurde dabei definiert als "Vorfall" und "Ereignis": "Was ist vorgefallen? Was hat sich ereignet?" Das Ereignis ist die Ausgangslage: eine Situation bzw. ein Vorfall. In dem hier vorgestellten, leicht abgeänderten Verfahren beziehen wir das "kritische Ereignis" auf eine Situation, in der die befragte Person handelt und wollen diese "kritische Handlungssituation" erfassen. Zudem führen wir hier erweiterte Fragestellungen ein, die wir aus einem andern Forschungsprojekt (damals

Mitglied) entnommen haben: Studie zur Zukunftsforschung der Schweiz (NHG 1973). Wir bezeichnen das Verfahren mit "KES-Verfahren".

Analytisches Protokoll zur "kritischen Ereignissituation" ("KES")
KES-Kennzeichen: Allgemeine Beschreibung der Ereignissituation: Was hat sich ereignet?

....

A) Eigentliche Handlung in der Ereignissituation
A1 Qualität der Handlung: Was haben Sie getan (gemacht)? Wie haben Sie es getan (gemacht)?
A2 Ziele/Absichten der Handlung: Was wollten Sie erreichen? Was ist aus Ihrer Handlung erfolgt?
A3 Werte in der Handlung: Wie ist der Wert der Handlung für Sie?

B) Lebenssystem
B1 Allgemeiner Kontext der Handlungssituation: Wie war die Situation?
B2 Eingrenzungs- und Einflussfaktoren: Was hat auf das Handeln aus dem Umfeld eingewirkt?
B3 Wirkungen im Umsystem: Welches waren die Auswirkungen auf die Teile/Personen im Umsystem?
C) Handelnde Person
C1 Selbstumgang der handelnden Person: Wie Sind Sie mit Ihnen selbst umgegangen?
C2 Wirkungen beim Handelnden: Welche Wirkungen hat das Handeln auf Sie gehabt?
C3 Psychische Kräfte (Gedanken, Gefühle ...) der Handlung: Welche psychischen Kräfte waren aktiv?

D) Retrospektive und Prospektive
D1 Ähnliches Ereignis in der Vergangenheit: Ist ein solches Ereignis schon früher vorgekommen?
D2 Zukunft bei unveränderter Handlung: Wie ist die Zukunft bei unveränderter Handlungsweise?
D3 Wünschenswerte Handlung in Zukunft: Welche Handlung sehen Sie konstruktiv/ positiv in Zukunft?

Dieses analytische Protokoll enthält entscheidende Komponenten für die Forschung und für die Beratungspraxis der Andragogik:

1. Das Material enthält aktuelle Erfahrungen von Betroffenen.

2. Das Material enthält Elemente der Lebenssysteme.
3. Problemlösungsprozesse setzen bei den Betroffenen an.
4. Handlung und Lerngeschichte bieten operationalisierte Lösungsansätze.
5. Lernmotivation wird durch das persönliche Material gefördert.
6. Positive Bedürfnisse und Wünsche sind prospektiv integriert.
7. Innovative Elemente sind direkt vom Handelnden zur Diskussion gestellt.
8. Werterfahrungen sind integrative Bestandteile und damit diskutierbar.
9. Handlungsforschung bzw. Theorie-Praxis-Rückkoppelung ist gewährleistet.

Mit diesen neun Komponenten sind alle Bedingungen der Handlungsforschung und der Innovationsstrategie in sozialen Systemen erfüllt (Isenegger 1977; Lewin 1976; Haag 1972; Ulich 1980). Das Protokoll ist umfassend und ganzheitlich. Die Reduktion der Wirklichkeit bzw. der Handlungssituation ist zwar straff, aber nicht zu umfassend. Der Verfasser hat das Protokoll der "kritischen Ereignissituation" manchmal im Rahmen von Beratungen zu einer umfassenden Lageanalyse verwendet. Wir wollen hierzu nicht ein Forschungsergebnis, sondern bloss drei Eindrücke wiedergeben: Die Personen haben die Tendenz, sich selbst, andere Menschen und verschiedene Situationen nach ähnlichen Schemen zu beschreiben.Diese Betrachtungsweisen können zwischen einzelnen Personen erheblich differieren. Oftmals äusserten sich die Personen nach dem Ausfüllen von 10 Protokollen wie folgt: "Ich habe eigentlich in solchen Situationen und auch danach nie so differenziert über Handlungssituationen nachgedacht". Weiter reagierten Personen auf diese Art der Selbstanalyse tendenziell mit: "Ich stelle fest, dass sich in den verschiedensten Situationen immer wieder ähnliche Muster (gemeint sind: Handlungen und Erleben) wiederholen."

Der kognitive Ansatz der Persönlichkeitsforschung eröffnet uns hier weiter-führende Aufgaben: "Personen bilden offenbar Kategorien für Situationen und für Beziehungen zwischen Situationen, Gefühlen und Verhaltensweisen, genauso, wie sie Kategorien für Personen bilden ... Bezüglich verschiedener Situationskategorien scheint jede Person ein einzigartiges Muster von Stabilität und Veränderung bei Gefühlen und Verhaltensweisen wahrzunehmen." (Pervin 1993, 472). Mit unserem Protokoll geben wir der Person ein Schema vor und erfahren dabei, dass wir damit eine Konfrontation mit den gängigen Schemen der Person schaffen. Diese Schemen sind kognitive Verallgemeinerungen des Selbstbildes (immer nur partikuläre variable Elemente), der vergangenen Erfahrungen (durchwegs "Prototypen") und der Verarbeitung von situativen Informationen (meist ziemlich einseitig bzw. subjektiv). Die kognitiven Fehler im Alltagsleben, wie sie Nisbett und Ross beschreiben (zit. in: Pervin 1993, 479) können wir nur bestätigen, Fehlerquellen sind: Beobachtung, Bewertung, Kategorisierung, Unterstellung der Ursachen und Vorhersage.

Für die andragogische Praxis ergeben sich daraus einige Folgerungen. Zuerst ist genauer hinzuschauen: Was war genau die Situation und welches waren genau ihre Elemente? Stimmt die Selbstbeurteilung der eigenen Lage in der Situation? In welchem inneren Zusammenhang stehen die emotiven und die kognitiven Muster? Inwieweit weicht das Handlungsmuster davon ab? In vielen Fällen hat sich bei unseren KES-Analysen ergeben, dass die Personen vor und in der Handlungssituation meist wenig bis nichts gedacht haben. Insbesondere kommen antizipierende Konsequenzen wenig vor in der allgemeinen Reflexion. Das Geschehen ist eine spontane reziproke Interaktion zwischen persönlichen und lebensraumbedingten Komponenten. Bandura nennt dies "reziproker Determinismus".

Persönlichkeitsbildung setzt hierin u.E. zuerst beim Beginnen (Erlernen) wahrzunehmen und zu denken an, dann bei der Reflexion über die eigenen Schemen der kognitiven Funktionen, und schliesslich bei der bewussten kognitiven Auseinandersetzung mit der Handlungssituation.

Dies ist handlungsorientierte praktische Andragogik. In weiteren Schritten kann die Lerngeschichte der Verhaltensmuster aufgerollt werden. Die "Prototypen" der Schemen führen meist zu den zentralen Lebenserfahrungen.

Die Handlungsanalyse kann auch als "biographische Methode" verstanden werden. Der Fragende ist gleichzeitig Erkenntnisproduzent. In der Retrospektive werden biographische Fragen zur Selbsterfahrung: Welche "kritischen Lebensereignisse" haben mich v.a. geprägt? Welche Personen, welche Orte, welche Institutionen und welche Sachen, Bücher, Filme, Musik etc. haben mich markant beeinflusst? Unser analytisches Protokoll erlaubt eine tiefgehende biographische Reflexion und kann dadurch erheblich zur Identitätsbildung beitragen (Vgl. Fuchs 1984; Gudjons u.a. 1986; Kohli 1978; SVEB 1992/1). Die Analyse von KES greift tief in die Lebensgeschichte. Denn ein KES ist selten charakterisiert durch Einmaligkeit und erfasst nicht nur sachliche Konturen, sondern widerspiegelt das Selbstbild und seine Werdensgeschichte. KES-Bearbeitung in der Erwachsenenbildung ist biographische Kommunikation (Fuchs 1984, 55, 93, 167).

Solche retrospektiven, systematisch geführten biographischen Reflexionen bzw. Beschäftigungen führen zu einer erhöhten kognitiven Kompetenz und erweitern die Handlungskompetenzen. Danebst wissen wir, dass da fast jeder gewisse "grosse und kleine Geheimnisse" nicht preisgibt. Andragogische Beratung und Schulung integriert somit ein Feedback, das situationsgebunden und lerngeschichtlich rückkoppelt. Dies erhöht ohne Zweifel die intrinsische Motivation, insbesondere, wenn mit den neu erworbenen Kompetenzen eine neue Zukunft (Handlungserfolg) prognostiziert bzw. systematisch und gezielt angestrebt werden kann.

Aus unserer beruflichen Praxis haben wir einige hervorstechende Themen von kritischen Ereignissituationen zusammengestellt.

"Kritische Ereignissituationen" bzw. "kritische Ereignisthemen" sind:

• Essen, Trinken und Rauchen	• Umgang mit dem Innenleben
• Einkaufen	• Andere unterdrücken
• Kommunikation zwischen Ehepartnern	• Betrügen
• Ferienzeit verbringen	• Sadistisch quälen
• Fernsehen	• Gewalttätig sein
• Umgang mit Abfall	• Geld handhaben
• Telefonieren	• Unfälle verursachen
• Auto fahren	• Wohnkultur gestalten
• Haushaltarbeiten	• Umgang mit dem Innenleben
• Produkte festlegen	• Andere unterdrücken
• Güter verkaufen	• Betrügen
• Freizeit verbringen	• Sadistisch quälen
• Sex leben	• Gewalttätig sein
• Spielen	• Geld handhaben
• Erziehen	• Unfälle verursachen
• Beziehung, Partner suchen	• Wohnkultur gestalten
• Religion praktizieren	• Umgang mit dem Innenleben
• Sucht leben	• Andere unterdrücken
• Lügen	• Betrügen
• Stehlen	• Sadistisch quälen
• Umgang mit dem Innenleben	• Gewalttätig sein
• Andere unterdrücken	• Geld handhaben
• Betrügen	• Unfälle verursachen
• Sadistisch quälen	• Wohnkultur gestalten
• Gewalttätig sein	• Umgang mit dem Innenleben
• Geld handhaben	• Andere unterdrücken
• Unfälle verursachen	• Betrügen
• Wohnkultur gestalten	• Krank werden/sein
• Medikamentenkonsum	• An einer Party sein
• Umgang mit dem Innenleben anderer	• Spekulieren
• Andere bestrafen	• Büroarbeit zuhause erledigen

• Tagesablauf managen	• Tagelang sonnenbaden
• Verhandlungssituationen	• Musik hören
• Altruistisches Handeln	• Zerrüttete Beziehung
• Streit	• Arbeitssituationen aller Art
• "Blauen" machen	• Angstverhalten
• Jemanden loben	• Verhalten im Gefühl der Einsamkeit
• Zeitschrift lesen	• Trauerreaktionen
• Abend in einer Bar	• Selbstumgang im Alleinsein zuhause
• Mit Bekannten plaudern	• Abendgestaltung
• Feste feiern	• Wochenendgestaltung

Kritische Ereignissituationen ermöglichen eine erste Annäherung an den Menschen. Der erste Blickwinkel ist von aussen: Das menschliche Handeln steht im Mittelpunkt unter kritischem Interesse. Das Protokoll kann zu verschiedenen Zwecken genutzt werden.

Erstens kann das Protokoll als Tagebuchführung eine Orientierungshilfe sein. Eine relativ hohe Selbstmotivation ist dabei allerdings unerlässlich. Zudem erfordert die autodidaktische Arbeit ein Mindestmass an psychologischem Grundwissen.

Zweitens kann das Protokoll in der andragogischen Praxis als Hilfsmittel dienen. Der Handelnde selbst kann das Protokoll ausfüllen. Oder der Berater (als Interview-Gesprächspartner) kann mit erweiterten Fragen die einzelnen Aspekte in dem Protokoll zielgerichtet festhalten. Im analytisch-beratenden Gespräch kann ein Handlungsmuster aufgerollt und bis in die Tiefen des Unbewussten beleuchtet werden. Soweit die idiographische Inhaltsanalyse im beratenden Gespräch stattfindet, hängt das Ergebnis bzw. der Nutzen wesentlich vom Andragogen ab.

Drittens kann ein solches Protokoll als Muster für Hausaufgaben dienen in aller Art Schulung und Training in der Persönlichkeitsbildung. Theorie kann erlebensbezogen in einem Kurs (Unterricht) besprochen werden.

Viertens kann man in der Forschung mit Stichproben aus einer Population arbeiten. In der Handlungsforschung können die Handlungsträger in den Prozess der Theorienbildung miteinbezogen werden. In der systematischen Theorie- und Praxis-orientierten Forschung ist die Inhaltsanalyse und die gesamte Forschungsplanung nach entsprechenden Regeln durchzuführen. Sind die Stichproben gross genug (ca. 1000 Protokolle) können

Clusteranalysen mittels EDV vorgenommen werden. Spezifische Persönlichkeitsvariablen können dazu ergänzend als unabhängie Variablen miteinbezogen werden. Obwohl bei Clusteranalysen eine gewisse Willkürlichkeit gegeben ist und semantische Probleme eine objektive Klassifizierung erschweren, kann damit das System Mensch-Handlung-Lebenssystem deskriptiv sehr differenziert und lebensnah erfasst werden.

Fünftens können in Innovationsprojekten einer Institution die Handelnden einen wesentlichen Beitrag zur Dynamisierung der Innovation leisten, indem sie eben in den Prozess der innovations-orientierten Auftragsforschung ab Beginn mit einbezogen sind.

Diese Technik der "kritischen Ereignis- bzw. Handlungsanalyse" ist das Basisinstrument für lebendige lebensnahe Persönlichkeitsbildung. Die Komplexität dieser Systemanalyse hat Vor- und Nachteile. Nachteilig ist vor allem der Aufwand. Aber auch die Alltagssprache und die "implizite Persönlichkeitstheorie" sowie Einstellungen des Protokolleurs können das Sammeln des Materials bestimmen. Das Problem ist als Handlungsforschung und lebensnahe Beratung der Andragogik handhabbar.

Als zentrale Vorteile können gelten: Vermeidung pauschaler gesellschaftlicher Kritik, Erweiterung von Interventionsstrategien aller Art, realistischere Diagnose aller Art "Problemfälle", klarere Einschätzung der Persönlichkeits-bildung, ständige Rückkoppelung theoretischer Analysen mit der Lebenswelt, Umsetzbarkeit von Visionen einer "besseren" Gesellschaft, Dynamisierung der Lebenssysteme durch den Miteinbezug der Handlungträger, Versachlichung ideologischer und dogmatischer Lebensbeurteilungen, Zentrierung aller Innovationen im Verbund Mensch-Handlung-Lebenssystem, Evaluation aller Komponenten in Erneuerungsprozessen, evolutionäre gesellschaftliche Umstrukturierungen, handhabbares Konzept für individuelle Selbstreflexion und geplante Lebenserneuerung im Interesse der Verbesserung, Zentrierung aller Orientierungen im Menschen als Lebenseinheit in den Lebenssystemen sowie klare Einschätzung der Persönlichkeitsbildung.

Innovative Analyse von Handlungen

Stellen wir uns vor: Wir untersuchen gemäss dem oben erwähnten Protokollmuster bestimmte kritische Situationen (Ereignisse, Handlungen) bei 500 Leuten über einen kürzeren oder längeren Zeitraum. Oder eine Person erstellt für die eigene Persönlichkeitsbildung etwa 100 Protokolle. Mit grosser

Wahrscheinlichkeit werden wir "typische Handlungsmuster" vorfinden, die für spezifische Situationen konstitutiv sind. Hierin liegt ein wertvoller Ansatz für Innovationen bzw. Veränderungen und neue Lernprozesse beim einzelnen ebenso wie in Institutionen. Dies ist unsere Hypothese.

Wir vermuten, dass man aus der Analyse von verschiedenen "kritischen Ereignissituationen" Klassen (Kategorien) mit gemeinsamen Struktureigenschaften erstellen kann. Diesen Strukturen gegenüber können auch strukturierte Lösungsprozesse entwickelt werden. Vielleicht kann sogar ein Bezug hergestellt werden zu kognitiven Schemen (Sydow, in: Foppa/Groner 1981, 269). Für die Persönlichkeitsbildung genügt es vorerst, die kritischen Ereignissituationen und ihre Lösungswege bzw. innovativen Handlungsstrategien für Veränderungen und Verbesserung heuristisch durch Reflexion und Dialog (im Unterricht oder in der Beratung) zu analysieren (Hussy, in: Oerter/ Montada 1987, 509).

Wir wollen zwei Beispiele nach diesem analytischen Protokoll vorstellen:

Beispiel 1: Analytisches Protokoll zur "kritischen Ereignissituation" ("KES")

KES-Kennzeichen: Allgemeine Beschreibung der Ereignissituation: Was hat sich ereignet? *Autounfall auf dem Heimweg nach Feierabend*

A) Eigentliche Handlung in der Ereignissituation

A1 Qualität der Handlung: Was haben Sie getan (gemacht)? Wie haben Sie es getan (gemacht)? *Unkonzentriert gefahren, müde, gleichgültig, gelangweilt*
A2 Ziele/Absichten der Handlung: Was wollten Sie erreichen? Was ist aus Ihrer Handlung erfolgt? *Nach der Arbeit schnell nach Hause kommen*
A3 Werte in der Handlung: Wie ist der Wert der Handlung für Sie? *Verantwortungslosigkeit, Gleichgültigkeit, Grobfahrlässigkeit*

B) Lebenssystem

B1 Allgemeiner Kontext der Handlungssituation: Wie war die Situation? *Hauptstrasse, Dämmerung, viel Verkehr*
B2 Eingrenzungs- und Einflussfaktoren: Was hat auf das Handeln aus dem Umfeld eingewirkt? *Nasse Strasse, kurvenreich*
B3 Wirkungen im Umsystem: Welches waren die Auswirkungen auf die Teile/Personen im Umsystem? *3 Verletzte, grosser Sachschaden, 2 Monate Arbeitsausfall, Leid*

C) Handelnde Person

C1 Selbstumgang der handelnden Person: Wie Sind Sie mit Ihnen selbst
umgegangen?
Falsche Selbsteinschätzung, gleichgültig gegenüber Risiken
C2 Wirkungen beim Handelnden: Welche Wirkungen hat das Handeln auf Sie
gehabt?
Verletzungen, Kosten, Schuldgefühle, Belastungen in der Familie
C3 Psychische Kräfte (Gedanken, Gefühle etc.) der Handlung: Welche
psychischen Kräfte waren aktiv? *Kummervolle Gedanken, aggressive Stimmung,
Unkonzentriertheit*

D) Retrospektive und Prospektive

D1 Ähnliches Ereignis in der Vergangenheit: Ist ein solches Ereignis schon
früher vorgekommen? *Vor einem Jahr Arbeitsunfall, auch aus
Nachlässigkeit/Gleichgültigkeit*
D2 Zukunft bei unveränderter Handlung: Wie ist die Zukunft bei
unveränderter Handlungsweise? *Hohes Unfallrisiko*
D3 Wünschenswerte Handlung in Zukunft: Welche Handlung sehen Sie
konstruktiv/ positiv in Zukunft? *Kein Unfall mehr*

**Beispiel 2: Analytisches Protokoll zur "kritischen Ereignissituation"
("KES")**

KES-Kennzeichen: Allgemeine Beschreibung der Ereignissituation: Was hat
sich ereignet? *Streit mit Ehefrau*

A) Eigentliche Handlung in der Ereignissituation

A1 Qualität der Handlung: Was haben Sie getan (gemacht)? Wie haben Sie es
getan (gemacht)? *Vorwurfsvoll über Langeweile geredet, ziemlich launisch*
A2 Ziele/Absichten der Handlung: Was wollten Sie erreichen? Was ist aus
Ihrer Handlung erfolgt? *Weiss nicht, was ich erreichen wollte*
A3 Werte in der Handlung: Wie ist der Wert der Handlung für Sie?
Unreflektiert reden, keine aufbauende Kommunikation, irgendwie ziellos

B) Lebenssystem

B1 Allgemeiner Kontext der Handlungssituation: Wie war die Situation? *Unter
der Küchentüre, meine Frau war am Kochen*
B2 Eingrenzungs- und Einflussfaktoren: Was hat auf das Handeln aus dem
Umfeld eingewirkt? *Nichts, war still, vielleicht die unbezahlten Rechnungen auf dem*

Tisch

B3 Wirkungen im Umsystem: Welches waren die Auswirkungen auf die Teile/Personen im Umsystem? *Habe meine Frau verletzt, sie kochte weiter*

C) Handelnde Person

C1 Selbstumgang der handelnden Person: Wie Sind Sie mit Ihnen selbst umgegangen?
Gleichgültig, irgendwie hilflos
C2 Wirkungen beim Handelnden: Welche Wirkungen hat das Handeln auf Sie gehabt?
Frustration, Aggression, Gefühl des Unverstandenseins, schlechte Stimmung
C3 Psychische Kräfte (Gedanken, Gefühle ...) der Handlung: Welche psychischen Kräfte waren aktiv? *Vor allem ein Knäuel von Gefühlen, Desinteresse, Langeweile*

D) Retrospektive und Prospektive

D1 Ähnliches Ereignis in der Vergangenheit: Ist ein solches Ereignis schon früher vorgekommen? *Wir haben jede Woche Streit, oft wegen Kleinigkeiten*
D2 Zukunft bei unveränderter Handlung: Wie ist die Zukunft bei unveränderter Handlungsweise? *Immer wieder Streit*
D3 Wünschenswerte Handlung in Zukunft: Welche Handlung sehen Sie konstruktiv/ positiv in Zukunft? *Anders reden, kooperativ, mehr zuhören, weniger Streit*

Die Beispiele verdeutlichen, dass an einer Handlung viele Faktoren mitbestimmend sind, und dass die Handlung verhaltenspsychologisch nicht hinreichend erfasst werden kann. Für unfallverhütende Massnahmen ist daraus zu folgern, dass z.B. TV-Spots mit Unfallbildern oder Mahnungen keinen hinreichenden langfristigen Einfluss auf das Fahrverhalten haben können. Der Mensch ist in seinem Gesamtsystem zu erfassen: Mensch-Handlung-Lebenssysteme. Deutlich wird ferner, dass die eigentliche Handlungsfähigkeit allein ebenfalls nicht hinreicht für die Vermeidung von Unfällen. Nötig sind: Psychohygiene, Beziehung verbessern, Arbeitsplatzsituation klären, besseres Management über die inneren psychischen Kräfte.

Auch das zweite Beispiel macht deutlich, wie sehr Lagefaktoren mit psychischen Kräften in Situationen interagieren. Verhaltenspychologische Momente spielen ebenso eine Rolle wie die Stimmungslage. Schliesslich wird der Andragoge hervorheben, dass da noch weit mehr innerpsychische Kräfte mit im Spiel sein können.

Die innerpsychischen strukturellen Verflechtungen sind so vielfältig, dass sie in dieser Art Erfassung der menschlichen Handlung eher zu kurz kommen. Das hängt direkt ab vom Wissen des Protokolleurs bzw. allfällig erweiterten Hinweisen zur Beschreibung der Sachverhalte. Der Betroffene selbst kann wichtige Ansätze zum Verständnis und zur Veränderung bieten, die selbst wiederum motivierend wirken können.

Die Lösungsansätze sind leicht zu erkennen. Zuhören können, auch bei sich selbst ansetzen und richtig über Probleme reden, sind die ersten Bedingungen für eine Lösung im Beispiel 2. Lernprozesse sind dazu nötig. Beide können üben, wie man in einer Beziehung Probleme aufbauend bespricht. Der Systemrahmen ist steuerbar. Das Handeln kann besser platziert werden. Jeder einzelne hat seine eigenen Möglichkeiten zur Veränderung beizutragen. Beispiel 1 macht unter anderem deutlich, wie wichtig Psychohygiene ist. Ferner liegt es auf der Hand, dass unerledigte Probleme, ja schon unkontrollierte Gedankenfetzen, das Verhalten in ganz banalen Situationen mit bestimmen. Wer in solchen Situationsanalysen den Blick für die Prospektive hat, formt sich Motivationen für neues Lernen. Die negativen Zukunftsaussichten können die positiven Möglichkeiten bzw. die Lernbereitschaft dazu fördern.

Einige weitere KES-Beispiele (Kennzeichen) seien vorgestellt:

1) KES-Kennzeichen: *Keine Lust mehr nach Sex mit meinem Mann*
2) KES-Kennzeichen: *Suche erfolglos einen Freund*
3) KES-Kennzeichen: *Ich esse jeden Tag immer viel zuviel*
4) KES-Kennzeichen: *Mit dem Chef einen heftigen Streit gehabt*
5) KES-Kennzeichen: *Ich getraue mich nicht, mit Kollegen auszugehen*
6) KES-Kennzeichen: *Ich liege am Sonntag bis am Nachmittag im Bett*
7) KES-Kennzeichen: *Die Kinder haben mich am Samstag furchbar genervt*
8) KES-Kennzeichen: *Ich habe das Putzen, Waschen, Kochen ... satt*
9) KES-Kennzeichen: *Meine Schwiegereltern kritisieren mich dauernd*
10) KES-Kennzeichen: *Bin invalid und suche vergebens sexuelle Erfahrungen*
11) KES-Kennzeichen: *Unsere Nachbarn grüssen uns nicht mehr*
12) KES-Kennzeichen: *Ich langweile mich in meinem Beruf*
13) KES-Kennzeichen: *Ich kann meine Arbeitskollegin nicht ausstehen*
14) KES-Kennzeichen: *Ferien auf Mallorca waren ein Frust, ich war allein*
15) KES-Kennzeichen: *Ich weiss nicht, was tun nach Feierabend*

Kritische Ereignissituationen aller Art lassen sich nach unserem analytischen Protokoll zerlegen und untersuchen. Auch Situationen, die ohne spezifische konfliktäre Handlung eher als ein Erleben berichtet werden, können handlungsbezogen protokolliert werden. Kritisches Erleben und Handeln können durch Zergliederung Ansätze liefern, die eine Veränderung einleiten können. Grundsätzlich sind die meisten kritischen Ereignissituationen wegen ihrer Verflechtungen nicht ganz einfach zu verändern. Selten kann jemand schnell "den Schalter andersrum drehen" oder eine Systemkomponente wegnehmen, um die Lösung zu haben.

Wir gehen davon aus, dass das Handeln selbst spezifische Charakteristiken enthält, die in eine Lösungsstrategie integriert werden müssen. Diese wiederum ist einzubetten in eine umfassende Persönlichkeitsbildung. Jede Lösungsvariante enthält verschiedene Ansatzpunkte, entsprechend unserem Modell (vgl. auch Hoff, in: Oerter/Montada 1987, 920 f.). Gibt es kritische Situationen, wo überhaupt keine Lösung möglich ist? Das hängt zuerst einmal davon ab, was man unter Lösung versteht. Tatsache ist, dass es im Leben viele Situationen gibt, wo keine Flexibilität möglich ist, wo die Systemdeterminanten oder die psychischen Bedingungen nur schwer veränderbare Fakten schaffen; z.B. keine Arbeit, psychopathische oder kriminelle Charakterstruktur, Fanatismus, destruktive Dynamik des Unbewussten, Krankheit oder Invalidität, tragische Schicksalsereignisse, Unversöhnlichkeit, Uneinsichtigkeit, Sachzwänge von Firmenstrukturen und ihre Interdependenzen, unantastbares Machtverhalten, Narzissmus, regressive Psychodynamik, gesellschaftliche Tabus, Gier, Kriege, inzestuöse Fixierungen, gegebene Fakten (z.B. Autobahn durch Wohnsiedlungen, Industrie mit viel Luftverschmutzung angrenzend an Wohngebiete, Kapitalmangel, Inflation, Rezession) u.s.w.

Unser Interesse ist hier zentral auf die Persönlichkeit und damit auf die persönliche Bildung ausgerichtet. Gesellschaftliche Determinanten können wir hier aus Platzgründen nicht weiter verfolgen. Andere Methoden sind dazu nötig. Die Beispiele hier verdeutlichen, dass der Mensch im Privatleben und ebenso im Berufsleben sehr viele kritische Situationen erfassen und klären kann. Aus hundert eigenen Beispielen über kritische Ereignissituationen kann jeder sein Handeln in den verschiedensten Lebenssystemen verstehen lernen und damit sich selbst evolutionär und progressiv verändern. Er kann die veränderbaren Grössen und sich selbst als veränderbare Einheit erkennen. Die Reduktion auf das elementare psychisch-geistige Leben ist manchmal tatsächlich die einzig mögliche Lösung.

Wer sich am äusseren Leben und an den Dingen festhält, findet oft keine Lösung für seine kritischen Situationen. Wer sich aber nach innen richtet, sich auf das Menschsein besinnt bzw. konzentriert und die Lösungen innen aufbaut, wird Veränderungen schaffen können. Es gibt für viele kritische Situationen bzw. Handlungen viel mehr Lösungswege als die Menschen wahrhaben wollen. Wer das Menschsein als höchstes Gut versteht, kann dies erkennen. Hier setzt die Persönlichkeitsbildung an.

Wir trennen in unserem Modell den Menschen mit seinem "psychischen Organismus" von seinem Handeln. Das Handeln ist erstens Ausdruck dessen, was in einzelnen psychischen Subsystemen vorgeht: Das Erleben eines Ärgers äussert sich in Schimpfworten; das Gedachte und noch immer in Denkoperationen aktive Thema, wird sprachlich in einer Diskussion vorgebracht; ein erlebtes Bedürfnis, zum Beispiel nach sexueller Begegnung, führt zu entsprechender Aktivität; ein innerer Konflikt (im Unbewussten), der wiederholt psycho-energetisch aktiv ist und zudem somatische Reaktionen bewirkt, drängt zu Handlungen, die dem Konfliktmuster entsprechen; die Kraft der Liebe bewirkt eine nach innen gerichtete Bearbeitung eines früheren Konfliktes; ein intensiv erlebter Warntraum führt zu einer Änderung in den Ferienplanungen; eine klare Wert-Erwartungsdisposition erhöht den Handlungsdrang u.s.w.

Das Handeln ist zweitens Ausdruck der Geformtheit der psychischen Kräfte: Ist die Liebe wenig entwickelt, so vermag sie wenig zu leisten; kennt jemand die Traumdeutung nicht und weiss nicht um die Möglichkeiten, dann kann er mit Träumen nichts anfangen; sind die Bedürfnisse nicht bewusst gepflegt, dann wirken sie instinktnahe und vielfach ausserhalb der Ich-Kontrolle; wer die Willenskraft nie übt, hat in schwierigen Situationen bei erheblichen Gegenkräften kaum den "Schub" für ein (sagen wir hier "notwendiges") "fiat" ("es geschehe"); wer nie über seine Sprachverwendung reflektiert, erkennt kaum die Vieldeutigkeit und die damit verbundenen Konfliktquellen; wer seine Gefühle nicht bildet, ist leicht von diesen in seinem Handeln überwältigt; wer sich nicht bildet im Umgang mit einem Stresssyndrom, zum Beispiel Erlernen von Psychohygiene und Entspannungstechniken, wird von seiner Psychodynamik überwältigt u.s.w.

Drittens können wir das Handeln in direkten Bezug zu den erlernten Handlungsfähigkeiten setzen, wobei hier die "Leistungen", als spezielle Form von Handlungen, hervorstechen: Autofahren (als Handlung) hängt von der Fähigkeit ab, wie jemand eben Autofahren kann; Kommunikation, im Geschäft ebenso wie in einer persönlichen Beziehung, ist von Lernprozessen abhängig; der Umgang mit der Umwelt steht im Zusammenhang mit Wissen und Können; das Erzieherverhalten eines Vaters kann erheblich variieren, je nach den erlernten Fähigkeiten, mit Erziehungssituationen (und mit sich selbst) umzugehen; die Gestaltung der Freizeit unterliegt ebenfalls vielen unterschiedlichen Fähigkeiten, teils sozialer (kommunikativer), teils instrumenteller Art u.s.w.

Viele Schwierigkeiten im Leben von der Ernährung bis zu spezifischen

Konfliktbewältigungen – und viele weitere Arten von Handlungen –, stehen in engem Zusammenhang mit erlernten, falsch erlernten oder nicht erlernten Fertigkeiten. Berufliche und alltägliche Handlungen aller Art enthalten unterschiedliche Qualitäten, die Lernprozessen unterliegen.

Viertens stehen alle Handlungen in einem Lebenssystem, das in übergeordneten Lebenssystemen eingebettet ist. Hier sind vielfältige Faktoren denkbar, die das Handeln mitbeeinflussen, vielleicht sogar erzwingen oder das Gegenteil auslösen von dem, was mit der Handlung bezweckt war. Immer ist das Handeln des Menschen auch im psycho-sozialen, im ökonomischen, im ökologischen und im gesundheitlichen Kontext zu sehen. Realisierungsmöglichkeiten können eingeschränkt sein.

Der "richtige Zeitpunkt" ("Kairos") ist vielfach entscheidend im Leben. Politische Aktualitäten, der "Zeitgeist" des Umfeldes, die täglich unterschwellig aufgenommene Werbung und die verdeckt suggestiven Wirkungen von allen möglichen Elementen aus dem Lebenssystem können das Handeln entscheidend beeinflussen.

Fünftens ist das Handeln des Menschen unter dem Gesichtspunkt der europäischen Menschenmassen – und nicht einer experimentellen Laborsituation – zu betrachten: Viele Menschen lügen, stehlen, betrügen, agieren, intrigieren und verhalten sich verdeckt schlau bis durchtrieben, um bestimmte Ziele zu erreichen oder ihr unbewusstes Innenleben ausleben zu können. Nicht wenige Menschen sind ignorant, arrogant und aggressiv-dumm. Mehr als die Hälfte aller Menschen haben einen wenig ausgebildeten Charakter, nur partikulär ein differenziertes Wertempfinden und ein markant unentwickeltes Gewissen.

Daraus ergibt sich ein enormes gewaltträchtiges und destruktives Handlungspotential sowie nicht zuletzt eine kollektive Anfälligkeit für die Wiederholung der Geschichte des Grauens. Nicht moralisierend sei dies dargelegt, sondern deskriptiv für die Entwicklung einer realistischen Bildungskonzeption der Andragogik.

Wir wollen sechstens nicht übersehen, dass die Persönlichkeitstheorie und die Einstellungen des Andragogen und Pädagogen die Beurteilung der Handlungen eines andern Menschen entscheidend beeinflussen. Man sollte da den Stand der psychisch-geistigen Entwicklung und die aktuelle Lebenserfüllung des Andragogen und Pädagogen als verdeckt mitwirkende Kräfte nicht unterschätzen.

Das bedeutet: Die Beurteilung der Handlungen eines Menschen unterliegt vielfältigen Bedingungen und Betrachtungsaspekten. Hier nomothetisch eine Handlungstheorie entwickeln zu wollen, wäre ein "zu den Sternen greifen wollen". Die Forschung über Motivation und Handeln zeigt uns deutlich, dass von der Begriffsdefinition bis zu den Konzeptkonstruktionen aller Art (und Positionen) nicht einmal bei den Rattenexperimenten und den vielen tausend (meist lebensfernen) Untersuchungen heute ein grösserer Theoriekonsens besteht (Heckhausen 1989).

Die andragogische Psychologie hat sich deshalb auf jene Bereiche zu konzen-trieren, wo bildungsmässig didaktisch fruchtbare Konzeptionen entwickelt werden können. Das mag ihr den Ruf einer "naiven Handlungspsychologie" oder einer nicht wertfreien Wissenschaft einbringen. Doch das ist wenigstens lebensnah, menschennah, realistisch und ein Konzept mit optimal instrumentellem andragogischem Handeln da, wo die Bildung zu Handlungsänderungen im Sinne einer subjektiv und objektiv besseren Qualität führen kann. Das Problem der Wertfreiheit bzw. wertenden Stellungnahme in der Andragogik können wir hier nicht weiter erörtern. Die Einbettung der "Handlungen" des Menschen in die verschiedenen Vernetzungen führt zudem zu erheblichen erkenntnistheoretischen und methodologischen Problemen. Auch diese Thematik sei hier ausgegrenzt, da sie die Einheit der Thematik dieser Studie erheblich sprengen würde.

Handlungskompetenzen am Beispiel Gesundheit

Laaser (1987) stellt neue Aspekte zur Definition von Gesundheit vor: "Gesundheit ist Kultur aller Lebensmittel; Gesundheit ist Aneignung von Körper und Umwelt in sozialer Aktion; Gesundheit ist ein Weg, der sich bildet, indem man ihn geht" (ebenda, 54) ..."Gesundheitsfaktoren sind auch methodische Prinzipien wie 'Angemessenheit anstreben', 'Gefühlswelt ansprechen, 'Lebensnähe' ..."(ebenda, 56).

Hurrelmann beschreibt Gesundheit (1994): "Selbstverantwortung und Selbstbestimmung werden als wichtige Bestandteile der gesunden Persönlichkeitsentwicklung gewertet...Gesundheit wird als Teil der individuellen lebensgeschichtlichen Entwicklung verstanden, als Prozess, der nur möglich ist, wenn ein Individuum flexibel und zielgerichtet den jeweils optimal erreichbaren Zustand der Koordination von inneren und äusseren Anforderungen bewältigt, dabei eine zufriedenstellende Kontinuität des Selbsterlebens (der Identität) sichert ..." (ebenda, 16-17) ..."Gesundheit wird als hohe Anpassungsfähigkeit des Menschen an körperliche, psychische und soziale Belastungen aufgefasst und mit der gesamten Lebensweise in Verbindung gebracht." (ebenda 126).

Homfeldt und Mitautoren (1993) geben praktische Anregungen und Reflexionen zum Thema. Wir entnehmen da einige Thesen: "Wahrnehmungsschulung oder Sensibilisierung bedeutet, eine grössere Feinfühligkeit, Genauigkeit und Differenziertheit für äussere und innere Vorgänge zu entwickeln" (ebenda, 78). "Wahrnehmung, und Gestaltung, Eindruck und Ausdruck schliessen sich zum Kreis.

Sie bewirken einander. Intensität und Vielfalt von Wahrnehmungen und deren individuelle Verarbeitung gehören zu den Voraussetzungen kreativen Gestaltens." (ebenda, 83). "Ganzheitliches Wahrnehmen ergibt sich aus dem harmonischen Zusammenspiel sinnnlicher und geistiger Kräfte" (ebenda, 61).

Homfeldt beschreibt praktische Gesundheit im Bereich Ernähren, Bewegen, Kleiden und Naturerleben (1994): "Wir verstehen Gesundheitsbildung als die Bemühung, eine persönlich richtige gesunde Lebensweise aufzubauen, die soziale, ökonomische und ökologische Gesichtspunkte menschlichen Handelns einbezieht ... Eigenverantwortliche Verhaltensweisen im Sinne der Gesundheitsbildung zielen auf eine Erweiterung der persönlichen Handlungskompetenz in einer konkreten soziokulturellen Lebenswelt mit ihren Anforderungen, Vorgaben und Freiräumen" (ebenda, 4). "Ähnliches wie zur Krankheit kann zum Ernähren, Bewegen und Kleiden gesagt werden. Auch sie sind biographisch begründet." (ebenda, 20) ..."Bewusstmachen ist die Voraussetzung zur Schaffung eines Programmes zum persönlichen richtigen Gesundheitshandeln" (ebenda 20).

Becker untersuchte die "Psychologie der seelischen Gesundheit" und stellt eine Liste der Faktoren seelischer Gesundheit vor (1982, 143). Offensichtlich ist dabei, dass Gesundheit viel mehr ist als "Abwesenheit von Krankheit". Sommer schreibt dazu: "Gesundheit ist nicht etwas, das man 'hat' oder 'nicht hat', was man 'verliert' oder 'wiedergewinnt'. Gesundheit ist auch nicht etwas, was zum Leben des Menschen hinzukommt und dieses schöner und angenehmer machen kann. *Gesundheit ist die Art der Lebensvollzüge, die Verwirklichung des Lebens selbst, die Art der Lebensbewältigung.*" (ebenda 1994, 37). Und: "Gewohnt und bekannt ist ... das System der Risikofaktoren." Denen gegenüber stellt Sommer die "Aufbaufaktoren" (für Gesundheit):

"Sie ... lassen Gesundheit in jedem Stadium und Moment als etwas Wohltuendes erleben, das aus sich selbst heraus zu weiterem Bemühen um Gesundheit motiviert und damit die gesundheitliche Eigeninitiative und Selbstverantwortung fördert." Das sind u.a., hier kurzgefasst: Enährung, Atmung, Bewegung, Schlaf, Temperatur, Zuwendung, Liebe, Geborgenheit, Sicherheit, wohltuende Erlebnisse, Vernunft, Verstand, befriedigende Verständigung, soziale Betätigung, schöpferische Betätigung, Besinnung,

Selbstkontrolle, Verinnerlichung, Meditation, Transzendenzerfahrung, organismusgerechter Lebensrhythmus (ebenda, 39-41).

3. Die Psychodynamik – Die psychische Energie

Definition, Begriffsbestimmung und Aspekte

Die Psychodynamik ist eigentlich ein Begriff, der etwas zum Ausdruck bringt, was man beobachten, erkennen und erleben kann. Die Psychodynamik kommt in der ganzen Vielfalt menschlichen Handelns zum Ausdruck. Ihr zugrunde liegt die PSYCHISCHE ENERGIE. Dieser Begriff hat eine lange und vielfältige Verwendungstradition:

Freud nennt diese Kraft "Libido". Reich nannte sie "Orgon-Energie". Fromm spricht in diesem Zusammenhang von "Lebenstrieb". Im Vitalismus verwendet man den Begriff "Vitalkraft". Jung bezeichnet diese Kraft auch als "psychische Energie"; spricht aber ebenso von "Libido". Driesch spezifiziert diese Energie als "Lebensfaktor" und nimmt Bezug auf Aristoteles (Entelechie). Auch kreisen Begriffe wie Todestrieb und Lebenstrieb oder Triebenergie, um diese Kraft. Diese Energie wird dann als Sexualtrieb oder Machttrieb (Adler) interpretiert. Die Parapsychologie spricht hier von "parapsychischer Energie", gelegentlich auch von "kosmischer Energie", "psychotrone Energie" und "PSI-Energie". In spanischen Kreisen der Parapsychologie und Naturheilkunde hat sich der Begriff "Bioenergie" eingebürgert. Da und dort wird auch der Begriff "Urtrieb" (des Menschen) verwendet. Eros (Plato, Freud, Fromm) ist in gewisser Hinsicht dieser Lebenstrieb.

Die Esoterik lehrt eine "kosmische universelle Energie", die "Emanation" und die "Aura-Energie". Magnetopathie (Mesmerismus) lehrte eine "Magnetenergie", sprach von "Fluidum" und "mediumistischer Energie". Geistheilung und verschiedene parapsychische Heilverfahren implizieren ebenfalls ein Energiekonzept, das als "geistige Energie" interpretiert wird. Schliesslich sind noch das "Prana" aus fernöstlichem Sprachgebrauch sowie das "mana kundalini" bzw. "Kundalini" zu erwähnen (Eliade 1961, 132, 182; Campbell 1978, 249; Harish Johari 1977; Assagioli 1992).

Wir zitieren einige Experten, die sich mit der psychischen Energie befassen. Die Vielfalt der Aspekte soll verdeutlichen, dass psychische Energie ein Lebensphänomen ist, das mit keiner positivistischen Wissenschaft wegdiskutiert werden kann. Unzählige parapsychologische Forschungen mit vielen Hypothesen führen zum Kernproblem: "(Es ist) nach einem unbekannten energetischen Faktor zu suchen" (Bender 1972, 38). Meek nimmt an, dass "das Bewusstsein eine oder mehrere neue Arten von Energie mit Feldeigenschaften umfasst" (1980, 330). Reich: "Die Atmosphäre enthält eine Energie, von der ich bisher nichts gehört hatte ... überall ist Orgon-Energie vorhanden" (1976, 113).

Der russische Forscher Wassiljew erklärte: "Die Entdeckung der Energie, die mit psychischen Vorgängen assoziiert ist, wird so bedeutend, wenn nicht sogar noch um vieles bedeutender sein als die Entdeckung der Atomenergie." (Zitat aus: Keller 1979, 330). Diese Energie heisst "bio-plasmische Energie".

"Prana" ist ein anderes Wort für "psychische Energie, Lebenskraft, die sich im Weltall offenbart, deren Sitz aber im Herzen des Menschen ist ... manchmal mit Fluidum-, Aether- oder Od-Vorstellungen verglichen. In Europa bezeichnen sich manche Handaufleger und Magnetiseure als pranische Heiler." (Bonin 1976, 406).

Doucet spricht vom "Energiefeld eines universalen Überbewusstseins" und geht davon aus, dass dies das sog. "Kollektive Unbewusste" von C.G.Jung ist (1975, 23). In der Übertragung, in Hellsehen und Telepathie, in Massen-Suggestionen und in aller Art PSI-Phänomene manifestiert sich eine Energie, die Doucet "psychische Energie" nennt, die in allen Menschen vorhanden ist (ebenda, 22). Der Autor geht noch weiter: "Bewusstsein und Unbewusstes sind eine Einheit. Sie sind ein einheitliches PSI-Feld." (ebenda, 32). Mittels Gedankenexperimenten kann man im Raum PSI-Felder erzeugen, so beschreibt Doucet (ebenda, 52-54). Fazit der parapsychischen Forschung: Jeder Mensch besitzt PSI-Energie und kann diese nutzen.

Der ASW-Forscher Ritzl (1976) sagt, dass PSI-Energie die Grundlage für Telepathie und Hellsehen, die Energie des sechsten Sinns ist (ebenda, 36-38). Die aussersinnliche Wahrnehmung ist eine Tatsache, die unzählige Menschen bestätigen können. "(ASW) kann uns sogar eine unbewusste, behutsame Führung im Leben geben, und uns helfen, im richtigen Moment, wenn es für unsere Erfordernisse am vorteilhaftesten ist, die richtige Entscheidung - scheinbar völlig rational - zu treffen" (ebenda, 48). Positives Denken und Gebete aktivieren eine positive PSI-Energie, so Ritzl (ebenda, 106-110).

Die Vorstellung eines Energiefeldes und eines Energiekörpers geht zurück bis in die Antike, ist so bekannt im Christentum wie bei fernöstlichen Philosophen (Stelter 1973, 84 ff.). In der parapsychologischen Forschung wird angenommen, dass "der eigentliche Ort unseres Empfindens nicht der Körper mit Gehirn und Nervensystem sei, sondern der dem physischen Körper übergeordneten Energiekörper" (ebenda, 93-94). Dieser Energiekörper ist "der übergeordnete, organisierende Teil des Menschen (ebenda, 98).

Biologe und Philosoph Driesch (1867-1941), befasste sich eingehend mit para-psychischen Phänomenen (1975). Zur Erklärung der Telepathie, der Gedankenübertragung und des Hellsehens nimmt er ein energetisches "Seelenfeld" an (ebenda, 111). "Oberste Grundlage bleibt immer die Lehre, dass Leib und Seele zweierlei Wesen sind. Grundlehre bleibt ferner, dass Seelen paranormaler wechselseitiger Wissensübertragungen im Seelenfeld fähig sind" (ebenda, 139).

Der Verfasser hat über die psychische Energie 15 Jahre lang Forschungsarbeiten geleistet und eine Reihe von Techniken entwickelt, diese Energie erfahrbar zu machen und ihren Zustand zielgerichtet zu verändern (Siehe: Schellhammer 1986, 1987). Aus diesem Erfahrungshintergrund bestimmen wir hier hypothetisch: All diese verschiedenen Begriffe meinen letztlich dasselbe: ES GIBT IM MENSCHEN EINE PSYCHISCHE ENERGIE. Ferner enthalten einige der Energie-Konzepte die Theorie, dass es auch um den Menschen bzw. im Lebensraum generell dieselbe Energie gibt. Wir können das nur bestätigen, aber hier nicht weiter ausführen, da es nicht zum Thema im engeren Sinne gehört. Wir sprechen dann von KOSMISCHER ENERGIE.

Unsere erste These lautet: *Es gibt im Menschen eine Energie, die nicht biologisch ist; wir nennen sie PSYCHISCHE ENERGIE.*

Wir stellen uns modellhaft vor, diese Energie ist ein mehrdimensionales feines Netz, das auch gegen aussen ausstrahlt. Dieser energetische Körper ("Aura") hat verschiedene Zentren bzw. eine Tendenz, sich an verschiedenen Orten im Körper zu verdichten oder zu verdünnen. Die "Ströme der Vitalität" nach der Lehre des Yoga wollen wahrscheinlich eben dies zum Ausdruck bringen (Johari 1979).

Diese Energie ist formbar, erhält durch die einzelnen psychischen Subsysteme eine bestimmte geformte Qualität. Ihre Intensität ist dabei unterschiedlich. Alle Menschen kennen diese Energie.

Man erlebt sie als Spannung, als Druck auf der Brust oder im Kopf, als diffuser "Klumpen" im Bauch oder als eine spezifische Verkrampfung. Wer von "wirrem Kopf" spricht, meint damit meist, dass die Energie im Kopf eben wirr ist. Auch die Energieladung in Gefühlen ist eigentlich nichts anderes als "psychische Energie". Der Mensch kann diese Energie auch besonders positiv erleben, zum Beispiel nach einer tiefen Entspannung oder in Momenten besonderer kontemplativer Erfahrung.

Kundalini sei auch ein "Aspekt des höchsten Bewusstseins" (Johari 1979, 29). Yoga als Methode zur Entspannung, zur inneren Sammlung und zur allgemeinen Ruhigstellung der psychischen Kräfte (des Bewusstseins) führt ohne Zweifel zu einem harmonischen ausgeglichenen Energiezustand. Die Wirkung ist dieselbe wie beim Autogenen Training, bei der Leerhypnose und bei einigen Übungen der Imagination (Thomae 1976). Mit Techniken der Entspannung aber, welche auch immer, ist weder "Glückseligkeit" noch "Erleuchtung" zu erreichen. Wir raten davon ab, "drei Tage unter einen Baum zu sitzen" und auf die grosse "Gottesbegegnung" zu warten. Wenn allerdings Gott auch "psychisches Leben" und damit den psychischen Organismus (vielleicht als ein lebendiges Abbild) meint, dann führt das Meditieren tatsächlich vorwärts in der Persönlichkeitsbildung bzw. der psychisch-geistigen Evolution.

Die zweite Hypothese heisst: *Die psychische Energie im Menschen wird geformt durch das Denken, Erleben, Fühlen, d.h. durch alle psychischen Subsysteme.*

Das Inventar im Unbewussten, die Gedanken und schon die Wahrnehmung können durch das Erleben die psychische Energie formen; m.a.W.: in Schwingung bringen.

Die dritte Hypothese heisst: *Die psychische Energie wird indirekt und direkt auch von den Elementen und den Menschen im Lebensraum beeinflusst.*

Andere Menschen strahlen psychische Energie aus. Diese kann sich in ihrem Zustand auf andere Menschen übertragen. So kann man Stimmungen anderer aufnehmen oder eigene Energie andern Menschen ungewollt abgeben. Die Geschehnisse und die symbolische Bedeutung der bebauten und unbebauten Umwelt wirken bekanntlich auf unsere Gefühle, auf unser Denken, auf unser unbewusstes Leben, überhaupt auf alle unsere innerpsychischen Systeme. Über diesen Umweg wird die Energie des Menschen von aussen beeinflusst.

In der Parapsychologie gibt es eine Theorie, die besagt, dass auch Dinge eine "psychoenergetische Imprägnation" enthalten, die auf den Menschen einwirken kann. Wir können dies aufgrund unserer Forschungen nur bestätigen, wollen hier aber nicht näher darauf eintreten (Driesch 1975;

Bender 1973).

Wir formulieren unsere vierte Hypothese: *Die psychische Energie kann psychisch krank machen, d.h. Störungen der psychischen Funktionen, auch des Verhaltens bewirken.*

Als alltägliche psychische Störungen kennen wir: Nervosität, Ängste, Bedrücktheit, Atemnot, unbestimmte Trauer, Antriebslosigkeit, Konzentrationsstörung, unbestimmte aggressive Spannung, beklemmende Einengung, der Drang nach übermässig Essen, Rauchen und übermässigem Alkoholkonsum sowie ähnliches mehr.

Die psychische Energie ist gewissermassen der "Stoff" der Psychodynamik. Wir können somit vorläufig den Zusammenhang zwischen Psychodynamik und psychischen bzw. körperlichen Funktionen wie folgt festhalten:

Die psychische Energie beeinflusst die psychischen Funktionen. Im positiven Zustand ist die psychische Energie charakterisiert durch: weich, fliessend, ruhig, harmonisch, zentriert, in sich ganz, hell, leicht, ausgeglichen, wohltuend, dynamisch, kräftig. Dieser Energiezustand hat eine entsprechende Wirkung auf die psychischen Funktionen: gezielte Konzentration, gerichtete Aufmerksamkeit, entlastete Aktivität, ruhig gestellte Gedanken, ausgeglichene ruhige Gefühle, klare Wahrnehmung, innere Sammlung, bewusste Ruhehaltung, verstärktes inneres Erleben. Ist die psychische Energie hart, chaotisch, unausgeglichen, zerrissen, schwach, aggressiv, dunkel, dann hat dies bei den psychischen Funktionen eine entsprechende Wirkung (Siehe in: Schellhammer 1987, 1987).

Die fünfte Hypothese heisst: *Körperliche Zustände formen bzw. beeinflussen die psychische Energie.*

Wer Grippe hat, erlebt seine Energie als schwach, diffus, durcheinander und verstört. Körperlicher Schmerz, insbesondere über einen längeren Zeitraum, bestimmt entscheidend den psycho-energetischen Zustand. Wir konnten im Laufe der Berufspraxis erfahren, dass zum Beispiel Krebskranke eine enorm stechende, chaotische, ja "brennende" psychische Energie haben. Die Energie fühlt sich wie der Krebs selbst im mikroskopischen Anblick: zersetzend, wütend, wild, aggressiv.

Indem wir zum Beispiel das Autogene Training mit formelhafter Vorsatzbildung anwenden, nehmen wir Einfluss auf körperliche Funktionen. Parallel dazu entspannt sich immer auch die psychische Energie. Die gesamte Psychodynamik kommt zur Ruhe und zu einem Gleichgewicht.

Die Übungen des Autogenen Trainings (Schultz 1970) bewirken:

Schwere: Muskeln: Tonusreduktion
Wärme: Gefässerweiterung in den Extremitäten,
               Blutdruckregulierung
Herz: Natürlicher Rhythmus, Durchblutung, Ausgleichung
               der Herztätigkeit
Atmung: Atmungsnormalisierung
Bauch: Durchblutung der inneren Organe, Harmonisierung
               der vegetativ gesteuerten gastrointestinalen
               Muskelbewegungen
Stirn: Verminderung der Kopfdurchblutung,
               Tonusreduktion Augen und Gehirn

Der Zustand der Körperfunktionen beeinflusst die Psychodynamik. Mit Körperfunktionen meinen wir v.a.: Muskeln, Herz-Kreislauf, Atmung, Verdauung, Nervensystem, Sinnesorgane und Haut. Da der "Stoff" der Psychodynamik die psychische Energie ist, können wir auch sagen: Die Körperfunktionen beeinflussen den Zustand der psychischen Energie.

Die sechste Hypothese heisst: *Psychische Energie kann körperlich krank machen.*

Psycho-somatische Leiden, die von dieser Energie verursacht werden, sind vor allem: Stressreaktionen aller Art, so z.B. Schlaflosigkeit, Migräne, Kopfschmerzen, Nacken-Kreuz-Verspannungsschmerzen, vegetative Dystonie, Potenzstörungen u.a.m. Vor allem Reich und Nachfolger haben zur Bioenergie und ihre Wirkungen auf den Körper viele Forschungen unternommen (Reich 1976). In Amerika hat u.a. Siegel (1990) den Einfluss der Gefühle auf den Körper bekannt gemacht. Wir vermuten, dass verschiedene Formen von Krebs ebenfalls auf eine gestörte psychische Energie zurückzuführen sind. Der psycho-physische Zusammenhang wird in der Literatur wie folgt formuliert: "Emotionale Faktoren bewirken körperliche Reaktionen".

Es muss also davon ausgegangen werden, dass der Qualitätszustand dieser Energie eine positive oder negative bzw. störende bis krankmachende Wirkung hat. Wie kann man dies "beweisen"? Wir müssen dabei zuerst die positiven und negativen Zustandsformen in ihren Ausprägungen kennzeichnen. Dann müssen wir den Nachweis erbringen, dass man durch Veränderung dieses Zustandes auch eine Veränderung der psychischen Funktionen erreicht bzw. ein Leiden aus der Selbstheilkraft des Körpers wieder kuriert werden kann. Die Forschungen über das Autogene Training und über die gestufte Aktivhypnose (Langen 1972) haben den Nachweis vielfältig erbracht. Zudem halten wir es für möglich, den Zusammenhang zwischen der (gestörten) psychischen Energie, den emotionalen Faktoren und psycho-somatischen Leiden direkt nachweisen zu können. Auf ein solches Projekt kann hier nicht näher eingegangen werden. Es sprengt den Rahmen unserer Zielsetzungen hier. Es gibt verschiedene Zugangsmöglichkeiten, die Wirkungen der psychischen Energie auf den Körper zu untersuchen (Hume 1979; Vester 1978, 47, 66, 82).

Der bekannte Stressforscher Hans Selye definiert 'Stress' nicht prinzipiell negativ (1982, 38): "Stress ist die unspezifische Reaktion des Körpers auf jede Anforderung, die an ihn gestellt wird." (ebenda, 38). Deshalb gilt: "Stress ist nicht bloss nervöse Spannung ... nicht immer das unspezifische Resultat einer Schädigung ... nicht etwas, das vermieden werden muss." (ebenda, 40-41) ..."Stress ist die Würze des Lebens" (ebenda 82). "Stress" bedeutet somit "Belastung", während "Distress" als Disharmonie und Dissonanz negativ wirkt (ebenda 13-14). So unterscheidet auch Vester zwischen "Stress" und "Konfliktstress" (1978, 184); in seinen Analysen überwiegt aber die Wortverwendung: Stress = Distress. Stress ist die Antwort des Körpers - und damit verbunden auch der Psyche - auf Belastungen aller Art.

Die Stressforschung hat vielfältig nachgewiesen, dass ungelöste Lebensprobleme krank machen können. Das Erkrankungsrisiko ist abhängig vom Ausmass der "kritischen Lebensereignisse" und der Fähigkeit, damit konstruktiv umzugehen, d.h. diese zu bewältigen (Filips 1979; Becker 1982; Pervin 1993). Die entscheidenden emotionalen Faktoren sind Angst, Hilflosigkeit, Sinnleere, Schuld, Ärger und Aggression.

Wir können im Stress-Syndrom Umweltfaktoren, psychische Persönlichkeits-faktoren, körperliche Faktoren und Handlungsfaktoren identifizieren. Stress ist immer Situation, Reiz, Erleben und Reaktion. War früher der biologische Stressmechanismus lebenswichtig (Vester 1976), so ist er heute zu einem pathologischen Ereignis (Ablauf) geworden. "Der Stress macht mich ganz fertig" (Weber 1987) ist eine alltagssprachliche Äusserung, die gewiss Wesentliches trifft. Ebenso verdeutlicht der Spruch des Direktors am Abendessen mit der Familie "ich bin ganz ausgebrannt" einen nachweisbaren biologischen, psychologischen (Burisch 1989) und u.E. auch psycho-energetischen Sachverhalt.

Die Stressforschung und insbesondere die Entspannungsforschung haben eine Fülle an Handlungsmöglichkeiten diskutiert, die auf verschiedenen Ebenen liegen: psycho-energetische und körperliche Entspannung, Beziehungsklärung, beruhigende Freizeitbeschäftigungen (Musik hören, Wandern), klarere Trennung von Arbeit und Freizeit, Klärung der

Arbeitsplatzsituation, Suchen nach unterdrückten Wünschen und Interessen, unbewusste verdrängte Triebaspekte, Suche nach Lebenserfüllung (Sinnfindung), Aktivierung von Tatenlust (Hobbies, Freundeskreis, Lektüre etc.) sowie natürlich die zielgerichtete Analyse und direkte Beseitigung der Stressoren.

Hierin erkennen wir deutlich, wie sehr die Andragogik mehr ist als Psychologie oder Erwachsenenbildungsdidaktik, nämlich eigentliche Menschenbildung. Wir erkennen auch, dass eine reduzierte bzw. eingeengte andragogische Psychologie in der Lebenspraxis scheitern muss. Insbesondere die tiefenpsychologischen und transzendental-geistigen Kräfte wie das Unbewusste, die Träume, die Imagination bzw. Kontemplation sowie die Kraft der Liebe sind undiskutierbare Teile der andragogischen Psychologie. Denn nur sie erreichen alle menschlichen (innerpsychischen) Realitäten.

Emotionale Faktoren sind:

• Ärger	• Eifersucht	• Perfektionismus
• Aggressionen	• Feindseligkeiten	• Peinlichkeiten
• Ängste	• Forderungen	• Rivalitäten
• Ablehnungen	• Furcht	• Sex-Verdrängung
• Abhängigkeiten	• Gewissensbisse	• Strafen
• Anpassungen	• Hilflosigkeit	• Streit
• Besitzgier	• Hass	• Schuldgefühle
• Begierden	• Konflikte	• Sehnsucht
• Bedrohungen	• Komplexe	• Trauer
• Beschämungen	• Kummer	• Unterwerfung
• Betrügereien	• Misstrauen	• Versagung
• Depressionen	• Minderwertigkeit	• Verzweiflung
• Enttäuschungen	• Neid	• Wut
• Ehrgeiz	• Pflichten	• Zwänge

Becker-Carus (1981, 195) spricht hier von "Stressoren" und stellt dazu eine Liste vor; darunter finden sich: Tod Ehepartner, Scheidung, Trennung, Tod Familienangehörige, Verletzung, Krankheit, Verlust des Arbeitsplatzes, sexuelle Schwierigkeiten und vieles mehr. Die Kernthese lautet: Kognitive Bewertung führt zu Emotionen und physiologischen Reaktionen (Becker-Carus 1981, 178-179). Die elektrophysikalischen Veränderungen durch Emotionen finden wir bei Gesichtsmuskeln, Muskeln generell, Gehirn, Herz-Kreislauf, Atmung, vegetatives System (Izhard 1981, 26, 35). Praktisch alle neurophysiologischen Systeme und Subsysteme sind an Emotionen beteiligt.

Unsere These besagt: Emotionale Faktoren bewirken körperliche Reaktionen. Das sind unter anderem: Ess- und Appetitstörungen, Magersucht, nervöses Erbrechen, Fettsucht, Störungen des Schlucktraktes, Magenneurosen, Sodbrennen, chronischer Durchfall bzw. Verstopfung, Asthma, Stottern, Bronchialbeschwerden, Herzklopfen, Herzangst, Kopfschmerzen, Migräne, Ekzeme, Impotenz, Frigidität, Menstruationsstörungen, Schlafstörungen und Krebs. Wir heben hervor: Mit diesem Zusammenhang wird nicht gesagt, und daraus darf nicht geschlossen werden, dass alle Formen solcher körperlicher Reaktionen immer und nur auf emotionale Faktoren zurückgeführt werden können. Dieselben körperlichen Reaktionen können durchaus auch nicht-emotionale bzw. nicht-psychische Ursachen haben.

Ausdrucksdimensionen der Psychodynamik

Unser Interesse konzentriert sich hier auf die Psychodynamik im Individuum. Die einzelnen Dimensionen basieren alle auf dieser Grundkraft, genannt psychische Energie. Sie sind Ausdrucksaspekte der psychischen Energie. Grundsätzlich hat jeder Mensch seinen individuellen Spielraum in der Dynamik. Die krankmachende bzw. störende Wirkung ergibt sich erst ab einem bestimmten Intensitätsgrad der negativen Qualität.

Ausdrucksdimensionen der Psychodynamik sind:

1) Spannung – Entspannung
2) Extraversion – Introversion
3) Psycho-physische Reaktionen
4) Grundbefinden
5) Stabilität – Labilität
6) Sensibilität – Starrheit
7) Kraft und Intensität (bzw. Schwäche)
8) Konstruktive – Destruktive Qualität

Zu 1) Spannung – Entspannung:

Diese Dimension lässt sich relativ einfach erfassen. Denn jeder kennt das Phänomen der Spannung-Entspannung. Das Autogene Training von Schultz (1970) hat in breiten Volkskreisen ein differenziertes Bewusstsein über die Bedeutung der Entspannung im täglichen Leben geschaffen. Leuner und andere haben die Methoden der Hypnose und Imagination vielfältig zum Zwecke der Entspannung entwickelt (1975; 1980). Wir finden Ausprägungen des Spannungszustandes auch bei Cattel's Persönlichkeitsdimensionen, in Bradburns "Affect Balance scale" und beim Faktor "Nervosität" im FPI (Becker 1982).

Entspannung wird umschrieben mit: entspannt, ruhig, harmonisch, behaglich; Anspannung wird umschrieben mit: angespannt, unruhig, disharmonisch u.ä.m.

Zu 2) Extraversion – Introversion:

Wir verstehen diese Dimension nicht als positiv-negativ Spektrum. Beide Seiten haben im normalen Ausdruck ein sinnvolles Wirken. Negativ sind beide Seiten, wenn sie über einen längeren Zeitraum ausschliesslich gelebt werden. Dies kommt häufig vor: Es gibt Menschen, die es verstehen, ihre gesamte Energie immer nach aussen zu richten, aussen auch zu entladen ("Explodieren"). Auf der andern Seite führt die totale Introversion zur "Implosion". Eysenk, Cattell und Guilford haben diese Dimension faktorenanalytisch erfasst, betonen aber mehr inhaltliche und nicht energetische Aspekte. Ebenso hat Jung (1972) in seiner Typologie diese Dimension als Persönlichkeitsfaktor der Ich-Umwelt-Beziehung beschrieben. Auch Spranger und Kretschmer integrierten diesen Aspekt.

Im Gegensatz zu andern Modellen wollen wir hier keine Idealtypen konstruieren, sondern beide Extreme als Pole verstehen mit vielen dazwischenliegenden Abstufungen (vgl. Hempel, in: Topitsch 1970, 87).

Zu 3) Psycho-physische Reaktionen:

Die psycho-somatischen Reaktionen sind weitgehend durch emotionale Faktoren bestimmt (Cremerius 1978; Groddeck 1990; Boss 1978; Petzold/Reindell 1980; Alexander 1985). Nach unserer Theorie aktivieren emotionale Faktoren psychische Energie und formen diese zu Wirkungskräften sinnentsprechend der Emotion. Wir haben die Liste der wesentlichen emotionalen Faktoren vorgestellt. Viele Krankheitsbilder und der gesamte Katalog der Psychodiagnostik könnten hier aufgelistet werden.

Die psychische und psycho-somatische Störanfälligkeit ist abhängig vom Grad der Ansprechbarkeit der psycho-physischen Reaktion.

Zu 4) Grundbefinden:

Grundbefinden – oder Grundstimmung – kann verschiedenartig operationalisiert werden. Es kann mit Zufriedenheit, mit Gefühlstönung oder mit Lebensfreude als Grundeinstellung dem Leben gegenüber (Fröhlichkeit) oder auch mit Wohlbefinden charakterisiert werden. Die Ausprägungen tauchen in verschiedenen klassischen faktorenanalytischen Untersuchungen auf (Pawlik 1971, Becker 1982). Das Grundbefinden kommt im Verhalten zum Ausdruck, erhält z.B. bei Kretschmer auch einen Platz im Rahmen der Temperamentenlehre.

Ein positives Grundbefinden ist charakterisiert durch: fröhlich, ausgeglichen, heiter, lebhaft, ausgewogen; ein negativas Grundbefinden wird umschrieben mit Worten wie melancholisch, düster, zerrissen, unausgeglichen, schwer, dumpf u.ä.m.

Zu 5) Stabilität – Labilität:

Diese Dimension soll lediglich die Konstanz und Variabilität der Gesamtdynamik zum Ausdruck bringen. Cattel erfasst den Faktor als "Strength/Weakness". Bei Guilford findet man diesen Aspekt im Temperamentfaktor.

Stabilität wird gekennzeichnet mit: stabil, standfest, beständig, stetig; und Labilität wird umschrieben mit: labil, standlos, unbeständig, unstet u.ä.m.

Zu 6) Sensibilität – Starrheit

Es gibt Menschen, die kann man durch "Paukenschläge" kaum aus ihrer Bewegung bringen, während andere schon bei einem leisen Geräusch sensitiv reagieren. Dasselbe gilt für Lebensthemen aller Art. Während die einen eine sehr differenzierte Empfindungsfähigkeit haben, reagieren andere selbst auf härteste Realitäten ohne Emotion. Die psycho-energetische Reaktion bleibt aus. Das energetische System ist starr; wir können auch sagen: rigide.

Auch diese Aspekte sind in den klassischen faktorenanalytischen Modellen zu finden. Ebenso findet diese Dimension einen Platz in Kretschmer's Typenlehre. Die Dimension "Progression-Regression" von Jung (1971) reduzieren wir hier auf die Ausprägung "fliessend-starr". Jung analysiert hier die Libido im Kontext zum psychologischen Anpassungsprozess.

Sensibilität wird umschrieben mit: sensibel, weich, leicht ansprechbar, empfindlich, fliessend; und Starrheit umschreibt sich mit: rigide, hart, schwer ansprechbar, unempfindlich, starr.

Zu 7) Kraft/Intensität – Schwäche:

Diese Dimension ist erlebbar, spürbar, wahrnehmbar. Sie zeigt sich im Handeln eben durch Kraft und Intensität. In Cattel's Faktorenanalyse finden wir diese Dimension unter "Strenght/Weakness". Scharfetter ordnet Vitalität, Aktivität und Stärke dem "Ich" zu (1976, 37).

Kraft und Intensität zeichnen sich aus durch: stark, intensiv, vital, zentriert, ziel-gerichtet; während Schwäche (Kraftlosigkeit) umschrieben wird mit: schwach, kraftlos, lahm, chaotisch, ziellos u.a.m.

Zu 8) Konstruktive Qualität – destruktive Qualität:

Wir reden von der Qualität, wenn die Wirkungen nach innen und/oder nach aussen eine bestimmte Auswirkung haben. Die Psychodynamik kann aggressiv oder friedlich sein. Sie kann destruktiv wirken oder konstruktiv. Sie kann krank machen oder Gesundheit fördern. Sie kann Ungleichgewicht bewirken oder Hamonie schaffen.

Sie kann störend, ansteckend oder anregend wirken. Sie kann Brücken bauen oder Abgründe schaffen. Sie kann Freiheit und Unabhängigkeit bei andern halten oder abhängig machen und binden. Sie kann lebenszuwendend oder lebensabwendend wirken. Wir können diese Qualität auch im Sinne von Fromm (1979) als Biophilie und Nekrophilie interpretieren, oder nach Freud (1975, III) als Lebenstrieb und Todestrieb bezeichnen (vgl. Eissler 1980). Wir trennen vom Sachbezug (Thema der Energie) und grenzen den Aspekt der psychischen Energie ein.

Konstruktive Qualität wird beschrieben mit: konstruktiv, anregend, lebenszu-wendend, befreiend, friedlich; und destruktive Qualität beschreibt sich mit: destruktiv, affizierend, lebensabwendend, bindend, aggressiv, sauer u.ä.m.

Die Vielfalt der individuellen Differenzen und möglichen Kombinationen halten wir für "normale" Ausdrucksmöglichkeiten des menschlichen Seins. Jeder Mensch hat sein ihm eigenes dynamisches Muster, das durch viele Situationen bzw. Handlungen hindurch relativ konstant bleibt. Die Extremformen widerspiegeln Neurose, Psychopathie und Psychosomatik. Im Zwischenfeld liegt der Stress als Ausdrucksform einer überbelasteten Psychodynamik. Wir wollen dazu nicht theoretisch zwischen "Eustress" und "Distress" unterscheiden (Selye 1982, 50).

Im Volksmund und im allgemeinen diagnostischen Verständnis versteht man unter Stress eine Überbelastung, ein Druck, eine lange andauernde Anspannung, eine Überanstrengung der psychischen Kräfte und allenfalls eine Diskrepanz zwischen Assimilationsfähigkeit und Intensität der

"Stressoren". Die Ursachen können aussen und/oder innen liegen. Wie auch immer Stressphänomene inhaltlich gefasst werden, ihre Grundenergie ist immer die psychische Energie und als geformtes System die Psychodynamik (Pervin 1993, 493-501). Auch in sehr entspanntem Zustand hat jeder Mensch seine individuelle charakteristische Psychodynamik.

Die sexuelle Energie (Libido) verstehen wir nicht als die grundlegende Lebenskraft, aber als elementar in allen Ausprägungen der geformten psychischen Energie. Dabei sei ausdrücklich hervorgehoben, dass wir damit nicht chemische und bio-elektrische Verhältnisse meinen. Unser Begriff ist psychologisch, nicht biologisch. Sicher hat die Sexualität an sich, d.h. durch das subjektive körpergebundene psychoenergetische Erleben eine besonders wichtige Bedeutung (vgl. "genitaler Drang" in: Balint 1981, 84). Die Verdrängung bzw. die Unterdrückung der sexuellen Entspannung ist Quelle vieler psychischer und psychosomatischer Störungen (Reich 1976; Lowen 1976; Freud 1961).

Die Psychoanalyse (aller Prägungen) hat zudem vielseitig dargelegt, dass manche gesellschaftlichen Probleme (aggressives Verhalten, Gewalt, Unterdrückung, Krieg) mit der Verdrängung der Sexualität zu tun haben. 15 Jahre spezifische Berufserfahrung zeigten dem Verfasser genug, um sagen zu können: Die Verdrängung der Sexualität und die Unterdrückung der sexuellen Entspannung sind gravierende und ernst zu nehmende Ursachen für psychische Störungen, Leiden und soziale Konflikte. Die Energie selbst kann jedoch gewissermassen genital neutralisiert werden und als altruistisches Verhalten sowie auch in der Arbeit umgesetzt werden. Ob das tatsächlich so gelingt, wie oft behauptet wird, und ob das auch gesund ist für den Menschen, ist eine andere Frage. Es gibt die sexuelle (psychische) Energie, die Gedankenenergie, die Gefühlsenergie, die Komplexenergie u.s.w. Alle diese Gestaltungsformen der psychischen Energie und die angemessenen Umgangsformen damit, halten wir für lebenswichtig für die Persönlichkeitsbildung im Sinne der Individuation.

Am Rande noch stellt sich wissenschaftlich die Frage, ob diese acht Dimensionen auch forschungsmethodisch (z.B. faktorenanalytisch) herauskristallisiert werden können. Das Problem beginnt hier bei der Erstellung der einzelnen Items. Mit dem Test wird das Ergebnis der mathematischen Analyse schon vorweggenommen bzw. eingegrenzt.

Die acht Dimensionen haben wir auf Grund unserer Erfahrungen kasuistisch erstellt. Als eine einzelne Dimension sind sie zwar informativ. Aber für Handlungsmassnahmen ist das Gesamtbild fruchtbar. Erst in der Einheit des Ganzen können wir ein differenziertes Bild über die Psychodynamik eines

Menschen erstellen. Wenn wir Stress als Ausdrucksform einer mehrdimensional gestörten bzw. belasteten psychischen Energie interpretieren, dann haben wir auch die Grundlagen für ein differenziertes Massnahmenpaket. Daraus wird klar, dass das Autogene Training und die Entspannungs-Hypnose nur Aspekte der Psychodynamik erfassen. Diese acht Dimensionen sind Teil der praktischen Persönlichkeitsbildung.

Ein Beispiel: Stressanalyse

Stress charakterisieren wir, basierend auf den bisherigen Ausführungen, mit den acht Dimensionen der Psychodynamik:

1) Hohe Anspannung
2) Extremwert in Extra-/Introversion
3) Erhebliche psycho-physische Anfälligkeit
4) Unausgeglichenes Grundbefinden
5) Hohe Labilität
6) Überstarke Sensibilität oder Starrheit
7) Gestörtes Mass der Kraft
8) Destruktive Energiecharakteristik

Daraus ergibt sich, dass es unterschiedliche "Stresstypen" geben kann, je nach der innerpsychischen Situation und den Gegebenheiten im Lebensfeld. Denkbar ist auch, dass nur eine einzige Dimension den Stress ausmacht und die Psychodynamik bestimmt. Jedes mögliche Situationsmuster kann auf andere Zusammenhänge führen. Zur Erfassung von Stressreaktionen verweisen wir auf Klupp (1992, 140-142); "Stressoren" referiert u.a. Selye (1988).

Zwei mögliche Typenbilder von Stress sind (um zwei Beispiele vorzugeben):

a) Beispiel A eines Typenbildes zu Stress:

Entspannung – Anspannung: extrem angespannt
Extraversion – Introversion: ausgeglichen
Psycho-physische Reaktion: leicht störanfällig, v.a. psychische Kräfte
Grundbefinden: tendenziell positiv, etwas gepresst
Labilität – Stabilität: im Gleichgewicht
Sensibilität – Starrheit: sensibel
Kraft: stark, zeitweise unerklärlich geschwächt
Energiequalität: überwiegend konstruktiv

b) Beispiel B eines Typenbildes zu Stress:

Entspannung – Anspannung: nervös
Extraversion – Introversion: sehr introvertiert
Psycho-physische Reaktion: sehr störanfällig
Grundbefinden: düster, schwer
Labilität – Stabilität: unbeständig
Sensibilität – Starrheit: hypersensibel
Kraft: schwach
Energiequalität: aggressiv

Aus diesen Beispielen wird ersichtlich, dass die Qualität einer belasteten Psycho-dynamik sehr unterschiedlich sein kann. Beispiel A kann kaum Ausdruck einer inner-psychischen Belastung sein, während Beispiel B ohne Zweifel im tiefenpsychologischen Visier das Unbewusste und den "Zustand" der Liebeskraft zur Erklärung fokussieren muss. Woran man das erkennt?

Ist das Unbewusste einigermassen bereinigt, dann ist hohe Labilität höchstens unter extremen äusseren Belastungen wahrscheinlich. Düsteres Grundbefinden bei gleichzeitiger schwacher Kraft, Labilität, sehr störanfälliger psycho-physischer Gesundheit (effektive Störungen also) sowie aggressiver Energiequalität müssen auch innen enorme Belastungsgründe haben.
Beispiel A kann mit regelmässigen Entspannungen einigermassen ausgeglichen gehalten werden, während Beispiel B allein mit Autogenem Training nicht lösbar ist, hingegen mit Persönlichkeitsbildung sicher verbessert werden kann.

Die Fähigkeit zur Bewältigung von Spannungen wird als ein Kriterium für psychische Gesundheit definiert (Becker 1982, 2-13). Dazu gehören verschiedene Aspekte, die allesamt schon in der griechischen Antike in die Menschenbildung bzw. in die Lehren über Glückseligkeit vielfältig eingebaut worden sind: Abbau von verdrängten Emotionen, verstandesmässige Kontrolle (Willensanstrengung) der Lustimpulse, Handlungskompetenzen in Lebenssituationen (in "kritischen Lebensereignissen"), sachliche Fähigkeiten "Aufgaben und Rollen zu erfüllen" sowie schlicht innere Ruhe und Entspannung üben. Persönlichkeitsbildung in unserem Sinne integriert diese Aspekte.

Wirkungen von Anspannung und Entspannung

Gemäss unseren Erfahrungen mit systematischem Entspannungstraining formulieren wir folgende These: Wird die psychische Energie entspannt, so sind alle andern Dimensionen entlastet und "nomalisieren" sich tendenziell. Die Grunddynamik der andern sieben Dimensionen ist aber mit Bildung der gesamten Persönlichkeit zu formen. Die bewusste Steuerung des eigenen Verhaltens, der eigenen psychischen Kräfte und der äusseren Einflussfaktoren können durch das Autogene Training nicht ersetzt werden. Das gilt natürlich auch für alle andern Methoden der Entspannung (Yoga, progressive Muskelentspannung etc.). Daraus wird ersichtlich, dass es für die Pflege der Psychodynamik verschiedene Ebenen gibt.

Pflege der Psychodynamik erfolgt durch:

1) Entspannungstechniken
2) Bildung der Persönlichkeit im Sinne der Individuation
3) Steuerung des täglichen Handelns
4) Steuerung der Aussenfaktoren, soweit möglich

Entspannungstechniken im Sinne der formelhaften Vorsatzbildung (Autogenes Training, Suggestion, Hypnose) bewirken einen psycho-physischen Vorgang, der den psychischen Energiezustand verändert, nie die inneren psychischen Systeme. Entspannung ist ein cerebraler Umschaltungsvorgang (Schultz 1973; Rosa 1977; Thomas 1976). Cerebrale Umschaltvorgänge lassen sich auch mit Imagination herstellen.

Das autogene Training enthält folgenden Entspannungsvorgang: Die Übung beginnt mit verbalen Suggestionen (Formeln), die teilweise eine vage gedankliche Vorstellung enthalten. Diese "Idee" wird konzentrativ verinnerlicht. Dazu gehört eine innere Hingabe und Einwilligung. Die Person muss diese "Idee" akzeptieren. Daraufhin folgt eine automatische Umschaltung entsprechend der Suggestion. Der nächste Schritt ist eine Generalisierung und Intensivierung der "Idee". Durch Training soll eine Konditionierung erreicht werden.

Ein Vergleich zwischen allgemeiner Entspannung im Sinne des Autogenen Trainings und der Hypnose zeigt entscheidende Unterschiede in der psychischen und psycho-physischen Reaktion. Die nachfolgende Tabelle gibt eine Übersicht, zusammengestellt aus der Literatur (Langen 1972; Leuner 1975; Erickson 1978; Chertok 1973; Schultz 1976) sowie aus eigenen Arbeitsprotokollen.

Zustand der Parameter bei "Entspannung" und "Hypnose" – ein Vergleich (individuelle Differenzen gegeben):

Psycho-physische Reaktionen	Entspannung tief	Hypnose mittlere Stufe
Zeitverzerrung	leicht	ja
Reduziertes Wachsein	leicht	ja
Einengung Bewusstseinsfeld	ja	ja
Bewusstseinstrübung	nein	ja
Müdigkeit	leicht	ja
Partieller Schlaf	nein	ja
Somnolenz (Ruhegefühl)	ja	ja
Somnambulismus	nein	ja
Emotionale Reaktionsbereitschaft	ja	ja
Wärmeerlebnis	ja	ja
Veränderte Stimmqualität	nein	ja
Retardierung der Reflexe	leicht	ja
Verändertes Körpergefühl	ja	ja
Schwere Arme, Beine	ja	ja
Verlust Körpergefühl	nein	ja
Immobilisation der Muskulatur	nein	ja*
verzögerte Psychomotorik	nein	ja
Katalepsie der Muskulatur	nein	ja*
Eingeengtes Gehör	ja	ja
Reduzierte Funktion der Sinne	nein	ja
Herabgesetzte Empfindlichkeit	leicht	ja
Vegetative Ausgewogenheit	ja	ja
Normalisierte Herztätigkeit	ja	ja
Gesenkter Blutdruck	ja	ja
Verlangsamte Atmung	ja	ja
Illusion v. Körperverzerrungen	nein	ja*
Gefühl, ausserhalb der Dinge zu sein	nein	ja*
Reduzierte Übungserinnerung	nein	ja*
Hypermnesie bis pränatale Zeit	ja	ja
Regressionsverhalten	nein	ja*
Verstärktes traumähnliches Bewusstsein	nein	ja
Erhöhte Suggestibilität (psycho-physisch)	ja	ja
Rapport-Bindung (Hingabebereitschaft)	leicht	ja
Reduzierte Selbstverfügung	nein	ja
Reduzierte Ich-Steuerung in Introspektion	nein	ja

* = ja mit zunehmender Hypnosetiefe

Der Unterschied zwischen einer tiefen Entspannung und einer Hypnose wird durch spezifische Suggestionen während der Entspannungsphase und danach produziert. Die Andragogik hat kein spezifisches konstitutives Interesse an Hypnose für die Persönlichkeitsbildung. Denn die möglichen Interventionen im Zustand der mittleren bis tiefen Hypnose beziehen sich primär auf therapeutische Zielsetzungen (Schultz 1976; Langen 1972). Selbsterkenntnis und Individuation, einschliesslich die Katharsis des Unbewussten bedürfen nicht der Hypnose. Eine tiefe Entspannung ist hinreichend für alle Tiefen des persönlichen Unbewussten, einschliesslich für Rückführungen bis in die vorgeburtliche Zeit. Hauptziel der allgemeinen psycho-physischen Entspannung ist die Ruhigstellung und Harmonisierung der Psychodynamik.

Weiter ist der Zustand der Entspannung die Voraussetzung für das sogenannte Mental-Training, d.h. die suggestive Einübung formelhafter Vorsatzbildungen zur Verstärkung und zum Training bei Lernprozessen. Mental-Training ist Lernen auf die eigenen psychischen Kräfte bezogen bei optimaler Fokussierung eines Inhaltes im Bewusstsein.

Das Mental-Training leistet:

● Erhöhung der Konzentration und Aufmerksamkeit
● Erhöhung der Merkfähigkeit
● Verstärkung konzentrierter Willenskraft
● Mobilisierung positiver Selbstverstärker
● Einprägung neuer Einstellungsmuster
● Konditionierung (Umkonditionierung) von Reflexen
● Psychohygiene (Tagesgeschehen am Abend "verabschieden")
● Erhöhung der Flexibilität des Bewusstseins (Loslassen von Inhalten)
● Aktivierung neuer Impulse für kreative Lösungswege
● Verstärkung spezifischer Gedankenkräfte

Die Hypnose kann in der Andragogik für die Forschung über parapsychische Kräfte wie Hellsehen und Telepathie von Bedeutung sein. Hypnose ist auch Voraussetzung für sog. Körperaustritte und Astralreisen. Es handelt sich hier aber um Erlebnisformen, die mit erheblichen (oft unterschätzten) Gefahren verbunden sind. Grundsätzlich können wir dazu aus eigenen experimentellen Erfahrungen fragen: Soll man in fremde Wirklichkeiten eintreten, wenn man die Befugnis von da nicht hat, kein klares Ziel (Handlungsaufgabe) definieren kann und sich darin nicht konzentriert und selbstverantwortet steuern kann? Wir treten hier nicht näher darauf ein.

In diesem Zusammenhang seien hier noch kurz die Psycho-Strategien des NLP (Neuro-linguistisches Programmieren) zur Reflexion vorgestellt (Siehe in: Bandler/MacDonald 1991; Grinder/Bandler 1991).

NLP-Technik basiert erstens auf der Tatsache, dass das Ich, die Wirklichkeit nicht sehen will, wie sie wirklich ist. Die präsentierte Wirklichkeit muss sich deshalb von der Realität deutlich abheben. Sie muss einfach, intensiv, weich, warm und liebevoll gestaltet werden, Bewegungen sollten einfach, harmonisch und zielgerichtet klar sein. Das gilt auch für Worte. Wiederholungen in Variationen wirken verstärkend.

Zweitens gibt es einige wahrnehmungspsychologische Gesetzmässigkeiten darüber, was automatisch ins Bewusstsein eindringt, auch wenn es vom Ich nicht gewollt ist. "Ins Auge springen" klar leuchtende oder auch weiche zarte Farben, etwas vergrösserte Dimensionen der fokussierten Objekte, angenehme und wohltuende schöne naive Bilder, eine eher ruhige fokussierte Handlung, hervorgehobene Proportionen und natürlich ein klarer Rahmen. Ins Ohr dringen gleichzeitig einfache klangvolle Melodien.

Drittens hat die Dynamik des Unbewussten eine zentrale Funktion. Da sind die verdrängten Bedürfnisse (Defizite), die geheimen Sehnsüchte, die drängenden Wünsche und die Ideale über das Leben. Wer diese mit einprägsamen, einfachen und liebevoll-warmen Bildern ansprechen und damit aktivieren kann, bewegt im Menschen Gefühle. Gefühle aktivieren bekanntlich psychische Energie.

Dazu benötigt die NLP-Strategie viertens auch noch die Techniken der Suggestion und Hypnose: Was man eingeben will, muss sanft, weich, ruhig, warmherzig, verbindend nahegebracht werden. Dazu gibt es viele bewährte Sprachmuster. Die Strategie bezweckt: Vertrauen schaffen durch emotionale Zuwendung (Rapport), Hoffnung wecken durch positive Schau, das Ich anregen durch positive Verstärker und den "Rapport" festigen durch eine strukturierte Kommunikationssituation. Das Autogene Training ist ein Beispiel für die psycho-physische Reaktion. Eine Suggestion ("Arme ganz warm") bewirkt eine physische Reaktion (Erweiterung der Blutgefässe und damit das Wärmeerlebnis).

Das ist das fünfte Prinzip, das zusammen mit dem Pawlow'schen Reiz-Reaktionsreflex eine erhebliche funktionale Bedeutung hat: Was anfangs nur ein Bild war mit einer einfachen Botschaft, erhält am Ziel des Manipulationsvorganges eine physische Reaktion.

Diese hirnphysiologische und dann oft organische (oder muskuläre) Reaktion wirkt dann als eigentlicher Handlungsimpuls: Das präsentierte Produkt wird gekauft, der gewünschte Fernsehkanal eingestellt und das Ich geht da hin, wo dieser Reiz die Richtung vorgibt.

Die wichtigsten Fakten zu Entspannungstechniken:

1. Entspannungstechniken haben zum Ziel, die psychische Energie zu entspannen. Entspannung wirkt sich immer auf alle Dimensionen der Psychodynamik aus. Entspannung wirkt auf das gesamte psycho-energetische System: ausgleichend, aufbauend, stärkend und stabilisierend.

2. Entspannungstechniken sind keine psychoanalytischen Verfahren. Das heisst, es werden weder Komplexe im Unbewussten, noch "falsche" Gedankenmuster (Einstellungen), noch Verhaltensgewohnheiten, noch die Persönlichkeit als Einheit analysiert.

3. Entspannungstechniken sind keine psychotherapeutischen Heilverfahren. Sie heilen weder Neurosen, noch Störungen, noch psychopathische Persönlichkeitsstrukturen. Jedoch vermögen sie eine solche Belastung zu reduzieren bzw. etwas auszugleichen.

4. Entspannungstechniken sind Mittel, die gesamte Psychodynamik auszugleichen. Damit können günstige Voraussetzungen geschaffen werden für: Lernprozesse, Selbstreflexion, Psychokatharsis, Entfaltung und Wachstum des Innenlebens, Ausgewogenheit der Lebensführung, Aufbau von innerer Stabilität, Stärkung des Willens und des Ich's, positive Selbsterfahrungen, Aufbau von Selbstvertrauen.

5. Entspannungstechniken haben indirekt eine heilende Bedeutung. Sie bewirken eine Ruhigstellung des körperlichen Organismus und erhöhen die psychoenergetische Belastungsgrenze, wodurch Selbstheilungskräfte besser wirksam werden.

6. Entspannungstechniken haben nicht zum Ziel, transzendentale Erfahrungen zu schaffen. Sie haben mit Religion nichts zu tun. Entspannung ist aber Voraussetzung für kontemplative – und somit auch transzendentale – Erfahrungen.

7. Entspannungstechniken sind Teil einer andragogischen Lebenspraxis. Ihre Philosophie beinhaltet eine Lebensschau, wo Entspannung bzw. die "Hygiene" der Psychodynamik zur Lebensqualität gehört.

8. Entspannungstechniken sind keine Hypnose und auch nicht Selbsthypnose. Die Induzierung eines hypnotischen Zustandes beginnt jedoch immer mit Entspannung und der hypnotische Zustand ist immer auch ein Zustand der

Entspannung.

9. Entspannungstechniken sind Teile der psychotherapeutischen Interventionen, z.B. Suggestionen, Rückführungen in die Kindheit sowie Psychokatharsis. Ebenso können Entspannungstechniken die andragogische Beratung stützen z.B. bei Krisen und Konflikten.

10. Entspannungstechniken sind andragogische Praktiken, eingebaut in die ganzheitliche Persönlichkeitsbildung.

4. Das Ich und die Steuerungsmechanismen

Das Subsystem der Hilfsfunktionen

Was ist das "Ich"? Wir verwenden dieses Wort täglich in allen möglichen Situationen und Zusammenhängen: "Ich denke", "Ich fühle", "Ich bin", "Ich will", "Ich tue", "Ich weiss", "Ich liebe", "Ich hoffe" usw. Offensichtlich meinen wir damit zuerst einmal unsere psychisch-physische Ganzheit, auch wenn diese nicht im Satz mit einbezogen ist. "Ich bin selber" bedeutet, dass das Ich seiner selbst gewahr ist, denkend, wünschend und handelnd (Scharfetter 1976, 36). Denn wenn jemand sagt "Ich denke", dann denkt natürlich nicht der ganze Mensch. So meint das Wort "Ich" doch zuerst nichts anderes als etwas, was man mit "Zentrum des Bewusstseins", mit "die bewusste höchste Instanz" dieser psychisch-physischen Einheit umschreiben könnte.

In einem Bild gesprochen: Das Ich ist der Kapitän des Schiffes (dieser Ganzheit). Wir wollen das Ich als Steuerungsinstanz betrachten. In Anlehnung an Jaspers können wir drei Aspekte des Ich's unterscheiden: die Aktivität, die Einheit und die Kontinuität der Identität (Barz 1977, 24). Als weiterer Aspekt gilt (nach Neumann 1955): "Das Ich ist das Zentrum des Bewusstseins". Das Ich ist die zentrale Instanz eines ihm primären Subsystems, das die sog. Hilfsfunktionen enthält. Diese Hilfsfunktionen sind die eigentlichen Steuerungsmechanismen, auf denen der Einsatz aller andern Subsysteme basiert. Natürlich stehen auch die andern Subsysteme dem Ich zu Diensten.

Scharfetter (1976, 36) sieht das Ich so: "Das Ich macht den wachen bewusstseinsklaren Menschen aus, der um sich selbst weiss, sich als gestimmt, gerichtet, wahrnehmend, wünschend, bedürftig, getrieben, verlangend, fühlend, denkend, handelnd in der Kontinuität seiner Lebensgeschichte erfährt."

In der psychoanalytischen Ich-Psychologie gibt es verschiedene theoretische

Konstrukte. Wir zitieren einige Fragmente von Freud aus seinem Werk "Psychologie des Unbewussten" (1923): "Das Ich kann auch unbewusst sein ... Ein Individuum ist nun für uns ein psychisches Es, unerkannt und unbewusst, diesem sitzt das Ich oberflächlich auf, aus dem Wahrnehmungssystem als Kern entwickelt ... Das Ich repräsentiert, was man Vernunft und Besonnenheit nennen kann, im Gegensatz zum Es, welches die Leidenschaften enthält ... Das Ich gleicht im Verhältnis zum Es dem Reiter, der die überlegene Kraft des Pferdes zügeln soll ... Innerhalb des Ich ist zu differenzieren zwischen Ich-Ideal und Über-Ich ...". Wir fassen den Kern zusammen: Das Ich hat die Aufgabe, eine Beziehung zur Aussenwelt, zum Es und zum Über-Ich herzustellen, zu vermitteln und Ansprüche wie Gefahren zu bewältigen. "Das Ich (ist) das eigentliche Gebiet, auf das unsere (psychoanalytische) Beobachtung sich ständig richten muss" (Anna Freud 1973, 9).

Sándor Ferenczi (1978, 223-224) bezeichnet das Ich-Ideal als "das Vorbild, das man in seinem Innern aufrichtet, um daran alle seine Handlungen und Eigenschaften zu messen". "Dieses Ich-Ideal übernimmt die wichtigsten Funktionen der Realitätsprüfung, des moralischen Gewissens, der Selbstbeobachtung und der Traumzensur; es ist auch die Macht, die bei der Schaffung des für die Neurosenbildung so bedeutsamen 'Unbewusst-Verdrängten' am Werke ist." Dazu trägt die "Identifizierung" bei: "Bei diesem Vorgang werden Objekte der Assenwelt...imaginär 'einverleibt', oder wie wir es zu sagen pflegen introjiziert, d.h. ihre Eigenschaften werden annektiert, dem eigenen Ich zugeschrieben".

Jung schreibt zur Entwicklung des Ich: "Intellektuell ist das Selbst nichts als ein psychologischer Begriff, eine Konstruktion, welche eine uns unerkannte Wesenheit ausdrücken soll, die wir als solche nicht erfassen können...Sie könnte ebensowohl als 'der Gott in uns' bezeichnet werden ... Die Menschheit ist in der grossen Hauptsache noch in einem Kindheitszustand ... Die Überwindung des (..) Gesetzes fällt nur dem zu, der es versteht, anstelle des Gewissens die Seele zu setzen ... Das individuierte Ich empfindet sich als Objekt eines unbekannten und übergeordneten Subjektes (d.h. Gott; Verf.)" (1971, 134-138).

Und schliesslich zur erweiterten Sicht: Philosophen beschreiben das Ich so: "Das Ich ist der Pol, an dem sich alle Bewusstseinszustände orientieren" (Husserl). "Damit Ich werden kann, ist Du notwendige Bedingung" (Buber). "Die Auslöschung des Ich ist das Höchste" (Schopenhauer). "Das Ich ist einheitlicher Beziehungspunkt, letzter Träger, aktiver Quellengrund" (Lotz).

Dieses Subsystem der Hilfsfunktionen enthält:

- Das Bewusstsein
- Das Selbstbewusstsein
- Die Abwehrfunktionen
- Die Integrationskräfte
- Der Wille/Das Wollen
- Die Steuerung

In der praktischen Persönlichkeitsbildung können die einzelnen Hilfsfunktionen als Orientierung für eine erste "Bestandesaufnahme" in allgemeine Fragen gefasst werden. Mit einer erweiterten Frage können auch erste subjektiv erlebte Bildungsbedürfnisse direkt erfragt werden. Die Fragen setzen das Wissen über die einzelnen Themen voraus.

Fragen zur Selbsterkenntnis sind:
1. a) Wie erleben Sie sich selbst?
   b) Wie möchten Sie sich selbst erleben?
2. a) Wie erleben Sie andere Menschen?
   b) Wie möchten Sie andere Menschen erleben?
3. a) Wie erleben Sie die Güter und Dinge?
   b) Wie möchten Sie die Güter und Dinge erleben?
4. a) Wie erleben Sie die Welt?
   b) Wie möchten Sie die Welt erleben?
5. a) Wie erleben Sie Geistiges?
   b) Wie möchten Sie Geistiges erleben?
6. a) Wie erleben Sie Ihre Willenskraft?
   b) Wie möchten Sie Ihre Willenskraft erleben?
7. a) Wie erleben Sie Ihre Abwehrfunktionen?
   b) Wie möchten Sie Ihre Abwehrfunktionen erleben?
8. a) Wie erleben Sie Ihre Integrationsdynamik?
   b) Wie möchten Sie Ihre Integrationsdynamik erleben?
9. a) Wie erleben Sie Ihre Steuerung?
   b) Wie möchten Sie Ihre Steuerung erleben?

Bewusstsein und Wirklichkeit

Wie das Bewusstsein zustande kommt, kann die physiologische Psychologie bis heute nicht sagen (Becker-Carus 1981, 119). Wir können damit "die Gesamtheit unserer Ich-Erfahrungen" (Leibnitz) oder im Sinne von Herbart die "Summe aller wirklichen und gleichzeitig gegenwärtigen Vorstellungen" meinen. Jaspers sprach von der "Bühne, auf die psychische Phänomene treten und gehen". Wir wählen das weitgehend vertraute Bild "Bildschirm". In diesem Bildschirm finden wir alle Arten von Wirklichkeiten.

Die Wirklichkeit, die die Menschen täglich wahrnehmen, enthält einige bedeutende hervorragende Charakteristika. Diese sind:

- Der persönliche Lebensraum
- Der Moment, die Stunde, der Tag
- Vor allem äussere Erscheinungen
- Tendenziell grobe Gesamteindrücke
- Überwiegend die eigene Alltagsrealität
- Vordergründiges psychisches Leben
- Lust-bezogene Werte
- Das durchbrechende Gefühlserleben
- Die vage Oberfläche

Diese Wirklichkeiten "füllen" das gesamte Bewusstsein. Stellen wir uns das Bewusstsein als "Bildschirm" vor, dann bedeutet das, dass dieser Bildschirm immer gleich gross bleibt und die wahrgenommene Wirklichkeit immer das ganze Feld des Bewusstseins ausfüllt. Die formalen Eigenschaften sind: Enge und Weite, selektive Aufmerksamkeit und konzentrierte umfassende Aufmerksamkeit.

Das Bild, das im Bewusstsein als die Realität sich zeigt, erleben die Menschen als *die* Wirklichkeit. Die Wirklichkeit aber, die der Mensch aus seiner Wahrnehmung ausgeschlossen hat, ist auch seine Wirklichkeit. Das Ich hat zu diesem Teil der ausgeschlossenen Wirklichkeit keinen Zugang. Das Ich orientiert sich für sein Handeln am wahrgenommenen Inhalt und am Erleben dieses Bewusstseins.

Wir erweitern den Kontext: Bewusstsein – Unbewusstsein – Wissen – Nichtwissen

Was der Mensch nicht weiss, ist ihm nicht bewusst. Es gibt viele Wirklichkeiten, die der Mensch nicht sehen will. Er will darüber kein Wissen. Diesen Zustand nennen wir "nicht-wissend sein" oder "unwissend sein". Der Mensch kann etwas wissen und dieses Wissen aus dem Bewusstsein "wegschieben", d.h. ins Unbewusste verdrängen. Es gibt viele Wirklichkeiten, die der Mensch sieht und sofort oder später verdrängt. "Unbewusst leben" heisst alltagssprachlich: Nicht ins Bewusstsein aufnehmen, gewissermassen leben ohne sich der Realitäten und Folgen gewahr zu werden: nicht fühlen, nicht sehen, nicht hören.

Die Begriffe "unwissend" und "unbewusst" müssen klar getrennt werden. Wir sehen folgende Unterscheidung als hilfreich: "Unwissend" meint: Das Individuum hat das Wissen nicht. "Unbewusst" heisst: Das Ich handelt ohne Rückbezug auf ein mögliches Bewusstsein, gewissermassen ausserhalb des Bewusstseins. Der Begriff "unbewusst" hat zudem seine zentrale Bedeutung im Zusammenhang mit dem Unbewussten.

Zensurmechanismen steuern, was ins Bewusstsein aufgenommen wird und was aus dem Bewusstsein ausgesondert werden muss. Auch dieser Begriff hat vor allem im Zusammenhang mit dem Unbewussten seine spezifische Bedeutung. Wir verstehen diese Zensurmechanismen als die Kontrollinstanz, die das Geschehen im Bewusstsein bzw. die Aufnahme oder Ablehnung von Tatsachen, Gedanken, Gefühlen und Regungen aller Art zulässt oder nicht.

Thesen über die Bewältigung von Wirklichkeiten:

These 1: Es gibt innere und äussere Wirklichkeiten.

These 2: Viele Menschen vernachlässigen die inneren Wirklichkeiten und "sehen" die   äussere Wirklichkeit sehr subjektiv.

These 3: Es gibt viele Wirklichkeiten für jeden Menschen, die kaum einer sehen will. Sie sind nicht im Bewusstsein.

These 4: Es gibt für die Menschen so viele und so genaue Wirklichkeiten, wie sie Wirklichkeiten aufnehmen und verarbeiten.

These 5: Selten vergegenwärtigen sich die Menschen, dass viele innere Faktoren die Aufnahme und Verarbeitung der Wirklichkeiten beeinflussen. Nur was im Bewusstsein ist, halten sie für real.

These 6: Über jede innere und äussere Wirklichkeit gibt es viele Worte. Doch

Worte sind nur Etiketten mit – nicht selten – unterschiedlichen Bedeutungen.

These 7: Wenn Menschen miteinander reden, vergegenwärtigen sie selten, dass:

- jeder Mensch im Bewusstsein seine eigene Wirklichkeit hat.
- jeder Mensch seinen eigenen Wortschatz hat.
- jeder Mensch viele Worte auf eigene Weise erlebt.
- jeder Mensch auf eigene Weise denkt.

These 8: Der Mensch hat im allgemeinen wenig Bewusstsein über die Leistungsfähigkeit und die Leistungsfehler seiner eigenen psychischen Funktionen.

These 9: Die psychisch-geistigen Wirklichkeiten des Menschen machen den Menschen zum Menschen. Und eben diese Wirklichkeiten sehen die Menschen nicht oder nur unzulänglich.

These 10: Lebensbewältigung kann nie mehr Qualität haben, als die einzelnen psychischen Kräfte bewusst gebildet sind.

Wir unterscheiden für die Persönlichkeitsbildung drei Ebenen:

1. Der Mensch hat das Wissen nicht über die psychischen Kräfte. Er hat nirgendwo gelernt, was es für die Lebensführung Wichtiges zu wissen gibt aus den psychischen Systemen.

2. Der Mensch will das Wirken des Ich's nicht ins Bewusstsein aufnehmen. Auch hier besteht zuerst ein Problem des Wissens. Der Mensch benötigt Wissen, um zu dieser Unterscheidung überhaupt gelangen zu können.

3. Der Mensch will vieles, das er weiss oder gewusst hat, nicht mehr im Bewusstsein zulassen. Das Wissen ist ins Unbewusste verdrängt. Auch hier besteht ein Wissensproblem: Der Mensch weiss nicht, wie das Material aus dem Unbewusstsein zurückgeholt werden kann. Denn von selbst kommt vieles auch bei starkem Wunsche des Ich's überwiegend nicht ins Bewusstsein zurück.

Selbstbewusstsein und Selbsterleben

Was weiss das Ich über sich selbst und seine Ganzheit? Was hat das Ich für ein "Daseinsbewusstsein" (Jaspers 1956, 110) über sich selbst? Im allgemeinen kennen die Menschen 90 bis 95 Prozent ihrer psychischen Kräfte nicht. Die meisten Menschen haben kein differenziertes Bewusstsein über ihre innerpsychische Wirklichkeit. Dies hat verschiedene Ursachen:

Die Schule vermittelt weder Wissen noch Innenerfahrung über die psychische Wirklichkeit. Auch im Elternhaus können die meisten Menschen nichts oder nur wenig darüber erfahren. Die Menschen werden schon als Kleinkind erzogen, diese innere Welt nicht wahrzunehmen und diese auch nicht ernst zu nehmen. Jeder lernt die Kräfte des Innenlebens zu unterdrücken, zu übergehen und ohne diese das Leben zu gestalten. Als Ausnahme gelten die einfachen Denkoperationen. Religion und Politik lehren diese innere Wirklichkeit auch nicht. Das tägliche Leben ist schon ab frühester Kindheit an äusseren Werten und Fakten orientiert. Wichtig ist immer zuerst das, was aussen zu sehen ist. Der Mensch in unserer Gesellschaft darf eigentlich auch keine Probleme haben. Wer in Schwierigkeiten mit sich selbst steht, bewirkt bei seinen Mitmenschen vielfach eine Distanzierung. Der Zeitgeist, d.h. die allgemeinen Normen in der Gesellschaft, drängen die Menschen zur Anpassung an dieses "problemfreie" Selbstbild.

Als weitere Ursachen für die fehlende Innenwahrnehmung: Keiner sieht sich gern mit seinen Ängsten, mit seinem Unglücklichsein, mit seinem Versagen, mit seinem Unvermögen und mit seinen Krisen. Konsumgüter, Karriere, Lusterleben locken und überdecken, was der Mensch wesensmässig ist: ein Geschöpf, das nur das kann, was es gelernt hat und als Persönlichkeit das ist, was die Bildung durch das Leben geformt hat. Was der Mensch in diesem bedingenden Kräftefeld über sich selbst wahrnimmt, ist nur ein kleiner Teil seiner eigentlichen Wirklichkeit.

Wir entwickeln hier ausdrücklich keine Theorie des "Selbst". "Selbst" hat hier reflexive Bedeutung. Aus dem Zusammenhang wird ersichtlich, worauf sich "selbst" bezieht. Das Selbst ist keine psychische Funktion, wie in der Psychologie oft behauptet wird, es sei denn man würde den Inhalt des Bewusstseins, den das Individuum über sich selbst hat, als eine solche psychische Funktion bezeichnen. Ein realistisches und umfassendes Selbstbild ist nicht selbstverständlich. Dies verlangt vielseitige Aktivitäten und vor allem auch Lernprozesse.

Das realistische Selbstbild basiert auf:

● Selbstbild erweitern wollen
● Wissen aneignen

- Gefühle bewusst erkennen
- Soziale Anpassung flexibel halten
- Abgewehrtes anschauen und bearbeiten
- Verdrängtes bewusst machen
- "Schicksal" (Leben) verantworten
- Psychisches Leben wichtig nehmen
- Bereitschaft zum Lernen
- Bereitschaft zur Selbst-Bildung
- Offenheit für selbstkritische Wahrnehmung
- Innenorientierung als Methode erlernen
- Entwicklung und Wachstum wollen

Um zu sehen, muss man sehen wollen. Wer nicht sehen will, sieht auch nicht, was es zu sehen gäbe. Dazu gehört vor allem auch, hinter die "Fassaden" und "Masken" schauen. Die meisten Menschen sehen überwiegend eben diese aufgesetzte Wirklichkeit und nicht das Dahinterliegende. Hier setzt die Frage an "Wer/Was bin ich eigentlich?". Diese Kernfrage der Selbsterkenntnis muss das Ich im Zustand des Unwissendseins und des Unbewusstseins immer zuerst bedrohen. Ein realistisches und umfassendes Selbstbild erarbeiten, verlangt deshalb auch Mut.

Nach Kohut (1973) ist das "Selbst" die Summe der Inhalte von Ich, Es und Über-Ich. Hartmann (1972) setzt "Selbst" mit "Person" gleich. Andere (z.B. Jung) verstehen das "Selbst" als die Summe der psychischen Phänomene im Menschen. Battegay deutet das "Selbst" als die "zentrale Repräsentanz in Ich, Es und Über-Ich, die das Selbstwert-Erleben darstellt" (1979, 30). Keine der Definitionen stellt klar, ob es sich dabei um bewusste Inhalte oder um die Gesamtsumme aller psychischen Funktionen handelt, die bewusst sein können.

Erweitert man das (überholte) psychoanalytische Modell von Freud (Ich, Es, Über-Ich) zu unserem psychischen Gesamtsystem, dann wäre das "Selbst" identisch mit dem Begriff "Persönlichkeit". Wir finden es aber praktikabler für die wissenschaftliche Diskussion, das "Selbst" als die Summe jener Teile zu verstehen, die ein Individuum auf sich selbst beziehend bewusst meint, wobei die Menge der Teile nicht immer eindeutig eingegrenzt werden kann. Diese Umschreibung des Begriffes "Selbst" impliziert keine theoretische Konstruktion, sondern ist eine Klassifikation.

"Selbstbewusstsein" haben bedeutet genau genommen nicht die "Grösse" oder "Stärke" des Ich's, sondern substantiell: all das, was der Mensch über sich weiss, ist das Selbstbewusstsein. "Selbst" hat hier reflexive Bedeutung. Das Ich des Menschen hat soweit freien Zugang und eine freie Verfügung über die psychischen Kräfte, wie die diesbezüglichen Realitäten dem Ich bewusst sind, d.h. das Ich Wissen darüber hat.

Wenn wir sagen "das Ich handelt unbewusst", so bedeutet das generell, dass das Ich ohne Kenntnisse der einzelnen psychischen Kräfte handelt und gleichzeitig diesen Rückbezug zum Wissen darüber nicht haben will oder sich der Möglichkeit des Wissen-könnens nicht gewahr ist. Das gilt erweitert auch über den Lebensraum. Denn in bezug auf Tatsachen im Lebensumfeld kann der Mensch insofern unbewusst handeln, als er ein bestimmtes relevantes Wissen nicht hat bzw. nicht haben will, aber in den meisten Fällen leicht haben könnte.

Der Kern der Idee ist: Das Ich hat eine Eigendynamik, die dahin drängt, differenziertes Bewusstsein nicht haben zu wollen, weil dieses Bewusstsein Pflicht, Verantwortung und Aufforderung bedeutet; und umgekehrt: weil die unbewusste Lebensweise vordergründig einfacher funktioniert. Das Ich reagiert hier entscheidend aufgrund des aufgebauten Selbstwertes. Dieser Wert bildet sich ab der vorgeburtlichen Zeit (vgl. Balint 1981, 232-245). Wir vemuten: Bewusstsein bedroht immer den Selbstwert, weil dieser immer dem Ich gegenüber in der "Schuld" steht. Der Kern des Selbsterlebens betrifft das Ich existentiell, gewissermassen an den Wurzeln des Daseins (Scharfetter 1976, 36-39).

Das Selbsterleben variiert jeden Tag, oft stündlich, und ist immer eine Annäherung an bzw. ein Ausschnitt aus dem Ganzen. Nie kann man sich selbst in einem Moment vollumfassend erleben. Das Bewusstsein beinhaltet immer einen Brennpunkt. Der Tagesablauf, die äusseren Gegebenheiten und das psychisch aktivierte Leben bestimmen diesen Brennpunkt und den Inhalt des Selbsterlebens. Das Selbsterleben kann qualitativ und quantitativ erfasst werden:

Das Ich-Erleben hat verschiedene Qualitäten und Wirkungsweisen. Das Ich-Erleben ist meist wenig bewusst, wenig sprachlich erfasst und wenig reflektiert. Dennoch ist das Ich-Bewusstsein davon geprägt. Das Ich-Erleben lässt sich in vier Aspekte gliedern:

1. Ich erlebe mich: "Ich bin da." Dies beinhaltet:

- Mein Dasein ist einmalig, lebendig, gut, nützlich, herausfordernd.
- Das Dasein ist meine Selbst- und Weltgestaltungsmöglichkeit.
- Mein leibhaftes Existieren bietet viele Chancen.

2. Ich erlebe mich: "Das bin ich". Dies beinhaltet:

- Ich bin individuell, unverwechselbar, einmalig.

- Ich bin innen und aussen eine grosse Reichhaltigkeit.
- Ich bin mit meiner Ganzheit meine Lebensmöglichkeit.

3. Ich erlebe mich: "Ich bin Du- und Welt-abgegrenzt". Dies meint:

- Ich bin Ich; der andere ist der andere; die Welt ist die Welt.
- Ich kann meinen Platz in der Welt einnehmen und leben wie jeder
  - andere auch.
- Ich kann die Welt zum Lebensraum gestalten wie jeder Mensch.

4. Ich erlebe mich: "Ich bin Sinn und Wert"; das bedeutet:

- Ich bin sinnvoll, wertvoll, gut, interessant.
- Ich selbst bin mein höchster Daseinssinn.
- Ich selbst bin mein höchster Lebenswert.

Selbsterleben formt erstes grundlegendes Eingestelltsein nach:

- Interesse und Desinteresse
- Mass und Masslosigkeit
- Integration und Abwehr
- Sachlichkeit und Unsachlichkeit
- Pflegen und Verwahrlosen
- Wahrhaftigkeit und Lüge
- Handlung und Nichtstun
- Zuwendung und Abwendung
- Beziehung und Beziehungslosigkeit
- Verantwortung und Verantwortungslosigkeit
- Ernsthaftigkeit und Gleichgültigkeit
- Offenheit und Verschlossenheit
- Kompetenz und Inkompetenz
- Rücksicht und Rücksichtslosigkeit
- Berücksichtigung und Vernachlässigung
- Wachstum/Entfaltung und Blockierung
- Konstruktivität und Destruktivität

Abwehrformen und Reaktionsmuster

Das Verhältnis zwischen Bewusstsein und Abwehrmechanismen können wir wie folgt charakterisieren (vgl. Freud Anna 1936; Battegay 1973, 99-149): Das

Bewusstsein ist wie ein Bildschirm. Die Bewusstseinsinhalte sind die Bilder und die Sprache. Der Bildschirm ist immer gleich gross und wird immer ausgefüllt, mit viel oder mit wenig Inhalt. Der Inhalt ist die subjektive Wirklichkeit. Alles, was dem Ich aus irgendeinem Grunde unangenehm ist, wird ins Unbewusste verdrängt. Vieles, was ein Mensch mit seinen Sinnen wahrnimmt, erscheint gar nicht klar im Bildschirm des Bewusstseins, sondern wird direkt ins Unbewusste abgeschoben. Je weniger der Mensch die vorhandene Wirklichkeit aufnimmt, so wie sie ist, desto mehr ist der Bewussseinsinhalt in der Bedeutung, im Umfang und im Wert verzerrt. Manches erscheint im Bewusstsein zu gross und anderes dafür zu klein. Im Unbewussten bleibt erhalten, was dem Ich nicht "gefällt" und deshalb aus dem Bewusstsein entfernt worden ist.

In der Psychoanalyse werden folgende klassische Abwehrmechanismen diskutiert:

a) Regression: Selbstbestrafung, Selbstentwertung, Rückzug, Reduktion, Imponiergehabe, Vernachlässigung, Isolation, Intoleranz;

b) Verschiebung: Projektion, Identifikation, Kompensation, Umkehrung, Agieren, Ungeschehen machen, Zersetzen, Symptombildung;

c) Abwehr: Abwenden, Leugnen (Ignorieren), Ablehnung, Entstellung, Wegschieben, Überlagern, Vergessen, Aussondern, Rationalisieren.

Der Mensch lebt in ständiger psychischer Dynamik zwischen Lust und Unlust. Was nicht "gefällt", bedeutet immer auch Unlust. Die inneren und äusseren Wirklichkeiten bewirken vielfach Unlust und damit auch Anspannung. Dies würde ein Ungleichgewicht bewirken, das das Ich zu meiden sucht. Die Überwindung dieser Gleichgewichtsstörung lernt kaum jemand in der Schule oder im Elternhaus. Mangels Lernprozessen regelt der Mensch dieses Gleichgewicht mit den Mechanismen der Abwehr, der Regression und der Verschiebung. Damit schafft sich der Mensch Distanz zu seiner Innenwelt und auch zur realen Aussenwelt. Eine Lösung ist das aber nie. Fehlverhalten, aber auch Frustration und Schuld sind die Folgen. Diese Auswirkungen müssen dann wiederum mit Abwehr ferngehalten werden. Der Kreislauf wird destruktiv und nur schwer aufhebbar.

Das Verharren des Ich's in relativem Unbewusstsein hat eine besondere andragogische Bedeutung. Man kann dazu sagen, dass es keine Evolution gibt, ohne Abbau des Unbewusstseins (Neumann 1971). Gleichzeitig hat dieses Verharren in Unbewusstsein immer auch destruktive bzw. regressive Folgen. Die Projektion ist der naturgemässe Mechanismus, der immer dafür sorgt, dass das Verdrängte und von-sich-Gewiesene – das vom Bewusstsein Ferngehaltene – sich dem Ich immer aussen in der Welt, an Objekten oder bei Menschen, in einer anderen Form entgegenstellt (Jung 1971, 1973). Die Projektion ist der Mechanismus, der den Menschen "zwingt", der verdrängten bzw. abgewehrten Sache aussen zu begegnen. Dies kann in der Mythologie, in der Religion oder schlicht im täglichen Leben bei einem andern Menschen oder Objekt sein. Projektion bedeutet nicht eigentlich Abwehr, sondern erzwungene Bindung an das Abgewehrte in der Aussenwelt.

Die Konsequenz ist: Je stärker und je häufiger der Mensch in Projektionen lebt, desto niedriger ist seine psychisch-geistige Entwicklungsstufe. Projektion heisst: Ein eigenes psychisches Merkmal bzw. eine psychische Realität bei einer Person (A) wird unbewusst übertragen auf eine Person (B) und als Merkmal (Eigenschaft) dieser Person (B) wahrgenommen. Der Projektionsvorgang kann auch auf eine Sache (C) erfolgen.

Sehr allgemein formuliert: "Psychische Kräfte anderer Menschen werden in Funktion ihrer eigenen Tendenzen interpretiert" (Meili/ Steingrüber 1978, 44).

Es gibt drei Varianten der Projektion:

1. Variante: Das von Person A übertragene Merkmal ist objektiv nicht in Person B bzw. Sache B. Der Mensch B bzw. die Sache B sind Projektionsfeld, auf dem etwas Eigenes wahrgenommen wird.

2. Variante: Person B bzw. Sache B weckt aufgrund besonderer Eigenheiten durch eine assoziative Verknüpfung den Eindruck, das Merkmal, das Person A verdrängt, zu enthalten.

3. Variante: Das von A übertragene Element auf B ist objektiv auch bei B vorhanden.

Projektion ist u.E. kein klassischer Abwehrmechanismus, wie es die Psychoanalyse lehrt. Wir sehen in dieser psychischen Funktion vielmehr eine naturgemäss wirkende Kraft. Diese steht in direktem Verhältnis zu der Kraft, die wir mit "Integration" bezeichnen. Aus Gründen der wissenschaftlichen Tradition, und weil die Projektion im Zusammenhang mit den Abwehrmechanismen steht, lassen wir diese Funktion im Bereich der Abwehrmechanismen gelten.

Die Abwehrmechanismen sind innerpsychische Funktionen. Doch auch das Aufsetzen von Masken, das Präsentieren von Fassaden und das Erstellen von

Kulissen (mit Möbeln, Kleidern und Gütern aller Art) enthalten Abwehrfunktion. In vielen Kommunikationsformen widerspiegeln sich Abwehr. Der Zweck muss dabei nicht immer in der Organisation der eigenen Bewusstseinsinhalte liegen. Das "Spiel der Masken" hat im sozialen Umgang eine enorme Bedeutung. Hier sind wir inmitten des Themas "Lüge". Freud hat die Psychoanalyse als eine Arbeit gegen die Lüge (Selbstlüge) bezeichnet.

Abwehrmechanismen und solche Formen der Lüge komplizieren das Leben und richten enormen Schaden an. Sie zwingen den Menschen gegen die Kraft der Liebe und gegen den Geist zu leben. Das ist in Bezug auf die Evolution Regression und nicht Progression. Umfassende Persönlichkeitsbildung heisst unter anderem: Masken ablegen und sich selber bewusst leben lernen.

Wir haben die Funktionen der Abwehr, Verdrängung und Projektion auf dem Hintergrund der traditionellen psychoanalytischen Theorien referiert. Es bleibt zu erwähnen, dass die Wahrnehmungsforschung hierzu neue Betrachtungsaspekte eröffnet. Das menschliche Gehirn speichert die durch die Wahrnehmung aufgenommenen Millionen Informationen in Mustern, d.h. in unscharfen Bildern. Sieht man ein bereits gespeichertes Bild, so entsteht ein Zusammenspiel zwischen der neu wahrgenommenen Information und den in den Gehirnzellen vorhandenen Mustern (Vester 1991, 144-147). Erkenntnis ergibt sich hier nicht durch analytisches Denken, sondern durch holistisches Wahrnehmen.

Eine Frage betrifft hier das Zusammenspiel von Wahrnehmung und der Funktion der Abwehr, Verdrängung und Projektion. Ein anderes Problem ergibt sich für die Menschenbildung: Wie sind analytische und/oder holistische Erkenntnisprozesse zu organisieren? Oder mit andern Worten: Wie kann der analytische Prozess der Erkenntnis des psychischen Lebens mit holistischer Arbeitsweise erweitert werden? "Psychoanalyse" als Begriff und Arbeitsmethode muss im Kontext mit den wissenschaftlichen Erkenntnissen über kybernetische Wahrnehmung und kybernetisches Lernen erweitert entwickelt werden.

Die Andragogik wird sich auf neue, gerade hierin wissenschaftlich fundierte Methodik für die Zielbestimmung der Bildung und für die Organisation von Lernprozessen ausrichten müssen.
Die Abwehrmechanismen werden in der Tiefenpsychologie als innerpsychischer Prozess, bei der klassischen Psychoanalyse als "Zensurmechanismen", behandelt. Betrachten wir das Handeln des Menschen, dann können wir die gesamte Vielfalt der Abwehrmechanismen auch im Verhalten bzw. im Verhältnis zwischen Verhalten und bewusster Ich-

Führung erkennen. Durchaus deskriptiv, d.h. ohne zu werten, erkennen wir im menschlichen Verhalten vielerlei Formen des Entstellens, des Lügens, des Agierens, des Ausweichens, des Vermischens, des "Zuschiebens" (im Sinne der Projektion), des Regredierens, des Ungeschehenmachens, der Umkehrung ins Gegenteil u.s.w. Die Menschen setzen Masken auf und gestalten Fassaden, um etwas vorzuspielen, zu verdecken oder um zu lavieren und zu paktieren.

Offensichtlich haben die Abwehrmechanismen nicht nur die Funktion, den Inhalt im Bewusstsein zu regulieren, sondern auch die innere und vor allem die äussere Wirklichkeit zielgerichtet zu manipulieren. Diese teleologische Funktion hat unseres Wissens die Psychoanalyse nicht aufgearbeitet. Das Thema ist philosophisch von Macchiavelli (1469-1527) und später von Lenin (1870-1924) eingehend reflektiert worden. Dieser Sachverhalt, also der entstellende Umgang mit der Wirklichkeit, ist nicht nur psychologisch für jede Handlungstheorie relevant, sondern insbesondere für die philosophische Anthropologie, und damit für die Andragogik von grundlegender Bedeutung.

Integration: Formen der Wirklichkeitsbewältigung

Der Abbau von Verdrängung, Projektion und Bewusstseins-Ablehnung geschieht durch die Zuwendung zur Wirklichkeit, d.h. durch die Integration der tatsächlichen inneren und äusseren Realität, Integration bedeutet: pflegen, bejahen, Interesse haben, Geduld üben, vermitteln, bewältigen, Beziehung herstellen, zuwenden, berücksichtigen u.a.m. Wir werden erörtern, dass letztlich nur die Kraft der Liebe die Integrationskapazität entwickeln kann. Der psychoanalytische Begriff "Introjektion" meint in erster Linie, was wir mit "Integration" bezeichnen. Integration bedeutet Lebenszuwendung. Das ist das Gegenteil von dem, was die Abwehrmechanismen bewirken. Die äussere und innere Wirklichkeit wird integriert. Die Integration erfasst die Vergangenheit, die Gegenwart und ebenso die prospektive Zukunft.

Geeignete Formen der Wirklichkeitswahrnehmung und Wirklichkeitsbewältigung sind:

- Zuwenden
- Hinschauen
- Ins Bewusstsein aufnehmen
- Akzeptieren
- Den angemessenen Wert geben
- Immer mehr und umfassender wahrnehmen

- Tolerant und verständnisvoll sein
- Sich selbst versöhnen mit der Wirklichkeit
- Sich selbst akzeptieren
- Pflegen
- Schützen
- Entfalten
- Sachlich kompetent handeln
- Realistisch und echt sein
- Bewusst sich selbst steuern
- Verantwortung wahrnehmen
- Rücksicht nehmen
- Verarbeiten

Je mehr der Mensch die Tätigkeiten der Integration fördert, desto mehr nehmen ab: Lebenslüge, Abwehrmechanismen, Widerstände aller Art, Gewohnheiten, Kompensation, Konversion, Projektion, Entfremdung, Aggression, Frustration, Ängste, Schuld, Illusionen, Manipulationen sowie dogmatisches und fundamentalistisches Denken.

Die wertvollen individuellen und kollektiven Folgen sind eindeutig. Die psychischen und psychosomatischen Leiden nehmen ab. Aggressionen aller Art, insbesondere Gewalt reduzieren sich. Die Unfallquoten werden niedriger. Kriege sind dadurch nahezu unmöglich. Gleichzeitig nimmt das individuelle Glück zu. Die Menschen leben Echtheit und Wahrhaftigkeit. Das psychische Leben wird zur zentralen Wirklichkeit, die es zu pflegen und zu entfalten gilt.

Überhaupt wird das psychische Leben so wichtig wie das äussere Leben. Nur durch umfassende Integration lernen die Menschen, ihre Probleme und Schwierigkeiten im richtigen Tempo, mit der angemessenen Kompetenz und vielseitig ausgewogen zu klären und zu lösen. Integration der Lebenswirklichkeiten ist wesentliche Grundlagenarbeit der Persönlichkeitsbildung. Das ist ein Teil unserer Vision.

Eine einfache systematische Zusammenstellung der Kräfte zu einem Systemmodell zeigt, dass das Ich ziemlich überfordert ist, wenn das Individuum nicht gelernt hat, wie all diese Kräfte koordiniert und ausgewogen zu steuern sind. Die Philosophie und Pädagogik der früheren Jahrzehnte und Jahrhunderte sehen die Lösung in den Begriffen "Sittlichkeit" und "Gewissensbildung". Die christliche Menschenbildung spricht noch immer von "Gewissensbildung". Religionen haben dazu ihre Dogmen geliefert und die Politik eine Ideologie mit dem Menschenbild des "mündigen Bürgers". Damit wurde und wird noch immer versucht, das Dilemma des Ich's von aussen mit Erziehung und Bildung, Drohungen und Zwang zu lösen. Dies geht aber auf Kosten des Bewusstseins und der Selbstreflexion. Die Lösung aus der Sicht der Persönlichkeitsbildung, wie wir sie hier vorstellen, verlangt die Bildung der psychischen Kräfte durch bewusstes Erfassen und Verstehen, durch Integration und Leben mit Verantwortung.

Wille und Gewohnheiten

Die Lebenszuwendung setzt bewusste Willensentscheidung voraus. Der Wille und damit das Wollen ist eine weitere Hilfsfunktion des Ich's. Die Psychologie spricht von "Wollen", da sie den Willen als eine psychische Kraft nicht identifizieren kann (Barz 1976, 167).

Wir verstehen Wille und Wollen als eine Bedeutungseinheit. Die moderne Psychologie versteht das Wollen als eine Triebkraft, während früher der Wille nahe bei sittlicher Bildung interpretiert wurde. Da das Wollen bzw. der Wille einerseits und das Triebleben anderseits auch geistige Inhalte enthalten können, definieren wir Wille als ein Konstrukt im Zusammenhang mit der Ich-Steuerung (Düker 1975). Dazu seien einige Thesen formuliert:

These 1: Die Willensfähigkeit (wollen können) ist elementar wichtig im Leben.

These 2: Je mehr der Mensch trieborientiert unbewusst lebt, desto weniger ist er in der   Lage, seine Willensfähigkeit wahrzunehmen und zu nutzen.

These 3: Der Wille bzw. das Wollen kann gelernt, geschult und trainiert werden.

These 4: Das nicht ins Bewusstsein integrierte Leben ist meist stärker als die Willens   kraft.

These 5: Die Freiheit des Menschen ist nie grösser als seine Willensfähigkeit.

These 6: Gewohnheiten sind vielfach stärker als der Wille.

Gewohnheiten enthalten: Schemen, unflexible Mechanismen, Zeitfixierungen und eingeschliffene Muster. Gewohnheiten ersetzen oft den bewussten Willensakt. Sie bergen deshalb verschiedene Gefahren in sich:

■ Gewohnheiten behindern innere bewusst gelebte Freiheit.

- Gewohnheiten bremsen Impulse, Neues zu lernen und Vorhandenes zu verändern.
- Gewohnheiten reduzieren Verantwortung und bewusste Ich-Steuerung.
- Gewohnheiten fördern Stagnation, Rigidität, Trägheit und Passivität.
- Gewohnheiten engen Kreativität und Intuition ein.

Düker (1983) hat das Wollen experimentell untersucht, ausgehend von der Theorie Wilhelm Wundts und anderen, die besagen, dass hochgeübte tägliche Verrichtungen ursprünglich vom Willen abhängig sind, infolge häufiger Wiederholung später in Reflexe verwandelt werden und somit willensunabhängig verlaufen. Düker definiert: "Wollen ist die Fähigkeit, alle zur Erreichung eines Zieles erforderlichen Vorgänge zweckmässig zu koordinieren, zu aktivieren und zu steuern.

Die psychischen Vorgänge, auf denen das Wollen beruht, sind das Sich-Interessieren, das Streben (Begehren), das Entscheiden (Entschliessen) und das Aktivieren ... Notwendig zum Wollen ist zudem ein konkretes Ziel ..." (1983, 13). Das Unterscheidungskriterium für Wollen und Reflexe ist die Beeinflussbarkeit durch gleichzeitig ablaufende andere Handlungen (1983, 17).

Das Wollen ist bei geübten Handlungen ein "unterschwelliger psychischer Vorgang", der infolge geringerer Intensität nicht mehr deutlich wahrnehmbar ist. Das Untersuchungsergebnis ist deutlich: "Handlungen werden durch Übung nicht in Reflexbewegungen umgewandelt ... womit die (noch heute) herrschende Auffassung vom Reflexcharakter hochgeübter Verrichtungen des täglichen Lebens nicht haltbar ist" (1983, 101, 104). Düker nimmt an, dass jedes Handeln, auch das scheinbare wollensfreie Handeln, unterschwellig vom Wollen gesteuert wird, so zum Beispiel Gesichtsbewegungen, Fingerbewegungen, vegetative Reaktionen und auch die Wahrnehmung.

Wille als "Realisieren von Intentionen" verstanden, impliziert verschiedene psychische Aktivitäten und Prozesse (Phasen). Gollwitzer beschreibt vier Phasen: Motivation, präaktionale Volition, aktionale Volition und postaktionale Motivation (Evaluation) (siehe in: Heckhausen 1989, 212). Verlaufskontrolle und Überwindung von Hindernissen sind Teilaspekte des Wollens wie das eigentliche "fiat", die Handlungseinleitung bzw. der Wollens-vollzug.

Solche Untersuchungsergebnisse haben für die Bildung des Menschen eine erhebliche Bedeutung. Willensbildung impliziert somit: klare Zielvorstellung, hohes Interesse, deutliches Begehren, Entschlusskraft und Aktivierungsenergie. Als zentraler Störfaktor gilt die Ablenkung durch eine gleichzeitige andere Handlung. Formung der Willenskraft geschieht somit indirekt durch konzentrierte Bildung dieser einzelnen psychischen Kräfte. Veränderung von ungeeigneten Handlungsmustern verlangt folglich: Identifizieren der unterschwelligen Ziele, des verdeckten Interesses, des unbewussten Begehrens, der ursprünglichen Entschlusskraft und Aktivierungsenergie. Dann folgt die Konfrontation mit wünschbaren Alternativen und schliesslich die bewusste konzentrierte Einübung neuer Handlungsweisen. Die Analyse "kritischer Ereignissituationen" bietet die Ausgangslage dazu. Willensbildung im Kontext der Handlungsanalyse ist elementar in der Persönlichkeitsbildung.

ICH-Steuerung

Das Ich als Steuerungsinstanz hat verschiedene Aufgaben zu erfüllen: die Beziehung zum Lebensraum herstellen, das Leben managen, die eigene Ganzheit lenken und alle Wirkungskräfte auf das Ich abstimmen und steuern. So steht das Ich gewissermassen als vermittelnde und steuernde Instanz zwischen der psychischen Innenwelt und der Aussenwelt. Je weniger Bewusstsein der Mensch über diese beiden Welten hat, desto mehr muss er sich durch angewöhnte Muster steuern.

Der entscheidende Schritt, dem das Ich nahezu naturgemäss ausweichen will, ist die Selbstverantwortung in der Ich-Steuerung. Doch diese ist unerlässlich für eine progressive und konstruktive Lebensgestaltung. Egal wie der Mensch lebt, es hat immer Folgen. Der Mensch schafft sich seine Lebensbedingungen, in denen er dann zu leben hat. Er wird in Lebensbedingungen hineingeboren und kann zunehmend an deren Gestaltung mitwirken. Übernimmt er die Verantwortung nicht, dann kann er die Folgen nur noch mit "Schicksal", "Gottes Wille" oder mit irgendwelchen fatalistischen Denkmustern "erklären" und ertragen. Dies aber fördert wiederum die Abwehr vor der Realität, womit er sich der Verantwortung noch mehr zu entziehen sucht.

Die Ich-Steuerung enthält nicht nur Chancen, sondern ermöglicht ein wahrhaft kreatives und spannendes Leben. Der Mensch kann Kapitän seines eigenen Schiffes sein. Er bestimmt seine Reiseroute. Er richtet sich sein Lebensschiff so ein, dass auch die Liebe wachsen kann. Die Selbststeuerung beginnt täglich schon mit dem Erwachen. Den ganzen Tag hält der Mensch sein Steuer in der Hand. Am Abend, zwar vielleicht müde von der Arbeit, weiss er noch das Steuer in der Hand zu halten. Immer hält der Mensch mit seiner bewussten Ich-Steuerung sein Leben sicher in Händen: beim

Fernsehen oder Zeitung lesen, beim Essen und Plaudern, beim Auto fahren oder beim erholenden Entspannen, beim Zusammensein mit andern und auch an Festen oder am Stammtisch im Restaurant.

Was kann der Mensch sich mehr wünschen an Freiheit, als eben sein Lebenssteuer fest in Händen zu halten. Das bedeutet: In allen Teilschritten und Bereichen ist Aufmerksamkeit gefordert, d.h. Konzentration, Abbau von Störungen und Umfeldkontrolle (Meili/Steingrüber 1978, 128).

5. Die Funktionen der Intelligenz

Die vier Hauptfunktionen

Lebensgestaltung ohne die Funktionen der Intelligenz ist nicht möglich. Alles beginnt mit Wahrnehmung. Jede Wirklichkeit fasst der Mensch dadurch in Sprache. Mit Denken wird die wahrgenommene Wirklichkeit bearbeitet und im Gedächtnis gespeichert. Jeder Mensch hat auch seine eigene Art, die Wirklichkeit und das Denkergebnis zu beurteilen. Die zugrunde liegenden Werte und Wertorientierungen sind sehr vielseitig. Kognitive Lernprozesse ergeben sich durch die Nutzung der Intelligenzfunktionen. Was der Mensch in sein Bewusstsein aufnimmt, hängt wesentlich auch davon ab, wie er seine Intelligenzfunktionen nutzt. Die Intelligenzfunktionen sind kein Gegensatz und keine Alternative zu den Funktionen des Geistes, der Gefühle, der Liebe und des Unbewussten. Alle psychischen Subsysteme ergänzen sich gegenseitig, können eigentlich erst konstruktiv wirken, wenn dieses Zusammenspiel konstruktiv möglich ist. Nutzt der Mensch seine Intelligenzfunktionen wenig, dann ist seine Weltbewältigung wenig aufbauend. Wie der Mensch lebt und sich selbst sieht, hängt wesentlich auch von der Leistung der Intelligenz ab.

Unter Berücksichtigung der andragogischen Interessen nehmen wir folgende Gruppierung der Hauptfunktionen der Intelligenz vor, wobei zu beachten ist, dass es zur Intelligenz eine Vielzahl an unterschiedlichen Modellen gibt (Meili/Steingrüber 1978).

- Wahrnehmung und Erleben
- Sprache (im Denken und in der Kommunikation)
- Denken und Urteilen (Werten)
- Kognitives Lernen (durch die Sprach- und Denkprozesse)

Die Hauptfunktionen der Intelligenz wollen wir schrittweise bearbeiten. Es kann aber nicht das Ziel sein, alle Aspekte der Intelligenz, einschliesslich der Sprachmuster und des Gedächtnisses hier wissenschaftlich aufzurollen. Unsere Orientierung ist die praktische Persönlichkeitsbildung. Wir wollen es offen lassen, ob diese Einteilung in vier Bereiche allen Aspekten des intelligenten Vermögens gerecht wird. Die Einteilung hat in erster Linie praktischen Zweck.

Wahrnehmung, Erleben und ihre subjektiven Faktoren

Die Wahrnehmung schliesst die verschiedenen Wahrnehmungsfunktionen mit ein. Wahrnehmung ist ein sehr komplexer physiologischer und psychologischer Vorgang (Lück 1986, 88-113; Barz 1977, 40-49; Scharfetter 119-123; Becker-Carus 1981). Wir befassen uns hier mit dem psychologischen Vorgang der Wahrnehmung. Für jede Person ist das die Wirklichkeit, was sie als Resultat ihrer Wahrnehmung erlebt. Die Gestaltpsychologie befasst sich mit der Wahrnehmung. Zentrale Erkenntnis ist, dass die Wahrnehmung sog. "Schablonen" bildet, d.h. dass nicht einzelne Reizfragmente bewusst wahrgenommen und im Gedächtnis gespeichert werden, sondern eine Ganzheit. Wahrnehmung ist Reizverarbeitung, d.h. sie differenziert und strukturiert die Reize. Das Gedächtnis ermöglicht das Einordnen, Klassifizieren, Vergleichen und Gewichten, "Empfindungen" sind nach Barz (1977) "unbewusste Wahrnehmungen", nach Dorsch (1987) das "einfache Erlebnis eines Reizerlebens auf ein Sinnesorgan". Gedächtnis und Engrammbildung erörtern wir im Zusammenhang mit dem Unbewussten.

Im allgemeinen gelten als Sinnesfunktionen: Sehen, Hören, Riechen, Schmecken, Fühlen, Gleichgewichtserleben und Bewegungssinn. Zu erwähnen ist aber auch die innere Wahrnehmung (James). Bandler und MacDonald (1971, 64-68) beschreiben die Submodalitäten und unterscheiden in auditive, visuelle und kinästhetische Wahrnehmung. Wahrnehmung ist gleichzeitig ein deutendes Erleben (vgl. zum Beispiel die "phänomenale Kausalität", wo ein Nacheinander an Bewegungen interpretativ kausal wahrgenommen wird) (Merleau-Ponty 1974).

Das Sehen: Tatsache ist, dass der Mensch nicht einfach sieht, was ihm ins Blickfeld gerät. Im Moment des Sehens kann der Zensurmechanismus jene Wirklichkeitselemente aussondern, die nicht ins Bewusstsein aufgenommen werden sollen. Das Sehen kann auch "unbewusst" geschehen, wobei dann das Gesehene eben nicht im Bewusstsein bleibt. Das Sehen ist auch abhängig von Hören, Fühlen, Empfinden, Riechen, Schmecken, Denken und Erinnern. So kann das Individuum also auch oberflächlich und diffus, intensiv und blass sehen. Der Mensch sieht die Dinge anders, je nachdem ob er offen oder verschlossen, positiv oder negativ gestimmt ist. Auch kann man gewissermassen als unbeteiligter Beobachter sehen oder als Mitbeteiligter.

Das Hören: Die Qualitäten des Hörens sind vielfältig. Die Skala reicht von laut bis leise, melodisch oder klanglos, schnell oder langsam, rhythmisch oder monoton. Jeder Ton und damit jedes Geräusch kann z.B. harmonisch oder disharmonisch aufgenommen werden. Im Gehörten ist meist eine Botschaft, die vielfach mit dem Situationserleben verbunden und abgespeichert wird.

Das Fühlen und Empfinden: Auch diese Art Wahrnehmung hat unterschiedliche Qualitäten und ist von verschiedenen Faktoren abhängig. Fühlen und Empfinden sind innen- und aussen-orientiert. Es kann intensiv oder schwach, stetig oder unstetig, selektiv oder ungefiltert sein.

Das Fühlen und Empfinden ist körpergebunden und bedeutet zuerst einmal ein Erleben. Dazu gehören auch Riechen und Schmecken. Gefühle fühlen bezeichnen wir als körpernahe Wahrnehmung, da bei sehr vielen Gefühlen der ganze Körper in "Schwingung" ist oder ein Gefühl eben im Körper (im Bauch, in der Brust) erlebt wird.

Die kinästhetische Wahrnehmung: Bewegungswahrnehmung hat ebenfalls unterschiedliche Qualitäten. Wir haben diese teilweise im Zusammenhang mit dem Erleben bei der Entspannung und dem Autogenen Training beschrieben. Die Qualität kann stark-schwach, von kurzer Dauer oder länger anhaltend sein. Die entsprechende Körperempfindung kann angenehm oder unangenehm sein. Psychophysische Reaktionen und das Bewegungserleben werden ebenfalls situativ ganzheitlich gespeichert. Kinästhetische Wahrnehmung wird in der Psychologie nicht als physiologischer funktioneller Sinn wie das Sehen und Hören verstanden. Verschiedene Sinneselemente sind Bestandteile der kinästhetischen Wahrnehmung. Als Muskelempfindung und Bewegungsgefühl liesse sich diese Wahrnehmung auch in die Kategorie "Fühlen, Empfinden" einordnen.

Die innere Wahrnehmung: Das Individuum kann nach innen gerichtet sehen, hören, riechen, schmecken und fühlen. Die Qualität ist ebenfalls sehr variabel: hell-dunkel, laut-leise, warm-kalt, gut-schlecht, angenehm-unangenehm, differenziert-ungenau und oberflächlich-tief. Imagination und Traumerleben, auch Tagträume, sind innere Wahrnehmungen.

Wahrnehmung aller Art ist der Anfang für alles psychische Funktionieren. Soweit diese Wahrnehmung ins Bewusstsein kommt, hat die Intelligenz die erste Funktion der Zuordnung der Sprache und der gedanklichen Verarbeitung. Wahrnehmung ist ein sehr komplexer Prozess, vor allem auch, weil dieser

Prozess viele Komponenten mit einschliesst und verschiedene Kräfte in Bewegung setzt. Wir halten dazu einige Aspekte fest.

Charakteristische Aspekte zur Wahrnehmung:

- ist Voraussetzung für Erkenntnis
- ist eingegrenzt durch Wahrnehmungsraster
- aktiviert Gefühle
- wird vom aktuellen Gefühlszustand beeinflusst
- ist eingegrenzt durch das Bekannte
- erfasst immer nur Aspekte der Wirklichkeit
- unterliegt überwiegend auch der Projektion
- wird von Abwehrmechanismen mitgesteuert
- hängt ab vom Wissen und den Vorerfahrungen
- wird von Erwartungen mit beeinflusst
- unterliegt der Dynamik der Gewohnheit
- erfasst das Fokussierte und auch Umfeldelemente
- hängt von den sprachlichen Fähigkeiten ab
- wird von Denkfähigkeiten beeinflusst
- ist immer auch Wert- und Sinnerleben

Es gibt Wirklichkeiten, die der Mensch nur durch einfühlendes Verstehen begreifen kann. Dazu gehört in erster Linie das psychische Leben. Die Wirklichkeit menschlicher Werte und Sinninhalte verlangt ein bestimmtes Mass an ethischer Empfindungsfähigkeit, um überhaupt wahrgenommen werden zu können. In der Eigenwahrnehmung sieht der Mensch tendenziell situativ. In der Fremdwahrnehmung dagegen werden zuerst Persönlichkeitseigenschaften prägend wahrgenommen.

Wir folgern aus den bisherigen Erläuterungen eine These, die u.E. anthropologisch und andragogisch von beachtlicher Bedeutung ist: *Wahrnehmung ist immer auch ein subjektiver Vorgang. Die wahrgenommene Wirklichkeit ist deshalb zuerst eine subjektive Wirklichkeit. Je komplexer die Wirklichkeit ist, desto unterschiedlicher wird diese von verschiedenen Menschen wahrgenommen.*

Die visuelle Wahrnehmung in erster Linie, aber auch die andern Wahrnehmungsformen, können unter verschiedenen Modalitäten beurteilt werden. Eine allgemeine Liste zeigt die Vielfalt des Wahrnehmungsprozesses bzw. die Qualität der Wahrnehmung.

Die Vielschichtigkeit und die Qualität der Wahrnehmung können wie folgt umschrieben werden:

vage, diffus, nebelig	klar, präzise, wach
undifferenziert	differenziert
vordergründig, oberflächlich	tiefgründig, tiefgehend
einseitig, partiell	vielseitig, umfassend
im Durcheinander	in klarer Ordnung
grobmaschig, pauschal	feingegliedert
starr, fixiert	flexibel, beweglich
kurzsichtig	weitsichtig
gefühlsbetont	sachlich
unüberlegt	überlegt
in vorgegebenen Mustern	offen, objektbezogen
ohne Vergangenheitsbezug	mit Vergangenheitsbezug
ohne Zukunftsperspektive	mit Zukunftsperspektive
ohne Wert- und Sinnerleben	mit Wert- und Sinnerleben
ohne erweiterten Horizont	mit erweitertem Horizont
gleichgültig	verantwortungsvoll
im engen Ich-Bereich	im erweiterten Sachbereich
verdeckend, verschleiernd	offenlegend
abwehrend, verdrängend	aufnehmend, integrierend
mit Mutmassungen	mit Sachkompetenz
mit fragmentarischem Interesse	mit ganzheitlichem Interesse
mit Vorurteil	ohne Vorurteil
vermischend, verdrehend	zerlegend, klarstellend
mit Tabus	frei von Tabus
gewohnheitsmässig	absichtlich
ziellos	zielgerichtet

Sprache und Kommunikation: Bedeutungsvielfalt und Arten des Redens

Über das Verhältnis von Wahrnehmung, Sprache und Wirklichkeit zu
schreiben, verlangt tief in die Geschichte der Philosophie bis in die Ursprünge
zurückzugehen. Wittgenstein (1918 bzw. 1973), Schleichert (1975) und
Kamlah/Lorenzen (1967) haben nach den Grundbausteinen und ihren
Zusammenhängen gesucht. Whorf (1963) analysiert umfassend die enorm
komplexe Beziehung zwischen Wahrnehmung, Sprache und Wirklichkeit.
Bei all den Versuchen, einen Neubeginn in der Sprachentwicklung zu
schaffen und darauf aufbauend Erkenntnis zu definieren, bleibt die Sprache

der Menschen ein Wirrwarr. Keine Grammatik kann das Problem der Vieldeutigkeit ändern. Milliarden Menschen haben nun einmal ihre tausend Sprachen und Dialektformen, wie eigenartig und schwammig jede Sinnzuordnung auch sein mag. Wir konzentrieren uns deshalb hier auf den lebenspraktischen und psychologischen Aspekt von Sprache und Kommunikation als eine Form der Wirklichkeitsbewältigung.

Wir formulieren zur Diskussion einige Thesen:

These 1: Die Alltagssprache ist in wesentlichen Belangen diffus, vage, mehrdeutig, ungenau, unbestimmt.

These 2: Die Begriffsverwendungen haben mehrheitlich unterschiedlichen Gültigkeitsbereich, ohne genau geklärten Rahmen.

These 3: Der konkrete Gehalt vieler Worte ist unpräzise.

These 4: Manche Begriffsverwendungen sind sachlich, emotional und wertend zugleich.
These 5: Viele Menschen reden mit denselben Worten und meinen dennoch etwas ganz Unterschiedliches.

These 6: Dieselben Worte können ganz unterschiedliche Gefühle und Wertungen hervorrufen.

These 7: Ein kleiner Teil der Sprache bezieht sich auf die konkrete, empirische Wirklichkeit. Ein viel grösserer Teil der Sprache erfasst ein Erleben, ein Werten, einen individuellen Bedeutungsbezug.

These 8: Hinter einem Wort steht eine komplexe Wirklichkeit, lebensgeschichtliche Zusammenhänge und unterschiedliche, oft subjektive "Theorien".

These 9: Eine Aussage beinhaltet verschiedene Ebenen: Sachinformation, Werturteil, Erlebensanteil, eine subjektive Theorie (Vorurteil), Interpretation, sachliche (logische) Folgerung, Erklärung, Begründung, Meinung, Hypothese, Wunsch, Erwartung, Anweisung, Befehl, Drohung, Prognose, Lösungsvorschlag, Handlungsanregung.

Folgerung: Viele Menschen sind in überwiegendem Masse ansprechbar auf: Schlagworte, gefühlsbetonte Begriffe, Vorurteile, Klischees, vereinfachte Begriffseinheiten, undifferenzierte Etiketten. So wird zwar die Wirklichkeit einfacher und übersichtlicher. Doch aus solcher Wirklichkeitserfassung ergeben sich im Alltagsleben ungeeignete Lösungen.

Wer über sich und/oder andere denkt und/oder redet, der verwendet viele Worte mit vielseitigen, oft subjektiven Bedeutungen:

Eine Liste über viele Worte mit variablen Bedeutungen:

intelligent	intellektuell	weltlich
vital	bewusst	geistig
ideenreich	abwehrend	streng
lebenszugewandt	verdrängend	kreativ
ehrlich	introvertiert	geschwätzig
arbeitsam	dominant	extravertiert
offen	abergläubisch	willensstark
diszipliniert	korrekt	wach
stark	unbewusst	beziehungsfähig
fröhlich	lernoffen	lebenserfahren
erfolgreich	gebildet	grob
pünktlich	integer	starr
gefestigt	imponierend	überheblich
stolz	bescheiden	faul
weise	aktiv	fanatisch
selbstbewusst	massvoll	tolerant
böse	gut	positiv
negativ	trotzig	labil
reif	schlau	feindselig
pedantisch	launisch	sensibel
neurotisch	grüblerisch	fassadenhaft
gierig	lieb	belastet
gewissenhaft	hohl	dumm
autoritär	naiv	nett
anspruchsvoll	eigenständig	religiös
verschlossen	zugänglich	neugierig
ausdauernd	warmherzig	

Wir folgern daraus: *Wenn zwei Personen dieselben Worte verwenden, dann bedeutet dies noch nicht, dass sie auch dasselbe meinen. Vielfach haben die Menschen auch über einfache Worte nur diffuse Vorstellungen.*

Beziehungen sind die zentrale Lebenswirklichkeit aller Menschen. Beziehungsgestaltung enthält immer Kommunikation. Der Mensch kann nicht nicht-kommunizieren (Watzlawick 1971, 53). Die Wechselwirkungen von

Kommunikationsprozessen sind vielfältig. Kommunikation ist ein Rückkoppelungsprozess. Aber auch im Selbstgespräch können wir eine Art Regelkreis erkennen, wenn das Ich mit sich selbst spricht. In zwischenmenschlichen Beziehungen tendiert die Kommunikation zu einer gewissen Homöostase. Dasselbe gilt bei Selbstreflexionen. So wie die Menschen reden, so denken sie; und umgekehrt: so wie sie denken, so reden sie auch. Dabei ist Kommunikation tendenziell mehr Mensch-bezogen als Sach-bezogen. Jeder weiss, weil er es täglich erlebt: Auch Mimik, Gestik, Stimmungslage und Haltung sind kommunikativ.

Wir haben beschrieben, dass die Wahrnehmung ein subjektiver Prozess ist. Weiter haben wir dargelegt, dass die sprachliche Verarbeitung des Wahrgenommenen ebenfalls ein subjektiver Prozess ist. Nun gibt es noch die menschlichen Aspekte, die die Kommunikation noch subjektiver gestalten.

Menschliche Aspekte in der Kommunikation sind:

- Persönlicher Sprachcode
- Angst vor Strafe (Ablehnung)
- Vorurteile
- Frustrationen
- Lebensangst
- Projektionsdynamik
- Schuldgefühle
- Abwehrmechanismen
- Emotionaler Bezug zu Worten
- Machtbedürfnis
- Müdigkeit
- Verdeckte Vorteilsuche
- Schutzbedürfnis
- Minderwertigkeitsgefühle
- Bedürfnis nach Wertschätzung
- Ich-Bezogenheit
- Rollenerwartungen
- Sympathie/Antipathie

Reden ohne Worte kann auch informativ sein. Dazu seien einige Beispiele vorgestellt. Reden ohne Worte: dem andern in die Augen schauen, weit offene Augen, Stirnrunzeln, sich kratzen beim Reden, Lächeln, Schmunzeln, stechend-strenger Blick, wegschauen, Gesichtszüge verzerren, Arme und Beine bewegen, mit den Fingern tippen, seufzen und hüsteln, erröten, Kleider zurechtrücken, auf die Uhr schauen u.a.m.

Viele Arten des Redens führen dazu, dass die mitgeteilte Wirklichkeit nochmals einem subjektiven Prozess unterliegt. Wir verfügen über viele Arten des Redens (und Denkens): freundlich, aggressiv, froh, zustimmend, ablehnend, strafend, drohend, interessiert, einfühlend, distanziert, gelangweilt, demütigend, mit Achtung, ideologie-fixiert, engagiert, aufwertend, abwertend, feindselig, täuschend, launisch, gehässig, hilflos, verletzend, glaubens-fixiert, rollen-bestimmt u.a.m.

Viele Handlungen im täglichen Leben sind "kritisch" im Zusammenhang mit dem Reden. Die enge Verbindung zwischen Wahrnehmung und Zuordnung von Worten schafft eine Subjektivität, die konfliktträchtig ist. Wir erachten es als eine besonders wichtige Aufgabe der Persönlichkeitsbildung die Menschen in dieser Komplexität und Subjektivität zu schulen.

Dies verlangt ein erhebliches Ausmass an Bereitschaft zur Selbstreflexion, zu Offenheit und Einfühlung in andere Menschen. Erlebnisreich sind Übungen in einer Gruppe, wo die einzelnen Teilnehmer zu einer Liste von Worten aus der psychologischen Alltagsprache ihre eigene Bedeutung und ihre Assoziationen notieren. Auch Rollenübungen (themenzentrierte Interaktion) sind eine Form von Kommunikationstraining. Persönlichkeitsbildung kann hier spielerisch vielseitig kreativ mit klaren Zielen praktiziert werden.

Denken und Urteilen: Einflussfaktoren und Leistungen

Wir begrenzen uns hier auf einige elementare Sachverhalte zum Denken und stützen uns dabei auf Bruner (1971), Guilford (1964), Meili (1971), Oerter (1972) und Rosemann (1979). Unser Interesse liegt auf der Ebene der Selbstreflexion. Denken ist immer Arbeit, oder sagen wir: Verarbeitung von Information (kybernetische Kognitionsforschung). Denken ist ein bewusster Vorgang, auch wenn viele Denkprozesse automatisch ablaufen. Die Qualität der Denkleistung kann sehr unterschiedlich sein. Denken unterliegt Lernprozessen. Denken kann nur schwierig definiert werden. Wir wollen einige elementare Komponenten des Denkens vorstellen.

Denken als Arbeitsprozess enthält:

- Begriffe bilden, Worte finden
- Bedeutungen erfassen, Sinn begreifen, verstehen

- Werte zuordnen, Werte setzen, moralisches Urteil fassen
- Zusammenhänge sprachlich erfassen
- Sprachlich schöpferisch umgehen, auch spielerisch variieren
- Kategorien schaffen, systematisch ordnen, klassifizieren
- Dem Gedächtnismaterial zuordnen
- Einordnen in vorhandenes Wissen
- Flexibel umgehen mit verschiedenen Elementen
- Analogien und Ähnlichkeiten herstellen, assoziieren
- In Teile zerlegen und neu zusammensetzen
- Gewichten, kombinieren, vergleichen, Differenzen erkennen
- Im Gedächtnis speichern, merken
- Erfassen von Ursache und funktionalen Zusammenhängen
- Zukunftsmöglichkeiten durchdenken
- Zielgerichtetes Verarbeiten
- Abstrahieren von Raum und Zeit, vom konkreten "Fall"
- Gefühlserleben identifizieren
- Aktivierung und Nutzung von vorhandenem Wissen
- Logisches und mathematisches Folgern, praktisches Folgern
- Realitätsbezug des Denkergebnisses wiederherstellen
- Handlungsabsichten festlegen, lebenspraktisch entscheiden
- Identifizieren der konkreten Umsetzung der Denkleistung

Die Intelligenz ist die kognitive Leistungsfähgkeit (Meili 1971; Rosemann 1979). Kognitive Leistungsfähigkeiten bestehen aus vielen Funktionen, die zusammen als ein Bündel von Funktionen wirken. Was Intelligenz ist, das definieren Forscher mit ihren Tests. Fassen wir hier die einzelnen Leistungen der Intelligenz in Übersicht zusammen (Vgl. Oerter/Montada 1987, 205-214; Meili/Steingrüber 1978, 50-141).

Die zentralen kognitiven Leistungsfähigkeiten sind:

- Wahrnehmungsfähigkeit (Organisation der Sinneseindrücke)
- Urteilsfähigkeit über das Wahrgenommene (Reflexion)
- Schlussfolgern, logische Operationen, Ordnen, Selektionieren
- Umstrukturieren, Zerlegen, Analysieren, neue Formen geben
- Gedächtnisleistung (Wissen abrufen)
- Einordnen von Wahrgenommenem
- Sprachliche Fähigkeiten (Wortschatz, Satzbau, Reden, Verstehen)
- Assimilationsfähigkeit (Verinnerlichung)
- Akkomodation (Innenumformung), Denkmodus umformen
- Einfühlungsvermögen
- Tabus überschreiten und hinterfragen

- Einfallsreichtum (Kreativität), Phantasie nutzen
- Psychische Erfahrungen auswerten können
- Problemlösungsfähigkeit
- Ethisches Empfinden und Urteilen
- Ich-Du-Abgrenzung
- Standpunkte verändern und flexibel halten
- Gelerntes in neuen Situationen anwenden können

Im Denken sind oft Vorurteile bestimmend. Sie ersetzen das differenzierte Denken. Die Liste der Vorurteile der Menschen ist sehr umfangreich. Vorurteile prägen das tägliche Warhnehmen, das sprachliche Verarbeiten und die Denkoperationen generell. Wir wollen dazu einige Beispiele aus dem Leben vorstellen: "Ich schätze einfache Lösungen; ich habe mein bewährtes Wissen; mein Gewissen ist eindeutig; die Welt ist schon in Ordnung; Konventionen sind zu erhalten; man soll nicht alles hinterfragen; die Politiker haben die Weltprobleme schon im Griff; die Menschen sind von Grund auf böse; der Mensch ist im Kern gut" ... u.s.w.

Ein Aspekt des Denkens ist die Kreativität. Kreativität verstehen wir als eine rationale Funktion, die allerdings nicht mit der Logik des Denkens arbeitet (Preiser 1976; Ulmann 1973; Mühle 1970). Kreativität heisst, den inneren Kräften einen Ausdruck geben in allen Denk- und Handlungsprozessen. Da sind einerseits die spontanen Einfälle, die zufälligen Ideen, die Intuitionen und Impulse aus dem Unbewussten. Anderseits ist Kreativität ein Ausdruck von Offenheit, Flexibilität, Spontaneität und spielerischem Umgang mit Elementen. Dazu gehört auch eine gewisse Neugier, Lust am Spielerischen, Risikobereitschaft und Unkonventionalität. Ohne Erlebensfähigkeit ist die Dynamik der Kreativität erheblich eingegrenzt. Ferner ist zu erwähnen, dass fixe moralisierende Einstellungen, Vorschriften, Gefühlsblockierungen und starre Gedankenmuster (Vorurteile) den Fluss und die Entfaltung der Kreativität behindern, ja sogar unmöglich machen.

Kreativität ist etwas sehr Wertvolles im Denken und im Handeln. Kreativität verhilft zu neuen Wegen, ermöglicht Lösungen, wo das logische strenge Denken keinen Ausweg mehr sieht. Kreativität bedeutet auch Selbstausdruck, da die inneren Kräfte aus den andern Subsystemen "mitreden", was das Ich denkerisch zu bewältigen versucht. Kreativität macht damit das Leben spannend und interessant. Ein gewisses Lusterleben und damit auch eine entsprechende Zufriedenheit fördert das positive Selbsterleben und die Bewältigung des eigenen Lebens generell. Kreativität fördern nicht nur das Denken, sondern ist auch ein Aspekt des intelligenten Lebens.

Charakteristiken von Kreativität sind:

- Flexibles und umfassendes Denken
- Entschlossenheit für ungewohnte Aufgaben
- Interessiert an neuartigen Problemstellungen
- Frei von dogmatisch-ideologischem Denken
- Frei von "weiss-schwarz"-Denken
- Sinn für Humor und neuartige Gestaltungsformen
- Wenig konventionell leben und flexibel in Traditionen
- Offen für Irrationales aus dem Unbewussten und aus Träumen
- Bereitschaft, Fehler machen zu dürfen
- Frei von der Idee, alles müsse kontrollierbar sein
- Wenig Interesse, die Gegebenheiten immer beherrschen zu wollen
- Innere Freiheit und Flexibilität
- Realistische Sicht und Annahme des "Unvollkommenen"
- Unabhängig von fremden Beurteilungen

Urteilen hat zu tun mit Werten, mit Moral und mit Ethik. Urteilen ist eine kognitive Leistungsfähigkeit, d.h. ein denkerischer Prozess. Ist das nun schon das "Gewissen", etwa die "innere Stimme" im Sinne Sokrates, oder das "Über-Ich" im Sinne Freuds? Es gibt unzählige Definitionen über das Gewissen (vgl. Oser 1976, 115-119; Blum u.a. 1958). Wir können dieses Thema hier nicht analytisch aufrollen, sondern wollen bloss einige Aspekte hervorheben, die sicher zur moralischen Bildung des Menschen gerechnet werden können.

Zum Zweck der Diskussion setzen wir folgende These: Das Gewissen umfasst einerseits die Inhalte des Über-Ichs und der Einstellungen/ Überzeugungen, wie wir sie im Inventar des Unbewussten, d.h. als gespeicherte Lebenserfahrungen finden können. Weiter hat das Sinn- und Werterleben, wie wir es im Zusammenhang mit den Gefühlen erörtern, eine aktive Funktion im Verbund mit der Wirkungsweise des Gewissens.

Drittens hat die Kraft der Liebe eine konstruktive (versöhnende, transzendie- rende) Einwirkung auf das Erleben und die Setzung von Werten. Ferner erkennen wir viertens in der Wirkungsweise des Geistes in Träumen und Meditationen moralische Direktiven, die wir ebenfalls als Teil des Gewissens interpretieren. Das moralische Urteilen ist ein weiterer Teil, der konstitutiv zum Gewissen gehört. Damit wollen wir deutlich machen, dass das "Gewissen" nicht ohne Vorbehalte mit dem "Über-Ich" gleichgesetzt werden kann.

Wir orientieren uns an der umfangreichen Studie von Oser/Althof (1994) und greifen da einige Elemente im Zusammenhang mit dem moralischen Urteilen heraus. Entwicklungspsychologisch werden da die sechs Stufen von

Kohlberg referiert, in knappen Stichworten:

1. Stufe: Orientierung an Strafe und Gehorsam; die Erwachsenen als Quelle der Moral; 2.
2. Stufe: Moral hat mit Wechselbeziehungen zu tun; die Gegenseitigkeit wird zur Richtlinie für das moralisch Richtige;
3. 3. Stufe: Berücksichtigung der Bedürfnisse und Standpunkte anderer, insbesondere der eigenen Familie und des eigenen Freundeskreises; "Gruppenborniertheit" überwiegt;
4. 4.Stufe: Miteinbezug der gesellschaftlichen Perspektive, d.h. des ganzen interpersonalen Raumes;
5. 5. Stufe: Beginn des Prinzipien-geleiteten moralischen Denkens, z.B. Gerechtigkeit, Nächstenliebe, Würde des Menschen u.a.m.
6. Die 6. Stufe ist die Stufe der universellen ethischen Prinzipien (Oser/Althof 1994, 53-68).

Nur eine Minderheit der Erwachsenen erreicht nach Oser/Althof bzw. Kohlberg die fünfte Stufe; m.a.W. die meisten Menschen bewegen sich im Bereich der Stufen 3 und 4. Moralische Urteilsfähigkeit hängt einerseits von der Denkfähigkeit und anderseits von den Lebenserfahrungen und ihrer Verarbeitung ab. Die Stufenentwicklung hängt zentral von der Auseinandersetzung mit den sozialen Erfahrungen und den gesellschaftlichen Institutionen ab (Oser/Althof 1994, 71-75). Ebenda werden weitere Faktoren, die die Leistungsfähigkeiten bzw. Stufentransformationen ermöglichen, referiert: wahrgenommene Widersprüche, stabile emotionale Zuwendung, offene Konfrontation, Kommunikation, Mitwirkung an Entscheidungen und Verantwortung.

Das moralische Urteilen garantiert noch nicht das moralische Handeln. Das weist die Wissenschaft nach; das zeigt schlicht das Leben. Die "willentliche Bekräftigung", das Treffen einer Wahl, das Erleben der Verantwortlichkeit, das Selbsterleben, aber auch Gewohnheiten und eingeübte Rollen spielen eine entscheidende Funktion in der Brücke vom Urteil zur Handlung. Wir würden da etwas pointiert noch weiter ergänzen:

Es wird im täglichen Leben mehr gelogen als der Mensch Wasser trinken kann; wer nicht laviert, paktiert, intrigiert oder agiert, der ist ökonomisch, sozial und macht-bezogen meist auf der Verliererseite; das ökonomische und soziale Überleben kommt vor der Moral; und: das überlastete Unbewusste ist alleweil stärker als das moralische Urteil und der Wille. Das heisst m.a.W.: Je stärker der äussere Handlungsdruck und je stärker das irrationale Wirken des Unbewussten, desto unwahrscheinlicher folgt auf ein moralisches Urteil auch eine entsprechende moralische Handlung.

Für die Menschenbildung können wir daraus folgern, dass die Bearbeitung der eigenen Biographie und die Verarbeitung von Lebenserfahrungen die Fähigkeit zum selbstbestimmten moralischen Urteilen fördert. Wir können das Transformationsmodell von Oser/Althof (1994, 105) übernehmen: 1) Verunsicherung/ Grenzerfahrung; 2) Erkennen neuer Elemente; 3) Auflösen der alten Strukturen; 4) Einbau neuer Elemente; und 5) Zusammenbau und Anwendung der neuen Struktur. Dabei ist allerdings darauf hinzuweisen, was in der Menschenbildung immer als Regel zu beachten ist, mindestens ist das unsere Auffassung:

Man soll keine Stützen wegnehmen, bevor neue Stützen konstruiert sind, sonst bricht das Gefüge zusammen. Als Stützen verstehen wir u.a. die Bildung eines positiven starken Ichs, die Bildung von praktischen Lebenskompetenzen, Erkennen und Ernstnehmen der Grundbedürfnisse, Denkschulung, Entwicklung der Liebesfähigkeit, die kontemplative Reflexion von Werten wie Gerechtigkeit (und Fairness, Toleranz, Würde u.a.m.) sowie auch philosophisches Nachdenken über Menschenbilder und Lebenssinn. Das wiederum bezeichnen wir nach unserem Modell der Menschenbildung mit Individuation.

Kognitives Lernen: Lernfähigkeiten und Lebensbewältigung

Wir stützen uns hier auf die klassischen Lerntheorien (Hilgard/Bower 1971; Haseloff/ Jorswieck 1970) und erörtern jene Aspekte, die für die Persönlichkeitsbildung u.E. besonders relevant sind.

Aspekte, die das Lernen beeinflussen, sind:

- Belohnung (Bestrafung/ Strafandrohung) beeinflusst Lernprozesse
- Klima von Geborgenheit und Aufgehobensein fördert das Lernen
- Sozialer Druck beeinflusst das Lernen
- Beobachtung fördert Lernaktivitäten
- Ausprobieren (learning by doing) fördert Lerninteresse
- Lebenserfahrungen können Lernprozesse aktiv halten
- Angewöhnung ist eine Art zu lernen
- Imitation ist eine Form von Lernen
- Assoziieren, verknüpfen; strukturieren setzt Lernprozesse in Gang
- Hypno-suggestive Rahmenbedingungen fördern Lernprozesse
Gute Lernbedingungen fördern Lernprozesse. Lernprozesse sind die

Grundlagen von Verhalten bzw. vom Handeln des Menschen. Mit dem Tätigsein gestaltet sich der Mensch sein Leben und seinen Lebensraum. Dieser wiederum gilt als Rahmen und Basis aller neuen Lernprozesse. Leben und Lernen sind somit in einem sich gegenseitig bedingenden Kreislauf. Schlechte Lernbedingungen bewirken schlechtes Handeln und damit wiederum schlechte Bedingungen für alle nachfolgenden Lernprozesse.

Fazit: *Immer wieder ein Leben lang lernen ist eine Lebensforderung.*

Zum Lernen gehören einige Voraussetzungen beim Individuum, die selbst Lernprozessen unterliegen. Die einzelnen Funktionen und Bedingungen sind beim Abschnitt Intelligenz zusammengefasst. Grundsätzlich setzt Lernen ein Interesse voraus. Will der Mensch im Bereich seines psychisch-geistigen Lebens nichts lernen, so ist der Kreislauf der Lernprozesse in diesem Bereich regressiv. Dies behindert langfristig nicht nur die Lernprozesse in allen äusseren Lebensbelangen, sondern zwingt das Lernen in eine Richtung, die gegen das Leben verläuft. Damit ist dann auch dieser Regelkreis regressiv. Die Persönlichkeitsbildung der Andragogik muss deshalb zuerst darauf ausgerichtet sein, die günstigen Dispositionen für das lebenslange Lernen zu schaffen. Aus den bisherigen Überlegungen ergeben sich einige Aspekte, die wir nachfolgend aufführen wollen.

Günstige Lerndispositionen sind:

● Lernoffene Meinungen und Haltungen, d.h. grundsätzliche Lernbereitschaft
● Fähigkeit, Lernsituationen zu organisieren und zu gestalten
● Interesse an Erkenntnis und Schaffenslust im Bereich des Psychischen
● Ausdauer, Durchhaltevermögen und Konzentrationsfähigkeit
● Klare Wahrnehmung, geistige Präsenz und weitsichtiges Denken
● Positives Akzeptieren von Lebensproblemen und Herausforderungen
● Bereitschaft, die psychische Wirklichkeit zu erkennen und zu verstehen
● Interesse an einer differenzierten Entfaltung und am eigenen Wachstum
● Hingabe an Werte wie Wahrhaftigkeit und Liebe

Viele kritische Problemsituationen muss der Mensch minutiös zerlegen, um Veränderungen und Erneuerungen zu erreichen. Denn viele Probleme haben mit dem ganzen Menschen und seiner ganzen Lebensgeschichte zu tun.

Viele Erneuerungsversuche scheitern im voraus, trotz allem guten Willen, weil die innerpsychischen Verflechtungen zu wenig systematisch und zu wenig tief erfasst und geklärt wurden. Wer versucht, sein Leben nur mit Denken zu meistern und die Gefühle oder die Bedürfnisse geringschätzt, wird letztlich scheitern. Jeglicher Versuch, das Leben "positiv" zu bewältigen unter Ausschluss eines der psychischen Subsysteme, ist letztlich regressiv und somit gegen das Leben. Es gibt bei jedem Menschen im Laufe seines Lebens immer wieder kritische Problemsituationen von erheblicher Tragweite. Ein hoher Einsatz an Zeit, Aufmerksamkeit und Geduld für Lernprozesse ist unerlässlich, will man sich ganzheitlich entfalten und wachsen.

Für Piaget gilt die Unvermeidbarkeit von Ungleichgewichten als "Motor der kognitiven Lernprozesse". Dies entspricht unserer Definition des Valenz-Parameters (siehe: Kapitel über Bedürfnisse). Auf der einen Seite werden Denkstrukturen in Auseinandersetzung mit der Umwelt konstruiert; sind also nicht ausschliesslich angeboren. Die Bildung moralischer Urteile (Piaget 1973) geschieht ebenfalls in dieser Systemverflechtung. Komponenten der Persönlichkeitsstruktur und die Strukturen der Normen (auch der Objekte) werden zu einem Netz verflochten. So konstruiert sich jeder seine Welt durch den kognitiven Verinnerlichungsprozess (Akkomodation). Äussere Inhalte verändern kognitive Schemen. Die Wirklichkeit wird aber oft so aufgenommen, dass vorhandene Schemen erhalten bleiben. Die verinnerlichte Wirklichkeit ist dann die an vorhandene kognitive Strukturen assimilierte äussere Welt (Assimilation).

Das hat eine wichtige Bedeutung: Der Mensch verändert die Inhalte der Umwelt durch seine ihm eigentümliche Prägungsweise. U.E. spielen in diesen Lernprozessen auch persönliche Bindungen, Emotionen und Motivationen eine erhebliche Rolle. Wir haben gesehen, dass sich das Handeln ebenfalls in Strukturen analysieren bzw. zerlegen lässt.

Strukturen sind dabei ein erklärungshypothetisches Konstrukt, eine Verallgemeinerung also von realen Situationen, Handlungen und Gegenständen. Lernprozesse können somit verstanden werden als ein Versuch, Widersprüche und Konflikte zwischen inneren (kognitiven), persönlichkeitsspezifischen und lebensraum-bezogenen Strukturen aufzulösen. Die Auflösung geschieht durch Umstrukturierung und Neuaufbau der kognitiven und normativen Strukturen (Equilibration). Damit sind Grundlagen für eine systemtheoretische Konzeption der Persönlichkeitsbildung gegeben (Schneider 1981). Jede Art von Problemlösungen und Neustrukturierungen der psychischen Subsysteme erfolgt in Abhängigkeit zu den kognitiven Strukturen bzw. ihren personabhängigen innovationsfähigen Möglichkeiten.

Halten wir fest: "Sprache ist umfassendster, differenziertester und prägnantester Ausdruck geistig-seelischen Seins" (Pfniss 1988, 41). Die subjektiven Bedingungsfaktoren (Fuchs 1985, 436) – wir erinnern: von der

Wahrnehmung zum Denken, vom Verstehen zum Handeln – drängen anthropologisch zur gründlichen Menschenbildung.

6. Die Gefühle

Einteilungskriterien und Komponenten der Gefühle

Gefühle seien nicht definierbar, meinen verschiedene Autoren und Experten (Jaspers 1965, 90). Die Frage ist allerdings, was "definieren" heisst. Wir wollen eine Annäherung versuchen. Zuerst seien die Begriffe klargestellt: "Gefühl" setzen wir synonym mit "Emotion", auch wenn man da und dort der Emotion eine besondere Qualität der Tiefe und Dauer zuspricht. Mit "Affekt" wird hervorgehoben, dass es sich um ein Gefühl handelt, das plötzlich und meist sehr intensiv hervorbricht (Barz 1977, 128).

Es gibt Grundemotionen, die stehen in phylogenetischer Kontinuität; das sind: Interesse, Freude, Unmut/Trauer, Überraschung, Furcht, Ärger/Wut, Ekel und Scham (Heckhausen 1989, 71-76). Dies bedeutet, dass Emotionen nicht einfach in einen Gegensatz zu Kognition (Gedanken) gesetzt werden können. Vitale Grundsituationen (Bedrohung, Aufgehobensein etc.) haben ein angeborenes Muster bzw. angeborene Emotionsauslöser. Gefühle wären demnach eine Art "Blitzkommuniqué" über die vorgegebene Lage. Becker-Carus (1981, 193) bestätigt diese hirnphysiologische Theorie u.a. bei der Aggression. Es muss somit davon ausgegangen werden, dass auch das menschliche Gehirn solche Grundemotionen vorstrukturiert hat. Unbestritten ist ferner die Tatsache, dass Emotionen vielfältige physiologische Reaktionen auslösen bzw. von solchen begleitet werden (Vester 1991, 148-152; Heckhausen 1989, 113, 377; Becker-Carus 1981, 213, 306). Wir stellen hier die physiologischen Aspekte der Emotionen in den Hintergrund und wollen uns auf die psychischen Aspekte konzentrieren.

Ein Gefühl lässt sich von verschiedenen Seiten her betrachten. Man kann feststellen, dass es Gefühle ohne einen Inhalt, ohne ein Objekt also, nicht gibt. Auch wenn dem Individuum nicht bewusst bzw. nicht bekannt ist, warum gerade dieses oder jenes Gefühl da ist, so klingt doch in jedem Gefühl ein Thema mit. Das Thema kann auch das momentane Dasein meinen. Ein Gefühl ist immer durch etwas ausgelöst, sei es von der Aussenwelt, sei es von der Innenwelt (den psychischen Subsystemen bzw. einer psychischen Einzelkraft). Dieses Thema nennen wir das "Objekt" (Barz 1979, 122).

Weiter können wir erkennen, dass das Ich und das Gefühl immer zweierlei sind. Das Ich ist gewissermassen das Subjekt. Man sagt immer: "Ich fühle". Somit ist als drittes Element das spezifische Erleben identifiziert. Wir können hier von Gefühls-Charakter reden, womit wir eben das Spezifische am entsprechenden Gefühl meinen (Freude, Angst, Lust, Hoffnung usw.).

Schliesslich wissen wir, dass dieses Erleben ganz unterschiedlich in Intensität und Dauer ist. Jeder Mensch erlebt jedes Gefühl irgendwie positiv oder negativ, d.h. das Ich steht aufnehmend oder ablehnend diesem spezifischen Erleben gegenüber. Dem sagen wir: Das Ich gibt dem Erleben einen bestimmten Wert (Jung 1972). Die (theoretische) Möglichkeit der Polarisierung eines Gefühls gibt diesem immer auch Gegensatzcharakter.

Das Individuum reagiert nicht immer in gleicher Weise auf ein Objekt. Eine Melodie oder ein Sonnenaufgang bewirkt nicht jedesmal dasselbe Erleben. Auch zwischen den Menschen gibt es individuelle Differenzen: Was Person A als angenehm erlebt, muss für Person B noch nicht dasselbe Gefühl bewirken. Der Mensch kann, zwar in unterschiedlichem Masse, seine Gefühle auch kontrollieren, unterdrücken oder steigern. Wir haben im Kapitel über die Psychodynamik aufgezeigt, dass ein Gefühl energetisch auf die Körperfunktionen wirkt, also eine bestimmte Energie enthält, die wir mit "psychische Energie" bezeichnet haben. Somit können wir das Gefühl mit folgenden Komponenten definieren:

Ein Gefühl besteht aus:

- Subjekt
- Objekt (innen/aussen)
- Qualität des Erlebens (Leibgefühl)
- Gefühls-Charakter (Art des Wertes)
- Intensität/Dauer
- Kontrollierbarkeit
- Ansprechbarkeit
- Psychische Energie

Tatsache ist, dass man die vielen verschiedenartigen Gefühle nach verschiedenen Gesichtspunkten kategorisieren kann. Jung (1921) bezeichnet das Fühlen als eine der vier Grundfunktionen. Diese Typenlehre muss als überholt betrachtet werden. Sie stimmt auch nicht, wenn man die gesamte Fülle der psychischen Subsysteme in Betracht zieht. Was als "Grund-Funktion" gelten kann, ist allenfalls von einem Stufen- oder Schichtenmodell abhängig.

Diese Art Modelltypologie hat gegenüber dem Systemmodell überwiegend Nachteile, wie wir dargelegt haben (vgl. Roth 1969). Es gibt aber ohnehin keine allseitig befriedigende Einteilung (Barz 1977, 125). Jedoch was heisst "befriedigend"? Es ist doch schon "befriedigend", wenn es gelingt, einige Betrachtungsgesichtspunkte zu erkennen und die Gefühle nach diesem Blickwinkel einzuteilen, gewissermassen als Orientierungshilfe. Wir können die folgenden Gesichtspunkte festlegen, in Anlehnung an die verschiedenen Modelle (Dorsch 1991, Jaspers 1973, Jung 1921 [1977], Barz 1977, Scharfetter 1976):

Einteilungskriterien der Gefühle (Charakter bzw. Wert der Gefühle):

- positiv – negativ
- angenehm – unangenehm
- sinnlich (körperlich) – psychisch
- weltlich/welt-bezogen – geistig/transzendenz-bezogen
- subjekt-bezogen (Ich/DU) – objekt-bezogen (Lebensraum/Sachen)
- feindselig/abwendend – friedfertig/zuwendend
- progressiv – regressiv
- konstruktiv – destruktiv

Gefühle können auch in einem Spannungsmodell erfasst werden und in einen entwicklungspsychologischen Kontext des Individuums gestellt werden (Sroufe in Foppa/Groner 1981, 14-33). Darin steht ein Gefühl in Abhängigkeit zu früheren gleichen oder ähnlichen Gefühlen, zum spezifischen Inhalt dieses Ereignisses und zur subjektiven Bedeutung (Sinn/Wert) für das Individuum. Daraus ergibt sich eine breite Variabilität des Ausdrucks eines Gefühls. Der Spannungsparameter zu diesem Modell entspricht unserem "Valenz-Parameter", wie wir ihn im Kapitel über die Bedürfnisse entwickeln und definieren.

Für die Unterteilung in angenehme und unangenehme Gefühle orientieren wir uns an deren Vielfalt. Die Tatsache, dass das Lusterleben auch pervertiert sein kann (Lust am Plagen und Demütigen), lassen wir hier ausser acht. Ein angenehm erlebtes Gefühl muss nicht unbedingt ein "positives" Gefühl sein. Man kann zum Beispiel nostalgische Sehnsucht als lustvoll erleben und den darin enthaltenen Schmerz übergehen bzw. subjektiv nicht bewusst erkennen. Die andern Einteilungskriterien bieten teils beachtliche Interpretationsschwierigkeiten. Dasselbe Gefühle kann subjekt-bezogen und objekt-bezogen, sinnlich und psychisch, sachlich und geistig vorkommen. Dann gibt es Gefühle, die sind weder feindselig noch friedfertig; sie können allenfalls vom Individuum als schmerzvoll empfunden werden (z.B. die Trauer).

Die nachfolgenden zwei Listen orientieren sich deshalb am Kriterium des subjektiv angenehmen und unangenehmen Erlebens. Diese Einteilung deckt sich weitgehend mit dem Kriterium feindselig-friedfertig. Geht man vom gesunden Lusterleben und Unlusterleben aus, so ist dieses fünfte Kriterium eine daseins-bezogene Interpretation auch im Sinne der Lebenszuwendung und Lebensabwendung (Fromm 1979). Die wertende Komponente ist inhaltsbezogen und nicht mehr nur erlebensbezogen. Leiberleben und Gefühlscharakter lassen sich immer auch im Kontext zum Gegensatz beschreiben. Wir können schliesslich die Gefühle unterteilen in: empfindungsbedingte, triebbedingte (vital, sozial) und persönlichkeitsbedingte Gefühle (Rohracher 1971, 453-458).

Gefühle entstehen und formen sich durch:

● Wahrnehmungen aller Art
● Einfühlen
● Gedanken
● Innere Vorstellungen, Phantasien
● Imagination
● Träume
● Psychische Energie anderer Menschen
● Psychische "Atmosphäre" im Lebensraum
● Bedürfnisse und Triebregungen
● Körperfunktionen
● Bilder im Unbewussten
● Liebeskraft
● Existentielles Erleben

Das angenehme und unangenehme Erleben hat unterschiedliche Qualitäten (Leiberleben): a) Das angenehme Erleben wird beschrieben mit: wohl, beschwingt, frisch, lösend, befreiend, anziehend, warm, belebend, anregend, ruhig, harmonisch. b) Das unangenehme Erleben wird beschrieben mit: unwohl, träge, müde, schlapp, verkrampft, beengend, blockierend, kalt, abstossend, niederdrückend, erschöpfend, unruhig, zerreissend u.ä.m.

Weiter ist darauf hinzuweisen, dass ein Gefühl partikulär oder alles umfassend erlebt werden kann. Der Gefühlsausdruck kann mehr introvertiert oder mehr extravertiert sein. Besonders wichtig ist auch, dass das Individuum gleichzeitig mehrere Gefühle haben kann. Ein bestimmtes Grundgefühl kann durch ein anderes Gefühl überlagert werden. Plötzlich einbrechende neue Gefühle können die vorhandene Gefühlsdisposition für einen Moment oder für eine Weile übertönen.

Der Ausdruck eines Gefühls enthält Stärke (Kraft, Vitalität, Tiefe, Intensität) und wird bezeichnet mit den Worten: intensiv, stark, heftig, gesteigert, frisch, ergreifend. Dauer und Tempo lassen sich wie folgt umschreiben: lang, beharrlich, weitschwingend, nachhaltig; und polar: kurz, unstet, quecksilbrig, punktuell u.ä.m.

Angenehme, positiv erlebte Gefühle sind:

▪ Liebe	▪ Aufmunterung
▪ Zärtlichkeit	▪ Mitfreude
▪ Zufriedenheit	▪ Gerechtigkeit
▪ Geschütztsein	▪ Überraschung
▪ Wertschätzung	▪ Achtung
▪ Interesse	▪ Pflicht
▪ Zuwendung	▪ Stille
▪ Bewunderung	▪ Sicherheit
▪ Respekt	▪ Herzenswärme
▪ Vertrauen	▪ Frieden
▪ Verehrung	▪ Schönheit
▪ Heiterkeit	▪ Zuneigung
▪ Zustimmung	▪ Harmonie
▪ Mitleid	▪ Sympathie

Unangenehme, negativ erlebte Gefühle sind:

▪ Hass	▪ Neid
▪ Lieblosigkeit	▪ Unlust
▪ Spott	▪ Ohnmacht
▪ Abscheu	▪ Leere
▪ Kummer	▪ Rache
▪ Misstrauen	▪ Verachtung
▪ Kränkung	▪ Missgunst
▪ Aggressionen	▪ Ablehnung
▪ Eifersucht	▪ Hoffnungslosigkeit
▪ Geringschätzung	▪ Langeweile
▪ Undankbarkeit	▪ Beleidigung
▪ Empörung	▪ Zerrissenheit
▪ Sinnlosigkeit	▪ Minderwertigkeit
▪ Entfremdung	▪ Ärger

Ursachen und Auslöser von Gefühlen

Eine bedeutende Frage ist, welche "Objekte", d.h. äusseren und inneren Tatsachen, was für Gefühle bewirken. Ein Problem dabei ist, dass Menschen auf dieselben Tatsachen mit unterschiedlichen Gefühlen reagieren. Zudem werden manche Gefühle transformiert. Ferner können Gefühle auch "anstecken" und sind insofern selbst als Gefühlsauslöser zu bestimmen. Hier erweist es sich als sinnvoll, den Lebensraum in Menschen, Sachobjekte und Lebensumstände einzuteilen. So formulieren wir:

1) Menschen bewirken durch ihr Handeln und ihre Gefühle bei anderen:

a) Unangenehme Gefühle, die Handlungen auslösen wie: verletzen, demütigen, schädigen, strafen, spotten, schimpfen, belächeln, misshandeln, betrügen, bestehlen, angreifen, stören, ignorieren, täuschen, diskriminieren, ausnützen, belügen, foltern, gewalttätig sein, agieren, intrigieren, unverschämt behandeln, einengen, benachteiligen, ablehnen, ärgern, nicht ernst nehmen, unterdrücken, schwächen, hintergehen, misstrauen, beneiden, hassen u.s.w.

b) Angenehme Gefühle, die Handlungen auslösen wie: wertschätzen, loben, kooperativ sein, ernst nehmen, akzeptieren, verstehen (versuchen), schützen, umsorgen, interessieren, vertrauen, bejahen, helfen, unterstützen, Aufmerksamkeit schenken, stärken, lieben, ehrlich reden, Sympathie entgegenbringen, Freude bereiten, teilnehmen lassen, zuhören, frei sein fördern, wohlwollend sein, mittragen, zuwenden usw.

2) Sachobjekte bewirken beim Menschen:

a) Unangenehme Gefühle wie: Dreck, Schmutz, schlechte Luft, Lärm, anonyme Grossbauten, Verstädterung, bedrohende Objekte u.s.w.

b) Angenehme Gefühle wie: Lust erzeugende Produkte, schöne Häuser, Pflanzen, Lasten abnehmende Produkte, Kleider, Esswaren u.s.w.

3) Lebensumstände bewirken bei Menschen:

a) Unangenehme Gefühle bewirken: Arbeitslosigkeit, Geldnot, Mangel an primären Lebensbedingungen, Unordnung, ungelöste Konflikte, Alleinsein, Sorgen u.s.w.

b) Angenehme Gefühle bewirken: Arbeit, genügend Geld, gute Wohn- und

Lebensbedingungen, Ordnung, geklärte Konflikte, Sicherheit, Beziehungen u.s.w.

4) Persönliche Ereignisse lösen beim Menschen:

a) Unangenehme Gefühle aus: Krankheit, Leiden, Tod eines Menschen, Misserfolg, Schadenereignis u.s.w.

b) Angenehme Gefühle aus: Gesundheit, Beziehungserleben, Erfolg, Geburt u.s.w.

5) Innerpsychische Situationen können beim Individuum:

a) Unangenehme Gefühle bewirken: strenges Über-Ich, unverarbeitete Vergangenheit, negative Gedanken, unterdrückter Ärger, einengende Lebenseinstellungen, Unterdrückung der sexuellen Lust, unentwickelte psychische Kräfte, blockiertes inneres Wachstum, unverstandene Träume, Willensschwäche, schwaches Selbstvertrauen, niedriger Selbstwert, Ausgeliefertsein an die Gefühle, keinen Sinn im Leben aktualisieren können, innerlich unfrei sein, von Bedürfnissen beherrscht sein, blockierte Lebenskräfte, bedrängt sein von unbewussten Kräften, gebunden sein an Dogmen und Ideologien, Fanatismus, Verantwortung verweigern, emotionale Defizite, Unterdrücken der eigenen Möglichkeiten, abhängig sein von der eigenen Projektionsdynamik, Entfremdungserleben u.s.w.

b) Angenehme Gefühle bewirken: ausgewogenes Über-Ich, lebenszugewandte Einstellungen, positive Gedanken, Willenskraft, gesundes Selbstvertrauen, angemessener Selbstwert, inneres Wachstum, Integration der Lust, kompetentes Erleben der Traumbotschaften, verarbeitete Vergangenheit, Steuerbarkeit der Gefühle, Sinn im eigenen Leben aktualisieren, innerliches Freisein, entwickelte psychische Kräfte, flexibel sein können in den Bedürfnissen, vitale aktive Lebenskräfte, frei sein von unbewussten Kräften, verankert sein im inneren Geist, frei denken können, Verantwortung leben, ausgewogen befriedigte Bedürfnisse. Aktualisieren der eigenen Möglichkeiten, frei sein von Projektionen, Partizipation u.s.w.

6) Gesellschaftliche nationale und internationale Situationen lösen:

a) Unangenehme Gefühle aus: Kriminalität, Gewalt, Kriege, Not, Armut, Fanatismus, Fundamentalismus, Rassismus, Rezession u.s.w.

b) Angenehme Gefühle aus: Frieden, Sicherheit, Wohlstand, Pluralismus, gesundes Wirtschaftsleben, Freiheit u.s.w.

Die Vielfalt der Kräfte, die Gefühle verursachen, drängt die Menschen zu verschiedenen Lösungen: manche lassen sich in den Gefühlen gehen; andere können ihre Gefühle kompensieren; viele unterdrücken ihre Gefühle; nicht wenige werden unter dem Druck von gegensätzlich wirkenden Gefühlen krank. Wenn wir einmal absehen von den kleinen angenehmen und unangenehmen Gefühlen im Alltag, können wir erkennen, dass die stärkeren und länger anhaltenden Gefühle in einem komplexen Netz verstrickt sind.

Daraus muss gefolgert werden, dass viele Gefühle nicht leicht veränderbar sind. Sie kommen immer wieder zurück. Tragfähige und dauerhafte angenehme Grundgefühle lassen sich nur durch vielschichtige innen- und aussen-orientierte Massnahmen schaffen. Man kann also einem Menschen nicht einfach sagen "Denke positiv", oder "Sieh doch die Welt von der schönen Seite", oder "Geniesse einfach die guten Dinge". Es kann auch kaum das Ziel der Persönlichkeitsbildung sein, die Menschen dahin zu führen, dass sie nur noch positive Gefühle haben. Das ist keine realistische Lebensschau. Realistisch aber ist, den Menschen so zu bilden, dass er mit seinen Gefühlen umgehen, ihre verursachenden Kräfte identifizieren und, wo immer möglich, für seine Gefühlslage Verantwortung übernehmen kann.

Der Mensch in der Konsumgesellschaft sucht mit Gütern seine unangenehmen Gefühle zu bewältigen. Dabei will keiner sehen, dass er sich dadurch im Hintergrund bzw. in der Tiefe seines unbewussten Lebens nur neue unangenehme Gefühle schafft. Die humanistische Psychologie verkennt die Vielfalt der wirkenden Kräfte und überdeckt durch zuwendende Kommunikation und emotionalen Umgang die Komplexität des Unbewussten und die gesellschaftlichen Bedingungen.

Die Psychologie hat da ihre Grenzen, wo das existentielle Dasein nach Sinn und nach einer transzendentalen Verwurzelung drängt. Die Pädagogik tut relativ wenig, die jungen Menschen zu befähigen, ihre Gefühle zu verstehen und zu steuern. Die Philosophie nimmt diese Realität nicht besonders ernst und sucht das Leben in anderen Dimensionen zu begreifen. Doch gibt es kein Leben ohne Gefühle. Gefühle sind erlebnismässiger Ausdruck des aktualisierten Lebens und gehören daher zu einer umfassenden Persönlichkeitsbildung.

Zwei Aspekte sind für die Menschenbildung hervorzuheben. Zum einen: "Glück und Zufriedenheit ... spiegeln nicht nur eine Kombination von kurzfristigen, mittelfristigen und langfristigen Prozessen auf der Individualebene wider, sondern auch eine Wechselwirkung zwischen kulturellen und individuellen Einflüssen" (Inglehart 1989, 309); und zum andern: "Die reale Lebensqualität ist gezeichnet von Masse, Wettlauf gegen die Uhr, Alleinsein, Stress, Störungen, Zwänge, Verplanung, Abhängigkeit, zerstörte Landschaft, Wirklichkeit" (Opaschowski 1994, 243).

Datenreporte über die Umwelt und die Gesellschaft lassen es als fraglich erscheinen, ob 60% oder 70% oder gar 80% der deutschen (der schweizerischen und österreichischen) Bevölkerung glücklich und zufrieden sind (wie soziologische Untersuchungen berichten). Postmoderner Lebensstil und Erlebnisgesellschaft fungieren wohl eher als schwarzes Tuch, das alle tieferen Gefühlsschichten zudecken soll. Naheliegend ist es also, die Selbstreflexion theoretisch und praktisch tiefgehend zu betreiben. Der Forscher und Wissenschaftler wird zum Kollaborateur der Verdrängungsmechanismen und Lebenslügen, wenn er die Komplexität der Gefühle und ihrer Entstehung nicht bis auf die Wurzeln psychologisch wie bildungstheoretisch und bildungspraktisch (für die Erwachsenenbildung) aufarbeitet. Gefühle gehören zu den zentralsten Daseinsaspekten.

Wir haben keine Fachliteratur innerhalb der Andragogik gefunden, wo diese anthropologisch so eminent wichtige Gegebenheit (wir meinen die ganze Palette der Gefühlsvielfalt) umfassend und gründlich für eine konkrete Bildung erforscht wird. Wir vermuten, dass das eindeutige Gründe hat: Wer einmal den Deckel der Gefühle des Kollektivs ein bisschen hebt und hineinschaut, der fühlt das Grauen: immense Lebensangst, gewaltige Sexualverdrängung, schreiender sadomasochistischer Schmerz, elendigliche Verzweiflung, weinende Sehnsucht nach Gott, unersättliches Verlangen nach Liebe und schwer lastende Schuld. Wo sind die Professoren, die Forscher und die Praktiker der Andragogik, die den Mut und die Kompetenz haben, die Menschen in diesen Tiefen zu bilden?

Die Gefühle gehören zusammen mit dem Unbewussten und implizit mit den Abwehrmechanismen zum "heissesten" Bildungsstoff der Erwachsenenbildung. Da Gefühle immer auch psychische Energie binden, haben sie eine enorme unterschwellige Ansteckungswirkung. Die Verkettungen und potentiellen Eskalationen von Gefühlen sowie ihre Vernetzung mit den andern psychischen Subsystemen machen diese humane Wirklichkeit zu einem faszinierenden Kernthema der Persönlichkeitsbildung. Dies hat Konsequenzen im Verständnis von Alltagssituationen (Biographieforschung) ebenso wie in der konkreten Bildungsarbeit.

Verkettung von Gefühlen

Viele unangenehmen Gefühle haben als Ursache oder im Wirkungseffekt einen aggressiven Gehalt. Die Literatur über Aggression ist umfassend (siehe z.B. Freud, Lorenzen, Dollard und Miller, Bandura). Ohne hier eine eigene Theorie der Aggression entwickeln zu wollen, seien einige Aspekte dieser Grunddynamik etwas näher betrachtet, um das Wirken der Gefühle dynamisch zu verstehen.

Aggression hat immer eine direkt oder indirekt schädigende Wirkung. Es ist u.E. ein Widersinn, in einem Begriff gleichzeitig die konstruktive Wirkung mit einbeziehen zu wollen, wo eben gerade diese Destruktivität das Charakteristische des aggressiven Gefühls und Handelns ist. Unter Aggression als Handlung verstehen wir: verletzen, unterdrücken, quälen, töten, zerstören, plagen, ausbeuten, missbrauchen, stehlen, betrügen, lügen, psychischen Schmerz zufügen, Gewalt üben und Kriege führen, sowie generell alle Handlungen, die das psychisch-geistige Leben schädigen und sein Wachstum behindern. Aggression bedeutet in diesem Sinne Lebensverneinung, Lebensabwendung und Lebenslüge (Fromm 1979). Aggression ist das Gegenteil von Lebensachtung. Hass ist eine extrem aggressive gefühlsmässige Grundeinstellung. Die Liebe ist dessen Gegenpol.

Es ist wissenschaftlich erwiesen, dass Frustration meist Aggression erzeugt, und dass Aggression meist auch Aggression bewirkt. Es ist in der Tat ein interessantes Phänomen der aggressiven Dynamik eines Menschen: Die Dynamik will anstecken. In der Extremform will der "Böse" den "Guten" durch ständige Aggressionen zwingen, auch zum "Bösen" zu werden. Wer wiederholt betrogen worden ist, wird auch betrügen. Wer Hass erfahren hat, hasst selber. Wer gedemütigt worden ist, und immer wieder gedemütigt wird, der demütigt dann auch. Wer verletzt worden ist, kann je nach Tiefe des Schmerzes so sehr Hass entwickeln, dass er ein Leben lang nur noch einen einzigen Lebensinhalt hat, nämlich andere zu verletzen. Wer das nicht kann, weil sein Über-Ich es ihm nicht erlaubt, der wird krank, wenn er die innere Verarbeitung nicht als Lösungsweg geht. Psycho-somatische Leiden sind immer Ausdruck erfahrener Aggressionen und in der Folge gebundener aggressiver Gefühle.

Es gibt nur einen einzigen Ausweg, nämlich die Liebe. "Liebe Deinen Feind" meint nicht, man solle sich ihm sado-masochistisch unterwerfen. Vielmehr fordert die Liebe, dass man sich von der aggressiven Dynamik nicht fesseln lässt. Abwenden und innerlich versöhnen, ist hier der eigentliche "Akt der Liebe". Gefühle managen bedingt Liebesfähigkeit.

Eine andere Psychodynamik enthält das Bedrücktsein. Viele Menschen leben im Grundgefühl des Bedrücktseins, ohne dass man diese im Sinne der Psychopathologie als psychisch krank bezeichnen könnte. Bezeichnend ist, dass eine Lösung nicht in der lustbetonten konsumorientierten Lebenszuwendung zu finden ist. Auch aufmunternde Worte, wie sie vielfach von der Lebenshilfe mit Gebet und Mutzusprache vorgeschlagen werden, können ein solches Grundgefühl nicht ändern. Der Mensch im Gefühl des Bedrücktseins ist ebenso wie der Mensch in Gefühlen der Aggression gebunden an seine innerpsychische Komplexität und an die Lebensraumbedingungen. Der Weg zur Befreiung führt letztlich nur über die Liebe. Und die Liebe wiederum kann nur soweit wachsen, wie der Mensch in der Individuation wächst.

Charakteristiken des Bedrücktseins sind:

▪ dumpfe Schwere	▪ Grundstimmung hoffnungslos
▪ diffuses Verstimmtsein	▪ Sinnleere: alles ist sinnlos
▪ ideen- und phantasiearm	▪ jede Tätigkeit braucht viel Kraft
▪ Gefühl, verbraucht zu sein	▪ unbestimmtes Trauergefühl
▪ innerlich blockierte Ich-Stärke	▪ gelähmt in Wille, Entscheidung
▪ wenig Kraft zur Selbstbehauptung	▪ sich drehende Gedanken
▪ minimale Selbstachtung	▪ bohrende Selbstzweifel
▪ reaktionsgehemmt	▪ generalisierte Unlust
▪ Gefühl "alles ist gegen mich"	▪ ohne sexuelle Lust, "abgestellt"
▪ gefühlsmässig kontaktgehemmt	▪ Schlafstörungen
▪ Gefühle des Nicht-könnens	▪ mutlos
▪ hohes Ausmass an Selbstanklagen	▪ Tendenz, sich gehen zu lassen
▪ Gefühle des Nicht-Genügens	▪ ängstlich
▪ blockiert in Antrieb	▪ Tendenz zu Suchtverhalten

Als drittes Beispiel diskutieren wir kurz das Schuldgefühl. Schuldgefühle sind ebenso wie die Aggression in einer komplexen Kette verstrickt. Die Gefühls-kette können wir exemplarisch in sieben Abfolgen beschreiben:

1. Vorwurf: "Ich kann nicht wie Du ..."; "Wegen Dir muss ich soviel ..."
2. Schuldgefühle: "Ich bin schuld, dass ..."; "Wegen mir hat ..."
3. Angst: "Ich habe Angst vor Strafe (vor Liebensentzug u.ä.m.) ..."
4. Minderwertigkeit: "Ich bin nichts wert ..."; "Der andere ist besser ..."

5. Einsamkeit: "Ich bin allein ..."; "Niemand versteht mich ..."
6. Verzweiflung: "Ich sehe keinen Ausweg ..."; "Es gibt keine Lösung ..."
7. Anpassung: "Ich muss sein (haben) wie die andern ..."

Man kann hier erkennen, dass der Mensch eigentlich sich selbst sein Leben schuldet. Er misst sich an andern statt an seinen Wachstumsmöglichkeiten. Er gibt dem andern einen höheren Wert als seinem Menschsein. Er liebt sich selbst nicht und erwartet die Liebe von andern. Auch hier heisst der Lösungsweg: Gefühle managen, was bedeutet: ganzheitlich wachsen im Sinne der umfassenden Persönlichkeitsbildung, der Liebe und Individuation.

Viele Menschen sind relativ frei von solchen Gefühlsketten. Sie haben überwiegend angenehme Gefühle und meistern Schwankungen im Rahmen ihrer Möglichkeiten durchaus differenziert. Sie sind gebildet, wenig neurotisch und echt liebesfähig. Sie sind bereit, Vertrauen in andere Menschen zu haben. Sie sind grundsätzlich offen, transparent und hilfsbereit. Sie können echte Gefühle der Zuwendung auf ihre Mitmenschen übertragen. Sie können Freude zeigen, sind wahrhaftig und lieben das Leben. Sie können echt zärtlich sein und in Gruppen eine konstruktive Dynamik einbringen. Dies sind Menschen, die bereit sind, ein menschen-zentriertes Leben im Sinne der Persönlichkeitsbildung zu gestalten.

Dem gegenüber stellen wir einen andern Menschentypus hin. Das Leben lehrt uns, dass es auch das gibt: Menschen, die den obigen Typus Mensch mit "klientenzentrierter" Methode auszunützen verstehen; Menschen, die skrupellos andere hintergehen, belügen und ausbeuten, wo immer sie können; Menschen, die mit freundlichen Gesichtern und sanfter Stimme bei jeder Gelegenheit nur das eine suchen, nämlich sich einen materiellen Vorteil zu verschaffen; Menschen, die trotz tiefer Gefühle zu inneren Erfahrungen über Wahrheit und Liebe, diese Erfahrungen wieder leugnen; Menschen, die sobald es ums Geld geht, nicht mehr fähig sind zur Solidarität über psychisch-geistige Werte; Menschen, die alle Mittel und Wege kennen bzw. haben, sich Macht und noch mehr Besitz anzueignen; Menschen, die über jedes Gefühl nur spotten, ausser über ihr eigenes Triumphgefühl; Menschen, die sehr viel haben und nichts damit tun, was in der Welt auch nur einen Tropfen Liebe und Hoffnung bringen könnte.

Soviel ist gewiss: Bei diesen Menschen versagt die Liebeskraft und die Individuation als Lösungsweg. Bei diesen Menschen ist das Reden über Gefühle zwecklos. Bei diesen Menschen ist Persönlichkeitsbildung nicht gefragt. Solche Menschen aber bestimmen mit Grosskapital und Macht entscheidend den Verlauf der Geschichte, der Welt und der Menschheit. Sie allein haben die Möglichkeit, dass Milliarden Menschen, eine Chance erhalten, sich "angenehme Gefühle" aufzubauen. Denn sie haben diese nicht. Sie können sie nicht haben, weil die Lebensbedingungen nicht gegeben sind, weil sie Gefangene sind ihres Unbewussten, weil sie ihre psychischen Kräfte nicht bewusst gebildet haben, und weil sie die Individuation nicht kennen. Sie müssen täglich um das materielle Überleben kämpfen, und nicht um psychisch-geistige Entfaltung, schon gar nicht um einigermassen lebenszugewandte Gefühle.

Mit Introspektion sich den eigenen Gefühlen annähern

Die Introspektion ist ein direkter Weg, die eigenen Gefühle zu identifizieren, zu verstehen und umzugestalten. Wir orientieren uns an psychoanalytischen Reflexionen zu dieser Methode und stellen einige Überlegungen vor, die verhelfen können, sich mit der Introspektion vertraut zu machen.

Introspektion ist: "Hineinschauen in sich oder auch in andere Menschen oder Sachen", "durchschauen, betrachten", "aufmerksame, achtsame Beobachtung aller Vorgänge in sich selbst im leiblichen und psychischen Bereich" (Scharfetter, in Wagner-Simon/Benedetti, 1982, 48). Benedetti: "Psychoanalyse bedeutet in erster Linie systematische Introspektion, strenger Wahrheitswille, Selbstdisziplin, im jahrelangen Versuch, zu einer umfassenden Selbsterkenntnis zu gelangen" (ebenda, 16). Ziel der Introspektion: "die Aufdeckung des Unbewussten" (ebenda, 17). Introspektiv ist zu entdecken: die Abwehrmechanismen, die Ideale, das Leiden, die Potentiale, die Triebe, die Konflikte, das Über-Ich und die 'neurotischen Elemente' (ebenda, 17-25). Introspektion ermöglicht es, sich gründlich mit der eigenen Vergangenheit und unbewussten Gegenwart zu befassen.

"Selbstanalyse war die Form der Introspektion (von Sigmund Freud)" (Hunziker-Fromm, in: Wagner-Simon/Benedetti, 1982, 106). "... ihn habe sein Bedürfnis nach Wahrhaftigkeit unerbittlich zur analytischen Selbsterforschung getrieben" (ebenda, 108). "Als Vorbedingung der Selbsterforschung müsse man, so meinte (Erich Fromm), zunächst leiblich und seelisch still werden, entspannt und gesammelt" (ebenda, 117). Introspektion ist nach Fromm: "ein Erfühlen, Ertasten, Erspüren des inneren Zustandes" (ebenda, 117). "Als Weg der Introspektion ist die Selbstanalyse eine Möglichkeit, in uns aufzuräumen, den inneren Raum vorzubereiten, freiwerden zu lassen, in dem dann anderes sich ereignen kann ..."(ebenda,

119).

Und ein Zitat von Gottfried Keller (1883): "Ein Mann ohne Tagebuch ... ist, was ein Weib ohne Spiegel ... (ein Mann) hört auf, Mann zu sein, wenn er sich selbst nicht mehr beobachtet und Erholung und Nahrung immer ausser sich sucht" (Pestalozzi, in: Wagner-Simon/Benedetti, 1982, 154).

"Introspektion als Selbstbefragung, Selbstbetrachtung, Selbsterkenntnis und Selbstbeurteilung ist ein alltägliches Verhalten des Menschen zu sich selbst ... Wir blicken dabei nicht etwa in einen inneren abstrakten Hohlraum, sondern wir betrachten ein konkretes gegenwärtiges Tun, denken konkret darüber nach, was wir getan haben oder noch tun werden. Introspektion ist Selbstvergewisserung darüber, wie es um uns stand, um uns steht und um uns stehen wird. Sie ermöglicht uns die bewusste Lebensführung" (Saner, in: Wagner-Simon/Benedetti, 1982, 238). "Introspektion (ist) nicht nur Denken, sondern ein Agieren und Reagieren des Selbst in der Breite seiner Möglichkeiten: Trauer, Reue, Enttäuschung über Verlust und Versagen, Glück im gegenwärtigen Gelingen, Angst und Hoffnung angesichts des noch Offenen" (ebenda, 238) ... "Introspektion ist ... eine Rückwendung des Subjekts zu seinem Sein und Tun" (ebenda, 238).

Ein weiterer Standpunkt: "Introspektion (ist) gerade, ja (ist) sogar ausschliesslich im Gebet." Er nimmt dabei Bezug auf die ideengeschichtliche Entwicklung vom delphischen "Erkenne Dich selbst" als "Reflexion des Geistes auf sich selbst, also Selbsterkenntnis, und Besinnung auf seinen Ursprung aus dem Göttlichen, also Gotteserkenntnis" (Balthasar, in: Wagner-Simon/Benedetti, 1982, 73). Wir übernehmen da ein Zitat von Augustinus: "Verliere dich nicht nach aussen, gehe in dich selber zurück, im inneren Menschen wohnt die Wahrheit. Und wenn du dann entdeckst, dass dein Wesen veränderlich ist, so übersteige dich selbst, aber beachte dabei, dass du eine geistig-denkende Seele überschreitest. Strebe also dorthin, woher das Licht der Geistvernunft ursprünglich scheint" (ebenda, 74).

7. Die Bedürfnisse

Die Grundbedürfnisse und ihre Ausrichtung

Bedürfnisse hat jeder Mensch. Dies wird niemand bezweifeln wollen. Doch welche Bedürfnisse sind lebensnotwendig? Welche sind dem Menschen wesensmässig? Welches sind Bedürfnisse, die zum menschlichen Glück und zu seiner Evolution nichts beitragen und ohne Schaden oder Einengung abgeschafft werden könnten? Die Frage kann gewiss gestellt werden, denn in der Industriegesellschaft werden viele Bedürfnisse künstlich erzeugt und von aussen induziert. Schrittweise rollen wir dieses Thema der Bedürfnisse auf und lehnen uns an Studien von Lewin (1963; Hull 1952; Bühler Charlotte 1959; Maslow 1973; Allport 1949; Gehlen 1974). Danach wird der Begriff "Motiv" geklärt, um zu prüfen, inwiefern Motive mit Bedürfnissen einen Zusammenhang haben.

Bedürfnis meint zuerst das Erleben eines Mangels und einer Lebensnotwendigkeit. Dieser Zustand erzeugt eine Spannung und aktiviert eine Kraft, die nach Erreichung des Zieles drängt. Der Mangel bzw. der zu niedrige oder zu hohe Spannungszustand muss beseitigt werden. Lewin spricht von Spannung, Kraft, Valenz (d.h. Aufforderungscharakter der Situation), Vektorfeld (d.h. die zielgerichteten Kräfte) und Lokomotion (Veränderung von Zustand A zu Zustand B im Lebensraum bzw. -feld) (1963, 62). Charakteristisch ist, dass Bedürfnisse eine Antriebskraft haben, sog. "drive" (Murray 1963). Diese Antriebskraft bezeichnet man auch als "Drang" und "Verlangen". Bedürfnis meint immer ein Mangelerleben – und somit die Beseitigung dieses Zustands (Lück 1986, 159). Gehlen spricht von einem Erweiterungsdrang: der Mensch drängt immer nach Erweiterung seines Handlungsspielraumes. Er ist bestrebt, seinen Raum des Verfügenkönnens zu erweitern (1964, 75).

Ein Bedürfnis will somit nicht nur einen Mangel beheben, sondern auch eine Erweiterung der Lebensmöglichkeiten schaffen. In diesem Sinne können z.B. die Bedürfnisse "Wachstum" und "Transzendenzerfahrung" von Maslow (1973, 52-72) interpretiert werden. Ist das Ziel (Lokomotion) erreicht, so ist das Bedürfnis (im Moment jedenfalls) jeweils befriedigt.

"Bedürfnisbefriedigung" ist eine Grundtendenz des Lebens nach Bühler Charlotte (1959, in: Bühler/Eckstein 1973, 374). Die Erfüllung bedeutet "Spannungsreduktion" bzw. Spannungsausgleich (Haseloff/ Jorswieck 1970, 49). Das Bedürfnis ist ein Element in einem homöostatischen System (Maslow 1973, 44). Lewin definiert Bedürfnis in einem "dynamischen Feld". Wir definieren daraus das "Grundbedürfnis", was synonym steht zu "primären Bedürfnissen", "Ursprungsbedürfnisse" (Allport 1959,,137) und "Antriebsbedürfnisse (Hehlmann 1974, 46). Grundbedürfnisse sind Bedürfnisse, die nicht auf andere Bedürfnisse zurückgeführt werden können, die weder "künstlich" induziert sind, noch reine Ersatzfunktion haben.

"Antriebserleben" ist ein Begriff aus der Psychoanalyse und wird physiologisch grundgelegt (anal, oral, phallisch, urethral). Schultz-Hencke gibt dem Antriebserleben folgende Eigenschaften: intentional, kaptativ (oral), retentiv (anal), aggressiv (geltungsstrebig), urethral (ehrgeizig, fahren lassen). Die Bestandteile eines Antriebes sind: Wahrnehmung, Vorstellung, Emotion, Erregung, Motorik, Furcht (1950, 20 ff. sowie 123). Diese Konzeption dürfte heute weitgehend als überholt gelten, ist insbesondere durch einige hundert lernpsychologische Theorien und "Minitheorien" erweitert und/oder neu strukturiert worden (Heckhausen 1980). Dennoch halten wir fest: Bedürfnisse und Antriebserleben sind thematisch eng verbunden, wobei wir diesen Antrieb mehr psycho-energetisch als physiologisch verstehen wollen. Doch das ist nur die Entscheidung zu einem Betrachtungsaspekt. Jedes psychische Erleben ist eng mit physiologischen Reaktionen verbunden (Becker-Carus 1981, 15).

Charakteristiken der Grundbedürfnisse sind:

- Lebensnotwendigkeit für Erhaltung und Gesundheit
- Naturgemässes Verlangen der Daseinsverwirklichung
- Zustanderleben als Mangel oder Erweiterungsbedarf
- Zielvorstellung im Sinne von Erfüllung/Sättigung
- Psychische Energieladung (Spannung, Kraft)
- Gültigkeit für die Menschheit generell

Die formale Definition dazu ist: Ein Bedürfnis ist ein Erlebnis. Das Individuum erlebt einen Mangelzustand, der nach einer Befriedigung drängt. Im Erleben dieses Zustandes ist ein "Drang" nach einem veränderten Zustand. Der Drang ist die Bedürfnisspannung, auch "Valenz" genannt. Über den Zielzustand hat das Individuum eine Vorstellung. Ist ein Bedürfnis gesättigt, dann verschwindet der Drang, bis dasselbe Bedürfnis sich wieder als defizitär drängend meldet. Nach Lewin (1963) enthält ein Bedürfnis folgende Komponenten: Anfangszustand, Valenz, Spannung, Lokomotion

(Zustandsveränderung), Zielzustand.

Physiologische Bedürfnisse stehen in der Reihe der Grundbedürfnisse an erster Stelle: Hunger und Durst. Angrenzend an diese Bedürfnisse stehen die Triebbedürfnisse (Sexualität). Den Drang nach körperlicher Bewegung und Beanspruchung der körperlichen Funktionen (Sport) identifizieren wir als eine Kategorie der Grundbedürfnisse. Die Kulturgeschichte lehrt, dass der Mensch nicht nur einen Drang, sondern auch eine Notwendigkeit erlebt, sich seinen Lebensraum zu schaffen und zur Lebensbewältigung Produkte herzustellen. Güterproduktion ist ein lebensnotwendiges Bedürfnis. Erlebt der Mensch in einer Situation einen Handlungsbedarf, sei es, dass er sich einen Zielzustand antizipiert, sei es, dass er eine Situation in eine neue Situation führen will, so erlebt er einen Drang, dies auszuführen. Wir nennen dies das "Bedürfnis zur Handlung".

Seit Urzeiten spielen die Menschen. Wir nehmen an, dass der Mensch ein Grundbedürfnis nach Spiel hat, das nicht mit dem Bedürfnis nach Gruppenzugehörigkeit oder Gruppenleistung zu tun haben muss. Weiter sind soziale Bedürfnisse zu nennen. Dazu gehören: Beziehungen haben, zu einer Gruppe zugehören, Kommunikation u.a.m. Gesondert nennen wir die Bedürfnisse nach einer Mann-Frau-Beziehung. Der Mensch hat ein Grundverlangen nach psychischer, physischer und sozialer Sicherheit und Stabilität. Weiter ist zu erkennen, dass der Mensch eine Betätigung, eine Leistungsmöglichkeit, eine Arbeit sowie kulturellen und künstlerischen Ausdruck sucht.

In diesem Zusammenhang sind die Fähigkeiten als Bedürfnis zu erwähnen: sie drängen genutzt zu werden bzw. zum Ausdruck zu kommen. Was der Mensch entdeckt und schafft (produziert), das will er in seinen Lebensraum aufnehmen. Wir nennen diesen Drang das "In-Besitz-nehmen" und heben hervor, dass das Haben im Gegensatz zu Fromm (1982) nicht polar zu "Leben" gemeint ist, sondern auch das "Haben für das Leben" meint.

Die intellektuellen Bedürfnisse sind eine weitere Gruppe. Der Mensch kann denken und will sein Denken nutzen. Er will Erkenntnisse. Weiter kann man die Bedürfnisse wie Liebe, Glück, Wahrheit und Weisheit nennen. Nahe an diesen Bedürfnissen ist das Streben nach transzendentaler Verankerung. Schliesslich hat der Mensch ein Bedürfnis, sich selbst zu entfalten, zu wachsen und all das zu werden, was in ihm lebenszugewandt ist und in diesem Sinne genutzt werden kann.

Das Bedürfnis nach Freiheit, Autonomie und Selbstbestimmung ist ebenfalls als Grundbedürfnis zu verstehen. Unerwähnt bleibt in manchen Fachbüchern das Bedürfnis nach Gott – wie auch immer "Gott" definiert wird. Es scheint so, als ob dieses Bedürfnis nur dann in die Theorie über Grundbedürfnisse Zugang erhält, wenn es dem Wissenschaftler persönlich ein Bedürfnis ist. Gibt es für ihn Gott nicht – wie auch immer definiert – so gibt es dieses Grundbedürfnis nach Gott nicht.

Von Maslow (1973, 91-93) übernehmen wir neue Betrachtungsperspektiven zu den Bedürfnissen und ihrer Erfüllung; zur Sinnfrage im Lichte der Seinswerte - wir zitieren auswahlweise: "In jedem Fall ist der Gegensatz zu unserem gewöhnlichen Erkennen und Reagieren sehr schroff. Gewöhnlich verfahren wir unter der Ägide der Mittel-Werte, d.h. der Nützlichkeit, Wünschbarkeit, Schlechtheit, Güte oder Zweckdienlichkeit.

Wir bewerten, kontrollieren, urteilen, verurteilen oder billigen...Wir reagieren auf die Erfahrung in einer persönlichen Form und nehmen die Welt zu nichts weiter als zu einem Mittel für unseren Zweck. Das ist das Gegenteil davon, von der Welt losgelöst zu sein, was wiederum bedeutet, dass wir sie nicht wirklich wahrnehmen, sondern uns selbst in ihr oder sie in uns selbst. Wir nehmen dann also in einer defizit-motivierten Weise wahr und können deshalb nur Defizit-Werte erkennen. Das unterscheidet sich vom Wahrnehmen der ganzen Welt oder jenes Teils von ihr, den wir in der Grenzerfahrung als Surrogat der Welt hinnehmen. Dann und nur dann können wir ihre Werte wahrnehmen, mehr als unsere eigenen. Diese Werte nenne ich *die Werte des Seins* ..."; diese sind:

(1) Ganzheit (Einheit, Integration, Tendenz zur Einzigkeit, Einfachheit, Organisation, Ordnung, Struktur ...)
(2) Vollkommenheit (Notwendigkeit, Gerade-Richtigkeit, Unvermeidlichkeit, Geeignetheit, Gerechtigkeit ...)
(3) Vollendung (Beenden, Endlichkeit, Erfüllung, Schicksal, Geschick ...)
(4) Gerechtigkeit (Fairness, Ordentlichkeit, Gesetzlichkeit ...)
(5) Lebendigkeit (Prozess, Spontaneität, Selbst-Regulierung, volles Funktionieren ...)
(6) Reichhaltigkeit (Differentiation, Komplexität, Kompliziertheit)
(7) Einfachheit (Ehrlichkeit, Nacktheit, Wesentlichkeit, abstrakte Struktur)
(8) Schönheit (Richtigkeit, Form, Lebendigkeit, Einfachheit, Reichtum, Einzigartigkeit)
(9) Güte (Richtigkeit, Wünschbarkeit, Gerechtigkeit, Benevolenz, Ehrlichkeit)
(10) Einzigartigkeit (Individualität, Unvergleichbarkeit, Neuheit)
(11) Mühelosigkeit (Leichtigkeit, Fehlen von Anstrengung oder Streben, Anmut)
(12) Verspieltheit (Spass, Freude, Unterhaltung, Fröhlichkeit, Humor ...)
(13) Wahrheit (Ehrlichkeit, Nacktheit, Einfachheit, Schönheit,

Unverfälschtheit ...)
(14) Selbstgenügsamkeit (Autonomie, Unabhängigkeit, Getrenntheit ...)

Wir können somit zuerst eine Kategorisierung vornehmen und wollen offen lassen, ob die Grundbedürfnisse von Maslow (1971) zu einer Hierarchie gefasst werden sollen und können. Unsere Kategorienliste dient als Diskussionsbeitrag. Wir haben sie aus der Fülle der Vorschläge in der Literatur nach eigenem Ermessen zusammengestellt und dabei auch eigene Berufserfahrungen berücksichtigt.

Es ist schwierig, den Nachweis zu erbringen, dass eine bestimmte Bedürfniskategorie als eine dynamische Einheit nicht mehr weiter rückführbar ist. Das ist auch ein semantisches Problem. Die Konstruktbegriffe beinhalten eine implizite Theorie und wertende Elemente (z.B. Wachstum, Liebe, Selbstaktualisierung, Macht und Gemeinschaftsbedürfnis, Sinn, Gott und die Transzendenz). Unsere Liste kann erweitert, neu zusammengestellt, begrifflich anders "etikettiert" und im Verständnis interpretativ zur Selbstreflexion genutzt werden:

Die Grundbedürfnisse des Menschen sind:

- Physiologische Bedürfnisse
- Bedürfnis nach sexueller Befriedigung
- Bedürfnis nach körperlicher Bewegung und Ertüchtigung
- Bedürfnis nach Handlung (Gestalten der Lebenssituationen)
- Bedürfnis nach Lebensraumgestaltung und Produktion
- Bedürfnis nach Beziehungen und Gruppenzugehörigkeit
- Bedürfnis nach Mann-Frau-Beziehung
- Bedürfnis nach eigenen Kindern
- Bedürfnis nach Sicherheit und Stabilität
- Bedürfnis nach Arbeit und Leistung
- Bedürfnis nach Kultur (Erleben und Gestalten)
- Bedürfnis nach Spiel
- Bedürfnis nach Autonomie und Selbstbehauptung
- Bedürfnis nach Wahrheit und Wahrhaftigkeit
- Bedürfnis nach Wohlbefinden, Glück und Freude
- Bedürfnis nach psychisch-physischer Gesundheit
- Bedürfnis nach In-Besitz-nehmen
- Bedürfnis nach Erkenntnis und Denken
- Bedürfnis nach Liebe, Sinn und Wert
- Bedürfnis nach Wachstum und Entfaltung
- Bedürfnis nach Selbstaktualisierung

● Bedürfnis nach Gott (Transzendenz)

Fromm (1980) erwähnt verschiedene "Grundbedürfnisse": Bedürfnis nach Identität, Bedürfnis nach "sozialisiert-sein" (wie andere sein), Bedürfnis nach Selbsterhaltung, Bedürfnis nach Transzendenz, Bedürfnis nach natürlicher Lebensweise, Bedürfnis nach materiellem Wachstum, Bedürfnis nach befriedigender Arbeit, Bedürfnis nach Verbundenheit (Beziehungen), Bedürfnis nach Orientierung und Hingabe.

Rogers (1972) nennt an verschiedenen Stellen im Zusammenhang mit seinen 19 Thesen zum Selbst sowie seiner Darlegung zum Prozess der Selbstverwirklichung (1973; 1977) verschiedene Bedürfnisse, von denen wir hier einige hervorheben wollen: Wachstum, Differenzierung, Unabhängigkeit, soziale Anerkennung, Selbstaktualisierung, Achtung, Vertrauen, Wertschätzung, emotionale Wärme.
Maslow (1973; 1977) unterteilt seine Hierarchie der Bedürfnisse in: physiologische Bedürfnisse, Sicherheitsbedürfnis, Bedürfnis nach sozialer Zugehörigkeit und Liebe, Selbstwertbedürfnis, Bedürfnis nach Selbstverwirklichung.

Jourard (1974, zit. in: Becker 1982) nennt 11 Grundbedürfnisse: Bejahung des Lebens, körperliche Bedürfnisse, Liebe und Zuwendung, Anerkennung und Billigung der Bezugsgruppe, Bedürfnis sich frei zu bewegen und frei auszudrücken, Bedürfnis herausgefordert zu werden, Meditation (Loslösung), kognitive Klarheit, Antwort auf Sinnfrage, Reizvariationen, enge Verbindung zum Körper einschliesslich zur natürlichen Umwelt.

Murray erwähnt 20 Bedürfnisse (referiert in: Bischof 1983, I, 119-120): Erniedrigung, Leistung, Zugehörigkeit, Aggression, Autonomie, Widerstand, Verteidigung, Ehrerbietung, Dominanz, Zurschaustellung, Vermeidung von Verletzung, Vermeidung von Erniedrigung, Zärtlichkeit, Ordnung, Spiel, Zurückweisung, Empfindung, Sexualität, Beistand, Verstehen. Jung spricht von "organischen Bedürfnissen" und "kulturellen Bedürfnissen".

Murphy (zit. in: Bischof 1983, II, 110) gibt eine Einteilung von vier Bedürfnissen: Viszerale Bedürfnisse (physiologische Bedürfnisse), Aktivitätsbedürfnisse, sensorische Bedürfnisse, Selbsterhaltungsbedürfnisse.

Und aus einer anderen Sicht, gleichsam negativ betrachtet, wollen wir die zehn neurotischen Bedürfnisse von Horney (zit. in: Bischof 1983, I, 264) erwähnen: Zuneigung und Anerkennung, dominierender Lebenspartner, eng gezogene Lebensgrenzen, Macht, Ausbeutung anderer, Prestige, persönliche Bewunderung, Ehrgeiz nach persönlichen Erfolgen, Selbstgenügsamkeit und

Unabhängigkeit, Vollkommenheit und Unangreifbarkeit. Das wiederum sind "Werte" ("Wertungsdispositionen") und somit "Motive" (vgl. Heckhausen 1989, 79).

Von Cube weist darauf hin, dass der Mensch nicht nur ein Geistwesen mit "Psyche und Geist" im Sinne der Bildungstradition oder ein technisch ausgerichtetes Wesen ist, sondern grundlegend primär ein Naturwesen. Jeder Mensch hat "vorprogrammierte Verhaltensdispositionen", d.h. primär nicht erlernte Muster wie z.B. Sexualtrieb, Neugiertrieb, Aggressionstrieb, Werkzeuginstinkte, Herdentrieb, Konkurrenzverhalten, Funktionslust (v Cube; in: Roth 1991, 125, 127, 129, 130). Wir können diese Instinktmuster als körperbezogene bzw. körpernahe Grundbedürfnisse bestimmen.

Da der Mensch immer schon nach Lust ohne Anstrengung strebt, ergibt sich in der Industriegesellschaft ein Missverhältnis zwischen Reizen und naturgemässem Verhalten. Übermässige Reizung führt zu einer Reduktion und Entstellung des Instinktverhaltens. Dies wiederum hat destruktive Folgen, teils auf die Umwelt und teils auf den Menschen direkt bezogen.

Daraus postuliert von Cube die Bildung als zentrales Erziehungsthema für jene, die "gebildete Menschen" wollen (von Cube; in: Roth 1991, 279-280). Mit "Bildung" meint von Cube vor allem "Reflexion", d.h. denkerisch kombinieren, Übersicht gewinnen, Konsequenzen ziehen, ordnen. Dazu gehört direkt die Selbsterkenntnis und die bewusste Selbststeuerung, wobei das Trieb- bzw. Instinktleben integriert ist und frei von Über-Ich und Moral bzw. traditionellen Normen gesteuert wird. Diese Art Bildung bedeutet nach von Cube "Anstrengung". Die Kernfrage stellt von Cube: "Welcher Menschentypus ist in Zukunft überlebensfähig?"; und seine Antwort: Nur der Mensch, der sich reflektierend in grösserem evolutionären Zusammenhang bildet (von Cube; in: Roth 1991, 131).

Die Psychoanalyse versucht, das menschliche Handeln unter dem Gesichtspunkt der Triebe und der Trieberfahrung (v.a. in der Erziehung) in den ersten fünf Lebensjahren zu erklären. Motive wie das Streben nach Macht und Besitz, die Leistungsmotivation und die Aggression, Geld und Arbeit sowie manches mehr sollen aus den Antrieben und Antriebselementen erklärt werden können. Heute legt die Motivationsforschung viel umfassendere Erklärungsmodelle vor, die die psychoanalytische Schau entscheidend erweitern und auch korrigieren. Die Sozialisation, die Konflikttheorie, die Kognition, das Selbstkonzept sind nur einige Beispiele (Heckhausen 1989).

Die allgemeine Schwierigkeit, Grundbedürfnisse in der entsprechenden Fachliteratur zu identifizieren, besteht darin, dass ein Forscher eine Sache theoretisch zu einem Grundbedürfnis konstituiert, während ein anderer Wissenschaftler Grundbedürfnisse als Teil der menschlichen Natur (Instinkt, Antrieb) interpretiert. So kann man – um ein Beispiel herauszugreifen – die Lebensformen von Spranger als Grundstrebungen bezeichnen und diese wiederum als Grundbedürfnisse uminterpretieren: Das theoretische, das ökonomische, das ästhetische, das soziale, das politische und das religiöse Grundbedürfnis.

Ferner kann man durchaus, wie in der Antike üblich, das Lust-Unlust-Prinzip als Hauptkriterium aller Grundbedürfnisse bestimmen. Sekundär ist dabei der Weg zu dieser Bilanz: bei den einen direkt, bei andern unter kurzfristigem Verzicht zugunsten langfristiger Lustbefriedigung, und wieder bei andern über die Vernunft oder das Realitätsprinzip (nach Freud). Lewin (1963) hat das (theoretische) Problem dadurch gelöst, dass er das Bedürfnis formal definiert mit "jegliches Verlangen nach Erreichung eines Zieles".

Offensichtlich enthält die Bestimmung von Grundbedürfnissen auch eine Wertkomponente. Die persönliche Situation des Wissenschaftlers, der solche Bedürfnisse (ob gesunde oder neurotische) als Theorie bzw. Konzept entwickelt, ist gleichsam Fundament und Rahmen seiner eigenen Theorie. Vielleicht sollte man auch den jeweiligen Zeitgeist als Einflussgrösse auf die Erstellung von ("wissenschaftlichen") Bedürfnislisten in Betracht ziehen. Sicher beeinflussen die persönlichen Lebenserfahrungen eines Wissenschaftlers seine Art, diese psychischen Kräfte theoretisch zu bearbeiten. Eine philosophische Einstellung und das persönliche Daseinserleben können das Verständnis über Bedürfnisse prägen.

Schliesslich können wir grundsätzlich fragen, ob die Befriedigung von allen oder möglichst vielen Grundbedürfnissen als Hauptkriterium von Glückserleben, von Daseinsglück und Lebenssinn schlechthin, bezeichnet werden kann. Wir können Auffassungen nicht teilen, die philosophisch (oder physiologisch) ein solches Glückserleben als das Kernziel des menschlichen Daseins verstehen. Es kann Momente von Gückserleben geben, auch wenn basale Bedürfnisse (z.B. sexuelle Befriedigung, Arbeit, materielles Wachstum, Autonomie) nicht befriedigt sind. Die Erfahrung der zentralen Wandlungsprozesse der Individuation bedeutet ein tieferes Glückserleben als die physiologische Lustbefriedigung.

Der Begriff "Grundbedürfnis" weckt zudem den Eindruck, ein solches enthalte in sich einen Anspruch erfüllt bzw. befriedigt zu werden. Das Bedürfnis "Hunger" zum Beispiel enthält den lebensnotwendigen Anspruch, befriedigt zu werden. Das Bedürfnis nach sexueller Befriedigung oder nach Ausdruck von Gefühlen (als Teil des Selbstausdrucks) kann den lebensnotwendigen Anspruch dadurch erheben, dass die Nichterfüllung zu Krankheit, Fehlverhalten und Destruktivität führt. Schliesslich liesse sich als Kriterium für die Gültigkeit eines Grundbedürfnisses auch ihre Bereicherung im menschlichen Sein und Leben (Psyche, Geist und Körper) bestimmen.

Eine besondere Schwierigkeit, die Grundbedürfnisse zu identifizieren, besteht in der Tatsache, dass den Menschen in den Industriegesellschaften durch die Medien und die Vielfalt der Konsumgüter überhaupt nicht lebensnotwendige Bedürfnisse einsuggeriert werden. Man stelle sich vor: da kauft jemand immer am nachfolgenden Tag all das, was in der Fernsehwerbung als gut und nötig für ein angenehmes Leben dem Zuschauer raffiniert hypno-suggestiv, mit allen Regeln der Gehirnwäschekunst (Fromm 1982), eingegeben wird. Das würde einen solchen Menschen nicht nur in eine verrückte Kaufwut drängen, sondern ihn tatsächlich irgendwie "verrückt" machen. Die meisten Produkte braucht er nicht, und was er sich an psychisch-geistigen Bedürfnissen erfüllen will, weil es ein Grundbedürfnis ist, das erreicht er auch ohne diese Fülle an Produkten.

Der Mensch wird täglich durch und durch gedrillt, schlimmer als bei manchen Sekten, dass diese und jene Produkte und Tätigkeiten unbedingt nötig seien, um Freiheit, Liebe, Zuwendung, Sicherheit, sexuelle Lust, Zufriedenheit, eine gute Beziehung, Anerkennung, Kraft, Originalität und vieles mehr zu erreichen. Der Mensch ist so "verformt", dass man ihn nicht mehr fragen kann, was denn seine eigentlichen Grundbedürfnisse seien.

Man kann die andere Hälfte der Menschheit, die von all dem viel zu wenig hat, nicht fragen, was sie für Grundbedürfnisse haben. "Die Arroganz der Satten" (Galbraith 1982) kann nicht Massstab sein und die Armut hat ihre eigene Arroganz, die nur ablenkt von dem, was im Menschen an tatsächlichen physiologischen, materiellen und vor allem psychisch-geistigen Grundbedürfnissen vorhanden ist.

Es gibt Bedürfnisse über Lebensmöglichkeiten eines Individuums, die ohne materielle Dimensionen nicht erfüllt werden können. Es sei danebst noch darauf hingewiesen, dass das Christentum durch dogmatische Lehren und lebensentfremdete Rituale psychische Dispositionen schafft, die die echten Grundbedürfnisse bis zur Unerkenntlichkeit verzerren.

Anderseits gibt es Bedürfnisse, die entwicklungspsychologisch bedingt sind und sich im Laufe des Lebens ändern. Viele sind zudem kulturabhängig. Kinder haben nicht die gleichen Grundbedürfnisse wie Erwachsene. Die Grundbedürfnisse und die "Quasi-Bedürfnisse" sind dem Wandel und einer Vielfalt der Möglichkeiten der Ausgestaltung unterworfen (Lewin 1963, 312,

317). Obwohl wir davon ausgehen, dass das menschliche Gehirn ein "Lustzentrum" enthält mit dem Erleben von "angenehm und unangenehm" (Becker-Carus 1981, 165-167), können wir jede Art Bedürfnis nicht einfach reduziert auf diese Erlebniskategorie betrachten bzw. definieren.

Über die innere Beziehung von Grundbedürfnissen können wir vier Ausrichtungen feststellen: 1) auf sich selbst bezogen, 2) auf andere Menschen bezogen, 3) auf die Güter und den Lebensraum (Welt) bezogen, 4) auf die Transzendenz bezogen. Wir verzichten hier auf die Entwicklung einer theoretischen Konstruktion, meinen aber, dass diese vier Ausrichtungen als Ganzheit ein "Bündel" an Grundbedürfnissen darstellen, die gegenseitig abhängig sind und ausgewogen erfüllt werden müssen, damit ein Kräftegleichgewicht des gesamten Subsystems erreicht werden kann. Die Grundbedürfnisse sind ausgerichtet auf: sich selbst, auf andere Menschen, auf die Welt und die Güter und die Transzendenz.

Die "Quasi-Bedürfnisse" und ihre Charakteristik

Ein "sekundäres Bedürfnis" ist ein Bedürfnis, das auf einem primären Bedürfnis aufbaut oder konstitutiv in diesen Zusammenhang gehört. Lewin spricht hier von "Quasi-Bedürfnissen" – in Abgrenzung zu "objektiven Bedürfnissen" – (Lewin 1963, 148; Lewin in Thomae 1969, 145). Gesellschaftskritisch ist hier oft die Rede von "Luxusbedürfnissen" oder "Konsumbedürfnis".

Ohne Zweifel ist der Begriff "Quasi-Bedürfnis" nicht sehr geeignet für die Alltagssprache. Wir verwenden deshalb in unseren Werken durchwegs den Begriff "künstliche Bedürfnisse"; von "Ersatzbedürfnissen" sprechen wir, wenn wir die Funktion des Ersatzes betonen wollen. "Quasi-Bedürfnis" tönt nicht sehr lebensnah. Als Begriff einer theoretischen Konstruktion übernehmen wir ihn dennoch.

Charakteristiken für "Quasi-Bedürfnisse" sind:

- angelernt
- durch die Gesellschaft (Umwelt) induziert
- von aussen künstlich stimuliert
- nicht lebens- und entfaltungsnotwendig
- physiologisch und psychologisch nicht naturgemäss
- erhebliche individuelle Differenzen

- Kompensationsfunktion
- Perversionsfunktion
- Übertreibung im Mass
- Nicht relevant für die psychisch-körperliche Gesundheit

"Quasi-Bedürfnisse" lassen sich nicht sinnvoll in Kategorien fassen. Sie sind im Unterschied zu den Grundbedürfnissen vor allem durch ihre Massübertreibung und Ersatzfunktion gekennzeichnet. Das Individuum verschafft sich damit keinen notwendigen und aktivierenden Raum zum psychisch-geistigen Wachstum oder zur Daseinsverwirklichung.

Die Wert- und Zielorientierungen der "Quasi-Bedürfnisse" liegen in den Bereichen:

- Produkte, Güter, Sachwerte, Kapital
- Erfahrungsmöglichkeiten
- Mobilitätsspielraum
- Machtfülle bzw. -stärke
- Erlebensintensität
- Beschäftigungsfülle
- Rekordleistungen mit Todesrisiken

Lewin und andere halten eine Organisation der Bedürfnisse nach einer Hierarchie für möglich (1963, 305). Eine Hierarchie erstellen bedeutet aber die Annahme, dass die einen Bedürfnisse erfüllt sein müssen, damit andere Bedürfnisse aktuell und erfüllt werden können. Das trifft sicher für das primäre physiologische Bedürfnis zu. Tatsache ist, dass der Mensch sich ohne Geld kaum verwirklichen kann. Seine Selbstaktualisierung liegt dann auf der Ebene der Schaffung seiner primären Lebensbedingungen. Triebverdrängung konvertiert sich in andere Bedürfnisse, was – wie die Psychoanalyse nachgewiesen hat – nie konstruktiv wirkt (Freud 1961; Fromm 1979; Adler 1966; Reich 1976).

Es ist deshalb vernünftig, die Beachtung der Triebbedürfnisse vor der Suche nach Gott – oder besser parallel dazu – anzusetzen. Das aber ist vielmehr ein arbeitspraktisches Problem, das in ein Konzept der vielseitig ausgewogenen Persönlichkeitsbildung unter Berücksichtigung der umfassenden Bedürfnisbefriedigung gehört.

Nun gibt es noch eine ganze Reihe weiterer Bedürfnisse, so zum Beispiel das Bedürfnis nach Sauberkeit, nach Ordnung, nach Arbeitszufriedenheit, nach freier Mobilität, nach Gerechtigkeit, nach Erholung, nach Frieden, nach Unterhaltung, nach Dominanz, nach Ruhe und nach Erfolg. Solche

Bedürfnisse sind interpretativ in den oben erwähnten Kategorien zu platzieren. Weiter ist hervorzuheben, dass die Bedürfnisse im Laufe des Lebens variieren können, teilweise eine andere Ausdrucksform erhalten (als im Kindesalter) und teilweise nicht mehr denselben "drive" haben wie im jüngeren Erwachsenenalter. Zudem gibt es Grundbedürfnisse, die durch Erziehung, Sozialisation und Enkulturation eine vielfältige Ausprägung erhalten können (müssen).

Viele Kräfte behindern einen angemessenen Umgang mit den Grundbedürfnissen. Sind die "Quasi-Bedürfnisse" immer auch eine Übertreibung (und Entstellung) eines Grundbedürfnisses – was natürlich jeweils eine subjektive Interpretation enthält –, so existieren auch die Grundbedürfnisse nie "rein" und "klar". Sie haben eine individuelle Ausprägung und eine Handlungscharakteristik, die im persönlichen Lebensraum steht und somit subjektiv zu begreifen ist. Das verlangt, die Einflussfaktoren im Auge zu halten.

Faktoren, die die Befriedigung der (Quasi-)Bedürfnisse beeinflussen, sind:

▪ Unsicherheit	▪ Wissensmangel
▪ Hemmungen	▪ Gewohnheiten
▪ Stress	▪ Einstellungen
▪ Minderwertigkeitsgefühle	▪ Vorbilder
▪ Beziehungen	▪ Lernmöglichkeiten
▪ Vorurteile	▪ Anwendungshilfen
▪ Ungenügendes Denken	▪ Überforderung
▪ Orientierungslosigkeit	▪ Keine Vorbilder
▪ Strafandrohungen	▪ Falsche Anregungen
▪ Fehlender Mut	▪ Persönlicher Lebensraum
▪ Wenig Kreativität	▪ Geld
▪ Strenges Über-Ich	▪ Erweitertes Milieu
▪ Trägheit	▪ Arbeitsmarkt
▪ Bequemlichkeit	▪ Politische Lage
▪ Gleichgültigkeit	▪ Wissen/Bildung

Die Erfüllung der Grundbedürfnisse ist meist eine anstrengende und schwierige Angelegenheit. Solche Bedürfnisse sind meist nicht sofort und auf direktem Wege zu befriedigen. Was viele an Bedürfnissen echt verspüren, verlangt einen mühevollen Lernprozess bis zur Erfüllung, zum Beispiel: Freiheit, Wahrheit, Weisheit, Liebe, Glück, künstlerisches Tätigsein, Beziehungsglück, Transzendenzerfahrungen, Erkenntnisse (z.B. über den Menschen und das Leben), Selbstbestimmung, Wachstum und

Selbstaktualisierung. Unsere Studie hat auch zum Ziel, eben gerade die gangbaren und sicheren Wege aufzuzeigen, die zur realistischen Erfüllung solcher Grundbedürfnisse führen.

Der Weg zur Erfüllung von "Quasi-Bedürfnissen" ist leichter und vor allem kürzer. Es ist gerade das Charakteristische, dass solche Bedürfnisse vom Menschsein weg führen und direkt aussen-orientiert Ersatzhilfe leisten: "Tue dies. Es ist ganz leicht"; "Nimm das, dies macht das Leben schöner"; "Komme zu uns; Du wirst Spass und Freude erleben"; "Kaufe dieses Produkt, Du wirst Dich gut fühlen"; "Nimm doch diese Variante. Sie macht alles leicht". Und immer wieder sind assoziativ verknüpft: Freiheit, Liebe, Zärtlichkeit, Vaterliebe, Harmonie, Mutterliebe, Erfolg, Lob, Anerkennung, verstandenwerden, die einmalige (Lebens)-Chance, Lust, Genuss, tolles Erleben, Ich-Stärke, Kompetenz, Familienglück, entlastet sein und ähnliches mehr.

Gerade die assoziativen Verknüpfungen in der Werbung (Fernsehen) zeigen deutlich die Charakteristik der "Quasi-Bedürfnisse". Sie machen – von wenigen Ausnahmen abgesehen – lebensnotwendig, was überhaupt nicht lebensnotwendig ist und vermitteln den Eindruck einer positiven Lebensverwirklichung, wo alles nur oberflächlich bleibt. Sie koppeln an Grundbedürfnisse, wo das Angebot damit überhaupt nichts zu tun hat. Sie sprechen den Menschen da an, wo er hilflos ausgeliefert ist und total manipuliert werden kann, v.a. mit NLP-Praktiken.

In den Geschäften kann man oft nicht mit assoziativen Bildern den Kunden bearbeiten. Musik im Hintergrund schafft Atmosphäre im "Konsum-Lebensraum". Die klienten-zentrierte Kommunikation nach dem Muster der humanistischen Psychologie soll ebenso das Kaufverhalten animieren. Dies weiss heute jeder gute Verkäufer. Sogar das Bedienungspersonal in manchen Restaurants hat diese Methode eintrainiert: "Wie geht es Ihnen?...Woher kommen Sie? ... Schönes Wetter heute ... nicht wahr ... Sie haben aber auch liebe Kinder ... Darf ich Ihnen helfen? ... Ich vermute, das hier wird Ihnen schmecken ... Sofort ... Wir sind für Sie da...Ich verstehe ..." – Der Kunde darf sich nicht wundern, wenn er dabei ein eigenartiges Gefühl erhält. Denn persönlich sind solche Worte nicht gemeint. Das hat gar nichts zu tun mit menschenzentrierter Umgangsform. Das ist meist nichts anderes als den Kunden zu noch mehr Konsum zu stimulieren.

Angemessene Befriedigung der Grundbedürfnisse ist tatsächlich ein anspruchsvoller Lebensweg. Er scheint mehr zu verlangen als die "Quasi-Bedürfnisse". Doch das trifft de facto nicht zu. Anstrengender und kostenintensiver sind die "Quasi-Bedürfnisse". Sie produzieren eine

Eigendynamik mit zunehmenden Kosten und schliesslich eine Abhängigkeit, aus deren "Leimfäden" der Kunde sich freizustrampeln versucht. Denn irgendwie spürt das Ich: Alles im psychischen Innenleben wird immer mehr entstellt, immer chaotischer, immer schwieriger zu lenken, immer komplizierter zu leben, immer schadenvoller im Zwischenmenschlichen und immer grösser das Loch der inneren Leere. Wo zuerst eine angenehme Befriedigung der "Quasi-Bedürfnisse" stand, steht später ein Moloch, der das Maul aufsperrt und nie satt wird.

Definition von "Motiv": wissenschaftskritische Begriffsanalyse

Die Psychologie sucht nach "Motiven", die jedes Verhalten erklären sollen. Viele Handlungen können aber nicht mit dem Konzept der Bedürfnisspannung erklärt werden. Was aber gibt es noch für "Beweggründe", d.h. "Motive" ausserhalb der Liste der Bedürfnisse? Welchen Platz hat der Begriff "Motiv" im gesamten psychischen System und im Subsystem "Bedürfnisse"?

Um das Ergebnis unserer nachfolgenden Begriffsanalyse vorwegzunehmen: Der Begriff "Motiv" ist keine spezifische psychische Grundkraft und keine eigenständige Kraft neben den von uns definierten psychischen Subsystemen. "Motiv" kann als psychologischer Konstruktbegriff nicht sinnvoll definiert bzw. verwendet werden. "Motiv" ist der klassische und richtige Begriff für eine psychologische Frage: "Was ist der Beweggrund (= das Motiv)?" Die Antworten sind dabei immer in einem psychischen Subsystem zu lokalisieren: ein Gefühl, ein Trieb, ein Gedanke, ein Bedürfnis, eine Einstellung, ein Traum u.s.w. Klar ist, dass wir nie nach dem "Motiv" fragen, wenn zum Beispiel der Fernseher plötzlich eine Störung hat, oder ein Motorschaden am Auto auftritt.

"Motiv ist (ein Begriff) ..., der etwas erklären soll" (Heckhausen 1989, 9). Diese Erklärung ist ein "hypothetisches Konstrukt". Das Problem ist mit dieser Begriffsbestimmung kaum mehr lösbar: "Wieviele Motive man als unterscheidbare Inhaltsklassen in der kaum übersehbaren Menge menschlicher Handlungsziele unterscheiden soll, ist bis heute umstritten" (Heckhausen 1989, 10).

Motive werden auch mit "Wertungsdispositionen" umschrieben, und diese wiederum so abstrakt wie möglich definiert, einerseits mit "momentane Gerichtetheit auf ein Handlungsziel" (das gilt als Definition für den Begriff "Motivation") und anderseits operational in der Vernetzung mit Handlung und Situation: "Nur der im Rahmen eines nomologischen Netzwerkes nachgewiesene Zusammenhang zwischen dispositions-anzeigenden Indikatoren (Messung des "Motivs") und nachfolgenden Merkmalen des Verhaltens unter definierten Situationsgegebenheiten rechtfertigt es, Motiv als ein hypothetisches Konstrukt aufzufassen ..." (Heckhausen 1989, 10).

Die Motiv-Psychologie bietet viele theoretische Ansätze für die Erklärung einer Handlung. Verwirrend in der wissenschaftlichen Literatur ist, dass vielfach "Motiv" gleichgesetzt wird mit "Bedürfnis", "Interessen", "Antrieb", "Trieb", "Lust-Unlust", "Handlungsziele", "Instinkt", "Anreiz-Variable" und "angeborene Triebe" (Allport, Lewin, Freud, Thomae, Lersch, Maslow, Rogers, Hull, Heckhausen). Nahe an diesen Begriffen stehen immer Emotion, Affekt, Drang, Zweck, Wille und Zielstrebigkeit (Roth 1971, 69).

In einigen Definitionen ist der Zielaspekt Teil der Definition des Begriffes "Motiv": Die Vorwegnahme eines Zielzustandes ist der "Beweggrund" (Lewin). Athematische Modelle (Allport, Thomae) stehen neben uni- und polythematischen Modellen (Freud, Maslow). Wie bei den Bedürfnissen wird hier versucht, eine Einteilung in "primäre" und "sekundäre" Motive zu konstruieren.

Weiter sind Bestrebungen unternommen worden, die Motive auf eine einzige Grundkraft zurückzuführen: Libido, Macht, Defizit, psychische Energie, Selbstverwirklichung. Alle Motive sind nach dem Behaviorismus auf die primären, physiologischen und emotionalen Spannungszustände der Triebe zurückführbar (Begins 1960, 493). Dabei ist versucht worden, diese Dynamik mit dem Modell "Reiz-Reaktion" und mit "habits" zu klären (Haseloff/Jorswieck 1970).

Daneben stehen Modelle, die verschiedene Grundmotive annehmen, wie zum Beispiel: Bedürfnisse, Werte, Lustreize, Gefühle, Unsicherheit, Sinn, Neugier, Leistung, Erwartung, affektive Beunruhigung, Aggression, Sex, Angst, Macht und generell Daseinswerte aller Art.

Die einen Wissenschaftler versuchen in je eigener Weise die Motive auf eine einzige Grundkraft zurückzuführen. Andere behaupten: "Motiv ist alles, was ein Verhalten in Gang setzt". Dies macht eine Systematisierung unmöglich und eine Definition vielfältig (Roth 1969, 76).

Der Begriff "Motiv" ist tatsächlich ein irreführendes Konstrukt (Kelley, in:

Thomae 1969/5, 498 f.), unvereinbar zwischen den vielen Theorieansätzen: willenspsychologisch, instinkttheoretisch, persönlichkeitstheoretisch, motivationspsychologisch, kognitionspsychologisch, assoziationstheoretisch, aktivationspsychologisch, lernpsychologisch etc. (siehe: Heckhausen 1989, 19-54).

Die Wissenschaft hat mit dem Motivbegriff und den vielen Definitionen und abstrakten Konstruktionen ein unlösbares wissenschaftliches Problem konstruiert. Wir wollen diese wissenschaftlich komplizierte Thematik klären, den Begriff "Motiv" näher untersuchen und die Verbindungen zu den "Bedürfnissen" herstellen. Wir suchen dabei weder eine einzige Triebkraft zur Erklärung jedes Handelns, noch erstellen wir eine polythematische Theorie. Ebenso haben wir nicht die Absicht, einen Begriff zu schaffen, der gleich das Funktionieren der gesamten Persönlichkeit einfängt. Wir hypostasieren auch nicht eine Art "dunkle Triebbox", die das menschliche Verhalten erklären könnte.

"Motiv"-Fragen sind zum Beispiel: "Warum hast Du ihm im Garten geholfen? Was hat Dich bewegt, so zu mir zu reden? Was ist Dein Grund, mich so zu demütigen? Warum schreist Du so? Was ist der Grund, dass Du mir aus dem Weg gehst? Was hat Dich bewegt, gerade dieses Waschpulver zu kaufen? Warum fühlst Du Dich so bedrückt? Warum hat sie diesen Mann geheiratet? Warum geht er jede Woche zu einer Prostituierten? Warum ist er pervers? Warum unterdrückt sie ihren Mann? Warum ist er so aggressiv? Warum hat er ihn getötet? Warum üben diese Menschen soviel Gewalt aus?" Solche Fragen suchen nach dem Beweggrund, nach dem Motiv also.

Die Kernfrage heisst: "WARUM?". Offensichtlich geht es um Erklärung und Begründung einer Handlung. Formal steht der "Warum?"-Frage als Antwort die "Ursache" gegenüber, wobei die Psychologie für eine bestimmte Art Ursache den formalen Begriff "Motiv" verwendet. "Motiv" meint das "Bewegende", den "Grund" einer Handlung. Der gesuchte Grund ist die "psychische Kraft", die den Menschen zu einer Handlung führt. Wir können dazu verschiedene Betrachtungen anstellen:

Es ist im allgemeinen nicht Sprachgebrauch, das Wort Motiv im Zusammenhang mit Sachereignissen zu verwenden, Wir sagen also zum Beispiel nicht: "Was ist der Beweggrund, dass der Pneu geplatzt ist?". In der Naturwissenschaft spricht man dazu von Kausalitätszusammenhang. Faktoren aus dem Lebensraum, die in einer Situation eine Handlung bewirken, werden im allgemeinen nicht als "Motivkräfte" interpretiert.

Man sagt also zum Beispiel nicht: "Das Rotlicht war in jenem Moment das

Motiv, dass Herr L. beim Zebrastreifen nicht über die Strasse ging". Damit haben wir eine erste Begriffseingrenzung: "Motive" sind Teil der psychischen Kräfte des Menschen und nicht die Kräfte im Lebensraum. Die wirkenden Faktoren aus dem Lebensraum können nicht sinnvoll als "Motive" bezeichnet werden. Das Ich hat zudem oftmals keinen freien Verfügungsraum darüber. Hier sprechen wir von Ursachen, Faktoren oder Determinanten und keinesfalls von "Motiv".

Wer nach dem "Warum?" fragt, will wissen, aus welchem Grund ein Individuum in einer bestimmten Situation zu einem bestimmten Zeitpunkt so und nicht anders gehandelt hat. Damit impliziert man meist einen bestimmten Willensakt beim handelnden Individuum. Doch der bewusste Willensakt ist eine schillernde Sache in vielen konkreten Handlungssituationen.

Weiter enthält die "Motiv"-Frage meist die Annahme, dass der Handelnde ein Bewusstsein über den Beweggrund hat. Das Individuum weiss, was ihn zu einer bestimmten Handlung bewegt hat. Das ist de facto oft nicht der Fall. Die Beweggründe im Alltag sind selten deutlich im Bewusstsein. Ein "Motiv" kann zudem kausal oder final (teleologisch) sein. Wir sondern die Probleme des Willens, des Bewusstseins und der Art der Ursache (Kausalität/Finalität) aus dem Begriff "Motiv" aus. Diese sollen eigenständige separate Fragen bzw. Betrachtungen sein.

Es gibt viele Arten von Handlungen in sehr unterschiedlichen Lebenssystemen, bei denen es u.E. nicht sinnvoll erscheint, von "Motivkraft" oder "Bedürfnis" zu reden. Kräfte aus dem Unbewussten (ein Komplex oder eine Über-Ich-Einheit) können ein Handeln auslösen. Ein Gedanke kann ein bestimmtes Handeln bewirken. Ebenso kann ein Gefühl oder ein bestimmtes Selbsterleben oder ein Traum oder ein Bedürfnis oder die Liebe ein Verhalten zur Folge haben. Es gibt offensichtlich "Beweggründe", die aus allen Subsystemen wirken können.

Wir können daraus erkennen: Der Begriff Motiv ist formal weiter zu fassen, als der Begriff Bedürfnis. "Motiv" erfasst das gesamte psychische System mit seinen vielen einzelnen Variablen, d.h. Einzelkräften. Der Begriff "Motiv" meint in dieser psychologischen Orientierung entweder ein Bedürfnis oder "Quasi-Bedürfnis", dann gehört er in dieses Subsystem unter eben diesen Begriffen; oder er meint einen Beweggrund, der nicht innerhalb dieses psychischen Subsystems zu lokalisieren ist. Dann sind Begriffe aus andern Subsystemen zu wählen. Ist der Beweggrund ein Gefühl oder das Ergebnis eines Denkaktes oder ein Lebensmuster im Unbewussten oder ein Traum oder die Liebeskraft, dann sprechen wir in den Begriffen dieses entsprechenden Subsystems und nicht von einer davon abgegrenzten spezifischen "Motivkraft".

Viele Menschen denken bei ihrem Handeln oft wenig, falsch oder einseitig. Viel Verhalten geschieht mehr aus Gewohnheit (automatisierten Mechanismen) als aus reflektierten Beweggründen. Manches Verhalten geschieht auch aus einem Mangel an Lernprozessen. Manchmal hat das Individuum gar keine Wahl zwischen verschiedenen Handlungsmöglichkeiten, sei es wegen äusseren Determinanten, sei es, weil das Individuum kein anderes Muster gelernt hat. Das "Können", das den neuen Zustand (Ziel einer Handlung) bewirkt, bestimmt durch seine Qualität mit, wie das Ergebnis sein wird. Man tut, was man eben kann, oft ohne zu fragen, ob es angemessenere Verhaltensweisen gibt. Das Ergebnis einer Handlung kann offensichtlich auf viele divergierende psychische Zusammenhänge und Rahmenbedingungen (als Determinanten) zurückgeführt werden. Es ist nicht sinnvoll, in dieser Ursachenvielfalt generell von "Motiv" zu reden.

Die Folgerungen aus diesen Überlegungen sind: In allen Fällen ist der Begriff "Motiv" nicht eine spezifische psychische Funktion. Denn jede Funktionseinheit in jedem psychischen Subsystem hat einen spezifischen Begriff. Der Begriff "Motiv" gehört somit nicht zur eigentlichen Persönlichkeitstheorie, sondern zur fragenden Betrachtung über das menschliche Handeln und seine psychischen Wirkkräfte. U.E. gehört der Begriff Motiv in die Sprache der Aussenbetrachtung und meint immer die bewegenden Kräfte im Menschen. Alle psychischen Einzelkräfte können als "Beweggrund" gelten.

Valenzparameter aller psychischen Kräfte

Wir haben hiermit den Begriff "Motiv" in seine Teile zerlegt und somit als Begriff für eine spezifische psychologische Kraft überflüssig gemacht. Was bleibt sind eben die einzelnen psychischen Subsysteme bzw. ihre einzelnen Variablen, bezeichnet als "psychische Einzelkräfte". Es bleibt dennoch ein Restproblem. In manchen Begriffen der Psychologie zum Thema Motiv kommt eindeutig eine Kraft zum Ausdruck, gewissermassen die "Energie" der psychischen Einzelfunktionen, die den Handlungsdrang erst möglich macht. Ihre Begriffe sind in der Psychologie: Libido, plastisch expansive Lebensenergie, Vitalenergie, Antrieb, Reizspannung, impulsgebende Kraft, Orgonenergie und "drive".

Nehmen wir einmal an, es handle sich hier zuerst ganz allgemein um die unspezifische psychische Energie. Diese kann themenspezifisch "geladen" werden. Damit erhält eine psychische Einzelkraft einen Drang, d.h. eine psycho-energetische themenspezifische Spannung; zum Beispiel: ein Gedanke ist gleichzeitig geformte psychische Energie, ein Gefühlsthema wird zu einer geformten psychischen Energie, ein bestimmtes Bedürfnis erhält eine bestimmte geformte psychische Energie, körperlicher Schmerz erzeugt psychische Energie, sexuelle (organische) Sinnesempfindung aktiviert psychische Energie, ein Bewusstseinsinhalt kann psychische Energie aktivieren u.s.w.

Man kann hier sagen: Eine psychische Einzelkraft (Variable) – und dazu zählen wir auch die Wahrnehmungen und Empfindungen – bindet und formt durch ein Thema (Inhalt) psychische Energie, wobei wir mit Thema bzw. Inhalt den Zustand eines subjektiv erlebten Wertes oder Sinns (eine spezifische Qualität) meinen. Wir gehen davon aus, dass die Menschen auf dieselben "Themen" unterschiedlich psycho-energetisch reagieren. Denn das Erleben hat vor allem subjektiven (persönlichen) Wert und Sinn.

Die Frage ist nun: Gibt es verschiedene "Energiezentren". die themen-spezifisch, d.h. in jedem psychischen Subsystem quasi als organische Einheit, vielleicht als "Subeinheiten", aktiv sind? Konkret heisst dazu die Hypothese: Es gibt eine Energieorganisation im Bereich der Gedanken, der Gefühle, des Unbewussten, der Liebe, der Bedürfnisse, des Geistes, des Bewusstseins, der Empfindungen u.s.w. Es gibt zudem, so erweitern wir diese These, ein psychisches Energiefeld im ganzen Körper, das auch von den Körperfunktionen (unabhängig vom Bewusstsein) geformt bzw. ständig aktiviert wird.

Das Energiefeld ist ein komplex organisierter psycho-energetischer Raum. Es gibt viele Erfahrungen, die eine solche komplexe psycho-energetische Hypothese bestätigen. Wir haben dies bereits im Kapitel über die Psychodynamik dargelegt. Reich, Lowen und andere im Umfeld der "Orgon-Theorie" haben hierzu sehr grundlegende und bedeutungsvolle Forschungsarbeiten geleistet. Dazu können wir hypothetisch zwei weitere Aspekte aufrollen: Wie wirkt die psycho-energetische Dynamik ganz allgemein, also athematisch? Und weiter: Wie wirken diese Energiezentren zusammen als organische Ganzheit?

Aktivierte psychische Energie drängt u.E. immer nach Handlung. Sie ist gewissermassen der Handlungs-"Schub" (Lewin). Durch Handlung baut sich die Spannung wieder ab. Ist danach das Thema wieder aktuell, dann erzeugt dies wiederum eine neue "Ladung". Kann diese Spannung nicht abgebaut werden, dann wird sie automatisch verschoben. Auch eine "Unterspannung" kann einen Handlungsdrang erzeugen. Blockierte Spannung wirkt in einem benachbarten psychischen System (Verschiebung): Sie überträgt sich auf Körperfunktionen (Konversion). Oder sie stört, weil nicht kanalisiert vom Ich, das Verhalten generell oder partikulär.

Bekanntlich kann man mit Entspannungstechniken eine Energiespannung abbauen und eine Unterspannung "revitalisieren". Das Autogene Training, die Leerhypnose (zur Entspannung) und Yogaübungen können aber immer nur momentan den Energieraum ausgleichen, aber nie das Thema "erlösen". Die Themen erzeugen, sofern sie noch aktuell sind, immer wieder den vorherigen Spannungszustand.

Es gibt komplizierte Ideensysteme, deren Ziel darin besteht, diese geformte Energie nie oder so wenig wie nur möglich in Handlungen umzusetzen. Doch was soll das? Das ist Lebensverneinung und in letzter Konsequenz Lebenshass. Es ist doch eine einmalige Möglichkeit, die verschiedenartigen Energieformungen im Leben umzusetzen. Leider tun das die Menschen ziemlich verkehrt. Sie leben jede Aggression in irgendeiner Weise aus. Sie lassen sich von den Spannungen drängen nach dem Motto: "So schnell wie nur möglich Entladung".

Persönlichkeitsbildung in unserem Sinne will diese psycho-energetische Vielfalt lebensaufbauend nutzen und den Menschen in diesem Sinne bilden. Sind die psychischen Funktionen lebensaufbauend gebildet, dann ergibt sich ein harmonisch funktionierender psycho-energetischer Raum. Sind die psychischen Funktionen aber nicht oder falsch oder chaotisch geformt, dann kann das zu erheblich divergierenden lebendigen Kräftestrukturen führen. Die gesellschaftliche Realität ist ein Abbild davon.

Kann der Mensch die Spannungen nicht abbauen, sei es, weil er die Entspannungstechniken nicht kennt, sei es, weil er sie nicht in Handlungen umsetzt, hat das immer psychische Störungen oder psycho-somatische Leiden zur Folge.

Die blockierte sexuelle Energie im Unterbauch, die angespannte Gedankenenergie im Kopf, ein aggressives Gefühlsthema in der Brust bei gleichzeitig aktiviertem unbewusstem Komplex (meist im Bauch erlebt) bewirken zusammen im günstigsten Falle komplexe Muskelverspannungen im ganzen Körper verteilt. Je stärker dieser Energieraum angespannt wird und je länger dieser Spannungszustand anhält, desto höher wird die Anfälligkeit für psychische Störungen und psycho-somatische Krankheiten.

Die andragogischen Möglichkeiten der psycho-energetischen

Entspannungstechniken sind u.E. immens. Insbesondere im Bereich aller Art Suchtverhalten sind damit noch weitgehend nicht hinreichend erforschte Chancen offen. Wenn das organische Suchtdefizit den psycho-energetischen Zustand beispielsweise alle vier Stunden auf Höchstspannung bringt, dann ist ein psychagogisches Programm 'alle vier Stunden eine tiefe Entspannung' die wirkungsvollste Stütze, die sich wohl alle in diesem Arbeitsbereich nur wünschen können. Ähnliche hoffnungsvolle Perspektiven liegen im Bereich aller psycho-somatischen Leiden, auch vieler Formen von Krebs, vor.

Athematisch können wir allgemein diese Energie als einen Raum verstehen, in dem diese in sich selbst homöostatisch funktioniert, von Unterspannung bis Überspannung. Dabei nehmen wir theoretisch an, dass diese Energie in sich selbst die Tendenz hat, eine starke Über- bzw. Unterspannung wieder auszugleichen (etwa ähnlich wie der Blutdruck mit Diastole und Systole). Diese Energie enthält nach Lewin eine "Valenz", Der Begriff Valenz von Lewin meint "Wertigkeit". "Gewichtigkeit". "Gewichtigkeit" und wird von ihm definiert als die "Eindrucksstärke" und der "Aufforderungscharakter" einer innerpsychischen oder äusseren Situation. Man kann dies auch mit "Handlungsdrang" umschreiben. Der Handlungsdrang ist immer ein Grundbedürfnis aus der Natur der Sache selbst.

Wir definieren deshalb eine athematische Kraft ausserhalb der Grund-bedürfnisse und "Quasi-Bedürfnisse". Diese Kraft bezeichnen wir mit "Valenzparameter". Konkret können gleichzeitig mehrere Valenzparameter aktiviert sein. Dieser Parameter, d.h. diese veränderliche Grösse des Aufforderungscharakters drängt aus sich selbst zum homöostatischen Gleichgewicht und damit zu Handlungen, sobald innerpsychisch oder zwischen innen und aussen eine erhöhte Spannung erzeugt wird oder die Spannung zu niedrig wird.

Wir können diese Kraft als "Antrieb" oder als "Antriebskraft" bezeichnen. Jede psychische Funktion im psychischen System oder in einem psychischen Subsystem kann diesen "Valenz-Parameter" gewissermassen mit einer psycho-energetischen Ladung versehen. Alles menschliche Leben enthält diese Grundkraft. Sie heisst generell "psychische Energie". Diese Energie haben wir im Kapitel über die Psychodynamik diskutiert. Die psychische Energie mit dem Valenz-Parameter akzeptieren, unausgesprochen oder mit anderen Begriffen, eigentlich die meisten Wissenschaftler der Persönlichkeitstheorie. Die Umsetzung eines Valenzparameters bezeichnen wir als ein elementares Grundbedürfnis menschlichen Lebens (vgl. Oerter/ Montada 1987, 87 f. und 637 f.).

Wir fassen das Ergebnis unserer Analyse zusammen:

Ein Motiv kann ein Bedürfnis sein, muss aber durchaus nicht. Bewegende Gründe für menschliches Handeln liegen im psychischen System und auch im Lebensraum. Die Art eines Motivs kann irgendeine psychische Funktion sein. Das erlernte Handlungsrepertoire entscheidet wesentlich mit, wie ein Mensch in einer Situation handelt. Jede Handlung kann auch dynamisch in Bezug auf Vergangenheit, Gegenwart und Zukunft erklärt werden. Ein Motiv kann bewusst oder unbewusst sein.

Der Willensakt ist eine separate Betrachtung. Ein Motiv muss nicht lebensnotwendig sein und kann für die Gesundheit irrelevant sein. Daraus folgern wir, dass der Begriff "Motiv" für die Persönlichkeitspsychologie als psychische Kraft und Funktion ungeeignet ist. Der Begriff kann als Theoriekonstrukt nicht sinnvoll eingesetzt werden.

Als einziges allgemein anerkanntes Charakteristikum von "Motiv" gilt eine dynamische Kraft, die wir "Valenz-Parameter der psychischen Energie" nennen wollen. Nur als Fragenkonstruktion kann der Begriff "Motiv" nützlich verwendet werden. Dann aber ist eindeutig klar: Die Frage ist auf innerpsychische Kräfte ausgerichtet und niemals auf Determinanten des Lebensraumes. Darüber hinaus wäre noch ein Konsens zu finden, ob mit dem "Motiv" ein Willensakt und ein Bewusstsein über die bewegende psychische Kraft impliziert wird, oder ob dies für die fragende Betrachtung irrelevant ist.

Zum triebpsychologischen Ansatz der Theorienbildung heben wir einige Überlegungen hervor:

Die Frage nach der Anzahl "Antriebe" (Triebe), die dem Menschen eigen sind, hat schon Schultz-Hencke dazu veranlasst, eine handlungsorientierte Eingrenzung vorzunehmen: "Die Zahl der Antriebsarten ist noch unbestimmt. Mit gewissem Recht kann man von einer unendlichen Mannigfaltigkeit reden..." (Schultz-Hencke 1985, 21).

Seine psychoanalytische Neurosenlehre grenzt deshalb jene Antriebsarten ein, die neurose-psychologisch von Bedeutung sind. Das wollen wir hier nicht weiter aufrollen; von Bedeutung im Kontext hier sind allenfalls die "Antriebsbestandteile": 1) Wahrnehmungsmässiges; 2) Vorstellungsmässiges; 3) Emotionales; 4) Erregungsartiges;   5) Motorisches; und 6) Furchtartiges. Diese Anteile können wir reduzieren auf Valenz und Energie einerseits sowie Wahrnehmungspsychologisches und Reaktives (Handlung) anderseits. Das ist dann u.E. nahe beim Modell von Lewin, das u.a. folgende Komponenten enthält: das "Thema der Vorstellung" bzw. das eigentliche Bedürfnis; die Lokomotion (Veränderung im psychologischen Ort; und die Kraft bzw. die Valenz (1963, 82-83, 305-306).

Ziehen wir in Betracht, dass gewisse Grundgefühle auch als "Antriebe" verstanden werden können, da diese auf hirnphysiologischen Mustern basieren (Izard 1981, 23-24), so wird es verständlich, wenn ein Triebkonzept grundsätzlich problematisch wird: "Die fruchtvollen Tage des Triebkonzeptes sind nahezu vorbei", so schliesst Heckhausen (1989, 100) dieses Kapitel ab.

Nur am Rande sei darauf hingewiesen, dass die Diskussion um Triebkonzepte einen doppelten Wertaspekt enthält, der uns ziemlich problematisch erscheint. Erstens, wenn die Menschen über ihre "Triebe" (oder über diejenigen der andern) reden, dann hat das meist einen geringschätzenden Ton, etwa im Sinne des Bedeutungshofes "Triebe sind niedrig". Und zweitens vermischen sich wertende Stellungnahmen schon in der Definition, zum Beispiel vom Begriff "Thanatos", dem "Todes- und Destruktionstrieb". Fassen wird das Problem mit zwei Fragenaspekten: Ist die biologische Zersetzung des Körpers "destruktiv"?

Ist da nicht vielleicht tieferliegend ein evolutionäres Prinzip und ein transzendentales Prinzip am Werk? Und der andere Fragenaspekt: Wird der Trieb, sagen wir die "dranghafte Natur" des Menschen, nicht vielleicht nur durch fehlende oder falsche Menschenbildung "destruktiv"?

Den Aggressions- und Todestrieb als "böse" zu bezeichnen, ist das nicht vielleicht eine etwas gar voreilige wertende Stellungsnahme zur menschlichen Natur?

Hat die Andragogik die Bildung des Menschen als Hauptaufgabe, dann stellen die Bedürfnisse eine besondere Herausforderung dar. Zuerst steht da der Mensch mit all seinen instrumentellen und geistigen Potentialen. Die Wissenschaft der Erziehung geht davon aus, dass der Mensch schon ab Geburt ein breites Spektrum an positiven Möglichkeiten psychisch naturgemäss mit sich bringt. Die Andragogik versteht Bildung als Korrektur bzw. Veränderung und als fortsetzenden Prozess der Entfaltung dieser Potentiale.

Marcuse diskutiert die Bedürfnisse im Kontext mit Lust und Glück (1968, 128-168). Er grenzt den Faktor Eudämonismus eindeutig ab von der Möglichkeit, Lust mit Vernunft zu leben. Damit wird die Befriedigung der Bedürfnisse mehr als blosses "Glück durch Lusterleben". "Die wahre Glückseligkeit, die Erfüllung der höchsten Möglichkeiten des Individuums, kann nicht in dem bestehen, was man gemeinhin das Glück nennt: sie muss in der Welt der Seele und des Geistes gesucht werden" (1968, 130). "Die Wirklichkeit des Glücks ist die Wirklichkeit der Freiheit, als der Selbstbestimmung der befreiten Menschheit in ihrem gemeinsamen Kampf mit der Natur" (1968, 167).

Für die Andragogik ergibt sich daraus: Die Erfüllung der Grundbedürfnisse vollzieht sich in der systemischen Verbundenheit mit der Kraft der Liebe, dem Geist, den Intelligenzfunktionen und auch mit den andern psychischen Subsystemen. Die volle Befriedigung – nach Balint die "Endlust" (1981, 78-82) – würden wir in unserem Zusammenhang hier als die "Erfüllung der Glückseligkeit" formulieren.

"Vorlust-Fixierung" (nach Balint) verstehen wir über das Lustprinzip hinaus als die Unfähigkeit, dieses Glück der Entfaltung und Differenzierung aller Potentiale zu erschaffen.

Diese Unfähigkeit ist vor allem durch Lernmangel, durch fehlendes Bewusstsein über das psychische Leben und durch Blockierung der Wachstumstendenzen gezeichnet. Das Thema der Lust übersteigt somit die prägenitale, respektive die genitale Dimension und transzendiert sich im Sinn und Wert der Befreiung und Realisierung der Möglichkeiten des psychischen Organismus, der Seele schlechthin. Hier übersteigt die Andragogik das, was die Psychologie erfasst. Andragogik vollzieht den Schritt zur Bildung der ganzen Persönlichkeit.

Eine Taxonomie der Bedürfnisse (wie sie zum Beispiel schon Murray 1938 weit vor der humanistischen Psychologie vorgestellt hat; siehe: Bischof 1983, 118-120) müsste u.E. über das hirnphysiologische und lust-orientierte Modell hinausgreifen und philosophisch-anthropologische Dimensionen erreichen. Frankl hat dies mit seiner "Sinn-Therapie" versucht, Maslow mit der "Ich-Transzendenz" (innere Werte und Wachstumswerte) und Fromm mit der "Liebe". Wir stellen diese Aspekte im ersten Kapitel in den übergreifenden Rahmen des Individuationsprozesses.

Grundbedürfnis: Sinn und Lebenserfüllung

Wir stellen die Bedürfniserfüllung in den Kontext mit der Frage nach dem (einem) Sinn im Leben. Der Psychoanalytiker Frankl hat zu diesem Thema Entscheidendes geschrieben. Wir entnehmen aus seinen Werken einige

Betrachtungen (A: Der Mensch vor der Frage nach dem Sinn. 1985; B: Anthropologische Grundlagen der Psychotherapie. 1975).

"Der Mensch auf der Suche nach Sinn ... wird unter den gesellschaftlichen Bedingungen von heute nur frustriert. Und das rührt daher, dass die Wohlstandsgesellschaft ... praktisch alle Bedürfnisse des Menschen zu befriedigen imstande ist ... Nur ein Bedürfnis geht leer aus, und das ist das Sinnbedürfnis ..., d.h. das dem Menschen zutiefst innewohnende Bedürfnis, in seinem Leben oder vielleicht besser gesagt in jeder Lebenssituation einen Sinn zu finden - und hinzugehen und diesen zu erfüllen!" (A, 46)

"... und schliesslich hat sich nachweisen lassen, dass der Mensch Sinn finden kann, unabhängig davon, ob er religiös ist oder nicht ... gerade dort, wo wir eine Situation nicht ändern können, ist uns abverlangt, uns selbst zu ändern, nämlich zu reifen, zu wachsen, über uns selbst hinauszuwachsen." (A, 48)
"Kein Tier schert sich um den Sinn des Lebens." (A, 119)

"Sinn muss nicht nur, sondern kann auch gefunden werden, und auf der Suche nach ihm leitet den Menschen das Gewissen ... das Gewissen ist ein Sinn-Organ. Es lässt sich definieren als die Fähigkeit, den einmaligen und einzigartigen Sinn, der in jeder Situation verborgen ist, aufzuspüren." (A, 156)

"Es gibt keine Situation, in der das Leben aufhören würde, uns eine Sinnmöglichkeit anzubieten, und es gibt keine Person, für die das Leben nicht eine Aufgabe bereithielte. Die Möglichkeit, einen Sinn zu erfüllen, ist jeweils einmalig." (A, 157)

"Im Erfüllen von Sinn verwirklicht der Mensch sich selbst. Erfüllen wir nun den Sinn von Leiden, so verwirklichen wir das Menschlichste im Menschen, wir reifen, wir wachsen, wir wachsen über uns selbst hinaus ... Das Leiden hat einen Sinn, wenn du selbst ein anderer wirst." (A, 160-161) "Wir müssen lernen ...,dass es eigentlich nie und nimmer darauf ankommt, was wir vom Leben noch zu erwarten haben, vielmehr lediglich darauf: was das Leben von uns erwartet." (A, 173)

"Wollten wir wirklich in der blossen Lust den ganzen Lebenssinn sehen, dann müsste das Leben letzten Endes sinnlos erscheinen ... Denn was ist Lust schliesslich? Ein Zustand. Der Materialist - und der Hedonismus geht mit Materialismus einher - würde sogar sagen: Lust ist nichts anderes als irgendein Vorgang in den Ganglienzellen des Gehirns. Und um der Erreichung eines solchen Vorganges willen soll es dafürstehen zu leben, zu erleben, zu leiden oder etwas zu tun?" (A, 223)

"Fragen wir uns doch nur, was wirklich das Resultat wäre, wenn ein menschliches Wesen sämtliche Bedürfnisse, die es im Zeitquerschnitt haben mag, voll zu befriedigen vermöchte - was wäre das Resultat: das Erlebnis der Erfüllung? Oder nicht vielmehr das Gegenteil, nämlich die Erfahrung einer abgründigen Langeweile - einer bodenlosen Leere - eben des existentiellen Vakuums?" (A, 229)

"Der Sinn des Lebens ... (ist) nicht zu erfragen, sondern zu beantworten, indem wir das Leben verantworten. Daraus ergibt sich aber, dass die Antwort jeweils nicht in Worten, sondern in der Tat, durch ein Tun zu geben ist." (A, 234)

"An die Stelle der nihilistischen Sinnleugnung muss der Versuch einer Sinndeutung treten. Sinndeutung ist aber nicht identisch mit Sinngebung: der Mensch, der den Sinn des Lebens zu deuten versucht, sucht nicht dem Sein irgendeinen Sinn willkürlich zu geben, sondern 'den' Sinn zu finden." (B, 304)

"Einstellungswerte sind den schöpferischen und Erlebniswerten an sittlicher Höhe überlegen ... Um jedoch Einstellungswerte zu verwirklichen, bedarf es nicht nur einer schöpferischen Fähigkeit und nicht nur der Erlebnisfähigkeit, sondern auch der Leidensfähigkeit. Die Erwerbung der Leidensfähigkeit ist ein Akt der Selbstgestaltung ... (Der Mensch) entscheidet niemals nur etwas, vielmehr auch sich selbst ... und Selbstentscheidung ist allemal Selbstgestaltung ..." (B, 310-312).

8. Das Unbewusste

Definitionen und eine neue Konzeption

Das Unbewusste ist nicht nur ein sehr schwieriges Thema, sondern auch ein sehr umstrittenes psychisches Konstrukt. Die Positionen liegen weit auseinander, von heftiger Ablehnung der Existenz eines Unbewussten bis zur unumstösslichen Klarstellung: "Es gibt das Unbewusste". Doch das ist kein wissenschaftliches Problem. Das ist ein Problem jener Wissenschaftler, die die Existenz eines Unbewussten strikte ablehnen. Allenfalls kann man von einem Sprachproblem reden und zur Diskussion stellen, welcher Begriff das Phänomen "Unbewusstes" am besten kennzeichnen kann. Ein anderes tatsächlich ernsthaftes Problem ist die genaue Definition dessen, was mit dem Unbewussten gemeint ist. Es bestehen hierüber unterschiedliche Vorstellungen. Die Geschichte der Konstruktion des Unbewussten beginnt bereits im 19.Jahrhundert mit Charcot und Janet.

Die Verwendung des Begriffes "unbewusst" enthält wissenschaftlich verschiedene theoretische Ansätze. Aber auch in der Alltagssprache wird oft von "unbewusst" gesprochen: "X handelt unbewusst"; oder "X ist ziemlich unbewusst". Damit meint man meist, dass eine Person nicht schaut, nicht hinsieht, sich nicht vergegenwärtigt, nicht denkt, nicht 'wach' ist und generell im 'Dämmerzustand' handelt. Eine Theorie ist damit selten verbunden. Solche Aussagen sind durchwegs negativ wertend gemeint.

Tiefenpsychologen verwenden dieses Wort meist im Kontext ihrer praktischen Tätigkeit bzw. von "Fällen", womit dann Elemente des "Neurotischen" angesprochen sind. Vielfach meinen sie damit auch "nichtwissend". Der theoretische Kontext richtet sich durchwegs nach den Begründern der entsprechenden Theorie, die sie vertreten. Freud (1975) versteht unter dem Unbewussten alles Verdrängte und Abgewehrte. Das sind die Triebe bzw. die Triebwünsche und ihre Affekte bzw. Emotionen. Soweit das Über-Ich unbewusst ist, muss dieser Teil dem Unbewussten zugeordnet werden. Triebe sind nach Freud grundsätzlich bewusstseinsfähig, und zwar durch die Träume und somit durch die Erinnerung in Verbindung mit Wortvorstellungen.

Lassen wir Sigmund Freud etwas ausführlicher zu Worte kommen (1923): "Die Unterscheidung des Psychischen in Bewusstes und Unbewusstes ist die Grundvoraussetzung der Psychoanalyse ... Wir haben erfahren, dass es sehr starke seelische Vorgänge oder Vorstellungen gibt, ... die alle Folgen für das Seelenleben haben können ... nur werden sie selber nicht bewusst ... weil eine gewisse Kraft sich dem widersetzt, dass sie sonst bewusst werden können ... Unseren Begriff des Unbewssten gewinnen wir also aus der Lehre von der Verdrängung. Das Verdrängte ist uns das Vorbild des Unbewussten. Wir sehen aber, dass wir zweierlei Unbewusstes haben, das latente, doch bewusstseinsfähige, und das Verdrängte, an sich und ohne weiteres nicht bewusstseinsfähige... (Vom Ich) gehen auch die Verdrängungen aus, durch welche gewisse seelische Strebungen nicht nur vom Bewusstsein, sondern auch von den andern Arten der Geltung und Betätigung ausgeschlossen werden sollen ... Da aber dieser Widerstand sicherlich von seinem Ich ausgeht und diesem angehört, so stehen wir vor einer unvorhergesehenen Situation. (Im Ich selbst) ist etwas, das sich geradeso benimmt wie das Verdrängte, das heisst, starke Wirkungen äussert, ohne selbst bewusst zu werden ..."

Dem stellen wir Formulierungen von Carl Gustav Jung gegenüber (1916-1936): "Das persönliche Unbewusste enthält verlorengegange Erinnerungen, verdrängte (absichtlich vergessene), peinliche Vorstellungen, sogenannte unterschwellige (subliminale) Wahrnehmungen, d.h. Sinnesperzeptionen, welche nicht stark genug waren, um das Bewusstsein zu erreichen, und schliesslich Inhalte, die noch nicht bewusstseinsreif sind. Es entspricht den in den Träumen vielfach auftretenden Figuren des Schattens ..." ... "Man täuscht sich, wenn man glaubt, das Unbewusste sei etwas Harmloses, das man zum Gegenstand von Gesellschaftsspielen machen kann. Gewiss ist das Unbewusste nicht unter allen Umständen gefährlich; aber sobald eine Neurose auftritt, so ist dies ein Zeichen, dass im Unbewussten eine besondere Energieanhäufung vorhanden ist, nämlich eine Art von Ladung, die explodieren kann ... In allen gewöhnlichen Fällen ist das Unbewusste nur darum ungünstig oder gefährlich, weil wir uneins, damit im Gegensatz dazu sind...Unverbundenheit mit dem Unbewussten bedeutet soviel wie Instinkt- und Wurzellosigkeit ... Das Unbewusste ist beständig tätig und schafft Kombinationen seiner Materialien, die der Bestimmung der Zukunft dienen." Jung (1975) charakterisiert das Unbewusste primär vom Inhalt her mit den sog. "Komplexen". Das sind die gefühlsgebundenen Erlebnisse, die verdrängt und vom Bewusstsein ausgesondert wurden. Was im Unbewussten ist, war einmal im Bewusstsein. Das können Gedanken, Gefühle, Erlebnisse und Ereignisse sein. Das sind auch die Triebregungen und Wünsche. Dazu gehören ferner die Persönlichkeitsanteile, die er "Schatten" nennt. Das Unbewusste ist das "Nicht-Erinnerte" und "Nicht-Gewusste". In einer tieferen Schicht des Unbewussten liegt nach Jung das "kollektive

Unbewusste". Die "Archetypen" sind die Inhalte des kollektiven Unbewussten. Wir werden dazu am Schluss dieses Kapitels einige Erörterungen anstellen sowie im Kapitel über Träume zum Begriff "Archetypus" Stellung nehmen. Im kollektiven Unbewussten sind die Grundthemen des Menschseins gelagert, gewissermassen vererbt.

Schultz-Hencke (1951) spricht von "Unbewusstheit" und meint damit das "Schwer-Erinnerliche". Inhaltlich platziert er hier verschiedene Antriebe: Sexualtrieb, Geltungsstreben, Liebesstreben und Besitzstreben. Adler (1966) lehnt das Unbewusste ab, unterscheidet aber durchaus zwischen "bewusst" und "unbewusst". Boss (1953 und 1957) lehnt diesen Begriff ebenfalls ab, spricht dafür von "Lebensmöglichkeiten, die der Wahrnehmung entgehen", von "Vergessen, Verdecken und Nicht-Wissen", von "ein nicht vergegenwärtigter Bezug" sowie von "Lebensmöglichkeiten, die sich übermächtig andrängen".

Jaspers (1959) unterscheidet verschiedene Aspekte: das aus dem Bewusstsein Ausgesonderte, das Unbemerkte, die Quelle des Schöpferischen und das "absolute Sein" (als metaphysischer Begriff). Das "familiäre Unbewusste" von Szondi (1965) enthält die Konzeption des kollektiven Unbewussten von Jung: die phylogenetische Erbschaft der Menschheit und sowie nach ihm speziell "die Gesamtheit der Ahnenansprüche".

Auffallend ist die tendenziell negative Charakterisierung des Unbewussten. Wir halten dies für grundfalsch. Wir wollen darlegen, dass das Unbewusste eine positive Funktion als psychisches System erfüllt und nie nur unter dem psychopathologischen Gesichtspunkt definiert werden kann. U.a. hat Maslow (1973, 24-26) auf die positive Funktion des Unbewussten, vor allem des Über- -Ichs (Gewissen) hingewiesen. Auch Jones (1978, 316) beschreibt das Unbewusste mit positiven Aspekten: die "Quelle der Inspiration". Rollen wir zum Thema des "Unbewussten" die einzelnen Aspekte auf.

Die Kernaspekte des Unbewussten sind psychologisch und philosophisch (gemäss Dorsch 1987 sowie Laplanche/Pontalis 1994):

1. Das psychisch reale Sein generell (also eine transzendentale Dimension).
2. Im Gehirn gespeichertes, nicht im Bewusstsein vorhandenes Lebensmaterial.
3. Das Material ist verdrängt, unterdrückt, weggeschoben, ignoriert...
4. Das Nicht-Erinnerte, aber Erinnerbare.
5. Das Unbemerkte und Unbeabsichtigte.
6. Eine Macht im Innern, Quelle der Kreativität.
7. Das noch nie ins Bewusstsein Gedrungene, z.B. Instinkthaftes, Triebhaftes.

8. Insbesondere infantile Wünsche und Phantasien.

9. Ein Teil des Ichs und des Überichs.

10. Eine Wirklichkeit, die mehr umfasst, als die Summe der äusseren Erfahrungen.

Sammeln wir aus der psychoanalytischen Literatur die Bausteine zum Thema des Unbewussten, so finden wir hervorstechende Teile, je nach spezifischer Theorie. Wir können diese 'Teile', 'Themen' und 'Kräfte' auch als Betrachtungsaspekte zum Unbewussten umschreiben; wir zählen die wichtigsten davon auf:

- Das unbewusste Inventar, also 'normale' Lebenserfahrungen aller Art.
- Die sog. Komplexe, d.h. die leidvollen, 'unerlösten' Erfahrungen.
- Spezifische Lebenserfahrungen, die mit sexuellem Trieb zu tun haben.
- Schwierige Kind-Elternbeziehungen, mit Ablehnungs-Bindungsambivalenz.
- Defiziterfahrungen allgemeiner grundlegender Bedürfnisse.
- Die Grundlegung des Gewissens (Über-Ich), zuerst durch die Vater-Beziehung.
- Die Verinnerlichung religiöser Bilder und Praktiken als die Wahrheit.
- Minderwertigkeitsgefühle, die sich tendenziell in Machtbedürfnisse umschlagen.
- Überbetont affektive, einengende Bindung eines Elternteils an das Kind.
- Spannungsgeladenes Interesse an sich selbst, an andern und an der Lebenswelt.
- Verkrampfte einseitige Lustbindungen.
- Ich-Ideal-Bilder aller Art; dazu auch: einseitig positive Fehlwahrnehmungen.
- Wünsche in alle denkbaren Richtungen (erlaubt, unerlaubt, erfüllt, unerfüllt).
- Emotionale Bindungen durch Angst vor Strafe und durch Lebensangst.
- Bindungen durch primäre Vertrauens- und Liebesbeziehungen.
- Unerlöste Schuld, subjektive und objektive.
- Allgemeine unerwünschte, aber angenehme (interessante) Sinneserlebnisse.
- Ein 'geheimer' Abwehrmechanismus, der Inhalte aus dem Unbewussten fernhält.
- Ich-Aspekte, die unerkannt oder abgewehrt sind (Schatten, Masken etc.).
- Verletzte, gekränkte Selbstwertaspekte.
- Verschiebungen/Transformationen (eines Komplexes) in andere Themenbereiche.
- Indirekte, schwer erkennbare Äusserungsformen: z.B. Somatisierung,

Zwänge.

- Eine psychische Energie, die entsprechend dem Inventarelement wirkt.
- Ein (oft sehr) starkes Ungleichgewicht zwischen Unbewusstem und Bewusstsein.
- Die Verdrehung der 'Wahrheit' ins Gegenteil.

Wir lehnen uns zuerst an die allgemeine Konzeption des Unbewussten aus den psychoanalytischen Lehren an und halten fest: Das Unbewusste ist so etwas wie ein "Reservoir". Inhalte aus dem Bewusstsein gelangen in dieses Reservoir ("Gefäss"). Weiter können wir generell feststellen, dass das Material im Unbewussten aus Bildern und bildhaften Vorstellungen besteht. Ferner gilt als allgemeine Theorie, dass das Bildinventar zur Hauptsache aus den Lebenserfahrungen stammt. Dies scheint weitgehend anerkannt zu sein. Alles, was der Mensch ab dem Zeitpunkt der Zeugung gefühlsmässig erlebt und bildhaft erfasst, kann in dieses Reservoir kommen. Schon vorgeburtlich nimmt der Mensch Grundstimmungen der Mutter und die emotionale Atmosphäre der Familie erlebnismässig auf (vgl. Verny 1981, 11-63).

Die frühe Kindheit prägt erlebnishaft entscheidend das Unbewusste. Der junge Mensch nimmt viele Erlebnisse in sein Unbewusstes auf. Durch gefühlsmässige Erfahrung wird die Aussenwelt verinnerlicht und gespeichert. All diese Erlebnisse bleiben im Unbewussten ein Leben lang erhalten. Das ist gewiss sehr viel und sehr unterschiedliches Lebensmaterial. Man kann sagen, dass in diesem Sinne die gesamte Lebensgeschichte eines Menschen im Unbewussten eingelagert ist. Damit meinen wir anderseits: reine arithmetische Formeln, banale Sachverhalte ohne emotionale Bedeutung, Namen und Sachwissen aller Art sind nicht Inventar dieses Gefässes. Blosse Zeichen, Zahlen, Buchstaben, Formeln und Fakten sind Inventar des sprachlichen Gedächtnisses.

Grundsätzlich ist es unerheblich, ob diese Bilder sinnvoll oder sinnlos, positiv oder negativ, progressiv oder regressiv, schädlich oder nützlich sind. Der Mensch erlebt die Wirklichkeiten oft entstellt und vielfach illusionär erweitert. Er formt sich in Auseinandersetzung mit der Welt seine bildhaften Ideale und seine Vorstellungen über Wert und Sinn einer Sache oder eines Handelns. Soweit diese erlebnismässigen Erfahrungen bildhaft sind, können sie Inventar des Unbewussten sein.

Wir haben den sog. "Valenz-Parameter" definiert; das heisst: jede Einheit einer psychischen Kraft wird durch die erlebte Bedeutung (Wertigkeit) psycho-energetisch aufgeladen. Konkret heisst das: Gedanken binden psychische Energie; Gefühle binden psychische Energie; Bedürfnisse binden psychische Energie und Erlebnisse aller Art binden psychische Energie.

Im weitesten Sinne binden alle Lebenserfahrungen (Selbsterleben, Erleben von Mensch und Welt) psychische Energie. Diese Energie kann entladen werden, sei es durch Erfüllung (Vollzug), sei es durch Verarbeitung ("Erledigung"), sei es durch den normalen unspezifischen Prozess des Energieabbaus. Je höher die Valenz ist, desto mehr Aktivität ist zur Entladung nötig. Unsere Erfahrungen mit Rückführungen bis in die vorgeburtliche Zeit haben immer wieder bestätigt, dass sowohl kaum emotional behaftete Bilder als auch bereinigte in diesem Reservoir lagern. Dieses "Gefäss" ist natürlich im Gehirn lokalisiert. Dies ist eine Schlussfolgerung, die sich aus der Tatsache ergibt, dass die Vorgänge um das "Unbewusste" eng mit hirnphysiologischen Prozessen verbunden sind.

Werden die Bilder mit der energetischen Ladung ins Unbewusste abgeschoben (durch Verdrängung, Unterdrückung), so speichert sich das Bild mit der aktiven psychischen Energie in diesem Reservoir. Im Laufe der Jahre wird das Bild durch ähnliche und gleiche Erlebnisse immer wieder neu aufgeladen und gleichzeitig zu einer komplexen Einheit ausgebaut. Die energetische Ladung von gleichen bzw. ähnlichen Gedanken, Gefühlen, Erlebnissen, Bedürfnissen (v.a. natürlich auch sexuelle Triebregungen) wird immer intensiver. So lagern sich im Unbewussten viele Bilder mit unterschiedlich geformter energetischer Ladung. Wir nennen diese Bilder "Komplexe".

Die Bilder im Unbewussten haben generell die Tendenz, aussen verwirklicht zu werden. Sie ziehen an oder stossen ab. Sie dienen als innere Orientierung, auch wenn sie energetisch frei sind. Wir vemuten aufgrund unserer Beobachtungen, dass die Bilder ausserhalb der bewussten Ich-Kontrolle auf die verschiedenen psychischen Subsysteme einwirken. Sie sind der innere Raum, der die Ausgangslage des psychischen Funktionierens darstellt.
Energetisch geladene Bilder drängen durch verschiedene Arten abgebaut zu werden, laden sich aber immer wieder neu auf, teils durch Aussenreize und teils automatisch, solange das Bild nicht "erlöst" ist. Spannungsabbau geschieht manchmal direkt durch Wiederholung der ursprünglichen Ersterfahrung. Vielfach aber erfolgt die Austragung symbolisch in einer Verschiebung, Projektion, Umkehrung (ins Gegenteil), Kompensation oder Konversion (in somatische Reaktionen).

Bekannt ist in der Psychoanalyse und Psychosomatik, dass die psycho-energetisch geladenen Bilder (Komplexe) psychische Störungen verursachen, körperliche Krankheiten schaffen und oftmals den Menschen zu kriminellen Handlungen "zwingen". Symbolische Austragung "erlöst" aber einen Komplex nicht, sodass das Unbewusste im Laufe des Lebens bei zunehmender Verdrängung immer mehr zu einer gewaltig destruktiven Kraft wird. Die vielen individuellen leidvollen Lebenswirklichkeiten und die kollektive soziale Wirklichkeit sind Abbilder der Entladungen dieses gespannten Unbewussten der Menschen.

Das bedeutet: Die Bilder im Unbewussten sind das "Codeprogramm" des Lebens. Sie binden das Leben, indem sie die Handlungsspielräume des Ich's festsetzen. Das Denken wird stetig von inneren Bildern beeinflusst. Die Gefühle erhalten durch die Bilderwelt im Unbewussten immer innere Resonanz und damit eine Verstärkung. Die Kraft der Liebe kann sich nur im Rahmen der bereinigten Bilder entwickeln. Der Bedürfnisdrang erhält vom Unbewussten Schubkraft und Richtung. Und die Psychodynamik ist immer "gefärbt" von der psychischen Energie des unbewussten Bildinventars.

Daraus ergibt sich eine klare positive Funktion des Unbewussten: Wenn die inneren Bilder lebensbejahend, differenziert, versöhnt, realistisch, wachstumsfördernd und ausgewogen sind, wirken sie konstruktiv auf die andern psychischen Funktionen und das Handeln. Diesen Aspekt halten wir für elementar und konstitutiv. Die Bilder im Unbewussten sind die lebensnotwendigen Muster, ohne die das Ich nie in der Lage ist, das Leben zu meistern. Das Ich benötigt zur Lebensführung alle psychischen Subsysteme.

Das Inventar im Unbewussten ist rational nicht erreichbar. Dies ist in der Psychoanalyse längst bekannt. Man kann die Bilder nicht mit Willen, mit logischem Denken, mit "Befehlen" und "Zureden" verändern. Wie vernünftig oder unvernünftig die Bilder auch immer wirken, das Ich kann nicht mit den Intelligenzfunktionen darüber verfügen. Die einzigen Zugangswege sind: Traumdeutung, Imagination und Kontemplation sowie teilweise das Rollenspiel.

Die beruflichen Erfahrungen lehren uns: Je mehr ein Bild energetisch geladen ist, d.h. je höher die Valenz eines Bildes, desto schwieriger ist die Rückführung ins Bewusstsein und die Umformung bzw. Bereinigung. Auch die grenzpsychologischen Praktiken, seien es Hypnose, NLP-Technik, Geistheilung oder psychoenergetische Rituale vermögen nicht in drei bis fünf oder zehn Konsultationen umzustrukturieren, was über viele Jahre gewachsen ist. Wohl nur in seltenen Fällen ist eine psychische Störung oder ein psychosomatisches Leiden auf einen einzigen Komplex zurückzuführen, der zum einmaligen Zeitpunkt X in der Vergangenheit die Störung grundgelegt bzw. verursacht hat.

Schritt für Schritt sind die Vernetzungen der Bilder ins Bewusstsein zurückzuholen und zu bearbeiten. So lassen sich sogar schwierigste Komplexe zerlegen und zu einem versöhnten Bild neu zusammensetzen, bis dieses dann als Lebenserfahrung "abgelegt" werden kann.

Betrachten wir den Valenz-Paramter in diesem Zusammenhang etwas näher. Was verdrängt das Ich? Warum verdrängt der Mensch überhaupt Lebenserfahrungen, eingeschlossen sein inneres Erleben, sei es über den Selbstwert oder seien es Bedürfnisse? Das, was der Mensch verdrängt, erklärt uns, warum er dies verdrängt. Wir meinen, es sind dies überwiegend Wertigkeiten, d.h. gefühlsmässiges Wert- und Sinn-Erleben folgender Art.

Gefühlsmässiges Sinn- und Werterleben belastender Lebenserfahrungen:

▪ Schmerz	▪ Kränkung	▪ Unsicherheit
▪ Leid	▪ Misserfolg	▪ Ernsthaftigkeit
▪ Trauer	▪ Unlust	▪ Abneigung
▪ Unangenehmes	▪ Pflicht	▪ Verletzungen
▪ Peinlichkeit	▪ Verantwortung	▪ Anstrengungen
▪ Beschämung	▪ Bedrohung	▪ Aufforderungen
▪ Demütigung	▪ Strafe	▪ Mühsal
▪ Schuld	▪ Angst	▪ Harte Wirklichkeit

Aus unseren kasuistischen Beobachtungen können wir weiter die These aufstellen, dass Lebenserfahrungen und inneres Erleben mit solchen Valenzen immer zusätzlich ein kompensatorisches Gegenbild im Unbewussten formen.

Aus dem Wirken des Unbewussten können wir folgende Thesen festhalten:

▪ Die Persönlichkeit ist immer auch lebendige Vergangenheit.
▪ Die gelebte Vergangenheit formt die Gegenwart und damit auch die Zukunft.
▪ Die Unfreiheit des Menschen wurzelt in den Bildern im Unbewussten.
▪ Das Bildmaterial im Unbewussten ist der Erfahrungsschatz für Lebenskompetenz.
▪ Keiner kann vor seinem eigenen Unbewussten "fliehen".

Wir erachten es als eine elementare und entscheidene Grundtatsache, *dass der Mensch nicht nur eine Biographie "hat", die in der Selbstreflexion zu entdecken sich lohnt, sondern, dass er lebendig das ist, was seine Lebensgeschichte enthält, gründlich bearbeitet oder systematisch verdrängt.* Keine Menschenbildung und keine Psychotherapie kommt um diese Tasache herum. Und kein Bildungskonzept kann diese Prägungen mit irgendeiner "Kunst" mit wenig Stundenaufwand und kleinem Arbeitseinsatz umbilden.

Die Charakteristiken des Unbewussten sind:

- Das Erlebnis
- Das Bild
- Der Lebensbezug
- Das Gefühl
- Die Wertneutralität
- Die Wirklichkeitsrelativität
- Die psycho-energetische Ladung
- Der Grad der Bewusstwerdungsmöglichkeit
- Die stetige Wirkung im Leben
- Die Beeinflussung der psychischen Funktionen
- Die Aktivierung der Projektion
- Das Drängen zur äusseren Reproduktion
- Die irrationale Autonomie
- Der physische Krankheitsverursacher
- Der psychische Krankheitsverursacher
- Die "Schubkraft" zu affektiven Handlungen
- Die konstruktive Kraft zum Leben
- Die Veränderbarkeit des Inhaltes
- Die Erweiterungsfähigkeit
- Die aufbauende Lebensnotwendigkeit

Die Funktionsweise des Unbewussten führt zur folgenden These, die für die Andragogik eine zentrale Bedeutung hat: *Keiner kommt darum herum, das zu sein, was die ersten Lebensjahre aus ihm gemacht haben. Will der Mensch seine Gegenwart ändern, so verändere er die Vergangenheit in seinem Unbewussten; das heisst: verstehen, klären, verarbeiten, versöhnen, ordnen, korrigieren u.s.w.*

Wir gehen davon aus, dass vorgeburtliche Prägungen, frühkindliche Erfahrungen, schulische Erlebnisse, gefühlsintensive Lebensgegebenheiten und besonders "kritische Ereignissituationen" bis ins hohe Alter die verschiedenen psychischen Kräftesysteme und das Handeln beeinflussen. Hinter jeder Fassade und Maske, hinter vielen Rollen und wohlgefälligen Umgangsformen "lauert" dieses Unbewusste, das auch noch anders ist.

Je weniger dieses "Unbewusste" geklärt und bearbeitet ist, desto mehr verstrickt sich der Mensch in diesen Fesseln. Hierin ist die eigentliche "Lebenslüge" zu bestimmen.

Wir müssen nun noch auf ein Sonderproblem hinweisen. Stellen wir uns vor: Eine Person erlebt ein Bedürfnis nach sexueller Entspannung bzw. Erleben mit einem Partner. Aus verschiedenen Gründen lässt sich dies weder in der Stunde noch danach realisieren. Das Bedürfnis wird verdrängt. Es folgt eine Kompensation, zum Beispiel mit Essen, Agieren oder Machtgebaren. Ein anderes Beispiel: Eine Person erlebt deutlich, dass sie einen Streit mit dem Partner versöhnen sollte, verdrängt diese Pflicht und stürzt sich beispielsweise ins Putzen.

Noch ein Beispiel: Eine Person erkennt deutlich, dass eine bestimmte Lage kompliziert ist und sie gefühlsmässig stark bewegt. Eine genaue gedankliche Beschäftigung drängt sich auf. Die Person verdrängt die ersten Gedanken dazu und wendet sich einer Abwechslung zu. Wir können die Beispiele solcher Art erweitern: Ein Alptraum verunsichert einen Menschen enorm. Er verdrängt das Erleben im Tagesgeschehen. Oder: Eine Person erlebt sich seit langem völlig verspannt, unternimmt nichts dagegen, sondern verdrängt das unangenehme Erleben durch Ablenkung. Unsere Kernfrage heisst: Was geschieht mit dem verdrängten Erleben dieser Art? Fällt dies alles ins Unbewusste? Wir meinen: in der Regel nein, aber teilweise doch. Dies wollen wir erklären:

Das orthodoxe psychoanalytische Modell nach Freud regelt die Komplexität einfach, löst die Sache jedoch theoretisch nicht. Wir können gewiss alle Impulse dem sog. "Es" zuordnen. Was ist dabei der theoretische Gewinn? Wir schlagen vor, den Begriff "Verdrängung" oder "Unterdrückung" für alle Subsysteme gelten zu lassen.

Das heisst, wir können sagen: Eine Person verdrängt Gedanken, Gefühle, Bedürfnisse, die Liebeskraft, die Träume, die Psychodynamik oder eine Funktion des eigenen Ich-Systems (z.B. die Ich-Steuerung). Was hier verdrängt wird, muss deswegen nicht Teil des Unbewussten werden. Das Verdrängte bleibt ein Teil eines dieser Subsysteme. Ist das Verdrängte allerdings ein Element eines situativen und "kritisch erlebten" Ereignisses mit einer bestimmten Valenz, dann können wir dieses verdrängte Erfahrungs- und/oder Erlebensbild dem Unbewussten zuordnen. Dabei sind dann nicht das Denken, nicht die Bedürfnisse oder die Gefühle generell als verdrängt bzw. unterdrückt gespeichert, sondern eben die Erlebnissituation.

Der theoretische Gewinn ist bei allen Subsystemen: Das Unbewusste kann klar eingegrenzt werden. Alle Subsysteme können als das, was sie sind bzw. enthalten ganz oder in Teilen "unterdrückt" und "verdrängt" werden. Die analytische Arbeit wird somit differenzierter, denn eine klare Zuordnung ist möglich. Im einen Fall ist eine verdrängte Erlebnissituation, d.h. Material im Unbewussten, zu bearbeiten, im andern Fall geht es darum, wie die verdrängten Kräfte des entsprechenden Subsystems vom Ich integriert und gelebt werden können.

Mit andern Worten: Was das Ich aus dem Bewusstsein aussondert, seien es Elemente aus der Aussenwelt oder Elemente aus der Innenwelt, muss nicht zwingend ins Unbewusste fallen allein deshalb, weil die Person keine Zeit, kein Interesse oder keine Möglichkeit hat, sich damit im Moment näher zu befassen. Sind dies Kräfte aus den psychischen Subsystemen, dann sind diese zwar nicht im Bewusstsein, aber dennoch da.

Sie sind "nicht bewusst". Sie sind vielleicht "unterdrückt" bzw. "verdrängt". Aber sie werden gemäss unseren Beobachtungen erst im Erlebniskontext mit einer bestimmten Valenzladung Teil des Unbewussten. Freud ordnet dies dem "Vorbewussten" zu. Wir lassen die einzelnen Kräfte da, wo sie sind: in ihrem Systemkontext.

Somit gilt: Nicht alles, was von innen ins Bewusstsein drängt, ist Teil des Unbewussten, und damit des "Es" oder des "Über-Ichs". Diese Umkehrung ergibt sich aus unserem Systemmodell des psychischen Organismus. Weiter ergibt sich aus unserem Modell, dass das sog. Unbewusste nicht einfach gleichgesetzt werden kann mit sexuellen Wünschen, Trieben, lustbetonten Vorstellungen und Oedipus-(Elektra-)Komplex. Wir erachten diese alte psychoanalytische Theorie als falsch.

Weiter folgt aus unseren Konstruktionen, dass nicht das Prinzip "Lust-Unlust" die Psychodynamik des Unbewussten bestimmt. Die psycho-energetischen Wirkungsweisen des Unbewussten sind abhängig von der Art des Bildinventars. Dies bedeutet, dass die ganze Reichhaltigkeit von Werten, von Sinn und Gefühlen eine komplexe und widersprüchlich funktionierende Energieballung formt. Dieser "Energieknäuel" sucht sich einen Weg zur Entspannung durch Entladung in einer Aktion. Die Entladung selbst hat nichts zu tun mit "Wunscherfüllung" oder "Befriedigung des Lustapparates". Auch darf man u.E. Lust-Unlust nicht linear in den Parameter von Anspannung-Entspannung setzen. Zunehmende Lust kann auch anspannen.

Im Rückblick können wir jetzt noch einige weitere Aspekte der psychoanalytischen Theorie und einiger ergänzender Konzeptionen kurz streifen. Freud setzt zwischen das Bewusstsein und das Unbewusste eine psychische Gegebenheit, die er als das "Vorbewusste" bezeichnet. Das Inventar im Vorbewussten enthält Elemente aus dem Unbewussten und auch aus der Aussenwelt. Vorbewusstes ist "leicht bewusstseinsfähig", da es sprachlich gefasste Realität ist, während das Unbewusste "Sachbesetzungen" enthält. Wir lösen diese Trennung auf und bezeichnen dafür alles Inventar des Unbewussten als grundsätzlich bewusstseinsfähig.

Weiter hat Freud, wie Jung später, durchaus erkannt, dass urtümlich menschliche Prozesse ("archaische Anteile") sich in Träumen melden – und somit im Unbewussten gelagert sein müssen. Jung ordnet diese, wie wir noch erörtern werden, dem sog. "kollektiven Unbewussten" zu. Wir setzen dem gegenüber die These, dass die Psyche als Organismus aus sich selbst die Tendenz hat, sich zu entfalten, zu wachsen und "optimal gesund" zu funktionieren. Es besteht kein Grund, diese Eigendynamik dem Unbewussten oder dem kollektiven Unbewussten zuzuordnen dadurch, dass diese Wirklichkeit und ihr Drang sich in Träumen melden, und weil diese seit Menschengedenken Teil des psychischen Funktionierens sind.

Plazieren wir die Archetypen dem System des Geistes zu, dann können wir das Unbewusste als ein homogenes Subsystem definieren, eben so wie wir das hier vorschlagen. Wir haben die Triebkräfte im Kontext mit den Bedürfnissen erweitert zusammengestellt. Was bei Freud "Lebenstrieb" bedeutet, können wir mit "Grundbedürfnissen" identifizieren und zudem noch mit allen andern Subsystemen erweitern. Alle "Inhalte" des Unbewussten bzw. der Triebe und Strebungen, wie sie Freud, Jung, Adler, Schultz-Hencke und Boss identifiziert haben, sind somit Lebenskräfte, die Teile des psychischen Organismus sind, und nicht bloss "Inventar" und schon gar nicht "Grundtrieb", "Motor" oder "Strebung" des Unbewussten.

Ferner spricht Freud vom "primären Vorgang" des Unbewussten, womit er die Dynamik der Verdichtung, Verschiebung, Identifizierung und Projektion meint. Auch diese Konstruktion ist zu revidieren. Einerseits ist das Bildmaterial im Unbewussten, das sich nach eigenen (wir vermuten: assoziativen und ganzheitlichen) Gesetzen zusammensetzt. Anderseits haben wir die psychische Energie des Valenzparameters, die nach "Entladung" drängt.

Wir stellen die These auf, dass diese Dynamik der Energie die ganze "Spielart" der Verschiebung, Verdichtung, Konversion, Projektion u.s.w. nutzt, und nicht das Bildinventar direkt. Wir haben keinen Tatbestand gefunden, der uns berechtigen würde, die Charakteristik der Bilderzusammensetzungen in den Träumen (das manifeste Material) mit der Charakteristik des Inventars im Unbewussten identisch zu setzen. Die Träume enthalten viel mehr Wirklichkeiten, als bloss das Inventar des Unbewussten.

Wir haben hiermit die psychoanalytischen Modelle durch diese Erweiterung bzw. "Verschiebung" einzelner Elemente neu konstruiert. Das hat Konsequenzen für die Traumtheorie, in der wir ein Subsystem mit "Geist" definieren. Versteht man das Unbewusste als ein Subsystem nebst andern Subsystemen, dann können alle lerntheoretischen Konzepte (z.B. klassische und operante Konditionierung, Generalisierung, Imitation) neben dem Unbewussten mit seiner eigenen Dynamik angemessen platziert bzw. integriert werden. Ferner erübrigt sich das Konstrukt, das Freud mit "Es" bezeichnet hat. Abwehr und Zensur erhalten ebenfalls einen neuen Platz im Gesamtverbund der psychischen Subsysteme.

Diese neue Konstruktion ist nicht einfach eine "neue" psychoanalytische Theorie. Auch wollen wir nicht im Entferntesten die vielfach bestätigten Befunde der psycho-analytischen Praxis widerlegen. Vielmehr haben wir die verschiedenen Elemente auf einer neuen Konstruktionsebene synthetisch wieder zusammengesetzt. Es bleibt zu vermerken, dass wir diese theoretischen Konstruktionen nicht auf psychischem Material von "psychisch Kranken" aufbauen, sondern auf der gesamten Vielfalt der psychischen Erfahrungen, die wir nicht als "pathologisch" bezeichnen können. Damit ist unser übergreifendes psychoanalytisches Modell nicht primär therapeutisch ausgerichtet, sondern grundsätzlich erzieherisch (bildend) im Sinne der Andragogik.

Wird die Psychoanalyse definiert als "Verfahren zur Aufdeckung des Unbewussten mit therapeutischer Zielsetzung", so verstehen wir den gelenkten Prozess der Bewusstwerdung und Umformung der Inhalte des Unbewussten als andragogisches Bildungsverfahren, das zudem eingebettet ist in vielfältige Bildungsprozesse in allen psychischen Subsystemen. Uns ist kein Sachargument bekannt, das besagen könnte, die Andragogik dürfe sich nicht mit diesen tiefen Schichten, den "Spuren des Unbewussten" im Gedächtnis, befassen, wie dies z.B. Senzky (1986, 47) meint.

Zahlreiche unterschiedliche Forschungen über die pränatale Zeit und das psychische Leben des Fötus bestätigen, was wir mittels Rückführungen in die vorgeburtliche Zeit anhand verschiedener Beispiele ebenfalls belegen konnten (Schellhammer 1987). Wir fassen die wichtigsten Forschungsergebnisse von Verny (1981) zusammen:

1) Zwischen Mutter und Kind entwickelt sich schon ab den ersten Wochen der Schwangerschaft eine emotionale Beziehung. Auch zwischen Vater und Kind entwickelt sich vorgeburtlich eine emotionale Bindung. Zuwendung und Abwendung (Ablehnung), Stimmungen und emotionales Verhalten wirken "einprägend" auf den Fötus.

2) Der emotionale Zustand der Mutter wirkt sich auf das psychische Leben des pränatalen Kindes aus: "Fast jede Emotion der Mutter scheint sich dem

Kind mitzuteilen": Gedanken, Kummer, Streit, Ängste, persönliche Belastungen, schlechte Ehebeziehung, Bedrohungen etc., aber auch Liebe, Zuwendung, Bejahung, Gelassenheit, Glücksgefühle und Zufriedenheit. Gefahr besteht und mit prägenden Folgen ist zu rechnen, je mehr belastende gefühlsmässige Einwirkungen auf den Fötus vorgeburtlich erfolgen. Die physiologischen Faktoren (wie zum Beispiel Nikotin, Alkohol, Drogen etc.) wollen wir hier nicht erörtern.

3) Das Kind hat vorgeburtlich ab ca. 28-32. Woche ein Bewusstsein und eine klare Ich-Identität, d.h. u.a. es besitzt die grundsätzlichen Voraussetzungen für das Lernen. Das Kind reagiert schon differenziert und organisiert ab der fünften Woche mit einem "komplexen Repertoire". Schon ab ca. 10 Wochen reagiert das Kind auf Berührung, Geschmack, Geräusche (Musik). Das Kind reagiert ab der 16. Woche zunehmend auf Licht. Es muss sogar angenommen werden, dass das Kind ab der 32. Woche träumt.

4) Die ersten erkennbaren Anzeichen für Gehirnaktivitäten beginnen ab der 11. Woche (ist aber auch schon ab 5. Woche festgestellt worden). Man nimmt an: "Die ersten dünnen Rillen der Gedächtnisspuren bahnen sich irgendwann im letzten Schwangerschaftsdrittel kreuz und quer durch das Gehirn des Fötus". Das Ungeborene formt sich offensichtlich die ersten Einstellungen, den ersten Selbstwert und die verschiedenen Grundgefühle als Engramme bereits früh in der vorgeburtlichen Zeit. Positive wie negative Prägungen bestimmen das Leben dieses neu werdenden Menschen ein Leben lang schicksalshaft.

Die psycho-physiologischen Wirkungen lassen sich am Beispiel Stress darlegen. Stress produziert vermehrt Hormone. Es erfolgen biochemische Vorgänge im Mutterleib ebenso wie im Leib des Fötus. Der Hypothalamus als "Gefühlsregler" des Körpers unterliegt den emotionalen bzw. physiologischen Einwirkungen von der Mutter. Damit erhöht sich die biologische Anfälligkeit des pränatalen Kindes. Biologische Fehlfunktionen – und psychische Reaktionen – werden so schon vorgeburtlich verursacht bzw. mit Engrammen grundgelegt. Die Folgen sind zum Beispiel: Depression, Angstzustände, Bindungsprobleme, Wutanfälle, gestörtes Sexualverhalten u.a.m.

Daraus muss gefolgert werden: Die Persönlichkeitsentwicklung beginnt vorgeburtlich. Erste Spuren werden schon sehr früh in der pränatalen Phase gebildet. Die Reaktionsmuster auf Sinnesreize bilden sich schon ab der fünften Woche.

Das sog. "Unbewusste", d.h. die bildhaften, emotional (mit Valenzen) besetzten Engramme, beginnt sich ebenfalls ab dieser Zeit zu formen. Trifft dies zu – wir sind davon überzeugt –, dann sind die verschiedenen psychoanalytischen Lehren über das Unbewusste falsch. Sie sind einer Totalrevision zu unterziehen. Ferner sind auch die Ich-Entwicklung und die Triebtheorie der Psychoanalyse schon im Ansatz falsch und bedürfen der grund-legenden Korrektur.

Das sozialpsychologische Konzept der Ich-Identität und das Selbst-Konzept der Tiefenpsychologie bzw. der humanistischen Psychologie sind durch die Erkenntnisse aus der pränatalen Engramm-Bildung zu erweitern bzw. begrifflich und konzeptuell zu revidieren. Die Lehrbücher über pädagogische Psychologie sind mit diesem vitalen Teil des psychischen Lebens zu erweitern. Die Konzepte über die Entwicklungspsychlogie des Erwachsenen greifen das psychische Leben zu wenig hinreichend, wenn das Unbewusste darin nicht integriert ist.

Wir können das sog. Unbewusste auch aus der Sicht der Biopsychologie bzw. der hirnphysiologischen Spurenbildung bestimmen (Becker-Carus 1981, 15). Greifen wir zuerst nochmals auf, was wir zur Wahrnehmung erörtert haben und erweitern wir den Aspekt der Sinneswahrnehmung bis zur Engramm-Bildung:

Wir haben bekanntlich fünf Sinne, wenn wir einmal von den "inneren Sinnen". z.B. die visceralen Sinne (Blutdruck, Venendruck, Lungendehnung etc.) absehen. Die fünf Sinne, auch genannt "die Sinnesmodalitäten", sind: Sehen, Hören, Riechen, Schmecken, Tasten/Fühlen. Jeder dieser Sinne hat andersartige Rezeptoren. Sie reagieren auf Druck, Wärme, Geräusche, Licht, chemische Substanzen. Jeder Rezeptor hat eine ihm eigene spezifische Energieform. Ein Rezeptor hat eine physiologische Reiz-aufnehmende und Reiz-verarbeitende Funktion. Das heisst, der aufgenommene Reiz wird in elektrische Ströme umgewandelt ("Informationswandler").

Jeder Reiz hat ein "elektrisches Generatorpotential", d.h. er kann komplizierte chemische und elektrische Prozesse auslösen (Nervenimpulse abgeben). Die Reizaufnahme hängt auch mit dem Grad der Aufmerksamkeit zusammen. Mit andern Worten: Ist der Reiz zu schwach, hat er nicht die nötige Intensität und Grösse, und auch kaum eine Aufmerksamkeit erhalten, dann wird er nicht weitergeleitet, hier abgesehen von den "unterschwelligen" Prozessen. Ist der Reiz stark genug, dann wird eine Schwelle überschritten und das "Aktionspotential" tritt in Kraft, d.h. die umgewandelte Information wird ins Hirn, zum Zentralnervensystem (ZNS) weitergeleitet. Die Weiterleitung erfolgt durch Impulse über die Nervenbahnen. Das ist ein biochemisch komplizierter Prozess, mit dem wir uns hier nicht näher befassen.

Im Zentralnervensystem (ZNS) sind rezeptive Hirnareale, wo die angekommenen Impulse gespeichert werden. Hirnareale sind angeborene, physiologische Muster, die ebenfalls in Modalitäten eingeteilt sind. Man spricht hier von "Wahrnehmungs-Auslösemuster". Im Hirn sind Areale für: Sprache, Logik, Lesen, Schreiben, Mathematik, Bilder u.s.w. Die in den Hirnarealen angekommenen Informationen treten jetzt in Interaktion mit den vorhandenen Gedächtnisspuren, d.h. mit früheren Reizaufnahmen und Reizspeicherungen (Engramme). Die Speicherung geschieht durch Schaffung von neuronalen Mustern. Jeder neu aufgenommene Reiz aktiviert die bereits gebildeten neuronalen Muster (Becker-Carus, 1981, 245). "Man könnte meinen, dass in den neuronalen Mechanismen ein ganzes zusammen-hängendes Register über die vergangenen Erlebnisse angelegt ist, worin neben den sensorischen Eindrücken auch ihre emotionale Bedeutung verzeichnet ist" (Becker-Carus 1981, 218).

Ferner können wir annehmen, dass mit der Sinneswahrnehmung auch eine synthetisierende Wahrnehmung einher geht. Es werden also nicht einfach die verschiedenen Infomationen der Modalitäten an verschiedenen Stellen abgespeichert, sondern auch die Ganzheitlichkeit wird als Engramm geprägt.
In dieses ganzheitliche Engramm fliessen Elemente wie Raum und Zeit, Bedeutung, Qualität der Sinnesmodalität, Selbstverständlichkeitsaspekte und die subjektive Deutung (das Erleben) mit ein (Ebbinghaus 1971). Der Festigungsprozess unterliegt gewissen Faktoren, wie Störeinflüsse, Repetition, Grad der Emotionalität, Lästigkeitserleben, Frustration u.s.w.

Es gibt "enorm reichhaltige und z.T. widersprüchliche Literatur über elektro-physiologische Korrelate des Lernens" (Becker-Carus 1981, 255). Wir können zumindest interpretieren: Jede erfolgte Veränderung einer Spur ist in gewissem Sinne ein Lernergebnis, das mit chemischen und elektrischen Veränderungen einhergeht. Es werden neue Bahnen gebildet und so entsteht ein neues Aktivitätsmuster.

Die aufgenommenen Reize werden offenbar gleichzeitig unter verschiedenen Gesichtspunkten (Aspekten, Ebenen) gespeichert: woher die Information kommt, Nebenreize, semantischer Bezug, Erlebnisbezug, Zeitfaktor (biologische Weltzeit, subjektive Erlebenszeit). So werden im "episodischen Gedächtnis" (Oerter/Montada 1987, 537 ff) lebensgeschichtliche Erfahrungen, v.a. eidetisch, gespeichert; und im "semantischen Gedächtnis" vor allem Sprache, Regeln, Kategorien, Sinnzusammenhänge etc. "Weitere Gehirnregionen liefern den Sinn des Ganzen ... Es entstehen Gedankenverbindungen ... gleichzeitig werden im Zwischenhirn Gefühle aktiviert" (Vester 1991, 148-152). Dieses Bezugssystem wird mit "Cluster" bezeichnet (Ebbinghaus 1971).

Ein Engramm enthält somit: Menge, Qualität, Strukturiertheit, Kontextinformation, subjektive Theorie, Deutungsmuster u.s.w. Eine Gedächtnisspur interagiert also nicht einfach mit einem neu aufgenommenen Sinnesreiz (Becker-Carus 1981, 45), sondern (so folgern wir) mit dem ganzen biographischen "Clustersystem" und der Ganzheit der Wahrnehmungssituation. Das bedeutet, dass das Wiedererinnern an viele Elemente eines Clusters ansetzt (Krämer/Walter 1994, 32). Jedes Element kann theoretisch von mehreren "Adressen" abgerufen werden. Das menschliche Gehirn verfügt mit ca. 10 (14?) Milliarden Zellen über nahezu unbeschränkte Möglichkeiten zur Spurenbildung.

Dem Prozess vorgelagert ist der "Kurzzeitspeicher" mit einer Aktionszeit von ca. 30 Sekunden für Einprägen, Denken und Vorstellen. Hier ist wiederum ein Selektionsmechanismus eingebaut: Was zu schwach, zu schwierig, zu unklar ist, in der Reizmenge "versinkt" oder durch andere Reize gestört wird, kommt nicht ins Langzeitgedächtnis. Wir sehen hier von diesem ab und konzentrieren uns auf die Spuren im Langzeitgedächtnis. Der biochemische Strukturaufbau des Langzeitgedächtnisses ist in vielen Aspekten noch ungeklärt. Sicher ist, dass gewisse biophysikalische und biochemische Strukturen den Schlaf und die Narkose überdauern, ja ein Leben lang erhalten bleiben. Das kann schon die Alltagserfahrung bestätigen.

Wir haben mit der Biopsychologie einen weiteren Erklärungskontext für den Nachweis der lebensgeschichtlichen Spurenbildung. Wir folgern daraus: Das Inventar im Unbewussten besteht aus Engrammen, die sich lebensgeschichtlich aufbauen und zu komplexen Strukturen verflechten. Phylogenetisch entstandene Muster bilden die Ausgangslage bzw. den "Boden", auf dem schon früh in der vorgeburtlichen Zeit Engramme und Engrammverflechtungen als "Spuren" eingeprägt werden. Die Gestalttheorie spricht hier von "dynamischen Ganzheiten".

Es kann davon ausgegangen werden, dass mit der wahrgenommenen Erlebnissituation auch die Emotion gespeichert wird. Zudem festigt sich mit jeder sich wiederholenden Erfahrung die Prägnanz der Spuren. Ist das Unbewusste "das Vergessene und Nicht-Erinnerte", so finden wir dieses im biographischen Hirnareal. Ist das Unbewusste das, was in der Wahrnehmung nicht gegenständlich geworden ist, d.h. das der Aufmerksamkeit Entgangene, so können wir es mit den Engrammen identifizieren. Ist mit dem Begriff "das Unbewusste" Instinkthaftes gemeint, so haben wir mit den phylogenetischen Grundstrukturen im Hirnareal das physiologische Korrelat.

Das Unbewusste ist somit im Wesentlichen das nach Clustern strukturierte und vielfältig verflochtene biographische Material, einschliesslich der damit gespeicherten Emotionen und individuellen Reaktionsmustern. Auf das Leben übertragen bedeutet das: Kein Mensch kann ausserhalb seiner gebildeten Spuren leben. Mit andern Worten: Die Engramme sind das Codeprogramm des Lebens; und: Wer sein Leben ändern will, muss seine Engramme ändern, bilden oder erweitern.

Wir können dieses Unbewusste aus der Sicht der Sozialphilosophie näher untersuchen. Denn, was Schütz und Luckmann (1991, Band I) mit dem Begriff "Lebenswelt" meinen, erreicht unsere Wortverwendung "Inventar des Unbewussten". Die "Lebenswelt" ist eigentlich jene Wirklichkeit, die der Mensch in seinem Bewusstsein bzw. Gedächtnis über die reale äussere Welt hat. Schütz/Luckmann nennen dies die "natürliche Einstellung". "Unter alltäglicher Lebenswelt soll jener Wirklichkeitsbereich verstanden werden, den der wache und normale Erwachsene in der Einstellung des gesunden Menschenverstandes als schlicht gegeben vorfindet" (Schütz/Luckmann 1991, I, 25).

Das "Erleben" ist somit die gemeinte Wirklichkeit, und nicht die realen äusseren Gegebenheiten. Fraglos sind in dieser Einstellung: 1) die körperliche Existenz anderer Menschen; 2) das Bewusstsein der andern Menschen; 3) die Aussenweltdinge; 4) die Möglichkeit der Beziehungen; 5) die Möglichkeit der Verständigung; 6) die gegliederte Sozial- und Kulturwelt; 6) die individuelle Situation immer nur zum Teil persönlich geschaffen (Schütz/Luckmann 1991, 13, 27). Nicht immer ist allerdings diese Begriffsbestimmung bewusstsein-bezogen. Die alltägliche Sozialwelt und die Naturwelt ebenso wie die Traum- und Phantasiewelt werden unter diesen Begriff subsummiert (Schütz/ Luckmann, 1991, I, 28, 47, 54, 59).

Der Begriff "Gedächtnis" weist bei Schütz/Luckmann auf die Biographie des Individuums. Das Bewusstsein und die Situation entstehen aus der Geschichte der Erfahrungen (Schütz/Luckmann, 1991, I, 86).

Erfahrung wiederum unterliegt der Sinngebung des Subjektes. Erfahrung, und damit Sinn, ist immer raumzeitlich gegliedert in der sozialen und dinglichen Welt. Die Erfahrung schafft Wissensvorrat, nicht nur sprachlich, sondern vor allem eidetisch-biographisch, wie wir hinzufügen möchten (Schütz/Luckmann, 1991, I, 133-137). Damit sind wir nahe beim Begriff des "Unbewussten".

Das "Inventar des Unbewussten" ist der überwiegend bildhafte Wissensvorrat, zusammengesetzt v.a. aus emotionalen sinn- und wert-erlebten Erfahrungen, auf den jede neue Erfahrungssituation anschliesst und zurückgreift. Drei verschiedene Zeitarten prallen hier aufeinander: die Zeit der objektiven Welt, die subjektive Zeit des Erlebens und die Zeit der früheren Erfahrungen, die mit ihrer Typik und Relevanz den fortsetzenden (bindenden) Prozess der Bildung und Umbildung von "Spuren" im Gedächtnis garantieren.

Es ergeben sich "geschlossene Sinngebiete" nach dem Ähnlichkeitsprinzip. Die Welt der Wirklichkeitsordnung konstituiert sich somit nicht durch vorgegebene Strukturen der Objekte, sondern durch eben diese Geschlossenheit von Sinneinheiten. Diese subjektbezogen sinn-relevanten Erfahrungseinheiten können wir in unser Konzept über das "Unbewusste" einfügen. Da mögen auch andere Wissensvorräte Eingang finden, was aber für das Charakteristische des Unbewussten nicht erheblich ist. Sonst würden wir gewissermassen den Langzeitspeicher und das Unbewusste gleichsetzen.

"Sprache, ein System aus Vokalen und Zeichen, ist das wichtigste Zeichensystem der menschlichen Gesellschaft ... Das Verständnis des Phänomens Sprache ist also entscheidend für das Verständnis der Wirklichkeit der Alltagswelt" (Berger/Luckmann 1970, 39). Sprache typisiert Erfahrung und subsummiert diese nach Sinnordnungen. "Die Sprache stellt semantische Felder oder Sinnzonen her" (Berger/Luckmann 1970, 42).

Wir meinen, dass diese Prinzipien auch auf die Konstruktion der Bilderwelt im Gedächtnis, v.a. im Langzeitspeicher gelten können. Lacan (1991, 136-137) versteht die Symbolik der Symptome und die Sprache des Begehrens, des Unbewussten also, als eine Sprache mit einer Grammatik wie die verbale Sprache. Wir bezweifeln, ob es sinnvoll bzw. nützlich ist, das Inventar des Unbewussten in diesem Sinne sprachtheoretisch zu strukturieren.

Die Sprache ist gewiss ein Aspekt des "Wesens des Seins", aber der Zugang zum Unbewussten ist leichter und wirkungsvoller durch Meditation – d.h. die Bildersprache – zu finden. Zum "Wesen des Seins" würden wir unbedingt auch die Liebe, den Geist und das Sinn-Erleben durch Bilder (vorsprachlich) zuordnen. Der Mensch internalisiert die Lebenswelt nebst der Sprache vor allem mit Bildern, erweitert mit allen Sinnesrezeptoren, basierend auf dem Assoziationsprinzip. Das ist erstens Sozialisation (Berger/Luckmann 1970, 139-185), zweitens Ich-Bildung und drittens Engramm-Bildung vor allem von Sinn-Welten. Mit der Spurenbildung konstruiert sich der Mensch die gesellschaftliche Wirklichkeit, seine persönliche Wirklichkeit, die sozialen Beziehungen, seine eigene Identität (vgl. die Selbst-Konzeptforschung) und vor allem – was wir hervorheben möchten – seinen progressiven oder regressiven Lebensverlauf. Alle diese Bereiche sind komplex miteinander vernetzt.

Es gibt viele Dinge in der Welt, die der Mensch wahrnimmt, auditiv und visuell, die kein typisches Merkmal des Unbewussten aufweisen; so zum Beispiel: Namen von Flüssen, Naturgegebenheiten, mathematische Formeln, alle Dinge der Welt, die für die Biographie keine spezifische emotional getönte Sinn- und Wertbedeutung erhalten.

Nicht Wissenssoziologie (Berger/Luckmann 1970; Schütz/Luckmann 1991, Band 1, 293-392 sowie Band 2) wollen wir betreiben, sondern jene Bereiche aus den Strukturen der Lebenswelt herauskristallisieren, die für den Begriff des Unbewussten konstitutiv sind. Im Unbewussten vermischen sich somit subjektive und objektive Wahrheit; "subjektiv" bezieht sich auf die Sinnbezogenheit und "objektiv" auf die realen tatsächlichen Fakten der äusseren Lebenswelt.

Wir können die Gedankengänge von Schütz/Luckmann hier nicht weiter aufrollen. Unser Thema ist die Frage der inneren Struktur, das heisst der Verflochtenheit des Inventars im Unbewussten. Die Antworten können wir kaum finden in der Analyse der Wissensstrukturen und der Sprachstrukturen. Das Erleben und die Bilder der Erlebnisse sind ein viel umfassenderes Ganzes. Die analytische reflexive und meditative Erfahrung und die Deutung der Traumwelt führen uns zu dieser inneren subjektiven "Wahrheit".

"Der Mensch ist biologisch bestimmt, eine Welt zu konstruieren und mit anderen zu bewohnen. Diese Welt wird ihm zur dominierenden und definitiven Wirklichkeit" (Berger/Luckmann 1970, 195). Erweitern wir diese Reflexion: So wie der Mensch sich die äussere Welt, seine psychische und soziale Welt sowie seinen Lebensverlauf konstruiert, so nimmt er Einfluss auf die unumstössliche äussere (tatsächliche) Realität und wird von dieser täglich beeinflusst.

Je mehr die verinnerlichten Wirklichkeiten von den Tatsachen abweichen, zum Beispiel durch Vereinfachung (oder: Verideologisierung, Dogmatisierung, Mystifizierung), desto mehr wird sein Handeln in dieser Wirklichkeit problematisch, um nicht zu sagen destruktiv.

Fassen wir noch ins Auge, dass diese Prozesse auch physiologisch ablaufen (Wahrnehmung, Speicherung, Handlungsimpulse) und dass emotionale Faktoren (auch in den Spuren geprägt) krank machen bzw. stören können, dann dürfen wir wohl zu Recht annehmen, dass eine optimale allseitig ausgeglichene Bildung des biologischen Substrats (Spurenwirkungen), der verinnerlichten Lebenswirklichkeit (Sinneinheiten und der Ich-Identität), für den einzelnen ebenso wie für die Gesellschaft, vitale Bedeutung hat.

Auf diese ganzheitliche vernetzte qualitative Bildung als Überlebensnotwendigkeit weisen u.a. Vester (1991) und von Cube (in Roth 1991, 122 ff.) hin.

Der Mensch als "animalisches Wesen", völlig lebensunfähig bei Geburt, bedarf dieser Bildung seiner Instinkte (Luckmann 1970, 51, 56), einer bestehenden Gesellschaftsordnung und der konstruktiven Aktivität in der Gesellschaft. Die Bildung des Unbewussten erhält somit u.E. allerhöchste Priorität in der Menschenbildung.

Wir haben im Grundsätzlichen das sog. Unbewusste definiert und die Wirkungsweise des Unbewussten dargelegt. Man kann dazu kritisch einwenden: Viele Menschen bleiben ihr Leben lang gesund und erfolgreich, obwohl ihr Unbewusstes voll ist von einseitigen Bildern, lebensabgewandten Mustern und Einstellungen, die dem psychischen Leben gegenüber ablehnend gesinnt sind. Es gibt tatsächlich viele Menschen, die mit Geld, Macht und Ansehen trotz chaotisch destruktivem Unbewussten ihr Leben lang gesund bleiben. Dafür schaffen sie Leiden bei anderen Menschen. Sie beuten andere aus, unterdrücken und betrügen andere. Sie erhalten sich in einem starren System (Geld oder Ideen) und in entsprechend konsequentem Handeln im Gleichgewicht.

Man muss diese Situation in einen grösseren Zusammenhang stellen. Die Geschichte ist ein Zyklus der kollektiven Entladung des Unbewussten der einzelnen Menschen. Hier trifft es dann auch jene, die sich in einem "gesunden" Gleichgewicht glaubten. Oder es trifft ihre Kinder. Geht man als Philosoph und Weiser auf noch grössere Distanz, so zeigt sich das Problem in einer weiteren Perspektive: Solche Menschen leben vielleicht materiell gut. Doch vom Leben haben sie nichts begriffen, ausser wie man Menschen manipuliert und ausbeutet, wie man den eigenen Egoismus kultiviert. Sie haben keinen Geist und es fehlt ihnen die Liebe. Sie sind hohl, innerlich kalt und schaffen in ihrem Umfeld ein Leiden, das vor allen versteckt wird. Es ist letztlich nicht wahr, dass diese Menschen "gesund" leben und glücklich sind.

Ein weiterer Aspekt in diesem Zusammenhang ist die Bedeutung des Über-Ich's. Bei vielen Menschen scheint das geformte Gewissen ohne humanistischen Wert zu sein. Man sagt dann, diese Menschen seien "gewissenlos", und meint damit: brutal, gemein, kaltherzig, sadistisch, ausbeuterisch, unterdrückend u.s.w. Das ist tatsächlich die Realität.
Mit einem menschen-zentrierten Gewissen, verankert in einem vielseitig ausgewogenen Wachstumsprozess, kann man in vielen Sektoren des gesellschaftlichen Lebens keine Geschäfte machen und keine erfolgreiche Politik betreiben.

"Homo homini lupus" (der Mensch ist des Menschen Wolf) hiess es schon vor Jahrhunderten. Der Leninismus lehrt uns auch, wie man mit Menschen erfolgreich umgehen muss: lügen, betrügen, täuschen, intrigieren, heucheln und sich den Krieg vom Feind finanzieren lassen. Doch dieses menschliche Drama finden wir auch in der Geschichte des Kapitalismus. Die Menschen wollen die Wahrheit nicht, sie wollen die Liebe und den Geist nicht. Sie wollen betrogen werden. Sie wollen Drogen. Wer keine Drogen verkauft, kann keine Geschäfte mehr machen. Das weiss die Autoindustrie, die Filmindustrie, der Tourismus und alle wissen das, die im "grossen Geschäft" von Kapital und Macht sind. Plato hat den Sittenzerfall beklagt.

Alle Jahrhunderte ist immer wieder die fehlende Gewissensbildung zur Debatte gestanden. Die Gewissensbildung ist eine zentrale Bildungsaufgabe des Erziehungswesens eines Staates. Man gewinnt tatsächlich den Eindruck: das Über-Ich ist wirkungslos geworden. Dafür schlägt das Unbewusste im Kollektiv alle paar Jahrzehnte grauenvoll zurück. Keine Politik kann das Unbewusste "zähmen". Kein Geld vermag die Zerstörungskraft des verdrängten Bildinventars aufzuheben. Die "Luxussuite" auf der Kapitänetage des Weltschiffes wird da enden, wo die Fahrt des Schiffes enden wird. Das Unbewusste der Menschen gibt die Richtung vor, nicht der Verstand. Was fast alle nicht sehen können (oder wollen) ist, dass es auch noch ganz andere Formen von Menschenvernichtung gibt; sie sind meist unauffällig in der Öffentlichkeit und sehr leise.

Tragisch ist es heute, und dies ist ein wertendes Urteil von uns, dass Millionen Menschen in Europa (von der Welt wollen wir schon gar nicht reden) leiden, weil sie nie lernen konnten, wie sie ihr Unbewusstes bereinigen können. Die Persönlichkeitsbildung kann hier sehr viel individuelles und soziales Leid abbauen.

In einem ersten Schritt geht es um das Problem der inneren Ordnung des Inventars im Unbewussten. Viele tausend Bilder sind im Unbewussten. Die Bilder sind so vielfältig wie das Leben selber. Wie können wir da Ordnung schaffen? Dies kann einmal dadurch geschehen, dass das Bildmaterial inhaltsanalytisch kategorisiert wird. Gibt es vielleicht eine Ordnungsdynamik direkt vom Unbewussten? Wir haben durch die kasuistisch forschende Beschäftigung mit dem Unbewussten vier dynamische Hauptbereiche gefunden, die sich gewiss auch überschneiden können. Diese vier Bereiche haben je eine eigene Funktion.

Die vier Funktionseinheiten im Unbewussten sind:

1. Die Lebenserfahrungen: Das sind bildhafte Muster aller Art, einerseits wie

sie in den Komplextheorien (Freud, Jung) beschrieben werden, anderseits erweitert zum gesamten Spektrum der gefühlsmässig erlebten bildhaften Situationen.

2. Das Über-Ich: Damit meinen wir das "Gewissen", wie es Freud und generell die Psychoanalyse beschrieben haben. Das sind die verinnerlichten Gebote, Verbote, Normen, Tabus und "richterliche Instanzen". Die Funktionen wirken direkt normativ und je nach Einprägung auch "drohend-strafend".

3. Die Einstellungen: Damit erfassen wir alle wertenden, zuerst immer auch gefühlsmässigen Stellungnahmen, die eine Interpretation über das Leben und den Menschen enthalten. Ideale gehören ebenso dazu wie Vorurteile und Überzeugungen,

4. Die Menschenbilder: Wir nennen diese auch "Imago's"; das sind die Bilder über Mann, Frau, Vater, Mutter und Kind sowie generell Bildermuster wie Geschäftsmann, Pilot, Verkäufer, Lehrer u.s.w.

Das "kollektive Unbewusste" plazieren wir als psychische Wirklichkeit separat und nicht innerhalb dieses persönlichen Unbewussten.

Es stellt sich grundsätzlich die Frage, ob die Menge an Bilderinventar im Unbewussten überhaupt umfassend bearbeitet und bereinigt werden kann. Es sind nicht nur viele einseitige und revisionsbedürftige Einzelbilder vorhanden, sondern auch innere Wechselwirkungen zwischen den vier Bereichen, die eine erhebliche energetische Dynamik schaffen. Die Vielfalt an wechselwirkenden Kräften ist ein eigentliches Chaos in Qualität, Stärke und Wirkungsrichtung. Diese inneren Gegensätze aufzulösen ist tatsächlich ein enormer Aufwand. Wir meinen, dass es möglich ist, das Bildinventar lebensaufbauend umfassend zu revidieren. Doch dieser Prozess dauert lange.

Wie ist bei diesem Verständnis bzw. Konstrukt über das Unbewusste das Verhältnis zwischen Bewusstsein und Unbewusstsein? Wenn zum Beispiel ein Bild bewusst gemacht wird, was geschieht danach mit dem Bild? Oder: Wenn ein Komplex bewusst gemacht und bearbeitet wird – im Sinne der Versöhnung und Bereinigung oder Korrektur –, was geschieht danach mit dieser Bildeinheit? Ist dann das Bild aufgelöst?

Wir haben festgestellt, dass die Bilder durch Bewusstwerdung und Bearbeitung nie "gelöscht" werden, sondern als bereinigte Einheiten wieder im Unbewussten verbleiben. Das Bild wird dann frei verfügbar, ist also vom Ich erreichbar, bleibt aber autonom. Die psycho-energetische Ladung ist dem

Bild entsprechend konstruktiv, und weitgehend entspannt. *Auch solche bearbeiteten Bilder sind Teil des "Reservoirs"*; das darf man beim Begriff "das Unbewusste" nicht übersehen.

Nehmen wir ein Beispiel: Herr G. erinnert sich während eines Gesprächs mit seinem Chef plötzlich an seinen Vater, dass dieser auch so unterdrückend mit ihm gesprochen hatte, als er noch ein Kind war. In einer Imagination sieht er seinen Vater und wird sehr bewegt darob. Nach der "Bereinigung" dieses Bildes kann Herr G. dieses Erinnerungsbild immer wieder hervorholen und anschauen, ohne darob bewegt zu sein.

Es ist energetisch neutral geworden und dient vor allem als Orientierungseinheit. Die neue energetische Ladung dieses Bildes ist anders: ruhig, stabil, ausgeglichen, eher wie ein dynamisches Fundament. Äussere Gegebenheiten oder die Erinnerung können diesen Komplex nicht mehr "aufladen". Hingegen reagiert das Bild energetisch, wenn das Ich von dieser Orientierung abweicht, d.h. diesen Erfahrungsschatz in der Lebensführung nicht nutzt.

Nehmen wir zur Erklärung ein weiteres Beispiel: Herr K. ist im Laufe seines Geschäftsaufbaues wiederholt von Immobilienhändlern betrogen worden. Dies hat ihn fast ruiniert. Er hat diese Erfahrungen versöhnt und diese Komplexeinheiten sind im Unbewussten als bereinigte Einheiten gelagert. Nun kommt nach vielen Jahren Herr K. wieder ins Geschäft mit einem Immobilienhändler, der es mit klienten-zentrierter Methode virtuos versteht, Herrn K. zu täuschen. Jetzt reagiert das innere Bild und will das Ich warnen: Das Bild erzeugt eine anspannende Energie, die umso grösser wird, je mehr Herr K. in seiner Lage von seinem Erfahrungsschatz abweicht und sich täuschen lässt. Herr K. spürt das vielleicht als Druck auf der Brust oder als ein eigenartiges dumpfes Gefühl im Bauch. Oder er reagiert einfach spontan richtig. Wir sprechen dann von Intuition: Herr K. handelt intuitiv angemessen.

Diese Interpretation des Inventars im Unbewussten impliziert, dass der Mensch ab vorgeburtlicher Zeit durchaus auch sehr viele positive Bilder ins Unbewusste aufnimmt, die keiner Bereinigung bedürfen. Es ist jedoch immer ein Gewinn in der Persönlichkeitsbildung, wenn das Ich eine bewusste Beziehung zum Inventar im Unbewussten aufbaut.

Wie können wir das Wirken des Unbewussten erkennen und damit gleichzeitig auch den Nachweis erbringen, dass dieses Unbewusste auch wirklich existiert? Einen ersten Zugang eröffnen die Träume. Wir bearbeiten dies im letzten Kapitel. Hier wollen wir uns auf die Wirkungen im alltäglichen

Leben konzentrieren.

Jung hat mit dem Assoziationsexperiment den Nachweis erbracht (Jung 1904; und Meier 1968, 83-179). Das Experiment basiert auf Folgendem: Eine bewusste oder unbewusste Emotion verändert den Wassergehalt in der Haut. Diese Veränderungen können wir mit dem Psycho-Galvanometer messen. Wenn man nun einem Individuum eine grössere Menge an Wörtern vorlegt, so reagiert er auf die einzelnen Worte emotional unterschiedlich. Starke Reaktionen lassen darauf schliessen, dass das Wort bzw. Bild eine emotional geladene Einheit im psychischen System darstellt. Je stärker die Reaktion ist, umso eher handelt es sich dabei um einen Komplex.

Die zweite Hypothese heisst: die Assoziationen des Menschen auf ein bestimmtes (vor allem bildhaftes) Wort ergeben eine assoziative Bildereinheit, die als Ganzes – wiederum je stärker die emotionale Reaktion – als Komplex interpretiert wird.

Freud erkannte, dass sog. Versprecher und Fehlreaktionen Ausdruck einer unbewussten Kraft sind, bzw. dass das Verdrängte sich durch Versprecher und Fehlhandlungen äussert. Der Witz basiert auf dem Phänomen, dass das Unausgesprochene etwas enthält, was eben durch die kompakt gefasste Witzgeschichte lachend sich melden kann.

Viele psychische Störungen und psycho-somatische Reaktionen sind auf Komplexe rückführbar. Ändert man diese Komplexe, so verschwinden die Störungen und Leiden. Die Partnerwahl eines Menschen basiert immer auf dem Kräftespiel der Imagos. Vielfach ist es so, dass ein Mensch nach einer gescheiterten Beziehung einen neuen Partner findet, der in der ersten Zeit als ein "völlig anderer Charakter" erscheint, dann aber plötzlich sich als Mensch mit derselben Grunddynamik erweist. Beziehungsmuster und Grundprobleme wiederholen sich. Da kann ein Mensch mit seiner Vergangenheit abschliessen wollen und zu diesem Zweck auswandern. Er wird erfahren müssen, dass er auch in einem anderen Kulturraum das lebt, was in seinem Unbewussten an Bildern vorgegeben ist. Man nimmt die eigene Vergangenheit immer mit.

Wenn die Psychodynamik eines Menschen chronisch angespannt ist, und dies nicht auf äussere Umstände zurückzuführen ist, müssen innere Faktoren hypothetisch angenommen werden. Diese Faktoren können im Denken, in unerfüllten Bedürfnissen, in einer Wachstumsblockierung oder aber im Unbewussten liegen.

Projektive Tests, zum Beispiel der Rorschachtest, können unbewusste Bildstrukturen nachweisen, aber auch Denkmuster und Bedürfnisse. Wir meinen, dass die Art, Menge und Intensität des Projizierens eines Menschen generell auf unbewusstes Material hinweist. Die Analyse der täglichen Projektionen eines Individuums gibt Aufschluss über das Bildinventar im Unbewussten.

Starke Bindungen an Objekte, an Personen, an Institutionen und an Ideen (insbesondere ideologische und dogmatische) lassen ebenfalls den Schluss zu, dass Bilder aus dem Unbewussten sich hier projektiv äussern. Sind die Bindungen übertrieben und nicht mehr sachlich begründbar, so muss man auf Komplexe schliessen.

Psycho-physische Reaktionen wie Erröten, kalte Hände oder Füsse, plötzliche unbegründete Schweissausbrüche oder Pulszunahme können als Reaktion auf einen angesprochenen Komplex interpretiert werden. Ändert man dieses Bildmaterial im Unbewussten, dann ändert sich auch das psycho-physische Reaktionsmuster.

Je intensiver und häufiger ein Mensch in Abwehr, Widerstand und Verdrängung lebt, desto mehr innerpsychische Kräfte sind am Werk. Es sind Bilder im Unbewussten, die das Ich bedrohen und selten bloss äussere Faktoren. Auch Agieren und Intrigieren muss man auf unbewusste Kräfte zurückführen. Sie sind nie allein durch die Umstände des Lebensraumes oder durch bewusste Interessen interpretierbar.

Lebenserfahrungen: die gegenwärtige Vergangenheit

Der Begriff "Lebenserfahrung" umfasst ein unendlich weites Feld an allgemeinen Erfahrungen, die jeder Mensch ab frühester Zeit macht. Da sind zuerst die Muttererfahrungen, dann die Vater- und Geschwistererfahrungen. Der familiäre Lebensraum bietet dem Kind die ersten Lebenserfahrungen. Diese stehen in Relation zu Pflege, Beschäftigung und Unterhaltung. Sozio-ökonomische Umfeldkomponenten können bereits entscheidende Eindrücke prägen. Danach erweitert das Kind das Feld der Erfahrungen in der Schule und im Umfeld seiner Schulkameraden. Der Aktionsradius wird mit zunehmendem Alter immer grösser. Entwicklungspsychologisch folgt die Pubertät und Adoleszenz mit den ersten sexuellen Erfahrungen sowie das Feld der beruflichen Schulung und Tätigkeiten. Die zunehmende Verselbständigung erweitert den Raum der Erfahrungsmöglichkeiten.

Ein Erwachsener mag rückblickend denken, dies sei alles Vergangenheit und deshalb "vorbei". Doch mit einer einfachen Imaginationsübung kann jeder erkennen, dass viele Erfahrungen noch lebendig im Unbewussten lagern. Schon vorgeburtliche Erlebnisse sind mit konkreten Bildern über das erste Lebensumfeld eingeprägt. Die gesamte Psychodynamik im Erwachsenenalter hat in den ersten Lebensjahren ihre Wurzeln. Nach Freud werden die Prägungen nach Phasen gegliedert: die orale, die anale und die phallische Phase (Freud 1961). Erikson (1974, 151) beschreibt in seinem Modell wie sich Urvertrauen gegen Misstrauen, Autonomie gegen Scham und Zweifel, Initiative gegen Schuldgefühl, Werksinn gegen Minderwertigkeit und Identität gegen Identitätsdiffusion in den ersten Lebensjahren bis zur Adoleszenz formen.

Im Erwachsenenalter wird der Raum der Erfahrungsmöglichkeiten entscheidend erweitert. Eigene Beziehung und Familie, das Berufsleben und die Freizeit erlauben eine immense Vielfalt an Erlebnissen. Hinzu kommen kulturelle und politische Erfahrungen. Eine seit den 60er Jahren zunehmende Konsumgesellschaft erlaubt noch nie dagewesene erweiterte Erfahrungsmöglichkeiten. Insbesondere die Medien haben dem Menschen die Welt zum erweiterten Lebensraum seiner Stube gemacht. Bis ins Bett kann jeder den Papst, den König und den Staatsmann erleben. Intimer Anteil an fremden Welten ist heute möglich. Solche Erfahrungen prägen Bilder im Unbewussten.

Wo früher der Mensch meist nur als Partizipierender eines Lebensraumes oder Geschehnisses Erfahrungen gemacht hat, kann heute das Individuum ohne aus der Stube zu gehen, Weltreisen erleben, an Kriegen teilnehmen, Armut mitfühlen, an Blutbad und Leiden sich beobachtend beteiligen, die Menschen zwischen Liebe und Hass in tausend Situationen erfahren. Solche Wahrnehmungen prägen das Unbewusste ebenso wie persönliche leidvolle und tragische Erfahrungen, so behaupten wir.

Medienerfahrungen formen das Unbewusste in ganz spezifischer, früher nie dagewesener Weise. Die Wirklichkeit wird vielfach plakativ vorgegeben, d.h. vereinfacht, veridealisiert und einseitig aus dem Zusammenhang gehoben. Die Wirklichkeit ist dann eine korrigierte Wirklichkeit, an der das Individuum passiv teilnimmt. Es besteht in dieser Welt ein hohes Mass an Etikettierung, an Schablonisierung und Anonymität. Dies schafft Distanz und erlaubt doch ein inneres aktives Miterleben. Das Echte, Präzise und Differenzierte entgleitet in der Fülle der plakativen Vorgaben. So wird die Wirklichkeit entstellt. Der Held der vergangenen Zeiten erscheint mit neuen magischen Mächten. Die Illusion prägt sich ein: Das Gute siegt immer; oder: das präsentierte Gute ist wirklich gut. Die Medien bestimmen, wer Erfolg haben soll. Sie sind die "Königmacher", die neuen "Päpste" und die "Mütter", die ein bisschen sexuelle Lust dem Zuschauer erlauben, farbenprächtig und symphonisch, nie wirklich real. Sie gestalten passive Teilnahmemöglichkeiten entpersönlicht. Fast alles wirkt unbeeinflussbar.

Tatsächlich kann der mitlebende Zuschauer keinen direkten Einfluss auf diese Wirklichkeit nehmen. Er kann nicht sofort mitreden und mithandeln. Entscheidungen, Ziele, Vorgaben der Abläufe und alle aktiven Kräfte sind im Moment der Miterfahrung am Fernsehen nichts als unbeeinflussbare Vorgaben von Wirklichkeiten. Andere denken, lenken, urteilen, lösen und verantworten. So lernt der Zuschauer kein Problemlösen. Er hat keine aktive Konfrontation. Er kann sich darin nicht aktualisieren. Er hat keinen Raum für Spontaneität und Initiativen. Er ist nicht lebendig zur Mitverantwortung aufgefordert. Der Mensch ist klein, nicht gefragt und als solcher nur Erlebniskonsument. Nur als Rezipient geniesst er soziale Anerkennung. Freundliche Worte aus dem Flimmerkasten wecken allenfalls ein Scheingefühl des Angenommenseins: "Guten Abend ... Wir wünschen Ihnen noch einen unterhaltsamen Abend ...". Und dann geht's direkt zur Werbung; so wird das Leben leicht gemacht: Das Waschpulver wäscht noch weisser; schon wieder ein neues und noch besseres Auto; geniesse das Leben mit Schokostengel; dieser Käse ist Ihr neues Lustgefühl; warum nicht diese neue schlankmachende Creme probieren? Das Verhältnis Wirklichkeit-Individuum ist klar definiert, wie in früheren Jahrzehnten die Beziehung Vater-Kind: Einwegkanal und Mitmachen.

Wir meinen, dass diese Kräfte heute das Unbewusste mindestens ebenso, wenn nicht stärker prägen als die Kräfte, die die Psychoanalyse früher als prägend identifiziert hat. Solche Erlebnisbilder – es sind viele tausend – haben im Unbewussten eine ebenso starke Wirkung wie die Komplexe der klassischen Psychoanalyse.

Die Bilder solcher Lebenserfahrungen bewirken aus dem Unbewussten:

▪ Unsicherheit	▪ innere Leere
▪ Schuldgefühle	▪ Verantwortungslosigkeit
▪ Denkhemmung	▪ Irritationen
▪ Passivität	▪ Scheinkompetenzen
▪ Isolation	▪ Abstumpfung
▪ Schablonenwahrnehmung	▪ Trägheit
▪ Vorurteile	▪ Bequemlichkeit
▪ Scheinwissen	▪ Wertverwässerung
▪ Gefühlshemmungen	▪ Lust an Tragik
▪ Lebenslüge	▪ Kulturkonsum
▪ Angst	▪ Verrohung der Sitten

• Zweifel	• Pseudo-Interessen
• Gleichgültigkeit	• geheime Versklavung
• Lebensunfähigkeit	• Illusionen
• Ersatzleben	• Oberflächlichkeit
• Aggression	• Manipulation
• Machtlosigkeit	

In der Gesamtsumme der Wirkungen solcher Lebenserfahrungen muss wohl angenommen werden, dass die traumatische Wirkung ebenso stark ist wie erfahrenes Leid oder zum Beispiel erzieherisches Fehlverhalten der Mutter in der analen Phase. Nebst dem Oedipuskomplex sollte die Andragogik heute zum Beispiel den "Entfremdungskomplex" ins Zentrum jeder Beziehungsdynamik und der gesamten Weltbeziehung stellen.

In diesem Kontext steht eine bedeutende Frage zum Unbewussten. Die "Reinkarnationstherapie" (Dethlefsen 1978) impliziert, dass das psychische System einerseits ein unsterblicher psycho-energetischer Organismus ist; und dass anderseits im Unbewussten Informationen über frühere Leben gelagert sind. Die erste Hypothese kann fast nahtlos als berechtigte Hypothese aus unserer Theorie über die psychische Energie abgeleitet werden. Denn es muss wohl davon ausgegangen werden, dass eine feinstoffliche Organisation gewissermassen als das "Gefäss" für die vielseitig formbare psychische Energie im Menschen vorhanden ist.

Die Imagination ist die Hauptmethode (nebst der Traumdeutung), die alles Inventar im Unbewussten bis in die vorgeburtliche Zeit erreichen kann. Die Beweisführung ist die Methode bzw. ihr Ergebnis selbst, wie wir in einem anderen Werk an Beispielen dargelegt haben (siehe: Schellhammer 1987).

Die Reinkarnationsmethode ist Imagination. Behauptet wird, das Material stamme aus dem Unbewussten. Doch auch andere Thesen sind möglich. Viele Forschungsfragen knüpfen hier an, denn das Bildmaterial aus Reinkarnationsmeditationen kann nicht logisch als subjektiv-konkretistisch (d.h. als frühere Lebenserfahrung) interpretiert werden.

Das Über-Ich: das gute und das schlechte Gewissen

Das Über-Ich ist ein geformtes psychisches Teilsystem. Der Mensch erlebt diese psychische Kraft überwiegend als einen Gefühlszustand. Denn das

Gewissenserleben ergibt sich aus dem Spannungsfeld zwischen Verhalten und Ansprüchen aus diesem Teilsystem.

1923 schrieb Sigmund Freud über das Über-Ich (1975, 296-306). Wir fassen einige Kerngedanken zusammen: Das Über-Ich repräsentiert die sozialen Normen, einerseits aus dem Gewissen, anderseits aus dem Ich-Ideal. Darin enthalten sind die Gebote und Verbote der Eltern (die Repräsentanz der Elternbeziehung), besonders des Vaters, aber auch von Vorbildern und Autoritäten (Religion, Moral und soziales Empfinden). Das Über-Ich legt den strengsten moralischen Massstab an. Mit andern Worten: Gewissens- und Wertbildung bauen sich ab Geburt in der Elternbeziehung auf.

Einen anderen Aspekt entnehmen wir Maier (1986, 14): "Die Werte werden zu Normen, die realisiert werden wollen. Sie drängen darauf, aus einem zunächst unpersönlichen Zustand in einen Zustand des subjektiven Eigentums überzugehen."

Brezinka (Pädagoge) relativiert die Macht des Über-Ich: "Das viele Reden von 'Selbstbestimmung', 'Selbstverwiklichung', 'Autonomie', 'Mündigkeit' und 'Emanzipation' kann nicht darüber hinwegtäuschen, dass die meisten Menschen in den hochindustrialisierten Gesellschaften der Aussenlenkung erliegen. Das Bedürfnis nach Anerkennung durch die andern zieht ein starkes Abhängigkeitsgefühl und eine aussergewöhnliche Empfangs- und Folgebereitschaft für die Handlungen und Wünsche der andern, insbesondere für die veröffentlichte Meinung, nach sich. In diesem seelischen Zustand wagt es kaum jemand mehr, für sich selbst und als Vorschlag für andere, Wertungsgrundsätze und Normen zu setzen, die über die bestehenden vagen Gemeinsamkeiten mit den anderen hinausgehen oder gar in Widerspruch zu ihnen treten." (1978, 217).

Auch Löwisch relativiert die 'strenge Über-Ich-Bildung': "Kants Wort, dass wir bis zum Überlästigen kultiviert und zivilisiert, aber von einer Moralisierung noch weit entfernt seien, bestätigt sich voll im ausgehenden 20.Jahrhundert: Bürgerkriege, Stammeskriege, Expansionskriege, Rassenkriege, Rassenfanatismus, ideologische und prestigebetonte Kriege, Missachtung von Menschenrechten, tausendfache Folterungen, hunderttausendfacher Tod durch Kriege, Flucht, Hunger, hunderttausendfaches Elend und Tod durch ideologischen Fanatismus ... Was ist das menschliche Leben heute noch wert?" (1982, 161-162).

Der Pädagogikprofessor Oser fasst diese dunkle Seite kurz: "Keiner kann zählen, wieviele Menschen im Laufe der Geschichte geschunden, missbraucht, verletzt oder umgebracht wurden." (1994, 11). Oser fordert deshalb: "Tugend lernen, Moral entwickeln kann man nur, indem man versucht, seine eigenen Begründungen nach dem besten Wissen in Handeln umzuwandeln, und aus dieser Überzeugung entsteht Integrität: Wir brauchen auch heute Menschen mit Rückgrat, mit moralischem Mut." (ebenda, 146). Und weiter: "Moralerziehung muss in ein holistisches Programm der Entwicklung der Persönlichkeit und sozialer Kompetenzen einmünden; Moralerziehung darf sich nicht auf 'Denkschulung' beschränken, sondern muss auch moralische Sensibilität und moralische Handlungsfähigkeit fördern" (ebenda, 331).

Blasi schreibt (in: Oser 1986, 80): "Fehlen die völlige Betroffenheit und die persönliche Verpflichtung, entsteht das Risiko, dass die Moral abstrakt und letztlich steril sein wird. Werden die persönlichen Gefühle und Werte überbetont, oder genauer: hängen sie nicht von Wissen und Vernunft ab und werden sie nicht von ihnen geleitet, dann gehen die überindividuelle Natur der Moral und das Gefühl einer wirklichen Verpflichtung verloren". Und (ebenda, 358): "Der Kern der Unmoral besteht darin, nicht wissen zu wollen, sich gegen das eigene Wissen blind zu machen und es im Handeln zu übergehen".

Das Über-Ich besteht aus verschiedenen Komponenten:

1) Inhalte: Werte und Normen sowie Gebote und Verbote: "gut", "böse", "das darf man", "das darf man nicht", "das soll man tun", "das soll man nicht tun".

2) Tabus: Ein Tabu ist ein Verbot, über etwas Bestimmtes nachzudenken, eine Sache zu hinterfragen und natürlich auch ein Verbot, etwas in diesem Zusammenhang zu tun. Tabus haben meist unausgesprochene gesellschaftliche Gültigkeit. In diesem Verbot ist die Grenze des Erlaubten sehr streng, geradezu absolut und starr, da "naturgegeben".

3) Urteilskraft: Eine Instanz, die im Sinne des Richtens urteilt und eben "Recht spricht". Diese Instanz misst das Verhalten in Bezug auf die verinnerlichten Normen.

4) Anspruch: Was einmal ins Unbewusste aufgenommen ist, wirkt von innen auffordernd, bedrängend, gebieterisch und befehlend.

5) Durchsetzung: Der Inhalt wirkt so, wie er aufgenommen ist, meist streng, starr, unflexibel, kompromisslos, unversöhnlich, absolutistisch.

6) Strafe: Verbunden mit den verinnerlichten Normen wird auch die erlernte

Sanktion aufgenommen. Fehlt eine klar definierte Sanktion, dann wirkt das Straferleben magisch, d.h. "Das Schicksal bestraft".

7) Schuld: Das Schulderleben ist ein Erleben der Differenz zwischen Anspruch und Handlung.

Ein gutes Gewissen wird erlebt als: entspannt, leicht, sicher, beruhigend, zufrieden, wohl, entlastet, ungestört, unschuldig; während ein schlechtes Gewissen mit entsprechenden negativen Aspekten erlebt bzw. umschrieben wird: angespannt, schwer, unsicher, beunruhigend, unzufrieden, unwohl, belastet, gestört, schuldig.

Aus unserer allgemeinen Umschreibung des Unbewussten ergibt sich für das Teilsystem "Über-Ich": Alle sieben Komponenten des Über-Ich's werden durch Erziehung, Sozialisation und Enkulturation verinnerlicht. Das Gewissen ist nicht die "Stimme Gottes", sondern die Stimme des von der Person verinnerlichten anerlernten Gottesbildes. Alle Gebote, Verbote, Normen und wertend-strafenden Kräfte sind von aussen aufgenommen. Die verinnerlichten Bilder wirken so, wie sie aufgenommen worden sind. Dabei ist es unerheblich, ob die Bilder konstruktiv oder destruktiv auf das Leben und die Person wirken. Es ist für die Wirkungsdynamik ohne Bedeutung, ob dieses verinnerlichte Gottesbild ein Abbild einer kindlichen Phantasie, einer Mythologie, einer Naturreligion oder von herrschsüchtigen Fanatikern erfunden ist. Die Valenz eines Bildes wird erhöht durch Bindung an religiös-mythische Bilder, an Staatsautoritäten, an Strafe und an Entwertung der Person (bei Nicht-Erfüllung der Norm).

Positiv und konstruktiv wirkt das Über-Ich, wenn die aufgenommenen Bilder in ihrem Wert aufbauend und lebensbejahend sind. Sind die Normen allseitig ausgewogen, von Liebe und Geist mitgeformt, dann können verinnerlichte Bilder als Gewissenselemente das Leben fördernd steuern. Wenn die gesamte Menge an Bildern im Über-Ich den psychischen Organismus und den Prozess der psychisch-geistigen Entwicklung enthalten, vor allem aber in dieser Ausrichtung menschen-zentriert sind, dann kann dieses Gewissen seine eigentliche Funktion aufbauend übernehmen.

Ohne diese Ausrichtung ist das "schlechte Gewissen" nichts anderes als die Diskrepanz zwischen Verhalten und verinnerlichten Bildern. Da mag das Verhalten noch so lebensbejahend und konstruktiv sein, ein Über-Ich mit lebensabgewandten und lebensunterdrückenden Mustern schafft unterschwellig ein "schlechtes Gewissen".

Für die Persönlichkeitsbildung ergeben sich daraus einige bedeutende

Aspekte. Die Erkenntnis über die Funktionsweise des Gewissens, insbesondere das Wissen um die Inhalte, ist Voraussetzung für eine bewusste progressive Lebensführung. Man kann mit Denken noch so emanzipierte Normen verinnerlichen. Die alten Verbote und Gebote wirken aus dem verdeckten Hintergrund immer mit. Das ist der Sieg der Religion am Grab eines Abtrünnigen: Was ins Über-Ich eingepflanzt wurde ab frühester Kindheit, das bricht selbst bei lebenslanger Abwendung des "erwachsenen" Ich's im Alter wieder hervor, wenn der Einzelne sich nicht bewusst persönlich bildet.

Charakteristisches der Einstellungen und Wertmuster

Im Unbewussten gibt es eine Summe von Bildern, die eine gemeinsame Charakteristik haben: die Einstellungen. Es sind dies nicht nur Lebenserfahrungen, auch nicht einfach Menschenbilder oder die Verbote und Gebote (Über-Ich). Die Einstellungen sind im Kontext von Idealen, Meinungen und Überzeugungen zu definieren:

Ideale sind die bildhafte Verkörperung von etwas Vollkommenem. Sie stellen einen höchsten Wert dar und bewirken ein Streben nach Verwirklichung, unabhängig davon, ob dieser Wert auch realistisch ist oder nicht. Meinungen sind subjektive, meist sehr partielle Informationen mit einem wertenden Unterton. Vorurteile sind Meinungen darüber, wie etwas ist. Meinungen ergeben sich aus einem Erleben mit wenig Denkleistung oder aus einer ersten (reflektierten) Stellungnahme. Einstellungen sind subjektive gefühlsmässige Bewertungen und Einteilungen der Lebenswirklichkeit, insofern auch bildhaft. Einstellungen sind vorgefasste Urteile mit einer Wertzuordnung, vielfach gebieterisch. Überzeugungen sind die Höchststufe einer gefühlsmässigen bildhaften Wertung. Überzeugungen sind Lebensansichten in einem Verbund von Gedanken und Urteilen, meist aufgenommen in Lebenssituationen, vielfach nicht reflektiert.

Wir können aus diesen Begriffsbestimmungen verschiedene gemeinsame Elemente erkennen. Alle sind sie bildhafte Wertmuster. Sie regulieren dadurch emotional Zuwendung und Abwendung. Sie legen mit ihrem impliziten wertenden Massstab den Akzeptationsbereich fest. Wertmuster begründen auch Vorsätze und Motivationen. Sie beeinflussen die Erwartungshaltungen an das Leben. Sie geben Orientierung und Richtung vor. Die Wertmuster können lebensnah, realistisch oder lebensfern und illusionär sein. Sie wirken ungeachtet dieses lebensbezogenen Gehalts. Sind sie flexibel, wirken sie auch flexibel. Sind die Wertmuster starr, dann agieren sie starr. Sind sie versöhnlich, wirken sie auch im Leben versöhnlich. Sind sie unversöhnlich streng, dann beeinflussen sie das Ich ebenso.

Über alles im Leben formen sich die Menschen Ideale, Meinungen, Einstellungen und Überzeugungen. Mit Wertmustern begegnet der Mensch sich selbst, den andern Menschen, den Gütern und dem Lebensraum. Rund um den Erdball haben Milliarden Menschen zu allen Lebensgegebenheiten ganz unterschiedliche Wertmuster.

Wertmuster regulieren die innere Beziehung zu Menschen, Gütern und generell zum Leben; d.h. sie regulieren das Interesse, das Engagement, die Verantwortung sowie Art und Mass des Handelns. Die Subjektivität der Wertmuster steht ausser Zweifel. Dennoch meinen die meisten Menschen, ihre Wertmuster seien die einzig Richtigen.

Tatsache ist, dass viele Einstellungen und Überzeugungen ungeeignete Orientierungen im Leben sind. Sie fördern weder Lebenszuwendung noch die Integration des psychischen Lebens. Sie sind meist wenig durchdacht und basieren auf oberflächlichen Tatsachen. Sie sind den subjektiven Prozessen der Wahrnehmung, des Denkens und des Fühlens unterworfen. Dennoch führen die Menschen für ihre Überzeugungen Krieg. Sie strafen andere, wenn sie andere Einstellungen haben und sie streiten, weil ihre Meinungen auseinanderklaffen. Ideale sind vielfach unantastbar.

Im Laufe des Lebens nimmt der Mensch eine enorme Vielzahl an solchen Bildern in sein Unbewusstes auf. Da ist gewiss manches widersprüchlich und unlogisch. Das interessiert das "Gefäss" nicht. Wirken tun diese Bilder trotzdem. Sie steuern die Wahrnehmung, das Denken und die Gefühle. Sie regulieren die Befriedigung von Bedürfnissen und das tägliche Handeln. Alles Leben wird mit Wertmustern eingefangen, auch wenn das Ich behauptet, es lebe wertfrei.

Vielfach ist dem Ich nicht bewusst, welche Wertmuster sein Denken und Handeln beeinflussen. Manchmal glaubt eine Person, sie wisse genau, welche bildhaften Einstellungen und Überzeugungen sie lenken, welche Ideale sie anstrebe und welche Meinungen sie über dies und das im Leben habe. Doch das ist selten der Fall. Im Bewusstsein ist meist nur die "Spitze des Eisberges". Die eigentliche Schubkraft kommt von tieferen emotiv und bildhaft erlebten Zusammenhängen, die aus dem bewussten Element, d.h. der sprachlich-rationalen Form nicht direkt hervorgeht.

Die Stabilität des Ich's hängt entscheidend von diesen Wertmustern ab. Will man ein Wertmuster bei einer Person ändern, so bewirkt dies eine Destabilisierung. Dies bedroht das Ich, Lernprozesse werden abgeblockt. Verteidigungen müssen aufgebaut werden. Vielfach werden Wertmuster rational vertreten um damit verdeckte Interessen zu erreichen. Das macht das Leben sehr kompliziert.

Ein Abbau bzw. eine Umstrukturierung von Werten ist nur durch das Bewusstwerden der Entstehungsgeschichte bzw. der eingeprägten Grundmuster möglich, verbunden mit einer reflektierten Lebensweise. Das verlangt "Arbeit" an allen psychischen Subsystemen und dies ist praktische Individuation bzw. Persönlichkeitsbildung.

Menschenbilder: Anima (Animus) und der äussere Mensch

Jeder Mensch hat verinnerlichte Bilder über: das Vater-sein, das Mutter-sein, das Kind-sein, das Mann-sein, das Frau-sein. Die Lebenserfahrungen mit Menschen werden zu Menschenbildern im Unbewussten. Ein Bild beinhaltet eine grosse Menge an Bildaspekten. Diese können durchaus gegensätzlich und widersprüchlich, positiv und negativ zugleich sein.

Aus der Fülle der Teile ergibt sich ein Konzentrat: ein Gesamtbild. Die Bilder sind gefühlsgebunden und beeinflussen als psychische Kräfte den Menschen in seinem Leben und Wachsen als Mann bzw. als Frau. Diese Menschenbilder formen auch das innere Gegengeschlechtliche: Ist der äussere Mensch ein Mann, so spricht man von "Anima". Ist der äussere Mensch eine Frau, so spricht man von: "Animus".

Anima bzw. Animus sind Begriffe, die vor allem von Jung in die Psychologie eingeführt wurden (1971). Doch Jung selbst hatte damit erhebliche Definitionsschwierigkeiten. Konnte er die "Anima" noch als Vielfalt der Weiblichkeit im Manne umschreiben, so bleibt der Animus als innerer gegengeschlechtlicher Pol der Frau vage. Eine Charakterisierung mit "Meinungen der Frau" dürfte das nicht fassen, was Animus bedeuten sollte (Jung 1971, 100). Nicht minder problematisch ist die von Jung beschriebene kompensatorische Beziehung zwischen Anima und Persona. "Persona" sei die "Maske" des Individuums, die sich jeder aufsetze, um sein wahres "Ich" zu verdecken". Dabei kann es bis zur Ich-Identifikation mit der Maske kommen (1971, 85-88).

Versuchen wir also die Imago's in diesem Kontext zu erklären. Im Zentrum der Grundbilder (Mann, Frau, Mutter, Vater, Kind) steht gewissermassen jenes Bild, das das Gegengeschlechtliche der Person darstellt. Beim Mann ist das die "Anima", bei der Frau der "Animus".

Je mehr die einzelnen Grundbilder in sich selbst zersplittert sind und eine innere Gegensatzspannung enthalten, desto stärker ist auch dieses innere Bild der Anima (des Animus) in Gegensätzen. Die Anima (der Animus) ist gewissermassen die "theoretische logische Konsequenz" aus den fünf Grundbildern.

Je unausgewogener die einzelnen Grundbilder sind und gegeneinander wirken, desto unausgewogener ist auch das Bild der Anima (des Animus). Ihre Teile sind dann: das lebensentfremdete (z.B. Mutter-Gottes), das unterdrückte und unentwickelte Mädchen (die Nymphe) und gewissermassen das "rächende Restbild" (Hexe). Der Mann als Mann will dann ein eigentlich lebensentfremdetes Mannes-Ideal leben, ist aber selbst zum Teil ein unentwickelter und unterdrückter Knabe und lebt zudem auch diesen dritten "bösen" Teil. Bei der Frau sind die Elemente korrespondierend. Partnersuche basiert wesentlich auf dieser Innen-Aussen-Dynamik. Der eine spricht dann mehr auf Aspekte an, die er als Teil des Ideals interpretiert. Ein anderer erlebt eine Anziehung an das Unentwickelte des andern. Die übrigen Teile der Person, ebenso wie des inneren Bildes, entfalten dann allmählich ihre Wirkung.

Die "Maske" kann in diesem "Spiel" eingesetzt werden. Maske ist ein Ausdruck der bewussten oder unbewussten Lebenslüge. Eine Rolle ist das, was ein Mensch durch die eigenen und fremden Erwartungen aus seinem Lebensumfeld lebt in einer spezifischen Situation. Rolle ist etwas sehr Selbstverständliches und Nötiges im Leben. Die Mutter zuhause muss im Geschäft nicht auch noch die "Mutterrolle" leben. Der Polizist am Arbeitsplatz sollte am Familientisch nicht auch noch den Polizisten spielen. Aber viele Menschen identifizieren sich sosehr mit einer Rolle, dass ihr ganzes Leben davon dominiert wird, bis das Ich vollständig die Rolle ist. Maske und Rolle sind nicht dasselbe. Aber eine Rolle kann zur Maske werden. Rollen und Masken als äusserer Ausdruck sind u.E. das, was Jung mit "Persona" meint. Beides steht nicht in einer funktionalen Relation zur Anima (zum Animus). Neben Rolle und Maske gibt es die verschiedenen Gesichter, die nicht erwartet werden (also keine Rollen sind) und nicht als zudeckend im Sinne von Masken gelten können.

Das ist die Vielfalt der Erscheinung des Individuums. Diese sind oftmals Ausdruck dessen, was innen im gegengeschlechtlichen Bild eine gleichgeformte Repräsentanz hat. So ist ein Mann nicht einfach ein Mann. Er ist auch der unentwickelte Knabe, der Beherrscher und die Illusion des Ideals. Dasselbe gilt umgekehrt für die Frau: Sie ist sowohl das unentwickelte Mädchen, als auch die Unterdrückerin und die Illusion des Ideals. In einer Beziehung prallen diese Elemente im Laufe der Jahre immer deutlicher aufeinander. Daraus wachsen verschiedene "Kollusionsformen" (Willi 1976) mit allen Varianten der Pathologie, oder es ergeben sich Veränderungen und Wachstum. Ohne Änderung der inneren Bilder im Gleichschritt mit der äusseren Verhaltensänderung sind tiefgreifende Wandlungen nicht möglich.

Das kollektive Unbewusste: Klärung und Neubestimmung

Die Parapsychologie lehrt, dass der Mensch psycho-energetisch (PSI-Energie) als Sender und Empfänger über jede beliebige Distanz Infomationen aufnehmen und abgeben kann (Wolff, K.: In: Wagner-Simon 1984; Rhine 1977; Bender 1973). Wer etwas "sensibel" ist, kann in Räumen erleben, dass Menschen, die sich davor darin aufgehalten haben, eine Atmosphäre hinterlassen. Nach unseren Experimenten muss es sich hier um geformte psychische Energie handeln. Zwischen Menschen "fliesst" immer ein Strom psychischer Energie, was Lebenspartner und Freunde im Besonderen in ihrem persönlichen Leben beobachten können. Die Psychoanalyse hat diese Phänomene im Kontext von Übertragung und Gegenübertragung noch nicht studiert.

"Es gibt nur Seelisches und Körperliches, beides gleichzeitig", schreibt Schultz-Hencke (1951, 12). Damit lehnt er die Existenz eines kollektiven Unbewussten klar ab; ein etwas voreiliger Schluss aus der Reihe der Neo--Psychoanalyse. Unsere Studien erlauben uns dazu erste Thesen zu einer neuen Theorie zu formulieren.

Das sog. "kollektive Unbewusste" ist, in Anlehnung an solche parapsychischen Phänomene, die Summe der individuellen psychischen Kräfte, die den Raum um den Menschen energetisch formt. Jeder Mensch strahlt Energien von seinen gefühlsmässigen Gedanken, seinen Gefühlen und seinem Unbewussten aus. Je nach Inhalt und Valenz erreichen diese Ausstrahlungen andere Menschen über weite Distanzen. Der Mensch ist dabei Empfänger und gleichzeitig eingebunden in dieses komplexe Strahlenfeld. Wir vermuten, dass es hier bestimmte Gesetzmässigkeiten über die individuellen und kollektiven Bindungen und die Affizierbarkeit gibt.

Wir nennen diese Energie ausserhalb des Menschen "kosmische Energie". Diese kosmische Energie ist und wird laufend neu geformt; bildlich gesprochen: die Luft wird durch Immissionen belastet und verschmutzt. Das nennen wir "Psycho-Smog". Die Parapsychologie hat mit den Experimenten zu Telepathie und Hellsehen dazu Theorien geschaffen, die unsere These stützen. Die Erweiterung unserer Hypothese vom Psychosmog ergibt: Über Jahrhunderte und Jahrtausende haben sich "Restpartikel" der Menschheitsgeschichte in der kosmischen Energie rund um den Erdball erhalten.

Wenn wir diese These mit dem Modell der physischen Wirklichkeit, der Luft also, erweitern, dann hat das ähnliche Rückwirkungen auf das psychische System wie die verschmutzte Luft auf den Körper. Es gibt, so können wir noch weiter als Hypothese ergänzen, eine kosmisch-energetische Kraftquelle im Universum, ähnlich der Sonne. Die psychische "Luft" (die kosmische Energie) benötigt diese Energiequelle. Mit zunehmendem "Psycho-Smog" schaffen sich die Menschen eine Art psycho-energetisches Ozonloch; wir vermuten eine Art "Abschirmung". So könnte der Mensch eines Tages an der total destruktiven kosmischen Energie psychisch ersticken. Wir haben Indizien zu diesem Energiemodell, die zur Annahme führen, dass diese "Restpartikel" aus der Menschheitsgeschichte das tägliche Leben des einzelnen stark mit beeinflussen. Auch kollektive Aggression und vor allem Kriege erhalten wesentlich psycho-energetische Schubkraft aus dieser kollektiven "verschmutzten" kosmischen Energie.

Unsere Thesen zum kollektiven Unbewussten mögen "fremdartig" erscheinen. Die Menschen – und dazu gehören auch die Sozialwissenschaftler – werden umdenken, wie vor Jahrhunderten die Kirche umdenken musste in Sachen Galilei. Wir haben zahlreiche Experimente unternommen, die belegen, dass es diese kosmische Energie gibt, und dass der Mensch diese Energie mit seiner individuell geformten psychischen Energie gestalten kann. So wie man mittels bestimmten Ritualen die psychische Energie im Menschen parapsychisch entspannen, harmonisieren, reinigen und zentrieren kann, so ist es möglich, die psychische (kosmische) Energie in einem Raum zu entspannen und zu "reinigen" (siehe: Schellhammer 1986, 1987). Dass diese Experimente auch mit dreissig und mehr Leuten, gleichzeitig bei verschiedenen Distanzen und Richtungen, zu demselben Ergebnis führen, bedeutet, dass hier eine psycho-energetische Wirklichkeit vorhanden ist, die die Psychologie bis heute kaum erforscht hat.

Unsere Kernthese zum kollektiven Unbewussten heisst: *Das gelebte Leben aller Menschen beeinflusst und bestimmt das Leben aller nachfolgenden Generationen durch das geformte kollektive Unbewusste mit. Dadurch ist letztlich jeder Mensch in Verflechtungen mit den andern Menschen und mit der gesamten Menschheitsgeschichte.*

Diese Beschreibung des kollektiven Unbewussten deckt sich nicht mit der Jung'schen Definition. Was Jung mit diesem Begriff meint, ist u.E. der "Geist" mit den Archetypen. Jung hat den Zugang zur Menschheitsgeschichte in seine Definition mit einbezogen. Wir schlagen vor, so verschiedene Gegebenheiten nicht unter einem Begriff bzw. in ein Konstrukt zu fassen. In unserem Konstrukt sind auch jene Aspekte enthalten, die Szondi als "das Verdrängte der Ahnen" bezeichnet.

Dieses verdrängte Material genetisch identifizieren zu wollen, halten wir allerdings für unmöglich. Denn man kann das Psychische und Geistige nicht auf physiologische Realitäten reduzieren.

Grof (1993, 31, 49, 54, 75) bestimmt das Bewusstsein mit einem feinstofflichen, transzendentalen und absoluten Aspekt. Der Mensch ist mehr als rein materielles und biologisches Bewusstein. Grof's LSD-Forschungen weisen nach, dass nebst biographischem Material (einschliesslich pränatale Erlebnisse) auch nicht-irdische Welten ins Bewusstsein geholt werden können. Das Bewusstsein kann zeitlich und räumlich erweitert werden (transpersonale Erfahrungen). Begegnungen mit Gottheiten, fremden Universen und Wesen sowie die Enthüllung des "heiligen Grals" sind möglich (spiritistisch-mediale Erfahrungen). Frühere Inkarnationen können bewusst gemacht werden. Ferner können parapsychische Phänomene produziert werden, zum Beispiel Präkognition, Hellsehen, Hellhören, Zeitreisen (Grof 1993, 178-221).

Die verzerrten Reaktionsmuster durch LSD (Symptome, Wahrnehmung, Emotionen, Denken, Gedächtnis, psycho-motorische Reaktionen, Sexualität, mystische Erfahrungen u.a.m.) dürften die Strukturierungsprinzipien (das intelligente Wirken) des Geistes u.E. massiv stören, wenn nicht gar zerstören. Die Verzerrungsdynamik macht zudem eine Interpretation der inneren Bild- bzw. Archetypenerfahrung durch LSD unmöglich. Etwas banal ausgedrückt: Wer mit drei Promille Alkohol spricht und denkt, der vermittelt andere "Botschaften" als im alkoholfreien Zustand. Ob man gar die globale Krise als Ausdruck der dunklen archaischen Mächte des Kosmos, der bösen Götter und Geister aus fremden Universen, einwirkend durch die tiefsten Schichten des Unbewussten, verstehen kann, bleibt u.E. sehr zweifelhaft (Grof 1993, 385-412).

Die Bewusstwerdung der unterschiedlichsten Lebensabschnitte bis zurück in die vorgeburtliche Zeit lässt sich mühelos ohne LSD erwirken. Da sind die sog. "COEX-Erfahrungen" als Spurenprägung, d.h. die Systeme verdichteter Erfahrungen im Gedächtnis, viel klarer erarbeitbar und direkter für die Persönlichkeitsbildung verwertbar. Danebst (und am Rande nur) erkennen wir keinen therapeutischen Nutzen von LSD-Sitzungen, im Gegensatz zu Grof's Berichten über Therapieerfolge.

Für alles, was auf diesem verzerrenden Wege erzwungen wird, gibt es einfachere, sanftere und vernünftigere Methoden, die sicher und stabilisierend den Menschen umfassend bilden.

Wir sehen in den Forschungsleistungen von Grof u.a. in erster Linie einen paradigmatisch wirkenden Gewinn über die transzendentale Charakteristik des Bewusstseins und damit des psychischen Lebens schlechthin. Hier lassen sich theoretische Modelle für die "Welt der Archetypen", für das kollektive Unbewusste in unserem Sinne und für paranormale Phänomene weiterentwickeln.

Unsere eigenen Erfahrungen geben allerdings Anlass, hier noch manche begrifflichen Zuordnungen, erkenntnistheoretische Probleme, tiefenpsychologische Konzeptentwicklungen und Forschungsmethoden offen zu lassen. Ein Beispiel sei zur Anregung und Erklärung vorgestellt; ein eigener Traum: "Da kam ich in einen grossen Raum, mehr eine weite Wirklichkeit. Darin befanden sich viele tausend, ja hunderttausend Bilder; alles Bilder aus dem eigenen Leben, alles bereinigt, gut geordnet und gepflegt. Mir war da alles bekannt. Zuhinterst angekommen, öffnete sich ein neuer Raum, eine neue Wirklichkeitsspäre, unendlich weit. Darin befanden sich ebenso viele ganz andersartige Bilder: klar, farbenreich, vielfältig in allen Formen, unfassbar schön, teils humorvoll und teils erhaben bis "heilig", alles enorm beeindruckend, eine Welt voller archetypischer Bilder, eine Vielfalt wie sie irdisch kaum vorstellbar und in dieser Reichhaltigkeit nicht vorhanden ist. Ich dachte: Das ist jetzt die Welt der Archetypen, von der schon C.G. Jung berichtet hat; das ist die Quelle für das Leben; das ist das Reich der Ideen von Plato; das ist das Wertvollste, das ich den Menschen bringen kann. Ich nehme mir vor, das alles auf meinem PC zu speichern, um es in späteren Publikationen verwenden zu können." Kaum erwacht waren natürlich diese Bilder in der erfahrenen Menge nicht mehr greifbar. - Wir anerkennen mit diesem Traum, dass in Sachen Archetypen, kollektives Unbewusstes und Ideenreich noch viele Fragen ungeklärt sind. Die Wissenschaften der Menschenbildung, der Psychologie, der Psychoanalyse und der philosophischen Anthropologie haben die tiefsten Schichten des menschlichen Seins weitgehend noch nicht erschlossen.

Kommen wir kurz zurück zum persönlichen Unbewussten: Hier kann ohne

Zweifel dargelegt werden, wie die Verhältnisse im Unbewussten eines jeden zwingend das Handeln im Lebensraum beeinflussen, und zwar mit individuellen ebenso wie mit kollektiven Folgen. Um ein Beispiel anzufügen, sei nur kurz auf die Umweltzerstörung hingewiesen. Dieses Problem lässt sich als individuelles und kollektives unbewusstes Kräftewirken interpretieren. Denn was die Menschen mit ihrem Lebensraum tun, ist ein Ausdruck der Lebendigkeit ihres unbewussten Bildmaterials.

Wir können also folgern: Bereinigt der Mensch das Unbewusste nicht, so zerstört er sich selber im Sinne der regressiven Bindung, sei es direkt und individuell, sei es indirekt und kollektiv. Und in Anschluss an unsere Überlegungen zum kollektiven Unbewussten und zur Wirklichkeit der Archetypen: Was wissen wir über die Einflüsse dieser Wirklichkeit auf das tägliche Leben der Menschen? Oder: Was wissen wir über all die positiven Einflussmöglichkeiten, die evolutionären Potentiale aus dem kollektiven Unbewussten, das die Menschen durch ihr belastetes persönliches Unbewusstes nicht zulassen?

Wir geben der Zukunft der Menschheit langfristig keine Chancen, wenn die Pädagogik und die Andragogik sowie vor allem private Institutionen der Menschenbildung sich diesen "Tiefen" des psychisch-geistigen Seins nicht forschend, lehrend und praktizierend zuwenden. Denn hier sind die Spuren der Vergangenheit eingeprägt. Und diese wirken durch die Schemata des Verhaltens und Erlebens in die Gegenwart und Zukunft (Piaget 1969). Die Geschichte des 20.Jahrhunderts in Europa ist in diesen Tiefen weder versöhnt noch umfassend bearbeitet. Nur ein Tor kann behaupten, dass von den Spuren des Unbewussten bei vielen Millionen Menschen in dieser Sache keine Wiederholung zu erwarten ist. Anderseits: in diesen Tiefen des Unbewussten können wir unerschöpfliche Quellen für die Evolution der Menschheit finden und nutzen.

Das Unbewusste und die Biographie

Das Unbewusste formt sich durch die Lebensgeschichte. Wir können deshalb die psychoanalytische Konzeption des Unbewussten letztlich nicht von einer Theorie der Biographie losgelöst stehen lassen. Wir stellen nachfolgend zur Biographieforschung verschiedene Betrachtungsaspekte, Erkenntnisse und Konzeptionen vor.

Gudjons meint zur Biographie(1994, Seite 16): "Wir verstehen die Biographie als eine in einem lebenslangen Prozess erworbene Aufschichtung von Erfahrungen, die bewusst oder unbewusst geronnen in unser Handeln eingehen. Erfahrung wird dabei nicht nur als eine kognitive Dimension angesehen, sondern vielmehr als ganzheitlicher, den Körper und das ganze Spektrum sinnlicher, vorbewusster, unbewusster und rationaler Potentiale einschliessender

Vorgang ... Biographie ist keine ahistorische/ungesellschaftliche 'Privatsache', vielmehr werden Erfahrungen in konkreten geschichtlichen und gesellschaftlichen Bezügen erworben ...". Und weiter (ebenda, 27): "Er (der Mensch) lernt zu verstehen, weshalb er so und nicht anders handelt, welche Einflüsse dabei gesellschaftliche Bedingungen haben, wie mit diesen Einflüssen umgegangen wurde, wie sie sich zu dieser spezifischen Biographie und Identität aufgeschichtet haben ...". Ferner (ebenda, 31): "Die Lebensgeschichte eines Menschen ist ... die Geschichte der Bildung ... szenerischer Erlebnisinhalte ..., die Persönlichkeit ist dann das Gefüge dieser Erlebnisinhalte, und die Individualität eines Menschen ist die unauswechselbare Besonderheit dieses Gefüges in einer gegebenen sozialen Situation." Schliesslich sagt er (ebenda, 34-35): "Die erste Zielebene (der biographischen Selbstreflexion ist das) Verstehen", und: "der zweite wesentliche Zielbereich biographischer Selbstreflexion (ist) das Entwickeln von Veränderungsmöglichkeiten und Handlungsperspektiven". Die biographische Selbstreflexion ermöglicht in einem ständigen Prozess (ebenda, 37) "weitere 'Stücke' ihrer Lebensgeschichte anzueignen und das Mosaik des Gewordenseins kontinuierlich zu entdecken."

Heinze sagt zur biographischen Selbstreflexion (1988, 366): "Frühere Erfahrungen werden vom jetzigen Bewusstseinszustand und in den jetzigen Formen des Bewusstseins noch einmal bearbeitet und gewinnen damit eine neue Qualität. Jedes autobiographische Dokument ist seiner Zeitstruktur nach sowohl vergegenwärtigte Vergangenheit und erinnerte Gegenwart (des Ich), wie auch ein Entwurf in die Zukunft ... Die Erinnerung an vergangene, abgeschlossene Ereignisse gestattet dem Autobiographen die nachträgliche 'Glättung' seiner Lebensgeschichte, indem er Brüche, Irrtümer, schlechte Erfahrungen nachträglich durch seine Deutung und die Selektion seiner Erinnerungen integriert, ihnen im Nachhinein einen Sinn verleiht ...".

Steinbach (1985, 406): "Das Gedächtnis bewahrt in erster Linie lebensgeschichtliche Schlüsselerfahrungen auf, und nur aus diesem Blickwinkel lassen sich die Schnittlinien zwischen individueller Biographie und kollektiver Geschichte erkennen". Werner Fuchs schreibt in demselben Sammelwerk (1985, 463): "... Gewiss aber ist dieses neue Interesse (an der Biographie, Verf.) zugleich Zeichen einer neuen Neugier ... In vielfältigen

Versuchen wollen sich einzelne und Gruppen über ihre Entwicklung und die anderer klar werden, einander Leid, Enttäuschungen und Lebensmöglichkeiten erzählen, andere nach ihren Hoffnungen und Entscheidungen fragen ... Solch biographisches Interesse ist nicht Resignation, sondern Beginn."

Meier und Rabe-Kleberg schreiben (1993, 170): "Lebenslauf wird als höchst widersprüchliche Einheit von individuellem Handeln und gesellschaftlich-institutionellen Vorgaben verstanden, d.h. als immer wieder zu revidierendes Ergebnis von Aushandlungs- und Ausbalancierungsprozessen". Und (ebenda, 174): "Die Einschätzung, durch Bildung könne die Lebenslaufgestaltung immer wieder neu - virtuell unbegrenzt - flexibilisiert werden, muss (...) relativiert werden."

Als begrenzende Faktoren nennen die Autoren: schlechte Startchancen, Diskontinuitäten in der Berufsbiographie und fehlende Durchlässigkeit in manchen Berufsfeldern. Für Frauen gilt: "... die Herstellung von Kontinuität und Karriere ist nur möglich, wenn sie sich wie ein Mann verhält, sich vom Familienleben freihält oder sich von diesem zumindest befreit" (ebenda, 176-177).

Die Erziehungswissenschaft hat das Thema enzyklopädisch aufgenommen (Lenzen, 1992, Band 1, Haan de/Langewand/Schulze, 316-321). Wir entnehmen daraus einige zentrale Aspekte: "Für was jemand sich hält, ergibt sich nicht aus dem, was er war oder ist, sondern es ist Ausdruck dessen, wofür er das hält, was er war oder ist, freilich in biographischen und historischen Grenzen" (ebenda 317) ... "Die Autobiographie ... (ist) die vollkommenste Explikation der sich aufstufenden Selbstauffassungen und Selbstdeutungen des Lebens ..." (ebenda, 318) ... "Die Ebenen der Analyse in der Autobiographie sind: 1) die objektive Ebene der materiellen, kulturellen und institutionellen Gegebenheiten; 2) die objektive Ebene der situativen Anlässe, Ereignisse und Handlungen; 3) die psychische Ebene der Erlebnisse und Erfahrungen; 4) die psychische Ebene der späteren Erinnerungen; und 5) die symbolische Ebene der sprachlichen Darstellung mit vagen und lückenhaften Erinnerungen (ebenda, 319) ... "... (in den Transformations-, Selektions- und Rekonstruktionsleistungen) ist die Möglichkeit zur Täuschung, Entstellung und Verdrängung angelegt, aber auch die zur Aufklärung und Korrektur" (ebenda, 319).

Biographische Selbstreflexion ist wichtig, auch im Kontext mit den entwicklungspsychologischen Phasen. Bock zitiert dazu Kampmann aus dem Jahre 1966 (1984, 13: "Die existentiell versäumte Kindheit belastet nicht bloss die Jugendphase, sondern das Erwachsenenstadium und also das

Menschenleben. Gleiches gilt von der Pubertät, der Adoleszenz, der Virilität. Man merkt es noch dem Greise an, ob er jung war oder nicht.

Und noch die Matrone kann das Stigma einer unbewältigten Pubertät tragen". Drei anthropologische Ansätze liefert uns Bock zur biographischen Selbstreflexion (ebenda, 140): "... die Personalität des Menschen, die seine Einmaligkeit ebenso umfasst wie seine Verwiesenheit auf den andern"; "... dass der Mensch ständig ein Werdender ist, dass dieses Werden aber nicht als endogen gesteuerte Entwicklung geschieht, sondern in Auseinandersetzung mit der Umwelt ...".

Das durchschnittliche Entwicklungsmuster des Erwachsenenlebens beschreiben Whitebourne und Weinstock (1982, 138): "Das frühe Erwachsenenalter ist gekennzeichnet durch Bereitschaft zum Ausprobieren und durch Lebenskraft. Im ersten Abschnitt des mittleren Erwachsenenalters werden Erwachsenenrollen und Verantwortung verstärkt angenommen. Hierauf folgt im zweiten Abschnitt des mittleren Erwachsenenalters eine Infragestellung von Verpflichtungen und eine Reintegration. In jeder dieser Phasen besteht ein Zusammenhang zwischen der persönlichen, der familiären und der beruflichen Entwicklung." Was ein 'Erwachsener' ist, ist allerdings relativ: "So gibt es zum Beispiel genügend 20- oder 30jährige, die wir in ihrem Verhalten nicht als 'erwachsen' bezeichnen würden ... Nimmt man das 65. Lebensjahr als Schlusspunkt des Erwachsenenalters, so gerät man in noch grössere Schwierigkeiten ... Einige ziehen sich zurück, einige werden sogar geschäftsunfähig, andere bleiben so leistungsfähig wie mit 55" (ebenda, 25).

Einige Thesen von Kohli (in: Hurrelmann/Ulich, 1991, 303-317); kurz zusammengefasst: Es ist nachgewiesen, dass die Phasengliederung des Lebens im interkulturellen Vergleich und im historischen Prozess beträchtlich variiert ... Die Entwicklung zur Moderne ist ein Prozess der Verzeitlichung des Lebens. Weg von statisch/situational geordneten Lebensform ... Es gibt heute einen standardisierten Normallebenslauf ... Es gibt einen umfassenden Prozess der Individualisierung, d.h. der Befreiung aus (früher) ständischen und lokalen Bindungen ... Der Lebenslauf ist um das Erwerbsleben herum organisiert, in drei Phasen: Vorbereitungs-, Erwerbs- und Ruhestandsphase.

Montada schreibt (1987, 68): "Jede Gesellschaft hat eine Altersordnung, hat formelle und informelle Normen für einzelne Lebensperioden. Die Umwelt reagiert bewertend auf Abweichungen, mit Empörung, Bestrafung oder Anerkennung." Und weiter: "Der Mensch selbst wird als Gestalter seiner Entwicklung betrachtet. Er wird als erkennendes und selbstreflektierendes Wesen aufgefasst, das ein Bild von sich und seiner Umwelt hat und beides im Zuge der Auswertung neuer und vorausgehender Erfahrungen modifiziert." (ebenda, 77).

Der Psychoanalytiker Reich schreibt (1976 bzw. 1933, 286-287): "... am Grunde sämtlicher Reaktionen (des Menschen/des psychischen Apparates) (steht) nicht etwa der Gegensatz Liebe und Hass, gewiss auch nicht der Eros und Todestrieb, sondern der Gegensatz von Ich (Person, Es=Lust-Ich) und Aussenwelt ... Daher muss die erste Regung jedes Lebewesens eine Strebung zur Berührung mit der Aussenwelt sein." Das heisst: Menschliche Entwicklung - und damit die Biographie - steht immer in der dranghaften Berührung von Ich und Aussenwelt.

Als eine treibende Kraft der menschlichen Entwicklung finden wir bei Adler die Minderwertigkeit (1977 bzw. 1928, 57): "Aus der konstitutionellen Minderwertigkeit und aus ähnlich wirkenden Positionen der Kindheit erwächst also ein Gefühl der Minderwertigkeit, das eine Kompensation im Sinne der Erhöhung des Persönlichkeitsgefühls verlangt. Dabei kommt der fiktive Endzweck des Machtstrebens zu ungeheurem Einfluss und zieht alle psychischen Kräfte in seine Richtung." In "Menschenkenntnis" (1978 bzw. 1927, 71) sagt Adler: "... am Beginn jedes seelischen Lebens (steht) ein mehr oder weniger tiefes Minderwertigkeitsgefühl. Das ist die treibende Kraft, der Punkt, von dem alle Bestrebungen des Kindes ausgehen und sich entwickeln, sich ein Ziel zu setzen, von dem es alle Beruhigung und Sicherstellung seines Lebens für die Zukunft erwartet ..."

Olechowski schreibt über die Stufen und Phasen der Entwicklung (in: Zdarzil/Olechowski, 1976, 111-113): "Der Mensch macht jedoch nie eine psychische Entwicklung durch, die allein durch biologische Prozesse bedingt ist.

Die psychische Entwicklung ist beim Menschen stets durch Lern- und Denkprozesse mitbestimmt ... Entwicklung ist also nicht ein Prozess, der mit dem Ende der Kindheit oder der Jugend abgeschlossen ist; er dauert vielmehr ein ganzes Leben hindurch an ... Psychische Entwicklung kann durch die vier folgenden Merkmale beschrieben werden:
1. Differenzierung ... (Verfeinerung) ...
2. Zentralisation ... (Aufbau übergeordneter zentraler Instanzen, die als Steuerungsfunktionen wirken) ...
3. Verfestigung, Kanalisierung ... (zunehmende Einschränkung der Möglichkeiten) ...
4. Aktive Gestaltung ... (Der Mensch determiniert durch seine Entscheidungen in einem gegebenen Augenblick in einem gewissen Ausmass auch seine zukünftigen Entscheidungen ... der Mensch kann über dieses Instrument der Selbstdetermination im Prinzip frei verfügen) ..." und "... die lern- und entwicklungspsychologischen Probleme (werden) durch die Auseinandersetzung mit einigen (vielleicht sogar mit den meisten) der

folgenden Grundsituationen geformt:

1. Situation der beruflichen und wirtschaftlichen Konkurrenz;
2. Situation der Familie;
3. Innewerden der Unvollkommenheit des eigenen Daseins;
4. Reibung an der Monotonie des eigenen Daseins;
5. Innewerden der Endgültigkeit des eigenen Geschicks;
6. Konfrontation mit der Endlichkeit des Daseins." (ebenda, 124).

Inglehart, Professor für Politikwissenschaft in Michigan, schreibt (1989, 487): "Menschen leben weit mehr in der Vergangenheit, als uns bewusst ist. Denn wir interpretieren die Wirklichkeit mit Konzepten und Weltanschauungen, die auf vergangenen Erfahrungen beruhen ... Im Laufe des Heranwachsens bauen wir unsere Interpretation der Wirklichkeit um bestimmte Begriffe herum auf ... Deshalb orientieren wir uns nach alten Landkarten". Zur Entdeckung der eigenen Lebensgeschichte haben Gudjons, Pieper und Wagner ein breites Übungsspektrum zusammengestellt (1994, 210-220).

Lenz bietet uns einige Thesen zur Bildung unter biographischer Entwicklung (1987, 157-162), aus denen wir einige Elemente herausgreifen: "Der Mensch erzeugt die Welt ... und wird durch sie erzeugt ... Bildung (ist) Bestandteil der menschlichen Entwicklung ... Die menschliche Lebensweise zeigt sich als Ergebnis kultureller Überformung ... Die Entwicklung zur Humanität und das Annähern an menschenwürdige Lebensverhältnisse folgt nicht dem Ablauf natürlicher Evolution ... Bildung ist zwischen Reflexion und Handlung angesiedelt ... Bildung (...) beruht auf der Verantwortung des einzelnen". Prange (1988, 3): "Bildung ist die Antwort und das Angebot der pädagogischen Reflexion auf krisenhaft erlebte, epochale Problemlagen".

Die Biographie beginnt schon vorgeburtlich. Der Arzt Verny schreibt (1981, 61): "Ein Mensch (hat) eine sehr viel grössere Chance, ein emotional stabiler Erwachsener zu werden, wenn seine Mutter sich auf die Geburt freut." Man beachte: Jede Moral enthält emotionale Komponenten. Danach kommt gemäss Psychoanalyse:
1. Die orale Phase: Einnehmen, Festhalten;
2. Die anale Phase: Zurückhalten, Ausscheiden, Sauberkeit;
3. Die phallische Phase: Forschen und Bemächtigen (Flammer 1993, 80-82).

Aus dem Entwicklungsmodell von Erikson erwähnen wir die Stichworte: 1. Vertrauen; 2. Autonomie; 3. Initiative; 4. Werksinn; 5. Identität; 6. Intimität; 7. Schaffen; 8. Integrität (Erikson 1974, 150-151, 214-215). Und: "Das kleinste Kind lebt in einer Gemeinschaft von Lebenszyklen, die von ihm abhängen, wie es von ihnen abhängt ..." (ebenda, 152). Aus unserer Sicht folgt dann die Individuation.

Insgesamt folgern wir aus diesen Aspekten zur Bedeutung der Biographie: *Die Klärung des Unbewussten im psychoanalytischen Sinne muss einhergehen mit einer systematischen biographischen Aufarbeitung ab der vorgeburtlichen Zeit.*

9. Die Kraft der Liebe

Varianten der Liebe im Leben

Ungewohnt und eigenartig mag es scheinen, dass die Kraft der Liebe als ein eigenständiges psychisches System deklariert wird. Tatsächlich hat die Psychologie mit einigen Ausnahmen bis heute kein nennenswertes wissenschaftliches Interesse an der Liebe an den Tag gelegt. Zwar war und ist viel die Rede vom sexuellem Trieb (Libido). Freud (1920) hat seinen Begriff vom Lusttrieb in späteren Jahren entscheidend erweitert und stellt den Eros dem Todestrieb ("Thanatos") gegenüber. Eros meint dabei "Lebenstrieb". Der Lebenstrieb ist die Kraft, die nach Entwicklung drängt, konstruktiv und synthetisch wirkt. Eros ist das Prinzip der Vereinheitlichung und Synthese. Der Todestrieb dagegen drängt nach Destruktion, nach Auflösung und Aggression (Freud). Die "Libido" ist die Energie dieser Triebdynamik. Die orthodoxe Psychoanalyse stellt den Lebenstrieb nach wie vor in den Kontext mit dem sexuellen Trieb. Das ist tatsächlich ein ausserordentlich wichtiges Thema für jeden Menschen und für die Andragogik. Einigkeit über den Begriff des Lebenstriebes besteht in der Psychoanalyse nicht (Schlegel 1975, II, 123).

Die humanistische Psychologie spricht und schreibt über Wertschätzung, emotionale Zuwendung und Vertrauen. Dies sind gewiss Ausdrucksfromen, die mit Liebe etwas zu tun haben. Doch als eigenständige psychische Kraft wird die Liebe nicht definiert. Seit Menschengedenken ist die Liebe das zentrale Thema des menschlichen Daseins. Schon Plato sprach vom Eros und meinte damit die Liebe zum Guten und Schönen. Auch das Streben nach Erkenntnis ist hier Ausdruck der Liebe. Selbstentfaltung und sinnliches Glück sind nicht ausgeschlossen.

Das griechische Wort "Agape" enthält heute ein christliches Verständnis von Liebe. Zuerst wird damit die Liebe von Gott zum Menschen verstanden. Der Mensch ist der "Sündigende" und Gott schenkt ihm die Liebe, gewissermassen als ein Akt der Gnade.

Im allgemeinen Sprachgebrauch meint diese christliche Liebe überwiegend die

Nächstenliebe (Campbell 1990, 236-250). Doch in den gängigen Lexika der Psychologie nimmt dieses Thema einen sehr bescheidenen Raum ein. In der Pädagogik ist überwiegend von der Liebe des Erziehers zum Zögling die Rede. Der Philosophie "schmeckt" das Thema viel weniger als erkenntnistheoretische und metaphysische Fragen. Bedeutende Studien zum Thema Liebe hat Fromm (1956; 1979) geliefert.

Ganz gewiss ist die Liebe unerlässliche Bedingung, damit der Mensch gesund wachsen kann. Erhält ein Kind ab frühester Kindheit nicht genügend Liebe, dann entwickeln sich immer "narzisstische Störungen". Die ganze Gesellschaft ist in dieser Hinsicht krank (Battegay 1979, 34/35). Wir betreten gewissermassen Neuland, indem wir versuchen, die Kraft der Liebe als ein eigenständiges psychisches System zu definieren. Dazu müssen wir zuerst etwas ins Leben hineinschauen.

Wenn von Liebe der Mutter und des Vaters zu ihrem Kind die Rede ist, so haben wir im allgemeinen klare Vorstellungen darüber. Die Eltern pflegen ihr Kind, umsorgen es und schützen es vor Gefahren, soweit sie können. Eltern, die ihre Kinder lieben, wenden sich diesen zu. Sie nehmen ihre Kinder ernst. Sie halten eine gewisse Sorgfalt in allen Lebensbelangen. Sie bringen ein inneres Interesse dem Leben des Kindes gegenüber zum Ausdruck. Sie versuchen ihre Kinder zu verstehen und ihre Möglichkeiten zu fördern. Sie haben auch eine besondere emotionale Zuwendung, die eine innere Verbundenheit zum Ausdruck bringt. Eltern übernehmen in diesem Sinne die erzieherische und allgemeine lebensbezogene Verantwortung und Pflicht. Das bezeichnet man als Ausdruck der "Liebe".

Wenn Erwachsene sagen "Ich liebe...", dann steht dies oft im Zusammenhang mit gutem Essen, mit einem besonderen Wein, mit Autos, mit Wohnungseinrichtungen, mit Kleidern, mit Parfüms, mit Hobbies und manchmal auch im Zusammenhang mit Körpergefühlen. Sie meinen damit, dass sie diese Dinge mögen.

Manche sagen es ziemlich unverblümt: "Ich liebe Geld". Ja, warum eigentlich nicht? Viele Menschen kaufen sich Güter und behaupten, sie würden sich damit etwas Gutes tun. Der eine liebt Antiquitäten. Er ist ein Antiquitätenliebhaber. Doch genau hingeschaut kann man erkennen, dass dieses Individuum bloss die "Grösse des Louis XVI" oder die Stimmung des Biedermeiers mag. Oder das Alt-Rustikale ist eine Resonanz für seine rustikale Männlichkeit. Das Auto dient oft als Ersatz. Der Besitzer kann niemals so funktionieren wie ein Auto, hat selten die "Potenz" seines Autos und ist innerlich nie so frei, wie er sich beim Autofahren erlebt. Das ist im Auge zu behalten, wenn jemand sagt "Ich liebe mein Auto". "Sei glücklich und liebe Dich", heisst so manche Philosophie der Lebenshilfe. Das wirkt als Animation um zu kaufen und ist ein reiner Werbeslogan. Glücklich will wohl jeder sein und sind es dennoch viele nicht. "Von Tag zu Tag geht es mir besser und besser". Das soll jeder täglich vor dem Spiegel dreimal sprechen, meint die "Kunst des positiven Denkens" als Lebenshilfe. Doch ist das Selbstliebe?

Was der Mensch im allgemeinen "liebt", versteht man besser unter dem Begriff Lust, Selbstsucht und Egoismus. Das geliebte Objekt ist eine Erweiterung des Selbstbildes bzw. des Ich's. Güter und Lebensräume sind da, um für sich ausgenützt zu werden. Liebe ist da nichts anderes als Befriedigung von "Quasi-Bedürfnissen". Dabei dreht sich alles um das Ich und nicht um die damit verbundenen Lebensmöglichkeiten. Der Wert des Ich's wird erhöht. Dieser Wert steht im Zentrum des Handlungsinteresses. Das Ich identifiziert sein Sein mit den Objekten und mit der Menge an Verfügungsgewalt. Kontrolle, Herrschaft und Macht sind die Charakterististiken dieser Art Liebe. Das Ich will Prestige haben, populär sein und als Attraktivität geliebt werden. Dies ist eine einseitige Beziehung zum Mitmenschen, zu den Objekten und zum Lebensraum.

Wenn Hans zu seiner Freundin Anna sagt: "Ich liebe Dich", dann wird die Suche nach dem, was er wirklich meint, problematisch. Vielleicht hat Hans einfach ein gutes Gefühl. Er fühlt sich bewegt und erregt. Er meint dann vielleicht "Ich empfinde angenehme Lust, wenn ich mit Dir bin".

Manchmal ist dieser Spruch bloss die Eintrittskarte ins Schlafzimmer. Möglich ist auch, dass er seine Anna liebt, weil sie denkt wie er, weil sie dieselben Einstellungen dem Leben gegenüber hat, weil sie für ihn attraktiv gekleidet ist, weil sie gemäss seinen Vorstellungen hübsch ist. Wir können in die Tiefen des Unbewussten von Hans schauen und entdecken dann, dass seine Anna gewisse Ähnlichkeiten mit seiner Mutter hat, als diese noch jung und Hans ein Baby war.

Frühkindliche Lebensbilder sind im "Ich liebe Dich" wiederbelebt. In einer anderen unbewussten Ecke sitzt vielleicht ein Idealbild der Frau auf einem Sockel. Hans erlebt dieses Bild in Anna's Antlitz und hofft unbewusst seine "reine Anima" gefunden zu haben. Stellen wir uns vor, die beiden heiraten und haben dann Kinder. Der Alltag holt sie ein. Die Kinder engen ihr Liebesleben enorm ein. Früher konnten sie Liebe leben ein ganzes Wochenende lang. Doch heute ist die Freizeit voll von Putzen, kochen, Wäsche waschen, Kinder versorgen und manches mehr. Anna hat auch Sorgen und Probleme mit sich selbst. Sie ändert gewisse Einstellungen. Sie ist launisch und manchmal faul, wie das jeder mal sein kann. Dann fehlt's, so skizzieren wir, auch noch an Geld. Hans mag beruflich Erfolg haben, höhere Etagen im Konzern erklimmen und Ansehen in der Gemeinde finden. Er muss die Hypotheken seines Hauses bezahlen. Das hat Vorrang. Die Liebe kommt danach. Und überhaupt erweist sich Anna immer mehr seiner Mutter ähnlich. Das führt früher oder später zu Krisen. So wird die Liebe schnell zu einem faden Licht, geht unter im Getriebe des täglichen Funktionierens.

"Ich liebe Dich" kann bedeuten: "Ich will mit Dir leben"; oder aber: "Ich will Dich haben". Die Sehnsucht nach körperlicher Nähe und Wärme, nach Intimität und Lustintensität dient nur allzu oft dem Zwecke, seine eigene Hilflosigkeit zu überdecken. Das intensive Anziehungsgefühl kann oft auch eine Wiederbelebung der ursprünglichen vorgeburtlichen Mutter-Kind-Einheit bedeuten. Das Gefühl der intimen Nähe soll die Einsamkeit und Lebensleere "füllen". Die äussere Zweisamkeit verdeckt dabei die vorhandene Selbstentfremdung.

Es wäre in manchen Situationen angemessener zu sagen: "Ich will sexuelle Entspannung". Das kann ohne Liebe geschehen, ist aber mit Liebe nicht dasselbe. Das eine kann im Moment eine Befriedigung (Entspannung) schaffen, während das andere Lebensverwirklichung bedeutet. Die Liebe übersteigt den Wert und Sinn des blossen momentanen Lusterlebens. Lusterleben steht hier in einem Wachstum und nicht bloss in einem beliebig additiven Aneinanderreihen von Zufälligkeiten und Momenten der Erfahrung ohne Progression.

Viele Menschen leisten enormen sozialen Einsatz. Sie sind sehr hilfsbereit. Sie opfern ihr Leben, stellen ihre eigenen Bedürfnisse zurück und leisten soziale oder medizinische Hilfe, wo immer sie können mit allergrösstem Einsatz. Sie helfen leidtragenden Menschen, setzen sich ein für die sozial Ausgestossenen, rackern sich den ganzen Tag jahrelang ab in Elendsvierteln. Sie betreuen alte Menschen, Drogenabhängige, Gefangene, Kriegsgeschädigte oder Unterbemittelte.

Der eine tut das als Beruf. Ein anderer hilft, wo immer er kann in der Freizeit. Das wird mit "Nächstenliebe" bezeichnet. Doch was ist daran das Charakteristische der "Liebe"? Ist es nicht vielleicht so, dass der Selbstlose eigentlich vielfach eine tiefe Lebensangst hat (Lowen 1981) und im Grunde lebensfeindlich eingestellt ist? Ist es nicht so, dass hinter dieser Nächstenliebe sich oft Liebesunfähigkeit verbirgt?

Bekanntlich gibt es auch die Naturliebe. Manche verbringen ihre Freizeit gerne in der Natur, mit Wandern, Bergsteigen oder Reisen. Sie fühlen sich wohl in der Natur. Oder sie haben ihren eigenen Garten. Liebevoll pflegen sie ihren Blumen- und Gemüsegarten. Sie haben ein gutes Gefühl, wenn sie mit ihrer Gartenarbeit beschäftigt sind. Doch das kritische Auge sieht hier vielleicht einen verdeckten Beweggrund: Herr Gärtner ist schlicht gerne allein. Er will seiner Frau aus dem Weg gehen. Er klammert sich an seine Blumen, tut alles, was er für sie kann, nur um sich selbst nicht zu begegnen. Was bedeutet hier "Naturliebe"?

Ähnlich ist es bei der Tierliebe: Tante Emma hat eine Katze. Sie liebt ihre Katze sehr. Denn sie ist immer da, kann fast immer nach Belieben gestreichelt werden. Die Wohnung ist nie verlassen. Es tut gut das "Miau" zu hören, wenn man zur Türe hereinkommt. Die Dame nebenan hat einen Hund. Der ist allerdings schon ziemlich dick, eigentlich völlig überfressen. Die Besitzerin kann einfach nicht anders, als dieser treuen Hundeseele immer etwas ins Maul zu geben, wenn er einen gefühlsvollen Laut von sich gibt. Onkel Josef hat gar drei Hunde. Er ist Hundeliebhaber. Seine treuen Viecher sind immer da und hören zu, wenn er vor sich hin spricht. Er hat allerdings eine geheime Befriedigung, wenn seine Hunde ihren Kot vor fremden Häusern platzieren. "Ich scheiss auf Euch" heissen die Botschaften, die seine lieben Hunde für ihn verteilen. Der General kommt vom Krieg heim. Er begrüsst seinen Hund. Seine Frau hat er fast schon vergessen. Von "Hundeliebe" bzw. von "Tierliebe" wird da gesprochen. Doch was hat das mit "Liebe" zu tun?

"Verzeihen", "Versöhnen", "Reue" und "Demut" verweisen auf die Kraft der Liebe. Es gibt "Schläge" im Leben, die sind schwierig zu verarbeiten, zum Beispiel Wirkungen einer Wirtschaftskrise, eine folgenschwere Gemeinheit eines andern, eine kriminelle Tat, ein Krieg und seine Folgen oder eine Diktatur. Der Betroffene ist gefordert, das Leid zu verarbeiten, sich innerlich vom Verursacher zu befreien, auf Rachegefühle und Racheakte zu verzichten, die gestaute Wut abzubauen und Trauer durchzuleben.

Das kann man auch tun, wenn der Täter noch lacht. Umgekehrt kann es für einen Verursacher von Leid bei andern eine enorme innere Herausforderung bedeuten, sein Tun zu verstehen, zu akzeptieren und gleichzeitig sich zu ändern, echte Reue zu haben und mit Demut der Zukunft neu entgegenzugehen. Hier kann man von einem Akt der Liebe sprechen, auch wenn er einseitig vollzogen werden muss.

Misserfolge, Scheitern und Versagen gehören zum Leben. Die soziale Psychodynamik unserer westlichen Gesellschaft gleicht einer Kampfarena. Immer werden einige Gewinner und andere Verlierer.

Die Mehrheit bleibt dabei Zuschauer. Sie sind eigentlich ohne Kampf immer

Verlierer. Sie verlieren ihr eigenes Leben. Verlierer werden bekanntlich nahezu in allen Gruppen ausgestossen. Das hat mit Liebe nichts zu tun. Wer sich in einer solchen Situation erlebt, kann meist nur mit der Kraft der Liebe Überwindung schaffen und eine aufbauende Lebenszuwendung finden.

Das Leben setzt Fakten: Es hat einen Anfang und ein Ende. Zeugung und Tod sind die Grenzen dessen, was unserem Leben den Rahmen gibt. Der Mensch ist getrennt vom Vorher und Nachher. Der Mensch ist, sosehr er versucht sich zu binden, letztlich immer allein. Dieses Getrenntsein von dem, was auch noch ist, ist nie aufhebbar. Was gewesen und gelebt ist, kann keiner zurückholen. Verständlich ist es, wenn da der Mensch sich an den andern und an die Dinge klammert. Denn er kennt die innere Wirklichkeit nicht als Halt. Er hat seine Verwurzelung nicht im Geist gefunden. Er hat das Geheimnis des Lebens nicht enthüllt. Nur durch die Liebe vermag der Mensch diese Grenzen zu überschreiten, die Grenzen seines Ich's, seines Bewusstseins, seiner Weltgebundenheit.

Religiöse Menschen sagen "Ich liebe Gott". Viele besonders einsatzbereite Menschen vereinen sich geistig mit Jesus Christus und sagen dann "Ich liebe meinen Herrn Jesus Christus innigst". "Gott, allmächtiger Vater, wir lieben Dich" ist ein Gebetsspruch. Weiss denn jemand, welche Konsequenzen ein solches Beten haben könnte? Liebt er Gott, oder fürchtet er ihn bloss und will ihn mit Lobgesang beschwichtigen, wie ein Kind seinen tyrannischen Vater? Praktizierte Religion erweist sich in überwiegendem Masse als infantile Beziehungspflege nach dem Muster der Kindheitserfahrungen.

Was meint ein Mystiker, wenn er sagt: "Ich und Gott sind eins ... Durch die Liebe gehe ich in Gott ein." (zit. nach Fromm 1956, 109)? Bekanntlich beten Millionen Menschen zu Gott. Beten heisst da: sie reden. Innigst aus Liebe bitten sie um Hilfe.

Merkt denn da keiner, dass das ist wie in den Telefonhörer reden, ohne eine Nummer gewählt zu haben? Gott muss zu jeder Zeit für jede Kreatur, die gerade betet, da sein und zuhören, Geld beschaffen, Sorgen abnehmen, Trost spenden, aus Kummer befreien, ein Problem lösen, ein Gefluche anhören, enormes Leid versöhnen, Kraft geben für das Verharren in Unbewusstsein und das Verweigern der Selbsterkenntnis. Darin scheint die Liebe zu Gott ihren Beweggrund zu haben. Doch Gott ist nicht der "gestrenge gütige Vater mit Bart". Das ist ein Abdruck der patriarchalischen Gesellschaft.

Gott kann bildhaft nur mit dem höchsten Archetypus veranschaulicht werden. Dadurch kann Gott erfahren werden als: Einheit, Ganzheit, Offenheit, Leben, Sein, schöpferische Kraft, Wert, Sinn, Geist und eben als

Liebe. Wir wagen einen grossen Schritt: Liebesverwirklichung ist Gottesverwirklichung. In alten Gralsgeschichten ist die Liebe ("Amor") die Kraft im Menschen, die sich entwickelt, so wie der Mensch auf die Reise geht, sich selbst zu finden (Campbell 1990, 249-250).

Das Wort Liebe taucht auch im Zusammenhang mit Arbeit, Freizeit und Politik auf: "Ich liebe meine Arbeit ... lch liebe es, mit der Modelleisenbahn zu spielen ... Ich liebe Fussball ... Ich liebe Jazzmusik ... Ich liebe die Sonne und das Meer ... Ich liebe Spanien ... Ich liebe mein Heimatland ..." Was meint der Mensch, wenn er solches sagt? Er meint Unterhaltung, "Fun" oder kreatives Schaffen.

Meint Liebe auch Aktivität, dann ist der Zuschauer und Konsument in dieser Rolle ausserhalb dessen, was Liebe ist. Sehnsucht nach Freiheit und Geborgenheit kann schlicht sentimentale Liebe bedeuten. Erinnerungen bewegen den Menschen und erwärmen frühere Gefühle. Die Liebe zu einem andern Menschen, zu einer Gruppe, zu einer Institution oder zum Staat bzw. einem ihrer Vertreter ist oft nur Ausdruck einer regressiv orientierten Liebe.

Angepasstes Verhalten soll erreichen, was man früher nie oder zu wenig erhalten hat: Liebe. Es ist der tiefe Wunsch jedes Menschen geliebt zu werden und ein liebevolles Zuhause zu haben. Umgekehrt buhlen Politiker und Träger von Institutionen um die Liebe beim Volk. Hat das mit Liebe zu tun? Das ist meist bloss ein Spiel mit der Emotion der Liebe, begründet mit Interessen, die ausserhalb der echten Liebe liegen.

Weiter finden wir diese Wortverwendung auch im Zusammenhang mit Kunst und Kultur. "Ich liebe das Schöne ..."; "Ich liebe es, wie hier eine Botschaft kunstvoll geformt ist ..."; "Ich liebe das Harmonische ..."; "Ich liebe diese Symphonie ...". Manche Menschen, die das nötige Geld haben, sammeln alles, was sie "lieben". Sie füllen damit ihre Räume oder Tresore in Banken. Sie schützen so, was sie lieb hat.

In der Psychotherapie ist oft die Rede, dass die heilende Kraft letztlich die Erfahrung der Liebe ist (Frankl 1975; Battegay/Trenkel 1978). Auch Siegel (1990) weist vielfach darauf hin. Damit ist gemeint, dass das Zuhören, das Verstehen, das Interesse zeigen, die Geduld haben, das Gewährenlassen und das Akzeptieren dem Klienten verhilft, sich selbst zu finden und zu wachsen. In dieser Liebe ist der Therapeut manchmal Projektionsfeld, manchmal Kommentator, manchmal Vater oder Mutter, manchmal Helfer und Heiler. Was er aber auch sein sollte, ist ein Menschenführer, der sagt: "So gehts aufbauend vorwärts; alles andere ist nur Umweg oder Flucht". Menschen bildend führen auf ihrem Lebensweg ist Ausdruck der Liebe.

Charakteristiken und Arten der Liebe

Bleiben wir noch auf der Ebene des sprachlichen Gebrauches dieses Wortes "Liebe", so können wir aus diesen Beispielen einige Charakteristiken erkennen:

- Liebe enthält eine Emotion.
- Liebe impliziert Bejahung und Zuwendung.
- Liebe enthält ein Erleben von Glück.
- Liebe meint Fürsorge, Schutz und Pflege.
- Liebe bedeutet eine innere Beziehung/Verbindung zum Subjekt/Objekt.
- Liebe bedeutet auch, eine Verantwortung/Verpflichtung zu übernehmen.
- Liebe enthält ein Interesse an Wissen.
- Liebe bewirkt Handlungen, vielfach kreative.
- Liebe enthält auch ein Interesse an der Existenz dessen, was man liebt.
- Lieb e meint ein Geben (dem andern oder sich selbst).
- Liebe enthält Respekt und Rücksicht vor dem Subjekt/Objekt.
- Liebe enthält einen besonderen Wert und Sinn.
- Liebe ist gerichtet auf ein Subjekt oder Objekt.
- Liebe ist eine Erweiterung der Person, die liebt.
- Liebe bindet (und hält doch frei).
- Liebe hat mit Wahrhaftigkeit zu tun.
- Liebe schafft eine Einheit und Ganzheit.
- Liebe enthält Individualität.
- Liebe impliziert eine gewisse Freiheit.
- Liebe ist ein Ausdruck des aktiven Lebens.
- Liebe ist Sinn und Wert an sich, ohne Zweckausrichtung.

Aus dieser Übersicht können wir extrahieren, was Liebe im Kern meint: *Liebe ist Bejahung des Lebens mit der psychischen Ganzheit. Liebe errreicht die psychische Ganzheit als Basis, Weg und Ziel. Liebe ist die Verwirklichung des psychischen Seins im Lebensraum. Liebe nutzt die Möglichkeiten von Objekten und Institutionen.*

Aus den erwähnten Beispielen wird ersichtlich, dass es offensichtlich sehr unterschiedliche Formen der Liebe gibt, und dass einige Wortverwendungen falsch sind. Oder der Mensch aktiviert und lebt in falschen Formen die Liebe. Wir lassen uns von der christlichen Leitidee lenken, die heisst: "Liebe Deinen Nächsten wie Dich selbst" (was schon zu Zeiten der griechischen Antike ein Leitspruch war). Die Liebe hat ihren Ausgangspunkt bei der liebenden Person. Also geht es immer zuerst um diese Person. Stellen wir die Person an den Anfang der Liebe und auch ins Zielfeld, so müssen wir das gesamte psychische System einbeziehen. "Liebe Dich selbst" mag zu recht bedeuten, man solle für sein physisches Wohl sorgen und Lust leben. Aber der Mensch ist, wie wir dargelegt haben, noch viel mehr als nur Körper und Lustapparat.

Echte Selbstliebe impliziert das psychische Leben als Ganzheit und Einheit. Interesse daran zeigen bedeutet, sich darüber Wissen aneignen. Man kann, wie es jedem einleuchten müsste, nicht lieben, was man nicht kennt. Fürsorge, Pflege und Schutz verlangen nach einem bestimmten Umgang mit dem Innenleben. Das psychische Leben erhält einen hohen Wert und verlangt nach Verantwortung. Selbstliebe bedeutet somit, eine innere Beziehung zu sich selbst herstellen.

Die Suche nach Glück und Sinn integriert das gesamte psychische Leben, was nie ohne Wahrhaftigkeit, Verpflichtung und bejahendes aufnehmendes Umgehen damit geht. Im Gesamtüberblick über all die psychischen Subsysteme ist leicht zu erkennen: Echte Selbstliebe verlangt Arbeit. Sie ist nicht bloss ein Gefühl, nicht einfach eine orale oder sexuelle Befriedigung und viel mehr als die Pflege der Erscheinung. Wer an sich arbeitet, liebt sich wirklich und umfassend.

Das heisst in Worten etwa so: "Ich liebe meine Gefühle, indem ich sie ernst nehme. Ich liebe mein intelligentes Vermögen, indem ich es nutze. Ich liebe meine Grundbedürfnisse, indem ich diesen einen angemessenen Ausdruck gebe. Ich liebe mein unbewusstes Leben, dadurch, dass ich darin Ordnung halte. Ich liebe meine Ich-Kräfte, indem ich diese stärke. Ich liebe meinen Geist, indem ich mein Leben darin zentriere. Ich will alles kennen, pflegen, fördern, schützen, entfalten und einem harmonischen Ganzen zuführen".

Diese Basis ist nun, so legen wir fest, die Ausgangslage für alle Formen der Liebe. Hans soll seine Anna so lieben lernen, wie er lernen muss, sich selbst zu lieben. Und umgekehrt muss Anna zuerst sich selbst lieben lernen, um ihren Hans wirklich lieben zu können. Wenn das beide tun, dann wird ihre Liebeskraft zu einer tragfähigen und fruchtbaren inneren lebendigen Substanz.

Gehen wir nun zum "Liebe Deinen Nächsten ...": Der altruistische Mensch setzt sich bis an seine Grenzen für andere ein. Liebt er sich selbst dabei nicht in dem Sinne, wie wir die Selbstliebe eben definiert haben, so kann er jene, denen er hilft, auch nicht wirklich lieben. Der Beweggrund der altruistischen Hilfe muss dann sogar darin gesucht werden, dass er vor sich selber fliehen will. Die Hilfe am Nächsten wird dann zu einer Tätigkeit, die das eigene Sein gleichzeitig psychologisch zum Unbedeutenden macht, ja sogar vernichtet.

Das Helfer-Ideal (Schmidbauer 1984) erweist sich als Komplize in der Selbstverleugnung und als Hauptagens einer projektiv und unbewusst gelebten Psychodynamik. In Bezug auf die psychische Wirklichkeit geht die helfende Person mit dem andern dann gleich um, wie mit sich selbst: "Ich helfe Dir in deinem Leid, wie immer ich kann, aber Dein Unbewusstes, Deine Gefühle, Dein Intellekt, Deine (psychischen) Bedürfnisse, Dein Ich und Dein Geist interessieren mich nicht".

Wir können nun die Hilfe am Nächsten als ein Akt der Liebe neu bestimmen: Die Liebe integriert den ganzen Menschen und alles Tun soll dazu dienen, dass das psychische Leben den Wert und die Realisierung erhält, die aus der Liebe gegeben ist. Das lässt sich in der praktischen Arbeit gewiss nicht immer einfach unter einen Hut bringen. Die unerlässliche Grundlage ist, dass alles Tun aus der Selbstliebe entspringt. Mit andern Worten: Geschieht die Hilfe am Nächsten ohne die Selbstliebe, dann kann diese Hilfe nicht als Liebe bezeichnet werden, sondern allenfalls als eine "altruistische Einstellung mit lebensunterdrückender Wirkung". Fördert diese Hilfe die Flucht vor sich selbst und unterdrückt damit die Selbstliebe, dann sollte man dies nicht einmal als "altruistisch" bezeichnen. Sie ist nämlich insofern nicht altruistisch, als die Projektionsdynamik eine bestimmte Form der Lebenslüge zu verdecken hilft.

Selbstliebe bedeutet: *Interesse haben, pflegen, wertschätzen, bejahen, schützen, entfalten, Einheit schaffen, Freiheit bilden, Verantwortung übernehmen, innere Verbindung herstellen, Wahrhaftigkeit leben, Respekt und Rücksicht halten, Sinn und Glück binden, und zwar an: den eigenen psychischen Kräften, wie: Gefühle, Bedürfnisse, Intellekt, Unbewusstes, Ich und Selbststeuerung, Abwehr, Wille, Geist bzw. Träume, Psychodynamik und Handlungen.*

Diese Liebe setzt viel Kraft voraus, die erst aufgebaut werden muss. Es sind Widerstände zu überwinden. Der Zeitgeist fördert dieses Bemühen nicht. Immer wieder muss man Gegebenheiten annehmen, die man eigentlich lieber gar nicht sehen möchte. Bevor man das Ziel einer solchen Selbstliebe auch nur annähernd erreicht hat, eigentlich ohne zu wissen, was dies für einen Gewinn bedeutet, muss man sich auf den Weg machen.

Die Selbstliebe in der Partnerschaft leben, fördert die Liebe zum Partner, macht die Liebe zum Partner eigentlich erst wirklich möglich. Das Leben wird interessant: Das Paar erzählt sich am Morgen die Träume. Sie machen gemeinsam Übungen zur Entdeckung ihres Unbewussten. Sie diskutieren und suchen ihre Grundbedürfnisse. Sie analysieren zusammen, wie sie wahrnehmen und denken.

Sie reden zusammen über ihr Reden. Sie betrachten kritisch ihr Handeln und damit auch ihre Rollenaufteilungen. Sie meditieren zusammen und machen auch Entspannungsübungen. Sie lernen gemeinsam ihre Vergangenheit verstehen, ihre Gegenwart zu erweitern und ihre Zukunft vorzubereiten. Sie lernen einander mit Respekt vor den ungeformten und einseitig geprägten psychischen Kräften begegnen. Sie lernen Wahrhaftigkeit im Reden, Handeln und sich Begegnen. Sie nehmen einander immer mehr ganzheitlich als Wert und Sinn des Daseins wahr. Sexualität ist dann ein Teil in dieser komplexen Liebe. Das Paar muss manchmal täglich, sicher alle Monate immer wieder einen neuen Anlauf nehmen, das psychische Leben wichtig zu nehmen. So wachsen zwei Lebensbäume nebeneinander. Auf diesem Weg wächst bei beiden das, was die Liebeskraft ist.

Determinanten des Lebensraumes machen eine solche Lebensform bzw. Liebe allerdings oft schwierig. Leiderfahrungen, Arbeitslosigkeit, Geldnot, Desaster im Geschäft, Gemeinheiten anderer Menschen, familiäre Umstände, gesellschaftliche Krisen und Kriege können die Kraft dieser Liebe schwer schädigen oder gar zerstören. Die grassierende Verweigerung, das psychische Leben und die Individuation ernst zu nehmen, d.h. die eigentliche Lebenslüge, gibt der Liebe fast keine Chance, in der Gesellschaft wachsen zu können.

Ohne Zweifel hat das, was wir "die Kraft der Liebe" nennen, viel zu tun mit "Lebenssinn". Hier begegnen wir zwei Arten von Aussagen, die im Zusammenhang mit Leid vielfach auftauchen: "Die Liebe ist letztlich stärker als das Böse"; und: "Der Wille nach Sinn ist die Kraft zur Überwindung von Leid" (Frankl). Da tauchen schwierige Fragen auf: Was war der Sinn vom Leid jener, die zum Beispiel Auschwitz nicht überlebt haben?

Worin soll der Sinn bei den Armen, den Obdachlosen und Unterdrückten bestehen, die weder Bildung noch Geld haben, sich aus ihrer Lage zu befreien, wo viele nicht einmal in der Lage sind, ihr Daseinserleben sprachlich zu fassen?

Was ist der Sinn der Folgen eines Autounfalls, wenn plötzlich eine Familie ohne Vater ist, und die Ursache ganz und gar nicht mit "Gotteswille" erledigt werden kann? Was ist der Sinn eines Krebsleidens, wenn die betroffene Person nicht in der Lage ist, die tieferen psychischen Kräfte in dieser Krankheit zu erkennen? Was ist der Sinn der Millionen Kriegsopfer und heimatlos Gewordenen, heute und früher?

Wir wissen darauf keine "fertige" Antwort. Doch eines scheint uns sicher: Man kann aus der Dummheit, aus der Brutalität, aus dem Bösen und aus der

Lüge der einen, bei den Opfern nicht einfach einen "Sinn" konstruieren. Man kann nicht einfach das Böse zum Sinn der Liebe (als Pflicht) bei den andern machen. Niemand weiss, ob die Kraft der Liebe letztlich in der Geschichte der Menschheit wirklich "siegen" wird.

Liebe und Hass: Lebenszuwendung und Lebensabwendung

In vielen Formen der Objektliebe, der Tierliebe und der Liebe zu Institutionen (wir denken hier an Parteien und Kirchen, auch an esoterische Gruppen) ist charakteristisch, dass innerpsychische Gegebenheiten nach aussen projiziert werden und das Objekt der Liebe zum Ersatz wird. Statt sich selbst zu lieben, oder den Partner zu lieben, oder Menschen zu lieben (in dem Sinne wie erläutert), binden sich die Menschen an Äusserlichkeiten. Der Umgang mit Objekten und Tieren, aber auch mit der Natur und mit Institutionen, ist ein symbolischer Versuch, das zu tun, was diese Menschen eigentlich mit sich selbst tun sollten.

Die äussere Liebe will das psychische Leben umgehen. Der Mensch verliert dabei die Beziehung zu sich selbst und zum andern. Er kann nur noch nach aussen gerichtet der Kraft der Liebe einen Ausdruck geben. Ob nun diese Kraft der Liebe gelebt und entfaltet wird oder nicht, die Kraft bleibt immer da. Doch sie kann sich pervertieren. Sie richtet sich zerstörerisch gegen die psychische und physische Ganzheit, gegen den ganzen Lebensraum des Menschen, weil er diese Kraft nicht formt und nicht integriert. Gleichzeitig agieren die psychischen Kräfte aus dem Unbewussten immer stärker.

Aktualisiert der Mensch kein Interesse an seinem psychischen Leben, dann richtet sich diese Kraft nach aussen: Objekte, Tiere und Macht, etc. Da die Liebe immer auch Du-gerichtet ist und in Beziehungen einen Ausdruck finden will, dienen diese äusseren Möglichkeiten als Ersatz. Das ist einfach zu erkennen beim Hund und der Katze. Das Haustier erhält eine symbolische Bedeutung, die das Sinnvolle übersteigt. Statt als symbolische und kreative Möglichkeit zur eigenen Bereicherung, wird das Tier zu einem Ersatz.

Die Liebe zu Objekten hat Fromm unter dem Gesichtspunkt von "Haben statt Sein" zur Diskussion gebracht. Doch u.E. sollte diese nicht in einen Dualismus geführt werden. Wir sagen deshalb: *"Haben für Sein"* und interpretieren dies unter dem Gesichtspunkt der Selbstliebe und Liebe generell. Dient das Objekt der Flucht vor sich selbst und dem eigenen Leben, dann will der Mensch eben "besitzen" im Sinne von beherrschen und kontrollieren. Dienen die Objekte der Gestaltung der Liebe und fördern sie generell die Liebe zum Leben, dann hat Haben durchaus seinen Wert.

Wer sich an Objekten festhält, kann nicht leben; fällt, sobald die Objekte wegfallen. Wer die Objektwelt nutzt für sein Leben mit Liebe, ist nicht an die Objekte gebunden, sondern an das, was er damit lebt. Objekte haben dann eine "Dienstfunktion" nicht eine "Seinsfunktion". Wer seinen Grad an innerer Freiheit gleichsetzt mit seiner Auto-Mobilität, täuscht sich. Viele Menschen mit sehr kleinem Ich sitzen in Autos mit sehr starkem Motor. Stimmt aber die symbolische Bedeutung des Objektes mit der psychischen Realität der Person überein, dann ist das immer eine symbolische Bereicherung. So ist das auch mit dem Geld. Viele Leute haben viel Geld, doch keine Liebesfähigkeit. Sie haben ihre Fähigkeiten nicht entfaltet und tun nichts mit den Möglichkeiten ihres Kapitals, was ihre Liebesfähigkeit fördern würde.

Die Kraft der Liebe will leben. Sie will handeln. Sie will schöpfen. Sie will aus sich selbst noch mehr machen. Sie will sich umsetzen. Sie will den Lebensraum aus der Liebe gestalten. Sie will nicht und kann nicht in einem Stahltresor eingeschlossen sein. Sonst wird sie destruktiv. Ihre Energie steht dann dem chaotischen Unbewussten zur Verfügung. Oder sie verkehrt sich selbst ins Gegenteil. Das hat immer Schaden zur Folge, beim Individuum ebenso wie in der Gesellschaft.

Was die Liebe aus sich selber zu leben vermag, wenn sie mit den andern Subsystemen integriert wird und wächst, ist primäre Lebensfunktion. Sie vertritt das Leben. Sie will das Leben.

Und das spricht nie grundsätzlich gegen Objekte, Güter, Kapital und Institutionen. Wenn der Mensch im Dienste dieser Sachen und Gegebenheiten steht, und dieses Wechselspiel nicht mehr geleitet wird von der Liebe, ist das immer der Anfang einer Selbstzerstörung. Darum sagen wir: Wer sich nicht selbst liebt, der vernichtet letztlich sich selbst von innen. In der Objektliebe zerstört der Mensch langfristig auch seinen Lebensraum. Die "Quasi-Bedürfnisse" werden dominant und halten das exponentiell wachsende Zerstörungsgetriebe in Fahrt.

Warum werden Menschen kriminell? Warum entwickeln sich Menschen zu Narzissten? Warum üben viele Menschen schädigende Macht aus? Warum wird ein Mensch zum Sadisten, beutet andere aus und unterdrückt sie? Warum gibt es viele Formen der psychopathischen Persönlichkeit? Warum sind viele Menschen gewalttätig? Warum schädigen die Menschen die Natur und die primären Lebenssysteme? Warum führen Völker Kriege? Die Gründe sind in der psychischen Innenwelt zu suchen. Dies alles sind Ausdrucksformen der kollektiv fehlenden Liebe. Die Liebe hat sich pervertiert in Hass, Lebensablehnung und Destruktivität, wohin man schaut.

Die psycho-sozialen Entwicklungsstadien von Erikson (1974, 150/151) lassen sich auch in der Dimension Liebe-Hass verstehen. Dieses Modell der menschlichen Entfaltung ist eine Orientierung für Menschenbildung zum Leben in der Kraft der Liebe. Eine altersspezifische entwicklungspsychologische Zuordnung ist für die Persönlichkeitsbildung ohne hervortretende Bedeutung.

Die Aspekte gelten immer:
a) Lebenszuwendung enthält: Urvertrauen, Ich-Identität, Schöpfertum, Intimität, Integrität, Initiative, Autonomie, Werksinn.

b) Lebensabwendung enthält: Urmisstrauen, Ich-Diffusion, Stagnation, Isolation, Verzweiflung, Schuld, Zweifel, Minderwertigkeit.

Jones (1978, 199) interpretiert Hass als "Deckmantel von Schuld und Angst". Die Gegenkraft nennt er "Liebestrieb". Gegen diese Liebeskraft wirken: Eigensinn, Zynismus, Herzenskälte, Unempfänglichkeit für Gefühle, Selbstsucht und und extremer Individualismus (1978, 252-261). Diese lebensablehnenden Kräfte sind vor allem auch Ausdruck der Abwehr gegen das psychische Innenleben (1978, 258).

Im Alltag gibt es viele Formen, die sich nicht krass als gegenteilig zur Liebe erkennen lassen, aber an sich schon erkennbar in der "Grauzone" befinden. Da stellt einer einen andern bloss. Entwertende Sprüche hat wohl jeder schon gehört. Anerkennung entziehen, wem nicht mehr mitmacht, ist ein altbekanntes Muster gruppendynamischer Prozesse. Es gibt viele Formen der Geringschätzung. Eine spöttische Bemerkung oder eine simple Kritik mit entwertendem Ton kann unter die Haut gehen. Ignorieren ist schon ziemlich scharf. Ächten ist gleich einem Richterspruch. Jeder weiss, was solches Verhalten bewirkt: Angst, Lähmung, Ohnmacht, Aggression, Wut, Schwächung, Verletzung im psychischen Innenleben. Da kann einer noch so lächeln und das eigentliche Tun hinter seiner Maske verdecken. Im Ton und oftmals in der Form lässt sich erkennen, wie Menschen andere schlagen. Schläge einstecken gehört zum täglichen Lebenstraining. Das ist die Umkehrung der Liebe in den alltäglichen Formen.

Die Liebe ist eine Kraft, die auch ein Werterleben enthält. Es ist das Empfinden über jene Wirkungen bzw. Wirkkräfte, die das psychische Leben und damit das menschliche Leben bejahen oder ablehnen, aufbauen oder zerstören, achten oder missachten, fördern oder blockieren. Eigentlich weiss doch jeder, dass die Liebe nur Gutes tun kann und förderlich ist für das innere Wohl und Glück. Es ist kein leerer Spruch, wenn gesagt wird, dass die Liebe heilen kann.

Und auch die Umkehrung ist ein Tatbestand: fehlende Liebe macht krank, psychisch – und oftmals physisch. Die Liebe ist nicht nur "Eros", Wohlbehagen und Freude am Schönen. Die Liebe ist das Lebenselixier. Ohne Liebe verkümmert der Mensch und wird ein Staat letztlich in sich selbst zerfressen. Hass ist wie ein Krebs, in der Psyche des einzelnen wie im Staat.

Die Kraft der Liebe ist die einzige Kraft des Ich's, die über das eigene Ich hinausgehen kann, die Stolz und Verletzung überwinden kann, die das Leben über Objekte stellen kann. In diesem Sinne ist die Liebe transzendental. Sie übersteigt das mechanische Funktionieren der psychischen Kräfte. Für Balint (1981, 230/231) besteht das Endziel der Psychoanalyse nicht einfach im Abreagieren eines Traumas, sondern im "Entschluss zum Neubeginn der Liebe". Die Heilung frühkindlicher Traumas führt offensichtlich zu einem "Qualitätssprung". Das Durcharbeiten (Wiederholen) kann noch nicht die Liebe schaffen. Die Zuwendung zum Leben ist eine neue schöpferische Leistung, grundgelegt durch die innere Versöhnung und Auflösung leidvoller und entwicklungshemmender Erfahrungen. Wir bezeichnen dies als die "transzendierende Leistung" der Liebe. Diese enthält u.E. immer ein freiwilliges "Ja" zum Wert und Sinn der Liebe an sich, d.h. ohne utilitaristische Interessen (Frankl 1975).

Die Kraft der Liebe und des Hasses kann in einem Kontinuum erfasst werden (vgl. Balint 1981, 151-169). Aspekte bzw. Elemente der Kraft der Liebe und des Hasses sind:

HASS: Verneinung des psychischen Lebens; Lebensabwendung; Regression; Abwenden; Vernachlässigen; Destruktivität; Lüge; Zerrissenheit; Objekte libidinös besetzen; Identifizierung mit Äusserem; Entwerten des psychischen Lebens; Respektlosigkeit dem Leben gegenüber.

LIEBE: Bejahung des psychischen Lebens; Lebenszuwendung; Progression; innere Einheit; Zuwenden; Pflegen; Konstruktivität; Wahrhaftigkeit; Ganzheitlichkeit; Objekte sachlich und symbolisch nutzen; Orientierung an Archetypen der Individuation; Wertschätzen des psychischen Lebens; Respekt gegenüber dem Leben.

Wenn das Ziel der "höchsten Erleuchtung" darin besteht, sich von jeglichem Leid, von jeglicher Empfindungswelt und vom Körpererleben loszulösen (Johari 1979), dann ist das u.E. Lebenshass und hat mit Liebe zum Leben nichts zu tun. Die Liebe als "JA" zum Leben beinhaltet ein Akzeptieren des Lebens, so wie es real ist. Und das ist der Alltag des Menschen:

"Kritische" Bereiche für die Liebe als Lebenszuwendung sind:

● Der tägliche Haushalt: Saubermachen, waschen, einkaufen, kochen, abwaschen, Schuhe putzen, Budgetplanung, Versicherungen in Kontrolle halten u.s.w.

● Arbeiten und damit seinen Lebensunterhalt verdienen. Dazu gehören auch Aspekte wie Schweiss, Anstrengung, Mühseligkeiten, Pflichten u.s.w.

● Beziehungen mit all der "banalen" Kompliziertheit, die sich ergibt durch: Liebesbedürfnis, Aggression, Unehrlichkeit, Verdrängung, Machtspiele u.s.w.

● Stimmungen und Gefühle aller Art, die jeder hat: Lustlosigkeit, Einsamkeit, Leere, Hoffnung, Sehnsucht, Ängste, Bedrücktheit, Langeweile u.s.w.

● Probleme und Krisen, Konflikte und Störungen und Schwierigkeiten mit sich selbst, mit andern und mit dem Leben überhaupt.

● Das Leid und Elend der Welt von Milliarden Menschen, wie es jeder täglich durch die Medien in die Stube präsentiert bekommt.

● Das tägliche Leben zeigt auch die Verlierer und Gebrochenen, die Schwachen und die Hilflosen, die Unterdrückten und Geächteten und die Kranken.

● Politik, Wirtschaft und Religion als Mächte und spielende Kräfte, die kaum zu durchschauen, zu überblicken und zu verstehen sind.

● Der bebaute Lebensraum: Strassen, Häuser, Fabriken u.s.w.: anonym, unmenschlich, kalt, unüberblickbar und das Leben entscheidend bestimmend.

● Millionen Menschen und Menschenleben gleichen sich wie Sandkörner am Meer: keine besondere Originalität und hervorragende Leistungen unterscheiden sie.

● Von überallher die frohe Botschaft: "Wir haben Dir Dein Glück", "Kaufe dies", "Komm zu uns für Dein Glück".

Das Ich ist aufgefordert, das alles ins Bewusstsein zu integrieren, ernst zu nehmen und zu managen. Darin soll sich der Mensch seinen Wert und seinen Sinn aufbauen. Verantwortung soll der Mensch übernehmen und seine Lebenspflichten erfüllen. Da will das Ich lieber unbewusst leben, nicht hinschauen, nicht fühlen, nicht hören und nicht verantwortlich handeln. Das Ich will gewissermassen ausserhalb dieser Wirklichkeit leben. Wirklichkeit ist so hart, so streng, so fordernd, und macht zudem Angst. Und die eigentliche Lebensabwendung und Lebensverneinung beginnt: "Ich will dieses Leben nicht"; oder: "Ich will das nicht sein, was ich bin". Der Mensch versucht folglich, ohne Integration dieser Wirklichkeit zu leben.

Es gibt viele Einstellungen, die keine Liebeskraft in unserem Sinne zum

Ausdruck bringen. Sie sind zwar nicht "böse" im moralischen Sinne. Doch sie wirken dennoch langfristig auf das Individuum und die Gesellschaft destruktiv. Denn sie sind im Ursprung der psychischen Kräfte lebensabgewandt. Die Destruktivität solcher Einstellungen kann tiefenpsychologisch bzw. introspektiv erkannt und mit umfassender Persönlichkeitsbildung umgeformt werden.

Fazit: *Keiner kann behaupten, die Liebe sei unwichtig, sei allenfalls Privatsache des einzelnen, sei kein Thema für die Andragogik bzw. die Persönlichkeitsbildung.*

Liebe, Beziehung, Partnerschaft und Sexualität

Über die Bedingungen einer befriedigenden Ehegemeinschaft geben Mandel und Mandel (1971, 43-47) folgende Orientierungen: "... gleichberechtigte Partnerschaft als wichtigstes Prinzip ...", "... möglichst offene Kommunikation ...", "... Kontinuität (des gegenseitigen Austausches von Information) während der ganzen Ehe ..." und zwar über: "Alles, was für die Partnerbeziehung von Bedeutung ist, beispielsweise Wünsche, und auch unerfüllbar erscheinende oder peinlich empfundene; positive Gefühle für den Partner; Empfindungen des eigenen wie des andern Körpers; Abhängigkeitsängste; Schulderfahrungen; eigene Schwächen und Furchtreaktionen; positiv und negativ empfundene Beobachtungen am Partner; beide Seiten bei gemischten Gefühlen; Ärger und aggressive Reaktionen; peinliche Fragen u.s.w.", "... erfolgreich kommunizierende Partner wissen, dass ein offenes Gespräch nicht jederzeit und nicht pausenlos möglich ist" ... Das bewirkt: "... entmythologisiert und entidealisiert ... den Partner ..., macht seine Realität sichtbar, verstärkt aber gleichermassen die kritische Selbstwahrnehmung und damit die Fähigkeit, den andern in seiner Andersartigkeit und seiner Problematik zu ertragen ..."

Der Psychotherapeut Willi (1975) sieht als zentralen Schlüssel für eine gute Beziehung: "Die Partner sollten sich klarer voneinander abgrenzen, eigenverantwortlich handeln, sich in der persönlichen Entfaltung nicht behindern, sie sollten fähig zu konstruktivem Austrag von Konflikten sein, zu partnerschaftlichen Entscheidungsprozessen und zu gleichmässiger Verteilung der Privilegien." (ebenda 7) Dazu erwähnt er drei Funktionsprinzipien: "erstens das Abgrenzungsprinzip: Eine gut funktionierende Dyade (Paarverhältnis, Verf.) muss sich gegen aussen und gegen innen klar definieren. Ein zweites Funktionsprinzip besagt, dass in der Ehe regressiv-'kindliche' und progressiv-'erwachsene' Verhaltensweisen nicht als polarisierte Rollen auf die Partner verteilt sein sollten. Ein drittes Prinzip betrifft das Gleichgewicht des Selbstwertgefühls, dass nämlich in einer funktionsfähigen Ehe die Partner zueinander in einer Gleichgewichtsbalance stehen sollten" (ebenda 15). Die gesunde Ehe muss nach Willi folgende Grenzziehungen beachten: "1. Die Beziehung der Ehepartner zueinander muss klar unterschieden sein von jeder andern Paarbeziehung ... 2. Innerhalb des Paares müssen die Partner aber klar voneinander unterschieden bleiben und klare Grenzen zwischen sich respektieren." (ebenda 17) "In einer beiderseits glücklichen Beziehung stehen die Partner zueinander im Gefühl der Gleichwertigkeit."(Seite 24)

Später erweitert Willi (1991, 238-243) erweitert die Bedingungen einer guten Beziehung: "Die 'egoistischeren' Formen zeichnen sich dadurch aus, dass Geben und Nehmen, Gewinn und Verlust fortlaufend aufgerechnet werden und die Partner den kurzfristigen Ausgleich fordern." ... "In zufriedenstellenden Beziehungen befassen sich die Partner meist nicht explizit mit der Buchführung von Verdienst und Schuld." ... "Den Partner glücklich zu machen ist für viele eine Form von Liebesglück. In diesem Sinne heben sich Geben und Nehmen auf, weil Geben eine Form von Nehmen und Nehmen eine Form von Geben sein kann." ... "Ein rein altruistisches Leitbild von Liebe ist gefährlich" ... "Es gibt in Beziehungen nichts gratis." Zur Gleichwertigkeitsbalance nennt Willi die Gerechtigkeit als Bedingung einer guten Ehe.

Im christlich-philosophischen Verständnis (Brugger 1992, 73-74) wird die Ehe wie folgt definiert: "Der Mensch findet sich vor als Mann und Frau in der Verschiedenheit, die sich nicht auf das Leibliche beschränkt, sondern sein gesamtes seelisches Erleben prägt und durchwaltet. Erst in der Polarität der gleichwertigen Geschlechter kommt die Fülle des Menschlichen zur vollen Entfaltung. In der besonderen Form der Liebe, wie sie zwischen Mann und Frau aufbricht, erfahren sich diese als aufgerufen zu einer freien Entscheidung, sich gegenseitig anzugehören und eine volle Lebensgemeinschaft einzugehen, die sich auch in der körperlich-sexuellen Hingabe ausdrückt und die ursprünglicher, inniger und tiefer greifend ist als alle andern Formen menschlicher Gemeinschaft."

Goldbrunner schreibt (Mainz 1994): "Liebe ist ... eine Synthese, ein Ineinandergreifen von Erleben und Handeln. Das bedeutet auch, dass das Schicksal einer Beziehung davon abhängt, wie die Partner mit der Polarität umgehen, d.h. welchen Raum sie dem Erleben, dem passiven Geniessen, und der Aktivität einräumen, wer eine mehr aktive und wer eine eher passive Rolle einnimmt, welche Bereiche von Erleben und Handeln zugelassen oder unterdrückt werden u.s.w." (ebenda, 69). Wie früh sich die Paarbeziehung als

Muster formt, scheint heute allgemein klar zu werden. So vermerkt Goldbrunner: "Jüngere Psychoanalytiker wenden sich ... der Auffassung zu, dass das Kind bereits im ersten Lebensjahr die Paarbeziehung der Eltern unbewusst miterlebt, selbst wenn diese Wahrnehmung noch sehr undifferenziert ist ..."(ebenda, 109).

Eine Frau im 'Cinderella-Komplex' findet ihre echte Selbstidentität durch Befreiung. Dowling beschreibt die Problemlage so (1984): "Nicht die Natur schenkt den Männern die Unabhängigkeit, sie wird durch Training erworben. Von Geburt an werden Männer auf die Unabhängigkeit vorbereitet. Und ebenso systematisch wird Frauen beigebracht, dass sie etwas anderes erwarten können: Sie werden eines Tages auf irgendeine Weise gerettet. Das ist das Märchen, die Botschaft, die wir mit der Muttermilch eingesogen haben." (Seite 14)

Und weiter: "... die persönliche, psychologische Abhängigkeit - der tiefverwurzelte Wunsch, von andern versorgt zu werden - (ist) die stärkste Kraft, die Frauen heute unterdrückt. Ich bezeichne sie als den 'Cinderella-Komplex' - ein Netz aus weitgehend unterdrückten Haltungen und Ängsten, das die Frauen in einer Art Halbdunkel gefangen hält. Es verhindert die Entfaltung ihrer vollen geistigen und kreativen Kräfte ..." (ebenda, 31).

Aus feministischer Sicht ist die Psychologie C.G.Jungs 'patriarchalisch'. Wir entnehmen zur Reflexion über das Mann-sein und Frau-sein einige Passagen aus der Dicht der feministischen Kritik von Dorst (1995, 74-78): "Die hervorstechenden Eigenschaften des Weiblichen sind nach Jung unlogische Launen, Ressentiment und Irrationalität, Eitelkeit und Empfindlichkeit. Die Anima ist masslos, launenhaft, unbeherrscht, emotional, dämonisch, intuitiv, rücksichtslos, mystisch, sie ist die Herrin der Seele, der Engel des Lichts, sie zeigt eine unerträgliche Selbständigkeit, ist voll von Fallstricken und Fussangeln ... Weibliches Denken als solches wird bei Jung nicht wertgeschätzt, sondern gilt als inferior, unlogisch, unvernünftig per se ... Die Ideologie eines männlichen Weltbildes mit seinen Vorstellungen der Autonomie des Weiblichen, der Herabsetzung und der Vernichtung des Weiblichen ist bestimmend ... Kennzeichnend für das Patriarchat, so die Analyse von Erich Fromm, ist Nekrophilie, Todessüchtigkeit und Gewalt als Machtwahn patriarchaler Männlichkeit, der auch in Mythos und Religionsgeschichte seinen Niederschlag fand ... In patriarchal geprägten Bildern wird das Weibliche häufig gespalten in Gegensätze: die Heilige und die Hure, Maria und Eva, die verführerisch junge Sexgöttin und die verachtete, geschlechtslose Alte ..."

Mary (1995) analysiert an Beispielen, dass "Mann und Frau Liebe auf unterschiedliche Weise erleben ... Sie leben in der männlichen und weiblichen Welt der Liebe." (ebenda, 22). Der Mann ist aufgefordert: "Gefühle zu entwickeln ... zeigen, behaupten"; und die Frau: "sich ganz den eigenen Bedürfnissen zuwenden; Sicherheit aus sich selbst zu gewinnen". Diese findet sie durch ihre weibliche Identitätsbildung in der Verbindung mit dem Mann (ebenda, 207-208).

Fromm schreibt über erotische Liebe (1971, 79-82): "Da das sexuelle Verlangen in der Ansicht der meisten Menschen mit der Liebe verbunden ist, kommen sie sehr leicht zu dem irreführenden Schluss, dass man sich liebt, wenn man sich körperlich besitzen will ... Die sexuelle Anziehung schafft zwar im Augenblick die Illusion der Vereinigung, aber ohne Liebe bleiben nach dieser 'Vereinigung' Fremde zurück ... Die Zärtlichkeit ist ... der unmittelbare Ausdruck der Nächstenliebe ... Wenn es sich wirklich um Liebe handelt, hat die erotische Liebe eine Voraussetzung: dass ich aus dem Wesen meines Seins liebe - und den andern im Wesen seines Seins erlebe ... Einen andern zu lieben, ist nicht nur ein starkes Gefühl - es ist eine Entscheidung, ein Urteil, ein Versprechen." Weiter schreibt Fromm: "... die Vorstellung von einer Bindung, die leicht wieder gelöst werden kann, wenn man mit ihr keinen Erfolg hat (ist) genauso irrig wie die Vorstellung, dass diese Verbindung unter keinen Umständen wieder gelöst werden dürfe." (ebenda, 82).

Bartholomäus befasst sich eingehend mit der Vielfalt sexuellen Erlebens (1993). Wir entnehmen aus seinem Werk einige Gedanken: "Die Verbindung von Sexualität mit erregender Lust oder ihre Integration in die Liebstenbeziehung ist ... eine kulturgeschichtlich sehr junge Erscheinung." (ebenda, 26) "(Sexuelle Lust) schliesst ein die sinnliche Freude am ganzen andern Menschen, an der Schönheit seines Gesichts, an der Attraktivität seines Körpers, an seiner erregenden Nähe, an der Wildheit seiner Bewegungen, an der Geborgenheit in seinen Armen, an seinen Zärtlichkeiten. "(ebenda, 29). "Menschen, die sich lustvoll begegnen, anerkennen sich als Mann und als Frau und stärken ihre sexuelle Identität. Sie begegnen sich im Medium ihres Leibes und erfahren Nähe und Geborgensein. Sie gewähren einander und erleben miteinander erregende Lust. Und sie schenken ihrer Gemeinschaft - wenn verantwortbar auch Kinder - fruchtbares Leben ... Glück hat mit dem lust- und liebevollen Sich-Einlassen auf andere Menschen zu tun. Das schliesst immer auch Leiden ein" (ebenda, 108-109) "Für die meisten Menschen bleibt die Liebe das Zentrum ihres Lebensprojekts. Wer verspürt nicht Lust auf Liebe? Wer sehnte sich nicht nach Lust aus Liebe?" (ebenda, 234).

Lowen, Arzt und Psychotherapeut, schreibt über Liebe und Orgasmus (1993): "Sexualität ist ein biologischer Ausdruck von Liebe." (ebenda, 32) "Man kann die geistige Seite des Lebens von der körperlichen nur auf die Gefahr hin trennen, Einheit und Integrität des ganzen Menschen zu zerstören." (ebenda, 32).

"Soviele Frauen lehnen bewusst oder unbewusst ihre sexuelle Natur ab, weil sie glauben, sie erlege ihnen eine unterwürfige Haltung auf. Keine Frau will das Gefühl haben, ein Objekt zu sein, weder ein sexuelles noch ein anderes." (ebenda, 216) Die Suche nach Lust ist ein Ausdruck der Lebenskraft eines Organismus." (ebenda, 226) "Erregung und Bewegung sind energetische Phänomene. Der Sexualtrieb ist auch ein energetisches Phänomen." (ebenda, 227). "Liebe und Sexualität gehören zum innersten Kern jedes lebenden Organismus. Sie geben seinem Leben einen Sinn und liefern die stärksten Lust-Motivationen für sein Verhalten." (ebenda, 234) "Die Fähigkeit, Befriedigung zu erlangen, ist das Kennzeichen der reifen, integrierten und wirklichen Persönlichkeit." (ebenda, 244).

York beschreibt das sexuelle Lusterleben des Kindes 1992, 129-131): "... für jedes Kind ist von Geburt an und während weiter Strecken seiner Entwicklung nichts interessanter als Sex ... bereits von der ersten Stunde ihres Lebens an können Babys durch ihren Körper sinnliche Lust empfinden. Beileibe nicht nur durch ihre Geschlechtsorgane, aber ohne jeden Zweifel auch durch sie ... Die Art, wie während der gesamten Kindheit mit Sexualität umgegangen wird, hat einen entscheidenden Einfluss auf das spätere Leben des Kindes." In demselben Buch schreibt Schelling (ebenda, 232): "Das wirkliche Leben, die Freundschaften der Jugendlichen, der Umgang der Eltern miteinander, ihr Verhältnis zu ihren Kindern, die emotionale Atmosphäre in der Familie - all das hat letztlich mehr Gewicht (auf das sexuelle Verhalten, Verf.) als das, was Jugendliche auf irgendeinem Bildschirm (z.B.Pornovideo, Sex im TV) sehen."

Alberoni meint über Erotik und Beziehung (1987, 171): "Es gibt auch eine Form der Liebe, die ganz allmählich aus Erotik und Freundschaft entsteht.

Eine Liebe, die sich nicht als einzigartige sofortige Explosion zwischen zwei Unbekannten zeigt, sondern bei der sich zwei Menschen zuerst auf dem empfindlichen Terrain gegenseitiger Wertschätzung und Vertraulichkeit begegnen. Dann erst tritt erotisches Begehren dazu ..."

Mit "Sex mit Liebe" (1990, 67) befasst sich Useld-Baumanns: "Mangelnde Eigenliebe ..., pessimistische Gedanken und übertriebene Selbstkritik schaden der Gesundheit und damit auch der Schönheit. Wer traurig und mutlos ist, ständig an sich herumnörgelt, lässt willkürlich die Schulter hängen oder bekommt einen starren, verkrampften Gesichtsausdruck.

Wer sich selbst bejaht und Spass mit und an sich selbst hat, signalisiert dieses schöne, lustvolle Empfinden schon durch seine Körperhaltung. Diese lockere, Lebensfreude ausstrahlende Körperhaltung beeinflusst wiederum die seelische Verfassung. Selbstwertgefühl und Schönheit von innen strahlen nach aussen." Weitere Thesen von der Autorin sind: "Körper-Wissen macht orgasmusfähig", "Kreativität macht sinnlich", "Selbstliebe macht liebesfähig" (ebenda, 182-187).

Janov schreibt (1977, 228): "Im Grunde bedeutet Liebe, für das Fühlen aufgeschlossen und frei sein und anderen diese Freiheit auch zuzugestehen. Sie bedeutet, dass die anderen natürlich heranwachsen und sich natürlich artikulieren dürfen ... Die Primärtheorie definiert Liebe folgendermassen: alle sein lassen, was sie sind. Das kann nur geschehen, wenn alle Bedürfnisse befriedigt werden."

Sexualität und Liebe stehen in einer Vernetzung mit dem 'ganzen' Menschen. Dazu sagt Beck (1992, 16-17): "Die idealisierte Darstellung der Liebe in den Medien bereitet Paare nicht darauf vor, mit Enttäuschungen, Frustrationen und Reibungen umzugehen ... Ganz spezifische persönliche Eigenschaften sind entscheidend für eine glückliche Beziehung: Engagement, Sensibilität, Grosszügigkeit, Rücksichtnahme, Loyalität, Verantwortlichkeit, Vertrauenswürdigkeit."

Selbst bei glücklich verheirateten Paaren berichten über 40% über den Rückgang ihrer sexuellen Bedüfnisse. Die Ursachen sieht Beck in den verschiedensten Lebensbereichen: Rollenänderung (Sicherung des Familieneinkommens), Stress am Arbeitsplatz, gesundheitliche Probleme und Genussmittelmissbrauch. Die wichtigsten Faktoren sind jedoch psychologischer Natur: Selbstzweifel, Gefühl der eigenen Unzulänglichkeit, falsche Idealbilder über den eigenen Körper, sexuelle Leistungsangst, allgemeine zwischenmenschliche Probleme, die unterschiedlichen Vorlieben über das wo, wie, wie lange und wie oft (ebenda, zusammengefasst, 363-367).

Im Philosophischen Wörterbuch von Brugger (1992) finden wir unter dem Stichwort "Liebe" unter anderem Folgendes: "Liebe ist die wertbejahende und wertschöpferische Urkraft des wollenden Geistes. Wesentlich und in ihrem Erlebniskern betrachtet, ist sie eine Willenshaltung, als Gesamterlebnis betrachtet, die bejahende (anerkennende, schöpferische Einigung suchende) Totalhaltung der geistigen Seele gegenüber Personen als (wirklichen oder potentiellen) Trägern geistiger Werte und gegenüber diesen Werten selbst. So führt sie die individuelle Persönlichkeit aus ihrer Vereinzelung hinaus und zum 'Wir-werden' in den verschiedenen Urformen menschlicher

Gemeinschaft." (ebenda, 224)

Dürckheim's Sicht zu Liebe und Erotik (1980, 73-75): "Der personale Sinn der Sexualität und der Erotik ist weder der biologische, der sich im Erzeugen eines Kindes erfüllt, noch die ungezügelte Lust. Er ist vielmehr die Erfahrung einer kosmischen Fülle und mehr noch die Erfahrung des göttlichen Einen im personalen Einswerden mit einem Du ...".

Lowen (1976): "Ein Mensch ist die Summe seiner Lebenserfahrungen, die alle in die Persönlichkeit aufgenommen und im Körper strukturiert - 'eingebaut' - werden." (ebenda, 44) "Das Leben hat eine Primärorientierung: Es flieht den Schmerz und strebt nach Lust.

Diese Orientierung ist biologischer Natur, weil die Lust körperlich gesehen das Leben und Wohlergehen des Organismus fördert ... Wenn eine Situation jedoch Lust verspricht und gleichzeitig Schmerz androht, empfinden wir Angst." (ebenda, 116). Die Sicht von Reich dazu (1976, 29): "Die Orgasmusformel entpuppt sich als Lebensformel schlechthin, in Fortpflanzung, Arbeitsleistung, Lebenslust, geistiger Produktion etc."

Freud (1976, 126): "... wir (ziehen) die Tatsache in Betracht, dass der Sexualtrieb des Menschen ursprünglich gar nicht den Zwecken der Fortpflanzung dient, sondern bestimmte Arten der Lustgewinnung zum Ziele hat ..."; und weiter (ebenda, 134-135): "Das sexuelle Verhalten eines Menschen ist oft vorbildlich für seine ganze sonstige Reaktionsweise in der Welt.

Wer als Mann sein Sexualobjekt energisch erobert, dem trauen wir ähnliche rücksichtslose Energie auch in der Verfolgung anderer Ziele zu. Wer hingegen auf die Befriedigung seiner starken sexuellen Triebe aus allerlei Rücksichten verzichtet, der wird sich auch anderwärts im Leben eher konziliant und resigniert als tatkräftig benehmen. Eine spezielle Anwendung dieses Satzes von der Vorbildlichkeit des Sexuallebens für andere Funktionsausübung kann man leicht am ganzen Geschlechte der Frauen konstatieren.

Die Erziehung versagt ihnen die intellektuelle Beschäftigung mit den Sexualproblemen, für die sie doch die grösste Wissbegierde mitbringen ... Das Denkverbot greift über die sexuelle Sphäre hinaus ..."

Vester (1993, 205) schreibt zur Funktion der Sexualität: "Leider wird heute im Bereich von Sexualität und Erotik lediglich eine intellektualisierte Aufklärung betrieben, welche die so wichtigen Gefühlsmomente völlig missachtet ... Solche Halbaufklärungen, die sich in ein wenig Anatomie und einigen

Turnübungen und Techniken erschöpft, wird leider in der Wirklichkeit oft nur noch dadurch ergänzt, dass Liebe und Erotik in unserer verkrampften Zivilisation nicht mit Freude und Schönheit, sondern mit Angst, Gewalt und Verbrechen gekoppelt werden. Also mit höchstem Stress. Die Unterdrückung eines harmonischen und lustvollen Sexualverhaltens zerstört eines der grössten Gegengewichte gegen Stresseinflüsse, deren Bewältigung so immer schwerer wird."

Wir erweitern die Betrachtungen mit der gesellschaftlichen und transzendentalen Dimension der Liebe. Unsere These: *Krieg und Umweltzerstörung sind Ausdruck fehlender Liebe.* Dazu lassen wir einige Autoren zu Worte kommen:

Freud: "Der Prozess der Kulturentwicklung ... führt vielleicht zum Erlöschen der Menschenart, denn er beeinträchtigt die Sexualfunktion in mehr als einer Weise ... Die mit dem Kulturprozess einhergehenden psychischen Veränderungen sind auffällig und unzweideutig. Sie bestehen in einer fortschreitenden Verschiebung der Triebziele und Einschränkungen der Triebregungen ... (Wichtigstes Charakteristikum der Kultur): Die Erstarkung des Intellekts, der das Triebleben zu beherrschen beginnt, und die Verinnerlichung der Aggressionsneigung mit all ihren vorteilhaften und gefährlichen Folgen. Den psychischen Einstellungen, die uns der Kulturprozess aufnötigt, widerspricht nun der Krieg in der grellsten Weise, darum müssen wir uns gegen ihn empören, wir vertragen ihn einfach nicht mehr, es ist nicht bloss eine intellektuelle und affektive Ablehnung, es ist bei uns Pazifisten eine konstitutionelle Intoleranz, eine Idiosynkrasie (= besonders starke Abneigung) gleichsam in äusserster Vergrösserung. Und zwar scheint es, dass die ästhetischen Erniedrigungen des Krieges nicht viel weniger Anteil an unserer Auflehnung haben als seine Grausamkeiten." (Brief an Einstein im September 1932).

Jung: "Ja, (der dämonische) Geist tut alles, um sein eigenes Gesicht nicht sehen zu müssen, und jeder hilft ihm dabei nach Kräften. Nur ja keine Psychologie, denn diese Ausschweifung könnte zur Selbsterkenntnis führen! Dann schon lieber Kriege, an denen jeweils der andere schuld ist, und keiner sieht, dass alle Welt besessen ist, das zu tun, was man flieht und fürchtet ... Es hängt an der freien, d.h. bewussten Entscheidung des Menschen, ob nicht auch das Gute sich ins Satanische verkehren soll. Seine schlimmste Sünde ist das Unbewusstsein, aber ihr frönen mit grösster Andacht sogar die, welche den Menschen als Lehrer und Vorbild dienen sollten. Wann kommt endlich die Zeit, wo man den Menschen nicht einfach in barbarischer Weise voraussetzt, sondern allen Ernstes nach Mitteln und Wegen sucht, ihn zu exorzieren, seiner Besessenheit und Unbewusstheit zu entreissen und dies zur wichtigsten Kulturaufgabe macht?" (1951, 66-67).

Roszak (Kalifornien): "Die grossen Veränderungen, die unsere wildgewordene industrielle Zivilisation vollziehen muss, wenn wir den Planeten am Leben erhalten wollen, werden durch die Macht der Vernunft oder den Einfluss der Tatsachen allein nicht zustande kommen. Was wir brauchen, ist vielmehr eine psychologische Transformation. Was die Erde braucht, muss in uns fühlbar werden; wir müssen es so spüren, als seien es unsere persönlichsten Bedürfnisse. Fakten und Zahlen, Vernunft und Logik können uns die Fehler in unserer gegenwärtigen Lebensweise aufzeigen, uns vor Augen halten, welche Risiken wir eingehen. Aber sie können uns nicht motivieren, uns keine bessere Lebensweise lehren, uns nicht zu einer besseren Lebensweise inspirieren, wie wir leben wollen ... Ich für meinen Teil würde es fast für eine Bankrotterklärung halten, zu glauben, das Schicksal unseres lebendigen Planeten hinge ausschliesslich vom moralischen Eifer einer kleinen Zahl von Mitgliedern unserer Spezies ab...Gibt es keine Alternative zu Panikmache und Schuld-Trips, die der ökologischen Notwendigkeit das Feuer der Intelligenz und der Leidenschaft verleiht? Doch, es gibt sie. Es ist das intensive Interesse, das aus einer gemeinsamen Identität entsteht, daraus, dass zwei Menschen eins werden. Die tiefe Erfahrung dieser gemeinsamen Identität nennen wir Liebe ... Oekologisch Engagierte müssen sich fragen, wo sie es in sich selbst finden können und in den anderen, deren Gewohnheiten und Wünsche wir so verändern möchten, wie nur die Liebe uns verändern kann ... Auf dem Höhepunkt der industriellen Ära ruft Gaia (die Erde) uns zurück zu der ältesten philosophischen Aufgabe: Erkenne dich selbst! ... Die Bedürfnisse des Planeten sind die Bedürfnisse der Person." (1994, 46-47, 58, 440, 444). Bedürfnisse der Person? Doch die Liebe!!!

In diesen Zusammenhang spricht Fromm von "Biophilie": die Liebe zum Leben (zum Lebendigen). Wir zitieren einige Passagen aus seinem Werk (1979, 33-60): "Die Liebe zum Leben stellt eine totale Orientierung, eine alles bestimmende Art zu leben dar. Sie manifestiert sich in den körperlichen Prozessen eines Menschen, in seinen Gefühlen, seinen Gedanken und Gesten; die biophile Orientierung drückt sich im ganzen Menschen aus ... (Sie ist) eine einer jeglichen lebendigen Substanz innewohnende Eigenschaft, zu leben und sich am Leben zu erhalten ... Die lebendige Substanz hat die Tendenz zur Integration und Vereinigung; sie tendiert dazu, sich mit andersartigen und gegensätzlichen Wesenheiten zu vereinigen und einer Struktur gemäss zu wachsen (in Zellen ebenso wie im Fühlen und Denken) ... Wer das Leben liebt, fühlt sich vom Lebens- und Wachstumsprozess in allen Bereichen angezogen. Er will lieber neu schaffen als bewahren. Er vermag zu staunen und erlebt lieber etwas Neues, als dass er in der Bestätigung des Altgewohnten Sicherheit sucht. Das Abenteuer zu leben ist ihm mehr wert als

Sicherheit. Seine Einstellung zum Leben ist funktional, nicht mechanisch. Er sieht das Ganze, nicht nur seine Teile, er sieht Strukturen und nicht Summierungen. Er möchte formen und beeinflussen mit Liebe, Vernunft ..."

Das Gegenteil nennt Fromm "die Nekrophilie"; ihre Eigenschaften sind zusammengefasst: das wahrhaft Böse; den Tod verherrlichen; Lust haben an Krankheiten, Begräbnissen; die Gewalt lieben; Leben zerstören; das zu Tötende verachten; das Leben beherrschen und kontrollieren; Haben um des Habens willen; nur die Erinnerung, nicht das Lebendige zählt; Besitz ist alles; Gesetz und Ordnung sind ihre Idole; heftiges Verlangen nach Gewissheit, Voraussage, Kontrolle; Faszination am Töten und am Tod; fürchten die totale Vernichtung nicht; stehen dem Leben gleichgültig gegenüber; nur Gewinn und Konsum zählen; mechanische Lust (Sex, Glück, Essen, Trinken etc.); Zerstörung der Natur; Lust am Kitzel des Todesrisikos; Verintellektualisierung des Lebens; Quantifizierung/Bürokratisierung allen Lebens; Kampf als Schönheit hochpreisend ..."

Teilhard de Chardin, Theologe und Philosoph sagt zur Lust am Leben (1967, 108-109, 112-113): "Unter 'Lust am Leben' oder 'Lebenslust' verstehe ich hier in erster Annäherung die zugleich intellektuelle und affektive psychische Disposition, kraft deren das Leben, die Welt, das Tun uns insgesamt leicht, interessant, köstlich erscheinen. Eine Disposition freudiger und angenehmer Natur ...,die man aber ... nicht mit einem einfachen Phänomen der Euphorie verwechseln darf: zunächst weil sie sich (in ihren vollendetsten Formen betrachtet) als wesentlich dynamisch, konstruktiv, abenteuerlich zeigt; und dann, weil sie, so fähig sie auch sein mag, sich mit einer Atmosphäre des Frohlockens und des Rausches zu umgeben, in ihrer Tiefe ... eine kalte und urprüngliche Entschlossenheit verbirgt, zu überleben und zu superüberleben ... 'das tiefe Wollen' genannt. Etwas ganz anderes und sehr viel anderes als ein reines Gefühl! Auf den ersten Blick möchte das Vorhandensein und der Grad dieses tiefen Wollens den Anschein erwecken, nur für die individuelle Gesundheit eine Bedeutung und einen Wert zu haben: eine Angelegenheit der privaten Hygiene ... (Doch ...: In der 'Lust am Leben' wird sichtbar:) dass sie nichts Geringeres ist denn die Energie der universellen Evolution, die in Gestalt einer angeborenen Anziehung zum Sein geheimnisvoll im primitivsten und folglich am unmittelbar unkontrollierbarsten Grund eines jeden von uns hervorquellt; eine Energie, die zu nähren und zu entwickeln teilweise von uns abhängt ... Das läuft letzten Endes darauf hinaus zu sagen, die Welt bliebe stationär oder drehte sich in sich im Kreise, ohne aufzusteigen, wenn sie nicht ursprünglich im Herzen ihrer Selbst einen Aufsteigefaktor fände, der...genau dieses definierte 'Lebenwollen' ist. Die Lust am Leben wäre also letztlich die Grundantriebkraft, die das Universum auf seiner Hauptachse von Komplexität und Bewusstsein bewegt und lenkt."

10. Der Geist in Traum und Imagination

Traumtheorien

Seit Urgedenken haben sich die Weisen mit den Träumen befasst. Immer wieder sind die Träume als eine entscheidende Lebensquelle gelehrt worden. Schon bei Naturvölkern bis zurück in die ältesten Zeiten sind die Träume als Stimme eines Geistes verstanden worden. Träume seien eine Offenbarung Gottes, so wurde schon in der Antike gelehrt. Sie sind die "Boten der Götter" (Homer). Träume vermitteln Wahrnehmungen und haben auch eine heilende Funktion (Trauminkubation). Unsere Kernthese lautet: Die Träume werden von einer geistigen Kraft geschaffen, der sog. "Geist", oder die "absolute (seelische) Intelligenz".

Der Geist ist ein Begriff mit vielseitigen Bedeutungen. Der Verfasser hat einmal im Rahmen von Seminarien die Aufgabe gestellt, zu verschiedenen Begriffen anzugeben, was diese bedeuten und was die Seminarteilnehmer dazu für Assoziationen haben. Zum Wort "Geist" konnten über dreissig subjektive Bedeutungen bzw. Vorstellungen und ebensoviele verschiedene Assoziationen gefunden werden. Die Assoziationen liegen im Bereich von Kirche, Parapsychologie und Jenseitswelten.

Wir wollen den Begriff "Geist" neu definieren und werden dabei eine neuartige transzendentale Dimension erreichen. Wir definieren den Geist aus der theoretischen Untersuchung der Träume. Damit haben wir eine klare und unmissverständliche Entscheidung getroffen: Träume sind eine psychische Kraft mit transzendentaler Dimension.

Träume als psychische Kraft zu verstehen, ist keine Selbstverständlichkeit. Es ist eine sehr eigenartige Tatsache, dass die meisten Persönlichkeitstheorien kein Wort über Träume enthalten: die Faktorenanalyse nicht, der Behaviorismus nicht, die Feldtheorie nicht, die Lebensformen nicht, die Charaktermodelle nicht, die Einstellungs- und Motivationstheorien nicht, die Verhaltenstheorie nicht, das Rollenkonzept nicht. In der humanistischen

Psychologie haben die Träume keinen bedeutenden Platz und erscheinen ohne definierte Konzeption da und dort sehr am Rande.

Selbst unter den verschiedenen psychoanalytischen Richtungen gibt es Standpunkte, die die Träume ganz verschieden verstehen. Manchen sind die Träume gerade gut genug, als hirnphysiologische Phänomene analysiert zu werden. Doch Träume sind ein ebenso bedeutendes psychisches Subsystem wie zum Beispiel das Denken oder die Bedürfnisse. Jeder Mensch träumt jede Nacht mehrmals. Die Menschen haben allerdings ein sehr unterschiedliches Erinnerungsvermögen. Rollen wir die verschiedenen Standpunkte kurz auf.

Zuerst sind jene Ideen zu erwähnen, die besagen, dass Träume nichts bedeuten und bloss hirnphysiologische zufällige Erscheinungen sind. Körperliche Reize im Schlaf und automatische chemische Prozesse im Gehirn bewirken, dass im Schlaf Reste aus dem Leben ins Bewusstsein kommen, an die man sich manchmal nach dem Erwachen noch erinnert. Den Träumen kann keine sinnvolle Botschaft entnommen werden. Träume werden aus dieser Positition oft als "krankhafte Erscheinung" ohne spezifischen Sinn verstanden. Inhaltsanalytische Verarbeitung von Traummaterial kann allenfalls einen Überblick über das Leben eines Indivuums geben, denn das Material stammt immer ausschliesslich aus dem gelebten Leben (Hall u.a. 1972).

Freud kommentiert diese Position für uns treffend: "Der Dünkel des Bewusstseins (wohl wollte er sagen: "der Menschen"), der zum Beispiel den Traum so geringschätzig verwirft, gehört zu den stärksten Schutzeinrichtungen ..." (1919). Tatsächlich sind solche Positionen, die die Träume als intelligente Erkenntnisquelle verwerfen, lächerlich und verspotten jene, die sich ernsthaft mit dem Traumleben als etwas ganz Wesentlichem des Menschseins beschäftigen.

"Traumdeutung ist die Via regia (der Königweg) zur Kenntnis des Unbewussten im Seelenleben", so schrieb Sigmund Freud 1895. Diese Traumtheorie ist heute so nicht mehr akzeptabel. Viele Entdeckungen über das psychische Leben haben die Horizonte der Trauminhalte, der Traumarchitektur und der Traum-schaffenden Kraft erweitert, gar die gesamte analytische Traumlehre vollständig neu konzipiert.

Jung schrieb 1934: "Gewiss gibt es auch Träume, die erfüllte Wünsche oder Befürchtungen manifest darstellen. Aber was gibt es nicht alles sonst noch? Träume können unerbittliche Wahrheiten, philosophische Sentenzen, Illusionen, wilde Phantasien, Erinnerungen, Pläne, Antizipationen, ja sogar telepathische Visionen, irrationale Erlebnisse und Gott weiss, was sonst noch sein."

Jung: "(Ein Phänomen, das beim einzelnen Traum hinter der jeweiligen Kompensation verborgen ist,) ist eine Art von Entwicklungsvorgang in der Persönlichkeit. Zunächst erscheinen einem die Kompensationen als jeweilige Ausgleichungen von Einseitigkeiten und Ausbalancierungen gestörter Gleichgewichtslagen. Bei tieferer Einsicht und Erfahrung dagegen ordnen sich diese anscheinend einmaligen Kompensationsakte einer Art von Plan ein. Sie scheinen unter sich zusammenzuhängen und in tieferem Sinne einem gemeinsamen Ziel untergeordnet zu sein, sodass eine lange Traumserie nicht mehr als ein sinnloses Aneinanderreihen inkohärenter und einmaliger Geschehnisse erscheint, sondern als ein wie in planvollen Stufen verlaufender Entwicklungs- und Ordnungprozess. Ich habe diesen ... als Individuationprozess bezeichnet" (1971, 155). Zum Geist im Menschen schreibt Jung u.a.: "Entsprechend der ursprünglichen Windnatur des Geistes (in der antiken Philosophie, Verf.) ist dieser stets das aktive, beflügelte und bewegte sowohl wie das belebende, anregende, aufreizende, anfeuernde, inspirierende Wesen (in Träumen, inneren Bildern, Archetypen etc., Verf.) ..." (1976, 226).

Aeppli, ein Schüler von Jung: "Wer immer sich mit dem Traum praktisch beschäftigt, kommt zur Vorstellung einer übergeordneten, den Traum aufbauenden und leitenden Instanz; *dabei dürfen wir nicht annehmen, dass es die Absicht dieses Traumschöpfers ist, unser Ich anzureden* (diese kursiv gesetzte Aussage ist ganz sicher falsch, meinen wir!) ... der Traum ist die nächtliche Aussage der Seele." (ebenda, 27) "Der Traum hat offenbar die umfassendste Kenntnis aller psychischen Geschehnisse und Möglichkeiten. Es ist, als wohne er in einem Zentrum, von welchem der Blick über das Allernächste bis in die dunkelste Menschheitsferne geht, und es scheint, als ob er sich immer wieder die eine Frage stelle: Wie bilde ich die gesamtseelische Situation meines Menschen im Material persönlicher und überpersönlicher Erfahrung ab ... In dieser Bibliothek stehen die Berichte von allen Geschehnissen unseres gegenwärtigen Lebens ... All das, was einst unser war, in irgendeiner Beziehung zu uns stand, bildet den Inhalt des persönlichen Unbewussten ... In den Magazinen und Vorratskammern der Seele und in bewusstseinsnahen Abstellräumen wartet, was wir erlebten, darauf, ob der Traum seiner Inhalte, seiner Gestalten wieder bedarf." (ebenda, 28-29). "Die Urweisheit des Lebens offenbart sich im Traum, und es kommt Antwort herauf, die sagt, wo man steht; die Wege andeutet, welche man jetzt am besten zu gehen hat." (ebenda, 82).

Das Hauptcharakteristikum der psycho-analytischen Traumtheorie besteht darin, dass die Träume Material aus dem bewussten und unbewussten Leben des Individuums enthalten, und dass die Träume deshalb diagnostisch verwendet werden können. Freud sah in den Träumen wesentlich das verdrängte Material (d.h. die verhüllten Triebregungen und die infantilen Wünsche) des Individuums. Diese Wünsche sind immer abgewehrte unerfüllte Triebwünsche. Unerfüllte Triebregungen sind die Schöpfer der Träume. Der Traum ist das Ergebnis eines Triebkonfliktes.

Im Traum sind auch Tendenzen zu erkennen, wie das Unbewusste einen solchen Konflikt zu lösen versucht. Das Traummaterial ist nach der Dynamik der Abwehrmechanismen wieder zu einem ursprünglichen Bild zusammenzustellen: Entstelltes ist richtig zu stellen und Verdecktes ist aufzudecken. Der Traum ist ein sinnvolles Gebilde, lehrte Freud. Die energetische Kraft leistet die sog. "Traumarbeit", d.h. sie bringt in entstellter Form das verdrängte Material durch das Traumbild wieder ins Bewusstsein. Die Bilder sind das manifeste Traummaterial. Die verhüllten Sinneinheiten sind das latente Material. Traumdeutung hat zum Ziel, aus dem manifesten Material das latent verborgene Material zu enthüllen.

Adler versteht die Träume als eine Variante des wachen Lebens. Ein Traum ist ein "Abkömmling der Phantasie". Seine Traumdeutung orientiert sich am Streben nach Macht und am Gemeinschaftssinn. Ein Traum beschäftigt sich immer mit der Lösung eines aktuellen Problems. Im Traum denkt das Individuum voraus und versucht eine Lösung zu erreichen. Diese Lösungsversuche sind nach Adler immer egozentrisch und selbstbezogen. Die Traumbilder beruhen auf Erinnerungen. So wie der Träumende oft gerne nur Zuschauer ist, so ist er auch im Traum oft nur Zuschauer. Eine Theorie der Traumdeutung lehnt Adler ab und versteht die Traumdeutung als eine künstlerische Eingebung (Adler 1966).

Boss (1975) findet alle Traumtheorien und Traumdeutungen der tiefenpsychologischen Schulen "verwirrend, irreführend, gänzlich überflüssig, subjektivistisch, psychologistisch, schädlich und völlig aus der Luft gegriffene Spekulationen". Alle Traumdeutungen seit Freud sind "Traum-UM-Deutungen". Sein Ansatz ist phänomenologisch. Der Traum widerspiegelt auf eigene Weise durch die Gestimmtheit den Lebensbezug des Menschen. Der Traum zeigt direkt (also nicht verborgen) die noch verschütteten eigenen existentiellen, ungegenständlichen Verhaltensmöglichkeiten.

Der Traum charakterisiert Freiheit und Unfreiheit der Gegebenheiten, der Umwelt und der Mitwelt des Träumenden. Phänomenologische Traumdeutung will den Traum nehmen als eine "eigene Weise oder eine Modifikation des menschlichen Daseins" (1972, 186). Das Verständnis des Traumes setzt das Verständnis der Daseinsanalyse voraus. Diese

Abhandlungen von Boss können wir nicht als eine "Theorie" bezeichnen. Sie heben aber hervor, was vielfach durch das Triebkonzept vernachlässigt worden ist: Das Dasein als ein bestimmtes Gestimmtsein in Richtung Verwirklichung und Entfaltung.

Auch Szondi (1963) setzt eigene Akzente in seinem Traumverständnis. Vor allem trennt er "Triebträume" und "Ahnenträume". Der Träumende ist der "Konduktor der seelisch kranken Ahnenfiguren" (1963, 79). Diese Ahnenfiguren sind im Unbewussten gelagert und erreichen das Bewusstsein über die Träume. Im Traum sind ferner alle nicht ausgetragenen Lebensmöglichkeiten sowie persönliche Ansprüche, Wünsche und Erlebnisse zu erkennen. Dabei ist das Erkennen und Durcharbeiten zentrales Deutungsziel. Szondi gibt eine ganze Reihe von Warnungen an all jene, die Träume anderer Menschen deuten. Einen Gedanken wollen wir herausgreifen: "Auf der Couch liegt ein Mensch und nicht ein Traum".

Auch die Neopsychoanalyse lehrt, dass im Traum das gehemmte Antriebsleben zum Ausdruck kommt. Nach Schultz-Hencke (1949) wird das Triebleben allerdings erweitert interpretiert, und nicht nur als Sexualtrieb gefasst. Die Träume werden mit dem Tagträumen verglichen. Träume und Tagträume sind eine wichtige Funktion im psychischen System. Es sind dies Formen der Lebensbewältigung. Die Gefährlichkeit des Lebens, Vergangenheit, Zukunft und Tod als existentielle Grunderfahrung widerspiegelt sich ebenso im Wachträumen wie im eigentlichen Traumleben.

Nach Jung sind in den Träumen nicht nur die Komplexe zu erkennen. Träume manifestieren auch Gedanken, Urteile, Stimmungen, Neigungen, Pläne und Erinnerungen. Im Traum ist das gesamte Material des Unbewussten wiederzufinden. Es zeigen sich auch die sogenannten "Archetypen", insbesondere in extremen Spannungssituationen. Dabei haben die Träume verschiedene Funktionen. Sie reduzieren oder vergrössern im Sinne des Ausgleichs zum Wachbewusstsein. Träume können warnen, Lösungen von Problemen und Konflikten entwerfen und die Zukunft vorbereiten. Träume enthalten Material, das auf der Objektstufe zu interpretieren ist, das heisst, die Informationen beziehen sich auf Objekte des Lebens. Subjektstufe meint dem gegenüber, dass die Träume über den Träumenden berichten.

Inhalte, die weder subjektiv noch objektiv gedeutet werden können, nennt Jung archetypische Träume. Archetypische Bilder sind jene Figuren, die wir aus Mythologien und Märchen kennen. Die grundlegende Zielrichtung des Traumgeschehens ist nach Jung zukunftsorientiert: Das psychische System drängt nach Wachstum und Entfaltung (Individuation). Die Traumdeutung orientiert sich einerseits an den Assoziationen des Träumenden. Anderseits kann man einen Traum auch durch Beizug von archetypischen Motiven deuten. Diese Tätigkeit bezeichnet er mit "Amplifikation". Die gründlichen Kenntnisse über das bewusste Leben des Träumenden sind Voraussetzung für die Traumdeutung. Die Imagination hat dieselbe Funktion wie der Traum. Imaginationen sind demzufolge wie die Träume zu deuten.

Nur am Rande können wir hier kritisch zur (orthodoxen) psychoanalytischen Theorie festhalten, dass die "Wuscherfüllung" unmöglich die "treibende Kraft" bzw. der "Motor" der Traumgestaltung sein kann. Die Inhaltsanalyse von 50'000 Träumen von Hall/ Nordby (1972, 37-61, 83-101) zeigt ein Resultat, das diesen Schluss nicht zulässt. In der überwiegenden Mehrheit aller Träume der Menschen sind Themen, die kaum in einen Zusammenhang mit Sexualität (oder "Libido") gebracht werden können.

Aufgrund eigener Erfahrungen mit Träumen bzw. Traumdeutung in der tiefenpsychologischen Beratung schätzen wir den Anteil der Träume, die eine (sexuelle bzw. libidinöse) Wunscherfüllung enthalten auf max. 5 bis 8 Prozent (basierend auf rund 50'000 angehörten Träumen). Kritische Einwände ergeben sich auch aus der Analyse von REM-Phasen (Becker-Carus, 1981, 296-298): "Wir scheinen gemäss physiologischem Rhythmus zu träumen und nicht nach Massgabe latenter psychologischer Traumata".

Damit erübrigt sich auch die These, dass die Triebe (der Trieb) als Grundkraft der Traumgestaltung gelten kann. Die theoretische Annahme eines Geistprinzips als traum-gestaltende Kraft, ist der einzig sachgerechte Weg, mit Träumen allseitig konstruktiv zu arbeiten. "Psychosexualität" (Heim 1993, 451) kann u.E. ebenfalls nicht als "Scharnierstelle, in der sich psychoanalytische Einsichten zur psycho-sexuellen und kognitiven Entwicklung ... verschränken lassen" bezeichnet werden. "Scharnierstelle" oder Angelpunkt im psychischen System ist der Geist, der zwischen allen psychischen Subsystemen und ihren Potentialen vermittelt, d.h. eine Organisationsfunktion im Sinne der Individuation übernimmt, wenn das Ich dies zulässt.

Damit wollen wir nicht von der Tatsache ablenken, dass der Mensch aus der Natur hervorgegangen ist, deren Gesetzen unterliegt und wesentlich "Leiblichkeit" ist. Psychologische und v.a. spirituelle Konzepte, die sich von dieser "Rückbindung" im Sinne einer Entwertung entfernen, schaffen fatale Folgen im individuellen wie im kollektiven Leben. Umgekehrt ist es u.E. eine massive anthropologische Einschränkung, wenn ein Menschenbild mit Triebhaftigkeit und ohne Geist als Grundlage für Bildung, Analyse oder Therapie bestimmt wird.

Grundthesen für eine neue Traumtheorie

Aus diesem kurzen Überblick können wir verschiedene Aspekte erkennen, die wir diskutieren wollen. Gehen wir als erstes davon aus, dass alle Traumtheorien "etwas Wahres" enthalten. Sehen wir einmal davon ab, dass die verschiedenen Verständnisse über Traum und Traumdeutung inhaltlich auf der jeweiligen Persönlichkeitstheorie und dem Daseinsverständnis der Verfasser beruhen, so können wir acht Grundthesen für eine Theorie über das Phänomen "Traum" festhalten:

1) In den Träumen ist Bildmaterial enthalten, das das ganze Spektrum des menschlichen Lebens erfasst.

Wer seine eigenen Träume anschaut, wird unterschiedliches Inventar erkennen können: Da sind zuerst jene Bilder, die einen konkreten Bezug zum Leben des Träumenden haben: andere Menschen, bekannte Gegenstände und Orte aus der Gegenwart und Vergangenheit. Weiter lassen sich immer wieder Figuren und Situationen erkennen, die keinen direkten Erfahrungsbezug zum Träumenden haben. Es sind dies allgemeine Gestalten (wie Polizisten, Räuber, Lehrer, Kapitän, Pfarrer, Berufsleute aller Art) und Orte, die dem Träumenden unbekannt sind.

Es gibt in Träumen auch Tiere und Häuser, die die Person nie persönlich erfahren hat, allenfalls aus Büchern oder Filmen kennt. Zähne können ausfallen, Flüsse über die Ufer treten, Geburt und Tod von Bekannten und Unbekannten vorkommen. Der Träumende kann sich in vielen Varianten von sexuellen Handlungen finden, die im Wachzustand nie waren und vielleicht so auch nie Realität werden. Dann gibt es das Wetter, die Pflanzen, die Erde, das Wasser und das Feuer. Auch Verkehrsmittel und Unfälle aller Art kommen in Träumen vor. Güter in der ganzen Vielfalt des Gegebenen – wie zum Beispiel Esswaren, Kleider, Geld – können in Träumen auftauchen.

Eigenartige Symbole und symbolische Handlungen können in Träumen vorkommen, die zur träumenden Person keinen direkten Erfahrungsbezug haben. Der Träumende kann Reisen unternehmen, die er nie konkret unternommen hat. Der Träumende kann in Eis und Schnee, Krieg und kriminelle Situationen verwickelt sein, wie er es nie war. Es gibt Handlungen, die der Träumende nie tun würde und zu denen er auch keine eigene direkte Erfahrung hat (z.B. Fliegen). Es sind auch Traumbilder und Szenen möglich, die später Realität werden.

Offensichtlich kann man nicht sagen, in Träumen komme nur persönliches Lebensinventar vor. Ebenfalls dürfte es kaum zu bewerkstelligen sein, all dieses Traummaterial im Kontext mit Trieb oder Geltung zu interpretieren. Gar zu behaupten, dies alles seien nur hirnphysiologische Reste menschlicher Realität, erscheint uns ziemlich beschränkt.

Wenn dieses Material aber einen Sinn hat, eine spezifische Bedeutung also, so dürfte dieser Sinn doch wohl im ganzen Spektrum der möglichen menschlichen Daseinserfahrungen liegen. Das Traummaterial ist so reichhaltig wie das Leben.

2) Die Träume enthalten sinnvolle Botschaften über den Träumenden und das Leben.

Warum träumt ein Mensch zum Zeitpunkt X gerade dies und nicht etwas anderes? Warum ist kaum ein Traum gleich wie der andere, einmal abgesehen von Ausnahmen? Warum ist es fast nie so, dass eine andere Person haargenau denselben Traum zum gleichen Zeitpunkt oder zu einem anderen Zeitpunkt hat? So wie zwei Menschen nie genau dieselben psychischen Dispositionen haben können und das Leben zweier Menschen nie völlig identisch sein kann, ist auch das Traumleben immer individuell.

Offensichtlich müssen wir annehmen, dass ein Traum immer einen spezifischen Bezug zum Träumenden hat. Damit hat jeder Traum auch zeitlich eine Aktualität, die als individuell gewertet werden muss. Es ist somit naheliegend, davon auszugehen, dass jeder Traum für den Träumenden eine für ihn allein bestimmte Bedeutung hat.

Unabhängig davon, ob wir einen Sinn identifizieren können, müssen wir davon ausgehen, dass ein Traum immer personen-zentrierte Aktualität hat. Naheliegend ist ferner anzunehmen, dass die Botschaft für den Träumenden und sein Leben gemeint ist und nicht als eine ihm fremde Sache – die ihn nicht persönlich angeht – verstanden werden kann.

3) Die Botschaften der Träume sind meist verhüllt und somit selten direkt verstehbar.

Es ist eine unbequeme und unumstössliche Tatsache, dass die Träume eine sehr vielfältige Darstellungsform aufweisen können. Unwahrscheinliches wird möglich. Realitäten werden vergrössert oder verkleinert dargestellt. Unvereinbares kommt vereint vor. Dinge und Gegebenheiten sind vermischt, die im Leben so nie gemeinsam auftreten. Seltsame Kontraste können auftauchen. Vergangenheit und Gegenwart sind manchmal durcheinander gemischt. Gewisse Elemente können vernachlässigt werden, wo diese im realen Leben meist Bewusstseinsanteil haben. Gegebenheiten werden ins Gegenteil umgekehrt. Kontraste können den Träumenden schocken und in Verlegenheit bringen.

Die Werte im Traum entsprechen keineswegs der bewussten Realität des Träumenden. Traumsituationen können Gefühle bewirken, wie sie der Träumende in seinem Alltagsleben kaum je erfahren hat. Manche Traumgeschichten gleichen eher einer Allegorie oder Metapher.

Wir bezeichnen dies als die "Mitteilungsarten" des Traumes. Wir können auch im konkreten Leben unsere Botschaften vielfältig verpacken und vermitteln. Die Literatur und die Kunst, aber auch der Witz und die Ironie sind klassische Beispiele dazu. Auch im Alltag spricht der Mensch oft "verdreht", entstellt und auf vielerlei indirekte Weisen mit Anspielungen. Menschen setzen sich Masken auf, können lügen und "den Sack schlagen, aber die Katze darin treffen" wollen.

Menschen machen in der Kommunikation oft Anspielungen, ohne die Botschaft direkt auszusprechen. Wie sagt man einem Menschen etwas, das er nicht hören und nicht sehen will? Man macht Andeutungen, zieht Gleichnisse bei, sagt schlicht das Gegenteil, übertreibt masslos oder untertreibt massiv. Man kann sehr viel um eine Sache herum reden, bis dem andern der Kern der Botschaft klar wird. Das viele Gerede darum herum ist meist nicht als Inhalt der Botschaft gedacht. Wir sagen nun: Die Träume widerspiegeln die vielfältigsten Arten aller Mitteilungsformen.

4) Die Eigenart der manifesten Präsentation, d.h. der Arten der Mitteilung erfolgt nach bestimmten Gesetzen.

Wenn der Mensch in seiner Kommunikation seine Botschaften so vielfältig verpackt, hat das meist einen Grund. Ebenso nehmen wir an, dass die Träume nicht zufällig verschiedene Arten der Botschaftsgestaltung haben.

Da sind zuerst die Widerstände zu nennen. Was das Ich nicht direkt sehen und hören will, muss indirekt zugänglich gemacht werden. Dann gibt es Botschaften, die sich leicht und ansprechend als Gleichnis vermitteln lassen. Manches kann praktisch nicht direkt in Bildern präsentiert werden. Es muss ein Erleben geschaffen werden, damit die Botschaft erfahren werden kann. Dies gilt für Mitteilungen, die zum Erlebensbereich gehören. Manches muss dem Menschen "dick" aufgetragen werden, wenn er ein "Brett vor dem Kopf" hat. Hautnah muss mancher im Traum fühlen, was er mit sachlicher Mitteilung einfach nicht begreifen würde. Manche Träume sind ein derart intensives Erlebnis, dass man danach in sich eine Veränderung spürt. Hier geht es oftmals nicht um eine Botschaft, sondern um eine innere

Umgestaltung von gespeichertem Lebensinventar. Unbewusstes Material wird umstrukturiert. Heilerfolge in der Psychotherapie mit Traumdeutung sind meist von solchen Träumen begleitet.

Was im Traum als das manifeste Material bezeichnet werden kann, ist nicht einfach nur die vordergründige Kulisse. Schon die Art der Präsentation bzw. Gestaltung einer Botschaft ist ein Teil der Botschaft. Es kann hier keine vollständige Liste solcher Gesetzmässigkeiten erstellt werden. Wir begnügen uns mit diesen Beispielen um deutlich zu machen, dass die Arten der Mitteilung eben bestimmte Gründe haben. Jede Traumdeutung muss auf diese Vielfalt zurückgreifen und die individuelle Lage des Träumenden miteinbeziehen.

5) Die Träume können lebenspraktisch verwendet bzw. genutzt werden.

Jedes Bild und jedes Symbol – damit meinen wir auch Handlungen bzw. Ereignisse – hat irgendeinen Sinn, der in einem Bezug zur träumenden Person steht. Wir haben weiter gesagt, dass die Arten der Mitteilung bestimmte Gründe aufweisen. So ist es naheliegend zu sagen, die Träume haben einen bestimmten Zweck. Sie wollen informieren, analysieren und erklären. Träume können warnen. Träume wollen oft einfach das Inventar im Unbewussten verarbeiten helfen und direkt umstrukturieren. Träume zeichnen Lösungen vor für Konflikte und Probleme. Träume können etwas bestätigen, wo das Ich unsicher ist. Träume können auch "nur" Anregungen geben zu Beschäftigungen des Träumenden im Alltag. Träume können als Impuls verstanden werden, gewisse Werte zu reflektieren, Vernachlässigtes zu berücksichtigen und "das richtige Mass" für etwas zu finden. Träume können direkt heilend wirken, wie die Geschichte über die Träume vielfältig nachweist. Manche Träume sind auf Entfaltung und Wachstum ausgerichtet. Solche Träume lassen sich im Kontext mit dem psychisch-geistigen Wachstumsprozess verstehen.

Die Esoterik und Alchemie haben letztlich aus der Traumwelt ihre Symbolsprache entnommen, um innerpsychische Prozesse darzustellen (Kessler 1977). Symbolische bzw. archetypische Erfahrungen in Träumen haben nicht nur einen Zweck – die Information –, sondern sie sind auch Abbild eines inneren Vollzuges, den es ins Bewusstsein zu integrieren gilt. Es gibt Träume, die als direkte Gotteserfahrung verstanden werden können. Die parapsychologische Forschung über Träume hat vielfältig nachgewiesen, dass telepathische bzw. hellseherische Kräfte eine Botschaft gestalten. Wir können hier durchaus von "transzendentaler Erfahrung" sprechen.

Wer einmal beginnt, systematisch mit den eigenen Träumen zu arbeiten, wird feststellen, dass die Träume eine lebensführende Funktion übernehmen. Träume sollen nicht nur gedeutet werden. Träume sind da, um genutzt zu werden. Wie können da "Experten" noch behaupten: "viel Träumen ist ungesund und gar schädlich, und ein Ausdruck von Neurose"?

6) Die Träume werden durch eine intelligente Kraft produziert.

Stimmen unsere obigen Analysen, dann müssen wir davon ausgehen, dass eine psychische Kraft die Träume "produziert". Diese Kraft arbeitet in einer eigenen Logik sehr intelligent. Sie verfügt zudem über eine aussersinnliche Wahrnehmungsfähigkeit.

Wir bezeichnen diese Kraft mit "Geist" bzw. der "innere Geist". Das Ich vermag vielleicht, diesen Geist zum Schweigen zu bringen, oder ihm einfach nicht zuzuhören. Doch die irrige Vorstellung einiger "Experten", man könne die Träume manipulieren, verkennt, dass dieser Geist sich nie vom Ich beherrschen lässt. Nie kann man dem Geist befehlen, was er wie dem Ich mitteilen soll. Man kann zwar um Hilfe bitten, Klärung wünschen und Führung verlangen, aber nie ist es möglich, diese "geistige Intelligenz" in ein ideologisches und/oder dogmatisches System hineinzuzwingen. Die absurde und unsinnige Vorstellung, man könne Träume beherrschen, hat bereits das Feld von Managerseminarien erreicht: "Den Seinen gibt's der Herr im Schlaf – Programmieren Sie Ihre Träume ... Werden Sie zum Regisseur Ihrer Träume" (Czichos 1993, 214). Wer solches lehrt, ist ein Ignorant, verführt und betrügt die Menschen. Nichts hat so gefährliche Folgen in der Menschenbildung wie geistige Irrlehren.

Wer über längere Zeit sein Wachstum und seine Psycho-Katharsis mit Träumen gestaltet, kann feststellen, dass diese Kraft auch den Ablauf des Wachstumsprozesses steuert. Der Geist verfügt über das "Codeprogramm" der Individuation. Dieser Geist weiss alle Antworten auf die Grundfragen des Menschseins und des Daseins. Der Geist wertet die Belange des Lebens vielfach anders, als das Ich bzw. die Über-Ich-Instanz. Deshalb sagen wir: dieser Geist ist "absolut", d.h. "uneingeschränkt". Man kann einem Menschen ein bestimmtes Denken aufzwingen, das Unbewusste mit ungeeigneten Lebensmustern prägen, die Gefühle wie ein Klavier beliebig "spielen" lassen. Werte und Einstellungen der unmöglichsten Enthumanisierung lehren und leben, aber der Geist bleibt immer unbewegt. In diesem Sinne ist der Geist nicht formbar. Nur der Mensch ist in Bezug auf sein Träumen formbar, indem er die Sprache der Träume erlernt und mit den Träumen sein Leben gestaltet.

Wir wollen es unmissverständlich klar ausdrücken: die Kraft, die die Träume schafft, ist der Geist Gottes im Menschen, oder anders ausgedrückt "der Geist des Universums". Wenn Gott zum Menschen spricht, so spricht er durch Träume. Gott hat keine andere direkte Kommunikationsmöglichkeit zum Menschen als die Träume, die Imagination und die Kontemplation. Dieser Geist ist die höchste Intelligenz in der Schöpfung des Universums.

Am Rande nur sei hier darauf hingewiesen, dass der systematische Umgang mit der psychischen Energie (siehe in: Schellhammer 1986 und 1987) immer auch die Kommunikation mit diesem Geist enthält, und dass diese Energie mit eigener Intelligenz aktiv wirkt, wenn man damit umzugehen weiss.

7) Die Träume sind ein eigenständiges psychisch-geistiges Subsystem

Es ist eine Tatsache, dass viele Menschen wenig bis fast nichts denken. Doch deswegen sagt kein Psychologe, dass es das Denken als psychische Funktion nicht gibt bzw. als solches nicht wesensmässig zum Menschen gehört. Viele Menschen sind den Gefühlen gegenüber ablehnend eingestellt. Gefühle schaffen nur Schwierigkeiten, sind irrational und deshalb gewissermassen abzuschaffen. Der Zugang zum Unbewussten ist schwierig und anstrengend. Doch deshalb hat noch keiner, der um diese Wirklichkeit weiss, gesagt, das Unbewusste sei keine psychische Funktion.

Allein weil die Menschen ihre Träume nicht verstehen und manche Psychologen den konditionierten Reflex interessanter finden als das Traumleben, kann man doch nicht folgern, dass das Traumleben keine psychische Funktion sei. Zwar interpretieren die Psychoanalytiker der verschiedenen Schulen die Träume oftmals sehr unterschiedlich. Man hat nachgewiesen, dass von zehn verschiedenen Berufsleuten mindestens acht unterschiedliche Deutungsergebnisse zu erwarten sind.

Doch weil die Analytiker die Traumtheorie noch nicht hinreichend ausgereift entwickelt haben, kann man doch nicht sagen, Traumtheorien seien Phantasien bzw. der Traum sei keine psychische Funktion. Oder: weil die Menschen überwiegend keinen Zugang zu ihren Träumen haben, seien Träume unwichtig. Träume sind wertvollstes Gut im menschlichen Leben. Erst Träume machen die psychisch-geistige Evolution des Menschen umfassend und ganzheitlich möglich.

Hier ist klar festzuhalten: Die Träume bzw. der Geist als die traum-schaffende Instanz ist eine psychische Kraft, die nicht auf andere Kräfte zurückgeführt werden kann. Somit ist der Geist die zentrale Kraft in einem eigenen psychischen System. Wir können dieses System als "Traum-System" bezeichnen. Doch da die Imagination nach gleichen Kriterien beurteilt werden kann und zudem dieser Geist die zentrale aktive intelligente Kraft ist, sprechen wir vom "Geist-System".

8) Die Imagination ist strukturell und funktionell ähnlich wie der Traum.

Diese These wird praktisch durchwegs von allen Fachleuten vertreten. Sie handhaben allerdings die Imagination so unterschiedlich, wie die Psychoanalytiker die Träume unterschiedlich deuten. Im Prinzip gilt alles, was wir über die Träume gesagt haben, auch für die Imagination. Dabei ist ein Unterschied bedeutungsvoll: Wir können die Imagination gezielt lenken und einsetzen.

Charakteristische Komponenten, aus denen sich der "Geist" bestimmen lässt, sind im Gesamtüberblick:

● Traum und Imagination als innere sinnvoll strukturierte Erfahrung
● Bilder, Symbole und Archetypen
● Aussersinnliche Wahrnehmung (auch Vorausschau)
● Menschen-führende (andragogische) Funktion
● Codeprogramm der Individuation; Vollzug der Wandlungsprozesse
● Verarbeitungskraft (teilweise Heilwirkung)
● Eigenes Normen- und Wertsystem
● Wirkungskraft in der psychischen Energie bei psycho-energetischen Übungen
● Träume und Kontemplationen über die transzendentale Wirklichkeit

Traumsprache und Traumdeutung mit praktischen Anregungen

Zur Sprache der Träume seien einige Charakteristiken festgehalten. Wir können das Bildmaterial in drei Gruppen einteilen:

■ Die Bilder und bildmässigen Handlungen:

Die Bilder sind jene Elemente, die eine augenfällige individuelle Bedeutung aus dem persönlichen Leben haben. Die Deutung liegt auf der Ebene der persönlichen erfahrungsbezogenen Assoziationen. Das Bild ist konkret, visuell erfassbar, individuell und subjektiv geprägt. Bilder können alle Erfahrungsgegebenheiten des Individuums sein, also Menschen, Ereignisse, Sachen und Orte.

■ Die Symbole und symbolischen Handlungen:

Symbole sind Bilder. Sie stammen aus dem Leben. Doch sie haben überindividuelle Bedeutung und sind insofern direkt sach- (objekt-) bezogen zu deuten, d.h. vom individuellen Erlebnis unabhängig. Die Assoziationen sind intersubjektiv gültig. Diese Art Bilder kann man als generelle Lebensgegebenheiten des Menschen verstehen und sie sind somit relativ zeitunabhängig. Solche Symbole sind konkrete Bilder aus dem Leben und noch keine formalen Abstraktionen (wie z.B. der Kreis oder die Pyramide). Symbole sind: Haus, Naturgegebenheiten, Orchester, Wald, Grotte, Theater, Verkehrsmittel, Wetter, Menschentypen, Früchte u.a.m.

■ Die Archetypen und archetypischen Handlungen:

Archetypische Bilder können konkret oder abstrakt sein. Doch als Bild sind sie nicht mehr vollständig lebensbezogen. Die Gestalt des Weisen und die Hexe, überhaupt alle Bilder aus Mythologie und Märchenwelten sind solche Bilder. Sie widerspiegeln Grundmotive des menschlichen Lebens. Abstrakte Bilder bzw. Symbole, wie etwa der Kreis, das Kreuz, Insignien aller Art, Pyramide, Sonne, Lichtquelle und ähnliches mehr gehören zu den höchsten Formen der Archetypen. Das Lebenssymbol bezeichnen wir als den höchsten Archetypus, den es überhaupt gibt.

Archetypen haben eine Bedeutung, die nicht mehr konkretistisch zum Ausdruck gebracht werden kann. Die Assoziationen haben intersubjektive Gültigkeit. Die Archetypen sind interkulturell und universell gültig, wenn auch unterschiedlich gestaltet. Insbesondere die abstrakten Archetypen sind zeitunabhängig. Die Idee ist tiefer verborgen als bei den Bildern und Symbolen. Archetypen sind: Lebenssymbol, Pyramide, Kreuz, Kreis, Hexagramm, Licht, Mandala (aller Art), Anchsymbol, Kristall, Edelmetall, König und Königin, Priester und Hohepriester, Tempel, Reise und Weg und ähnliches mehr.

Für die Traumdeutung ergeben sich daraus vier Gesichtspunkte:

1. Bilder nehmen direkten Bezug auf das psychische System des Menschen und sein Leben. Dabei kann es sich um eine Botschaft über den Träumenden oder um eine Information über andere Menschen und Gegebenheiten handeln.

2. Symbole erweitern den individuellen Gehalt zu Daseinsthemen, die überindividuelle Bedeutung haben. Solche Bilder widerspiegeln den

allgemeinen Lebensraum der Menschen. Sie haben mit ihrer kollektiven Bedeutung für das Individuum eine persönliche Botschaft.

3. Archetypen sind transzendentale Erfahrungen. Sie widerspiegeln die entscheidenden Wandlungsprozesse der Individuation. Sie vermitteln Erfahrungen über das ewige Menschsein. Was Gott ist, kann nur durch den inneren Vollzug der Wandlungsarchetypen annähernd erfahren werden.

4. In einem Traum können alle drei Bildarten zusammen vorkommen. Ein Beispiel: Hans träumt: "Er streitet mit seiner Frau in einem Stadt-Theater, während es draussen stürmt. Sein Lehrer aus dem Gymnasium ist Zuschauer. Die Mutter seiner Frau versteckt sich hinter einem Vorhang. Ein Zauberer aus fernem Land kommt herein und bringt beiden einen kleinen Stein, der sich in der Hand zu einem Edelstein wandelt."

Aus den Darlegungen über die Funktion der Träume folgern wir folgende Kernthese für die Andragogik: *Die wertvollste Quelle aller Wahrheiten über den Menschen und das Leben vermitteln die Träume. Wer Menschen zu ihrem Sein und zu Gott führen will, ohne Träume und ohne Schulung zur Traumdeutung, führt die Menschen weg von der inneren Wahrheit.*

Die Traumdeutung muss wie eine fremde Sprache erlernt werden. Traumlexiken können nützliche Anregung geben, sind aber zur direkten Übernahme einer Deutung selten geeignet. Denn nie kann der subjektive Erlebnisbezug aus Vergangenheit und Gegenwart in einem Symbol-Lexikon enthalten sein. Wir wollen einige praktische Arbeitsanweisungen geben und stellen uns vor, dass die Person sich dazu Zeit nimmt.

■ Praktische Arbeitsanweisungen:

1. Schritt: Aufschreiben
2. Schritt: Zerlegen in Handlungseinheiten, zum Beispiel: 1.Akt, 2.Akt usw.
3. Schritt: Die Hauptelemente separat auflisten: Personen, Sachen, Ereignisse, Orte, Konfliktthemen, Kritisches, Besonderes usw.
4. Schritt: Den eigenen Standort im Traum erfassen: Zuschauer? Aktiv handelnde Person? Wie? Gefühle? Welche Werte bewegen?
5. Schritt: Besondere Erinnerungen, Vergangenheitsbezug und Gegenwartsbezug erfassen: Was war am Vortag? Welche Ereignisse, Gedanken, Gefühle?
6. Schritt: Welche psychischen Kräfte und Handlungen sind angesprochen? Geht es um eine Korrektur der Sicht? Oder um unentwickelte oder einseitig entwickelte psychische Kräfte? Wird ein bestimmtes Handeln (oder Unterlassen) kritisch beleuchtet?

7. Schritt: Welche allgemeinen Lebensthemen sind darin aktuell? In welche Richtung drängt das Bild? Soll etwas verändert werden? Oder ist da ein konkreter Handlungsbedarf fällig?

8. Schritt: Welche anderen Personen und Gegebenheiten sind angesprochen?

9. Schritt: Sind Archetypen vorhanden? Welche inneren Wandlungsthemen sind aktuell?

10.Schritt: Assoziationen und Bezugselemente miteinander verknüpfen und daraus die Botschaft herauskristallisieren. Allenfalls vom konkreten Bild sich distanzieren und nach allgemeinen "Weisheiten", Lebensdevisen, Leitideen und Einstellungen fragen.

11.Schritt: Vergleich mit früheren ähnlichen Träumen bzw. mit früheren Träumen, die einzelne gleiche Elemente enthalten.

12.Schritt: Erweiterte Deutung und Erfahrung: mit Imagination den Traum nochmals durcherleben, mit den Figuren reden, Fragen stellen und die Situation einer Lösung bzw. einem Abschluss zuführen.

Für Personen, die ihr Traumleben fördern wollen, können einige generelle Anregungen als Handlungsorientierung gegeben werden: Es ist unerlässlich, ein Traumbuch zu führen und dieses auf dem Nachttisch neben dem Bett bereit zu halten. Das setzt eine positive Einstellung gegenüber dem Traumleben voraus. Gesunde Schlafgewohnheiten sind von Vorteil. Nach dem Erwachen soll man nicht gleich das Radio anstellen oder die Zeitung lesen, sondern einen Moment in Ruhe verharren: "Was habe ich jetzt geträumt? ... Ach so ...". Dann soll man die Träume aufschreiben. Nach dem Frühstück "verfliegen" die Träume oft schnell. Denn das reale Leben verlangt Einsatz. Auch unscheinbare kleine Traumfragmente können eine Botschaft enthalten, sei es auch nur: "Zieh an dem roten Faden...dann findest Du das Thema schon".

Auch völlig abstruse Bilder enthalten eine Botschaft. Niemand muss sich für ein Traumbild schämen, auch wenn es ganz deutlich sagt: "Mensch, sieh doch mal, wie Du lebst. So kannst Du doch nicht weiterleben." Die Beschäftigung mit Träumen bedeutet natürlich, dass man ein echtes Interesse hat, sich selbst und sein Leben zu durchforschen, besser zu verstehen und innerlich zu wachsen. Bei der Bearbeitung eines Traumes kann man sich an der Frage orientieren: Was will der Traum? Halten wir fest: informieren, erklären, warnen, verarbeiten, entfalten, raten, fördern, verändern und vorbereiten.

Auf die Traumsprache wollen wir noch etwas detaillierter eintreten. Kernfragen sind:

a) Warum spricht der Traum nicht direkt, offen, klar, unmissverständlich und einfach?

b) Warum spricht der Traum oft verdeckt, indirekt, gleichnishaft, mysteriös, metaphorisch und kompliziert?

c) Warum sind Bilder die Hauptelemente der Traumsprache und nicht Worte und Gedanken?

Wir können diese Fragen vielseitig beantworten und präsentieren hier einen Überblick als Diskussionsgrundlage:

■ Der Mensch hat nicht nur den Intellekt mit der Sprachfähigkeit, sondern auch eine Eidetik, d.h. die Fähigkeit zur bildhaften Vorstellung und Verarbeitung.

■ Das Inventar im Unbewussten besteht überwiegend aus Bildern; allenfalls aus Worten mit einer klaren bildhaften Vorstellung verknüpft.

■ Der Mensch erlebt auch im konkreten Leben viele Bilder, die sich nicht auf Sprache reduzieren lassen. Bilder sind ein Teil des Lebens.

■ Ein einziges Bild kann oft eine komplexe Botschaft vermitteln, während dazu lange sprachliche Ausführungen notwendig wären.

■ Es gibt auch in der Sprache bzw. Kommunikation vielseitige, komplexe, metaphorische und gleichnishafte Ausdrucksformen.

■ Mit dem Ich kann man auch im realen Leben oft nur indirekt, andeutungsweise, verschoben und gleichnishaft reden.

■ Bilder aktivieren eine viel stärkere Energie, als dies Gedanken vermögen. Der gesamte psychische Organismus ist psychische Energie.

■ Die traumschaffende Kraft, d.h. der innere Geist, ist keine absolutistische und autoritative Instanz, der es stur wortwörtlich zu gehorchen gilt.

■ Das Ich hat die Freiheit, auf diesen Geist einzutreten oder nicht. Will der Mensch die Kommunikation mit dem Geist, so muss er die Traumsprache lernen.

■ Der Geist verhält sich andragogisch, d.h. zurückhaltend, weise, klug, geschickt, oft locker und oft fordernd, ohne dem Ich die Autonomie zu nehmen.

Das Verhältnis zwischen Ich und Geist, wie es aus der Lage der Traumsprache analysiert werden kann, verdeutlicht, wie gross die Freiheit der

Menschen gegenüber dieser transzendentalen göttlichen Kraft ist. Die Verantwortung anderseits ist enorm für den Menschen. Tritt der Mensch auf diese Kraft nicht ein, dann bleibt er immer Gefangener seines Unbewussten und kann nie von seiner geistigen Lebensquelle geführt werden.

Psychisch-geistige Evolution ist dadurch nicht möglich. Im Endeffekt entwickelt sich der Mensch regressiv. Eine andere Frage ist, ob es in der geistigen Welt (nach dem Tode also) Folgen hat, wenn der Mensch auf diese Kooperation mit dem Geist nicht eintritt. Das können wir hier nicht klären.

Meditation, Imagination und Kontemplation mit praktischen Anregungen

In Ergänzung zu den Träumen wollen wir noch auf die Imagination näher eintreten und vor allem Anregungen für die Praxis geben. Zuerst möchten wir mit dem Begriffssalat etwas Ordnung machen. Es gibt viele Worte, die alle nur eines bedeuten, nämlich Imagination; dazu eine kleine Liste: Visualisation, katathymes Bilderleben, Autogenes Training Oberstufe, Heilmeditation, bewusstes Träumen, Symboldrama, Rückführungen, Wachträumen, Kontemplation, Tagträumen, Psychokybernetik, Geistheilung u.a.m.

Wir definieren Imagination: Imagination ist inneres Bildersehen. Dabei kann man passiv die Bilder ablaufen lassen, oder die Bilder steuern. Man kann Bilder eingeben und Bilder ändern. Die Sprache der Bilder und ihre Funktionen sind ebenso wie die Sprache der Träume zu verstehen. Die Bilder haben einen Sinn und erzeugen Emotionen. Man kann mit Imagination Einblick nehmen in die eigenen psychischen Subsysteme und auch andere Menschen "medial" erfassen und so besser verstehen lernen. Die psychische Energie der Imagination kann auch heilende Wirkung haben.

Kontemplation ist eine spezielle Form der Imagination. In der Kontemplation werden Archetypen imaginativ erlebt. Man kann sich in das Bildergeschehen hineinversenken, um die Kraft eines Archetypus zu verstehen oder zu erleben. Kontemplation ist immer ein intensives inneres Betrachten und Wirken-lassen von Archetypen, ein beschauliches Nachdenken und geistiges sich Versenken in "Ideen" (vgl. Plato). Man kontempliert nicht über konkrete Lebensgegebenheiten. Man imaginiert dazu. Imagination und Kontemplation zusammen bezeichnen wir als Meditation.

Es gibt folgende Arten der Meditation:

1. Konkretes Imaginieren: Frühere und gegenwärtige Lebenssituationen innerlich sehen; eine kritische Lage imaginativ durchgehen.

2. Symbolisches Imaginieren: Ein Baum bedeutet das Wachstum des Lebens. In der Imagination ruft man einen Baum, der zeigen soll, wie es um das eigene Wachstum des Lebens steht; oder: In einem Lagerhaus ist das gesamte Inventar des Unbewussten. In der Imagination befasst man sich dann mit dem unbewussten Material, so wie es sich zeigt.

3. Kontemplation: inneres Farbensehen oder einfache Gegebenheiten aus dem Lebensraum (See, Baum, Quelle); Archetypen wie Lebenssymbol, Pyramide, den alten Weisen, die Sonne innerlich erleben.

4. Es sind Mischfomen möglich. Die Durchführung kann in zwei Varianten erfolgen: a) Aktive Meditation: Das Bildergeschehen wird aktiv gelenkt, sei es von der meditierenden Person selbst, sei es von einer Drittperson.
b) Passive Meditation: Die Person gibt sich dem Bilderverlauf passiv hin und bricht dann nach einigen Minuten wieder ab.

Die Praxis der Imagination auf dem deutschen psycho-esoterischen Markt gleicht einer wuchernden Landschaft mit babylonischem Reden. Es fehlt vielfach an einem klaren systematischen Vorgehen. Da wird imaginiert und meditiert ohne klare Zielvorgaben, ohne klare Bildstrukturierungen, schlicht in der Absicht ein sensationelles Erleben oder ein schönes Gefühl zu schaffen. Da wird von Transzendenzerfahrung gesprochen, wo der meditierende Mensch mit der Übung nicht einmal annähernd an die Sonne herankommt. Vor allem der Sektor der Heilmeditation macht aus den Bilderfahrungen viel mehr, als die Substanz zu leisten vermag. Eine entsprechend spiritistische Atmosphäre ersetzt die fachliche Kompetenz.

Man kann nie mehr erreichen mit einer Meditation, als das Konzept über die Persönlichkeit, das damit verbunden wird, an Realitäten einzufangen vermag. Zum Absurdesten aller Meinungen gehört die Idee, man könne durch angenehme imaginative Erfahrungen zum Erleuchteten werden. Wir geben deshalb einige Grundregeln für den täglichen Gebrauch. Auf die Techniken der Geistheilung können wir nicht eintreten, obwohl das sehr interessante Perspektiven eröffnet, die allerdings weit von dem entfernt sind, was der Markt an Praktiken bzw. Versprechungen im allgemeinen bietet.

Meditation ist im Grunde etwas ganz einfaches, wenn man nicht gleich den

Himalaya erstürmen will. Wir geben ein praktisches Schema vor:

Allgemeines Schema zur meditativen Imagination:

1. Schritt: Zielentscheidung und Symbolwahl
a) Entspannung: dann sind entsprechende Bilder zu wählen, die fliessend oder statisch sein können. Nachfolgend einige Anregungen:

- Farben: Man beachte die unterschiedlichen Wirkungen von blau, rot, orange, grün, braun
- Landschaften erleben: grüne Wiesen, Seen, Flüsse, Bäche, Berge
- Sonne erleben

b) Einblick in die eigenen psychischen Verhältnisse nehmen: Es gibt zu jedem Subsystem allgemeine Symbole; wir geben einige Anregungen:

- Das Gesamtsystem: Ein Orchester spielt
- Ich-System: Der Kapitän mit seinem Schiff ist auf See
- Das Unbewusste: Ein Lagerhaus voll Bilder und Inventar
- Die Gefühle: Ein Farbenspektrum
- Der Intellekt: Ein Computerraum in Betrieb
- Die Bedürfnisse: Die Haustiere auf einem Bauernhof
- Die Liebeskraft: Das wärmende ewige Feuer
- Der Geist: Der Weise oder die weise Frau
- Handlungen: Bühne mit handelnden Figuren in Kostümen

c) Archetypen erfahren: Es ist dabei sinnvoll, zuerst zu prüfen und zu entscheiden,was man wirklich erfahren will und wozu es dienen soll.

- Weisheit: Mit einer weisen Gestalt reden
- Ganzheit der Psyche: Ein Mandala (Kreis-Kreuz-Symbol) erleben
- Prozess der Individuation: Eine Reise unternehmen, einen Weg gehen

2. Schritt: Durchführung

- Zuerst immer eine kurze Entspannung
- Konzentriertes Ausgerichtetsein auf das Bild bzw. die Bilder
- Konzentrierte Steuerung im Sinne von "beim Bild bleiben"
- Langsam sich den Veränderungen hingeben bzw. diese mitsteuern
- Versuchen zu verstehen ggf. nach der Bedeutung innen-gerichtet fragen: "Was bedeutet dieses Bild? Verändere Dich, damit ich besser verstehe!"
- Wir empfehlen eine maximale Dauer von 5 bis 8 Minuten pro Übung.

Eine rein passive Imagination ist allenfalls bei Entspannungsabsichten angemessen. Ansonsten ist es immer kreativ und bereichernd, wenn man mit dem
Bildmaterial gleichzeitig arbeitet. Man kann zum Beispiel mit den Gestalten
ins Gespräch kommen. Es ist interessant, die Örtlichkeiten und Räume näher
zu erforschen. Mit Tieren kann man reden: "Wer bist Du? Was willst Du mir
sagen?" In schwierigen Situationen kann man nach Lösungen und Auswegen
suchen. Immer ist es ein Gewinn, zwischen Figuren zu vermitteln (versöhnen,
annehmen) und eine Lage zu ordnen. Als imaginierende Person kann man
dabei als Zuschauer verweilen oder als Mitakteur ins Geschehen eingreifen.
Jeder Mensch hat eigene Neigungen und unterschiedliche Voraussetzungen
für diese Art Meditation. Es ist nie von Gewinn, wenn man Bilder im
Überfluss hat. Dann soll man das Geschehen abbremsen oder gar abbrechen.
Manchmal genügt es, wenn die Bilder nur zaghaft auftauchen, gleichsam als
vage Schatten sich melden. Das genügt vollauf für erste Erfahrungen zu
einem spezifischen Thema. Wer etwas ängstlich ist, soll eine Imagination nie
länger als zwei bis drei Minuten machen. Zerstreutheit und
Unaufmerksamkeit sind durch allgemeine Entspannung zuerst abzubauen
(Autogenes Training). Widerstände sind normal. Es gehört auch etwas Mut
dazu, die psychische Innenwelt zu erschliessen.

Manchmal gestalten sich die Bilder nach andragogischen Mustern. Die intelligente Kraft sagt vielleicht durch eine Bilderkonstellation: "Willst Du das
wirklich sehen?" Oder: "Jetzt zeige ich Dir, wie gut und gross Du bist". Oder:
"Was, Du willst Gott schauen? Und Dich selbst willst Du nicht erkennen?
Ich öffne Dir dieses Tor nicht". Oder: "Jetzt zeige ich Dir zuerst, was Du
nicht sehen willst".

Manchmal kann diese intelligente Kraft schonungslos direkt einen
psychischen Zustand zeigen: Chaos und Unrat erscheinen vor dem "Dritten
Auge". Logische Argumente und begriffliche Abstraktionen sind in der
Imagination wirkungslos und deshalb unbrauchbar. Imagination als
Bildergeschehen folgt der Logik der Bilderwelt, nicht der sprachlichen
(denkerischen) Rationalität.

Die Imagination hat auch eine hellseherische Fähigkeit. Man kann auf
dieselbe Weise durch innere Konzentration auf beliebige Distanz in das
psychische Leben eines andern Menschen Einblick nehmen. Man kann
Institutionen nach der psychischen Wertigkeit befragen. Die Bilder nehmen
dabei oft "kein Blatt vor den Mund". Sie können auch nur die eigenen
Illusionen zeigen, weil man das, was wirklich ist, nur oberflächlich sehen will.
Manche Bilder geben nicht eine volle Antwort, sondern ermöglichen nur den
Einstieg. Danach soll denkerisch weitergesucht werden. Bilder sind

wirkungsvoller als Worte und Gedanken. Je anschaulicher die Bilder sind, desto intensiver werden sie erlebt. Archetypen können eine sehr starke Wirkungskraft haben, obwohl sie nicht in derselben Weise anschaulich sind wie konkrete Lebensbilder. Bilder, die eine individuelle emotionale Besetzung haben, aktivieren zuerst diese Emotionen.

Über die sog. "symbolischen Operationen" seien noch einige Hinweise gegeben. Meditation soll ein Ziel erreichen. Es kann kaum der Sinn einer Imaginationsübung sein, irgendwelche Bilder zu sehen, bloss um "schöne Bilder" oder ekstatische Gefühle zu erleben. Das wäre dann etwa, wie eine Compactdisc oder ein Video zur Unterhaltung laufen zu lassen.

Es ist deshalb nötig, vor jeder Imagination sich klar zu werden, was man damit erreichen will bzw. beabsichtigt; zum Beispiel: Entspannung, Kräftestärkung, innere energetische Zentrierung, Katharsis des Unbewussten, Psychohygiene, Erkenntnisse über den Zustand der Gefühle oder der Liebeskraft, Lösungen suchen für eine persönliche schwierige Lebenslage, Archetypen verstehen u.s.w. Das aktive Imaginieren erachten wir als eine unumgängliche Technik, um innerpsychische Kräfte umzuformen und die Intelligenz des "dritten Auges" voll auszuschöpfen.

Nebenbei sei kurz darauf hingewiesen, dass das Autogene Training Grundstufe keine Imagination ist. Hier werden gedankliche Vorstellungen mit einer leicht affektiven Tönung zur psycho-physiologischen Konditionierung eingeübt und angewendet.

Wie in allen Lebensbelangen ist Übung notwendig, um Meditation wirkungs- voll werden zu lassen. Wir verweisen auf ein breites Übungsspektrum, das wir in anderen Werken dargelegt haben.

Der Verfasser hat in seiner tiefenpsychologischen Berufstätigkeit immer auch mit Träumen und Meditationen gearbeitet. Dieser gewiss vielfältige Erfahrungsraum ist zwar kein Garant für Wissenschaftlichkeit in der Traumdeutung. Aber die Träume waren – und sind immer – eine grosse Herausforderung, immer mehr das Rätsel der Traumsprache zu enthüllen. Denn hier sind die tiefsten Geheimnisse des Menschseins zu finden. Soviel zeigen bis heute alle Erfahrungen in der Arbeit mit Träumen: Träume sind unumgänglich für eine umfassende Persönlichkeitsbildung und für die Individuation.

Hinweis: Nach Abschluss dieses Kapitels hat der Autor auf der Grundlage von 20 Jahren Materialsammlung Schritt für Schritt das neue Werk über Träume und Traumdeutung *In Somnis Veritas* verfasst. Die hier vorliegenden

Darlegungen werden in diesem Werk vertieft und noch detaillierter als eine neue *andragogische Konzeption* bearbeitet.

ANHANG

BILDUNGSBEDÜRFNISSE ZUR
MENSCHENBILDUNG DER ANDRAGOGIK

Kommentar

Wir haben in unserer Studie vielfältige Aspekte des umfassenden psychischen Lebens und der Entfaltung des psychischen Organismus erörtert. Jede praktische Bildung in diesem Bereich beginnt bei der Erfassung der Ausgangslage. Jeder Bildungsprozess muss etappenweise die erreichten Zwischenziele evaluieren können.

Mit zunehmendem Fortschreiten im Prozess der Individuation können die psychischen Kräfte immer differenzierter bis in die Details aufgerollt und erfasst werden.

Die Bildung im Unterricht und in der Einzelberatung benötigt einen klaren Raster für die Erfassung der Bildungsbedürfnisse und des Erfolges der Bildungsleistung.

Die nachfolgenden 10 Einheiten sind ein Versuch, gemäss unserer Studie die zentralen grundlegenden Aspekte der psychischen Subsysteme, der psychischen Einzelkräfte und des Prozesses der Individuation einzufangen.

Dieser Fragebogen kann Ausgangslage sein für ein Bildungsprogramm (Kurs) ebenso wie für die individuelle Beratung.

Die Fragen geben dem Studierenden/Schüler/Klienten und dem Andragogen eine Orientierungshilfe in der Lageanalyse, in der Zielbestimmung und in der Entscheidung über die notwendigen Massnahmen zum Vollzug bzw. Ablauf der Bildung.

Wir glauben, mit unserer Studie genügend Aspekte bearbeitet zu haben, so dass der Andragoge/die Andragogin einen bearbeiteten Fragebogen arbeitsbezogen interpretieren kann.

Dieser Fragebogen erlaubt es zudem, den Wissenschaftlern und Praktikern der Pädagogik und Andragogik über Berufsprofile substantiell zu diskutieren und Masstäbe für die Persönlichkeitsbildung des Andragogen (in Wissenschaft und Praxis) festzulegen.

Darüber hinaus kann dieser Fragebogen für ein Forschungsprojekt sehr breit gefächert die Bildungsbedürfnisse der Menschen erfassen. Die Formulierung einer klaren Bildungspolitik und die Entwicklung von abgestuften Bildungsprogrammen – für die andragogische Ausbildung und ebenso wie für die andragogische Menschenbildung – sind weitere

Anwendungsmöglichkeiten dieses Fragebogens.

Methodologische Reflexionen und theoretische Erörterungen zur Realisierung und analytischen Bearbeitung einer Umfrage sind nicht Gegenstand dieser Studie, selbstverständlich unerlässlich für ein wissenschaftliches Forschungsprojekt.

1. Die Individuation

Der Prozess der psychisch-geistigen Entwicklung enthält eine Vielfalt an kleinen Schritten und kann als "Weg" interpretiert werden. Mit einigen elementaren Schritten können wir die Bildungsbedürfnisse erfassen. Notieren Sie, was für Sie zutrifft:

6 = vollständig; 5 = sehr; 4 = überwiegend; 3 = mittel; 2 = teilweise; 1 = wenig; 0 = nicht

☐ Ich praktiziere Entspannungstechniken
☐ Ich kenne meine Projektionsdynamik
☐ Ich praktiziere Psychohygiene
☐ Ich kenne meine Widerstände/Abwehr
☐ Ich praktiziere Mental-Training
☐ Ich kann systematisch imaginieren
☐ Ich kann mein Erleben sprachlich fassen
☐ Ich übe Kontemplation
☐ Ich habe Klarblick über mein Handeln
☐ Ich deute meine Träume
☐ Ich wende mich systematisch meinen psychischen Kräften zu
☐ Ich integriere meine schwachen psychischen Kräfte
☐ Ich erkenne das Zusammenwirken meiner psychischen Kräfte
☐ Ich habe meine Lebensgeschichte gründlich bearbeitet
☐ Ich kann das psychische Leben umfassend bejahen
☐ Ich habe Überblick über das Wechselspiel Innen-Aussenleben
☐ Die Kraft des Geistes ist mir eine wichtige Rückbindung
☐ Ich habe inneren Halt durch Bildung meiner psychischen Kräfte
☐ Archetypen sind mir Lebensorientierung
☐ Ich lebe Wert/Sinn aus dem Innern
☐ Ich bearbeite mein Innenleben gründlich
☐ Ich praktiziere Psychokatharsis
☐ Ich erlebe in mir neues Menschsein
☐ Ich erlebe Bindung an die Liebe
☐ Ich akzeptiere Geist als Führungsprinzip
☐ Ich erweitere Menschen-Bewusstsein
☐ Ich erlebe immer mehr innere Auflösung von Gegensätzen
☐ Ich lebe immer klarer die wesentlichen Grundbedürfnisse
☐ Ich gebe dem Aufbau der Kraft der Liebe besondere Aufmerksamkeit
☐ Ich kann gut unterscheiden zwischen Masken und der Realität dahinter
☐ Ich erlebe klar, was Freiheit und Pflicht im Innern bedeutet
☐ Geist und Liebe sind in mir stärker als alle andern Kräfte

- ☐ Ich kann mit Masken/Fassaden umgehen
- ☐ Ich kooperiere mit dem Geist
- ☐ Ich kann mich in mein Schicksal einfügen
- ☐ Ich erlebe mich innerlich frei
- ☐ Ich kenne das kollektive Unbewusste
- ☐ Ich praktiziere Imagination kompetent
- ☐ Auch in schwierigsten Situationen erlebe ich inneren Halt
- ☐ Ich habe differenzierte und vernetzte Erfahrungen mit Archetypen
- ☐ Auf mich ist in der inneren Rückbindung umfassend Verlass
- ☐ Ich erlebe meine Traumdeutung als zuverlässig und bewährend
- ☐ Ich kann die transzendierende Kraft der Liebe leben
- ☐ Mein Leben ist ein umfassender Ausdruck erarbeiteter Selbstbildung
- ☐ Ich erlebe zunehmend mein lebendiges Abbildsein des Hauptarchetypus
- ☐ Das Leben hat mich mit Traum und Meditation umfassend gebildet
- ☐ Ich erlebe die positiven Bilder in meinem Unbewussten als tragend
- ☐ Ich trainiere stetig meine neu gewordenen Kräfte im täglichen Leben

2. Die "kritischen Handlungen"

Bildungsbedürfnisse im Bereich von Handlungen sind u.a. dann gegeben, wenn eine Person eine eigene Handlung als "kritisch" erlebt. "Kritisch" meint dabei: Handlungsziel nicht erreicht, Handlung blockiert, unerwünschte Nebenwirkungen, Unsicherheiten im Handeln, Konfliktfolgen, fehlende Motivation mangelndes Verstehen der Handlung, Unklarheit über inneres Gedrängtsein, psychische Störfaktoren, nicht realisierbare Handlungsabsichten, Handlungsohnmacht u.a.m. Aus den vielen thematischen "Lebenssystemen" wählen wir jene aus, die für sehr viele Menschen eine tägliche Realität bedeuten, sei es persönlich, sei es durch die Medien ins Bewusstsein gebracht. In welchen Lebenssystemen (Lebensthemen) erleben Sie Ihr Handeln als "kritisch"? Notieren Sie, was für Sie zutrifft:

6 = vollständig; 5 = sehr; 4 = überwiegend; 3 = mittel; 2 = teilweise; 1 = wenig; 0 = nicht

☐ Persönliche Beziehung/Ehe/Freundschaft
☐ Kindererziehung
☐ Kollegen, Bekannte, Verwandte
☐ Freie Zeit
☐ Ferien/Urlaub
☐ Persönlicher Wohnraum
☐ Persönliche Umwelt (Wohnort)
☐ Ernährung, Essen
☐ Gesundheit
☐ Alkohol und/oder Tabak
☐ Medikamente
☐ Konsum allgemein
☐ Haushalten
☐ Konflikt mit Vorgesetzten
☐ Scheidung/Trennung
☐ Krankheiten
☐ Psychische Leiden/Störungen
☐ Lebenskrisen aller Art
☐ Religiöse Praktiken, Glaube
☐ Selbsterleben (Angst, Minderwert)
☐ Bildung, Weiterbildung
☐ Sexualität
☐ Tagesplanung
☐ Medienkonsum
☐ Geld, Lebenskosten

- ☐ Möbel, Geräte, Auto, Kleider
- ☐ Freizeitbeschäftigungen (Hobbies)
- ☐ Opfer (Diebstahl, Betrug etc.)
- ☐ Arbeit/Arbeitsplatz
- ☐ Politik, Parteien
- ☐ Wirtschaft, Geschäftsleben
- ☐ Kunst, Kultur generell
- ☐ Institutionen der Religionen
- ☐ Verkehr, Transport
- ☐ Atommüll, AKW
- ☐ Staatsfinanzen, Steuern
- ☐ Umweltverschmutzung
- ☐ Internationale Konflikte
- ☐ Nationale, regionale Konflikte
- ☐ Bebauter Lebensraum
- ☐ Naturzerstörung
- ☐ Tierhaltung
- ☐ Kriminalität
- ☐ Pornographie, Prostitution
- ☐ Überfremdung
- ☐ Banken, Versicherungen
- ☐ Behörden
- ☐ Randgruppen
- ☐ Extremismus, Fundamentalismus
- ☐ Abfall (Müll, Abwasser)
- ☐ Umweltzerstörung
- ☐ Armut (in Europa, im eigenen Land)
- ☐ Kriege, Völkermord, Unterdrückung
- ☐ Alte Menschen, Pensionierung
- ☐ Verständigung zwischen Menschen
- ☐ Drogensituation
- ☐ Arbeitslosigkeit
- ☐ Tod

3. Die Psychodynamik

Jeder erlebt sich täglich in einem psycho-energetischen Zustand, meist variabel und manchmal über einen längeren Zeitraum nahezu gleichbleibend. Mit verschiedenen Aspekten lässt sich ein Bild über die Bildungsbedürfnisse erstellen. Nicht jeder Aspekt verlangt nach denselben Massnahmen. Notieren Sie, was für Sie zutrifft:

6 = vollständig; 5 = sehr; 4 = überwiegend; 3 = mittel; 2 = teilweise; 1 = wenig; 0 = nicht

☐ Ich erlebe mich angespannt
☐ lch bin innerlich unruhig
☐ Ich lebe hektisch
☐ Ich fühle in mir Disharmonie
☐ Ich esse hastig
☐ Ich habe schnell einmal Schlafstörungen
☐ Ich fühle in mir Druck
☐ Ich bin leicht zu verärgern
☐ Ich habe Verspannungen (aller Art)
☐ Mein Magen reagiert empfindlich auf Gefühle
☐ Mein Grundbefinden ist "Zerrissenheit"
☐ Ich erlebe mich schwer und dumpf
☐ Ich bin tendenziell eher bedrückt
☐ Ich fühle mich eingeengt
☐ Ich bin stimmungsmässig wenig froh
☐ Ich bin unbeständig
☐ Ich komme schnell "ins Schleudern"
☐ Mein Tagesrhythmus ist unstet
☐ Ich fühle mich schnell einmal unsicher
☐ Mir fehlt in vielen Situationen "innerer Stand"
☐ Ich bewege mich streng so, wie ich will
☐ Ich fühle mich starr
☐ Mein inneres "Leben" ist gepanzert
☐ Ich bin schwer ansprechbar
☐ lch kann je nach Situation ziemlich rigide reagieren
☐ Ich bin tendenziell träge
☐ Ich fühle mich kraftlos
☐ Ich habe wenig zielgerichtete Energie
☐ Meine Energie ist lahm
☐ Mir fehlt die Lust, etwas aktiv anzupacken
☐ Ich reagiere überwiegend launisch

- ☐ Ich fühle mich "sauer"
- ☐ Meine Energie ist eher lebensabgewandt
- ☐ Ich kann unerklärlich destruktiv sein
- ☐ Ich bin leicht ansteckbar von Stimmungen anderer
- ☐ Ich erlebe mich überwiegend introvertiert
- ☐ Ich bin tendenziell extravertiert
- ☐ Ich kann Intro-/Extraversion nicht steuern
- ☐ Ich bin wechselhaft intro-/extravertiert
- ☐ Zusammen mit andern "verliere" ich schnell meine Energien

4. Das Ich und seine Steuerungsmechanismen

Das Ich mit seinen Hilfsfunktionen ist ein sehr komplexes System. Wir können zahlreiche Fragen zu jedem Teilystem erstellen, um Bildungsbedürfnisse zu eruieren. Wir wollen uns auf wesentliche Aspekte beschränken. Notieren Sie, was für Sie zutrifft:

6 = vollständig; 5 = sehr; 4 = überwiegend; 3 = mittel; 2 = teilweise; 1 = wenig; 0 = nicht

☐ Ich erlebe mich wertvoll/reichhaltig
☐ Ich erlebe mein Ich gesund und stark
☐ Ich erlebe mich ganz mich selbst
☐ Ich erlebe intensiv, dass ich lebe
☐ Ich erlebe klar meine psychisch-physische Identität
☐ Meine Willenskraft ist differenziert
☐ Ich erlebe mich willensstark
☐ Ich habe differenzierte Handlungsziele
☐ Meine Entschlusskraft ist ausgeprägt
☐ Zu meinem Handeln erlebe ich deutlich Motivation
☐ Ich reguliere mein Leben klar
☐ Ich bin sehr konzentriert
☐ Ich setze mich gegen Hindernisse durch
☐ Ich führe mich bewusst im Alltag
☐ Auch nach Feierabend steuere ich mich bewusst
☐ Ich verdränge/verdecke nichts
☐ Ich habe keine Projektionen
☐ Ich entstelle eine Realität nicht
☐ Ich leugne Tatsachen nicht
☐ Ich unterdrücke nichts in mir
☐ Ich vermittle zwischen Interessenkräften
☐ Ich bearbeite, was auf mich zukommt
☐ Ich habe ein aktives Grundinteresse
☐ Ich berücksichtige Neues ausgewogen
☐ Ich   kann zu vielem eine Beziehung herstellen
☐ Ich lebe klar in Richtung meiner Ziele
☐ Ich   habe viele gute Fähigkeiten
☐ Ich lebe mich bewusst und differenziert
☐ Ich   verwirkliche meine Persönlichkeit
☐ Ich habe ein differenziertes Wissen über mein psychisches Leben
☐ Andere sehe ich psychisch differenziert
☐ Ich habe viel Klarheit über Menschen

☐ Ich erkenne das Innenleben anderer
☐ Ich habe verarbeitete Erfahrungen
☐ Ich sehe andere mit ihrer Lebensgeschichte
☐ Ich habe vielschichtiges Wissen über die Gesellschaft
☐ Ich habe differenziertes Wissen über die Erde
☐ Ich erfasse weiträumig die Erde als Lebensraum
☐ Ich erlebe die Welt differenziert in grosser Zeitdimension
☐ Ich sehe das Kollektiv in den komplexen Vernetzungen
☐ Ich habe klar fassbare innere Gotteserfahrungen
☐ Ich kenne differenziert die Kraft des Geistes
☐ Ich habe Erfahrungen über das Transzendentale
☐ Mein religiöses Eingestelltsein habe ich meditativ geklärt
☐ Ich habe viel Erlebenswissen über Archetypen (Ursymbole)

5. Die Hauptfunktionen der Intelligenz

Der Prozess des Denkens ist eingebettet in einen Ablauf von der Wahrnehmung bis zum denkerischen Lernergebnis. Dazu gehören die Sprache und die Denkoperationen. Zu allen Aspekten können wir Bildungsbedürfnisse suchen. Wir wollen uns auf wesentliche Auszüge beschränken. Notieren Sie, was für Sie zutrifft:

6 = vollständig; 5 = sehr; 4 = überwiegend; 3 = mittel; 2 = teilweise; 1 = wenig; 0 = nicht

☐ Ich kann schwierige Texte mühelos lesen
☐ Mein Wortschatz ist reichhaltig
☐ Ich bin geschickt im sprachlichen Umgang
☐ Ich kann mich gut ausdrücken
☐ Ich wäge oft ab, welche Worte ich verwenden soll
☐ Ich kann Komplexes gut zerlegen
☐ Ich denke zielstrebig
☐ Schlussfolgern bereitet mir keine Mühe
☐ Ich kann leicht sinnvoll ordnen
☐ Ich bin gründlich im Analysieren eines Problems
☐ Ich habe oft kreative Einfälle für Lösungen
☐ Intuition ist mir vielfach eine Hilfe
☐ Ich habe ein gutes Einfühlungsvermögen
☐ Ich erfühle leicht Zusammenhänge
☐ Ich "sehe" oft das Denkergebnis, bevor ich es in Worten fassen kann
☐ Meine Wahrnehmung ist klar und wach
☐ Ich sehe schnell in komplexen räumlichen Verflechtungen
☐ Ich nehme vieles wahr unter der Zeitperspektive
☐ Ich steuere bewusst, was ich wahrnehmen will/wahrnehmen soll
☐ Ich sehe leicht die Vielschichtigkeiten einer Sache/eines Menschen
☐ Ich habe eine gute Merkfähigkeit
☐ Ich erinnere mich leicht an Namen
☐ Ich kann leicht lang eine Sache studieren
☐ Mein Gedächtnis ist frisch und wach
☐ Ich kann leicht Erinnerungen herbeirufen bis zurück in die Kindheit
☐ Ich durchdenke meine Wunschbilder und Ziele für das Leben genau
☐ Ich denke frei von Dogmen und Ideologien
☐ Ich reflektiere meine Werte und Normen
☐ Meine Einstellungen sind gründlich reflektiert
☐ Meine Überzeugungen prüfe ich hin und wieder allseitig tiefgehend
☐ Ich kann leicht unterscheiden zwischen beschreiben und werten

- ☐ Bevor ich ein Urteil fälle, nutze ich mein Denken allseitig
- ☐ Wenn ich rede, unterscheide ich zwischen Fakten und Bewertungen
- ☐ Ich begründe meine Soll-Ansprüche
- ☐ Ich erkläre, warum ich etwas negativ bewerte
- ☐ Ich bin beweglich im Erfassen von Neuem
- ☐ Ich kann auch das "noch-nie-Gedachte" denken
- ☐ Ich kann mich in fremde Kulturen hineindenken
- ☐ Ich kann mich auch mit Möglichkeiten befassen, die mir neu sind
- ☐ Auch unwahrscheinliche Behauptungen kann ich reflektieren

6. Die Gefühle

Die Bildungsbedürfnisse der Gefühle können wir mit allgemeinen Fragen nach dem Vorhandensein von bestimmten Gefühlen erfassen. Da das subjektive Erleben eines bestimmten Gefühls immer Interpretationen und persönliche Elemente enthält, berücksichtigen wir auch dynamische Aspekte. Notieren Sie, was für Sie zutrifft:

6 = vollständig; 5 = sehr; 4 = überwiegend; 3 = mittel; 2 = teilweise; 1 = wenig; 0 = nicht

☐ Ich bin frei von innerer Zerrissenheit
☐ Ich erlebe mich gefühlsmässig flexibel
☐ Ich erlebe mich im Umgang mit andern frei
☐ Ich bin selten diffus verstimmt
☐ Ich erlebe keine dumpfe Schwere
☐ Ich   erlebe mich nicht zwanghaft
☐ Ich kann leicht mit Gefühlen umgehen
☐ Meine Gefühle sind selten blockiert
☐ Ich habe selten wechselhafte Gefühle
☐ Ich erlebe mich getragen vom Leben
☐ Meine Gefühle sind für mich zuverlässig
☐ Ich erlebe innere Ruhe
☐ Ich erlebe mich frei von meinem gelebten Leben
☐ Meine Gefühle sind fliessend und gut steuerbar
☐ Ich fühle mich innerlich rundum harmonisch
☐ Ich erlebe meine Gefühle konstruktiv für das tägliche Leben
☐ Ich erlebe mich mit meinen Gefühlen als berechenbar
☐ Ich erlebe intensiv Sinn in meinem Leben
☐ Ich erlebe vielfältig Liebe
☐ Ich erlebe Hoffnung
☐ Ich bin heiter
☐ Ich erlebe mich lebensoffen/dem Leben zugewandt
☐ Ich habe Freude an dem, was ich bin
☐ Ich erlebe rundum Lebenssinn
☐ Ich bin froh und glücklich
☐ Ich erlebe inneren Frieden
☐ Ich kann Zärtlichkeit gut integrieren
☐ Ich bin ein zufriedener Mensch
☐ Ich erlebe meine Lebenserfüllung
☐ Ichfühle mich sicher und wertvoll
☐ Ich erlebe mich und das Leben mit Lust und Wohlbehagen

- ☐ Ich habe überwiegend positive Gefühle
- ☐ Ich habe keine Ängste
- ☐ Ich bin selten traurig
- ☐ Ich habe keine Depressionen
- ☐ Neid ist mir fremd
- ☐ Ich bin frei von aggressiver Stimmung
- ☐ Ich bin selten länger anhaltend bedrückt
- ☐ Ich habe keine Zweifel an meinem Leben
- ☐ Ich habe keine Hass- und/oder Rachegefühle
- ☐ Ich habe keine diffusen unklaren Schuldgefühle
- ☐ Ich erlebe mich nicht hilflos
- ☐ Ich habe keinen Kummer
- ☐ Ich bin nicht eifersüchtig
- ☐ Ich erlebe selten Frustrationen
- ☐ Ich fühle in mir keine Feindseligkeiten
- ☐ Ich bin selten verärgert

7. Die Grundbedürfnisse

Die Klärung der Grundbedürfnisse kann verschiedene Aspekte mit Fragen angehen: Das Erleben der Bedürfnisse, die Befriedigung der Bedürfnisse, die subjektiv erlebte Bedeutung der Bedürfnisse, die "künstlichen" Bedürfnisse u.s.w. Wir grenzen hier ein und wählen eine Frage aus, um Bildungsdefizite zu eruieren: Zu welchen Bedürfnissen erleben Sie ein Defizit der Befriedigung? Notieren Sie, wie sehr Sie Defizit erleben:

6 = vollständig; 5 = sehr; 4 = überwiegend; 3 = mittel; 2 = teilweise; 1 = wenig; 0 = nicht

☐ Hunger, Durst, Wärme
☐ Sexuelle Entspannung
☐ Sex mit einem Partner
☐ Schutz vor Krankheiten
☐ Körperliche Bewegung
☐ Körperliche Ertüchtigung (Anstrengung)
☐ Handeln in Situationen des Alltags
☐ Gestalten des eigenen Lebensraumes (Wohnung)
☐ Gestalten der Wohnumgebung (Nachbarschaft/Quartier)
☐ Beziehungen leben
☐ Gruppenzugehörigkeit
☐ Zusammensein mitbestimmen/mitgestalten
☐ Freundschaft/Ehe/Partnerschaft
☐ Eigene Kinder haben
☐ Sicherheit und Stabilität
☐ Arbeit und Leistung
☐ Erleben und Gestalten von Kultur
☐ Spiel und Unterhaltung
☐ Autonomie und Selbstbehauptung
☐ Wahrheit und Wahrhaftigkeit
☐ Zärtlichkeit
☐ Wohlbefinden, Freude
☐ Psychische Gesundheit
☐ Physische Gesundheit
☐ In Besitz nehmen
☐ Erkenntnis und Denken
☐ Wachstum und Entfaltung
☐ Liebe leben
☐ Sinn und Werte leben
☐ Innere Potentiale/Begabungen verwirklichen

☐ Gott erfahren
☐ Transzendenz/jenseitige Wirklichkeit erfahren
☐ Getragensein und Geführtsein von Geist (Gott)

8. Das Unbewusste

Um die Bildungsbedürfnisse zum unbewussten Leben finden zu können, ist zuerst die Wirkungsweise des Unbewussten zu erfassen. Anhand der indirekten und meist verdeckten Aktivitäten des Inventars im Unbewussten können wir erkennen, was mit dem Inventar zu tun ist, und welche anderen psychischen Kräfte da mitwirken und gebildet werden sollten. Notieren Sie, was für Sie zutrifft:
6 = vollständig; 5 = sehr; 4 = überwiegend; 3 = mittel; 2 = teilweise; 1 = wenig; 0 = nicht

☐ Meine Vater-Beziehung ist gespannt
☐ Meine Mutter-Beziehung ist gespannt
☐ Ich habe vieles von meinen Lebenserfahrungen noch nicht bearbeitet
☐ Manche Erinnerungen sind mir gelegentlich peinlich gegenwärtig
☐ Gewisse Lebensphasen will ich nicht wiedererinnern
☐ Erinnerungen an Vergangenes können mich sehr bewegen
☐ Auf bestimmte Menschen habe ich noch eine beachtliche Wut
☐ Gewisse Lehrer sehe ich noch immer als strafende Menschen vor mir
☐ Ich sehne mich nach einem guten Vater
☐ Ich mag Problemmenschen nicht
☐ Ich sehne mich nach einer guten Mutter
☐ Ich habe negative Gefühle zu Sex
☐ Märchenbilder über Hexen stören mich
☐ In mir erlebe ich eine Art "Kind"
☐ Eine Napoleongestalt auf einem Bild aktiviert mich anregend
☐ Ich mag Bilder wie "Mutter Gottes" oder "Heilige" oder "Helden"
☐ Ich habe ein klares Bild über den "rechten" Mann
☐ Ich habe ein klares Bild über die "rechte" Frau
☐ Ich sehe gerne Bilder über die "gute Mutter" und den "guten Vater"
☐ Ich hinterfrage religiöse Autoritäten nicht
☐ Ich habe unerklärlich Gewissensbisse
☐ Ich finde, die Politiker sind mutig
☐ Es gibt unantastbare Überzeugungen
☐ Die Gebote und Verbote aus meiner Kindheit wecken noch heute Gefühle
☐ Manchmal strafe ich wie mein Vater und/oder wie meine Mutter
☐ Ich habe klare Ideale über den "religiösen Menschen"
☐ Ich ärgere mich über die Bedürfnisse, die ich nicht erfüllen konnte
☐ Die Kirche weist den richtigen Weg zu Gott
☐ So richtig auf die Pauke hauen, tut gut
☐ Kriege wird es immer wieder geben
☐ Zuviel Nachdenken schafft nur Probleme

- ☐ Umweltschäden sind nicht so schlimm
- ☐ Verkehrsunfälle sind "Schicksal"
- ☐ Mal "Gas-geben" tut gut
- ☐ Man soll nicht zuviel über sich nachdenken
- ☐ Ich rede nur über das Notwendige
- ☐ Eine Frau soll Mutter werden/sein und die Haushaltarbeiten machen
- ☐ Karriere und gut verdienen ist oberstes Ziel für einen Mann
- ☐ Ich habe diffuse vegetative Beschwerden
- ☐ Ich habe Schlafstörungen
- ☐ Ich habe Platzangst (Tunnel, Lift etc.)
- ☐ Ich rauche/trinke/esse übermässig
- ☐ Ich habe sexuelle Störungen/ Mühe mit meiner Geschlechtlichkeit
- ☐ Ich bin übertrieben gewissenhaft, bis zwanghaft ordnungsliebend
- ☐ Grundlos können mich diffuse Angstgefühle bewegen
- ☐ Ich erröte leicht/ habe schnell schweissige Hände

9. Die Kraft der Liebe

Wir können die Kraft der Liebe in allen Lebensbereichen entdecken. Dabei finden wir die Bildungsbedürfnisse. Notieren Sie, was für Sie zutrifft: 6 = vollständig; 5 = sehr; 4 = überwiegend; 3 = mittel; 2 = teilweise; 1 = wenig; 0 = nicht

☐ Ich lebe innen aufgebauten Lebenssinn
☐ Ich erlebe mich mit innerer Freiheit
☐ Ich nehme meine Gefühle ernst
☐ Ich erfahre innere Entfaltung
☐ Ich pflege und umsorge mich differenziert
☐ Ich erlebe mich selbst mit deutlich originalem Ausdruck
☐ Ich lebe mit geringem Unfall-/Krankheitsrisiko
☐ Ich nehme meine Grundbedürfnisse aufmerksam wahr
☐ Ich kann meinem Leben vertieften Sinn geben
☐ Ich entwickle mein Leben mit all meinen psychischen Kräften
☐ Ich erlebe tragfähige positive Gefühle
☐ Ich unterdrücke Gefühle nicht
☐ Ich kann gut über das Leben meditieren
☐ Ich bin offen für Wahrhaftigkeit
☐ Ich erlebe Verantwortung für innere Wert
☐ Auf mich ist Verlass
☐ Liebe leben ist wichtiger als Liebe erhalten
☐ Ich bin offen für mein Innenleben
☐ Ich bin lernoffen/bereit zu Veränderungen
☐ Mein Leben ist eine Entdeckungsreise
☐ Ich habe erfahrene Gemeinheiten/erfahrenes Leid innerlich versöhnt
☐ Ich lebe so, dass psychisches Wachstum rundum möglich ist
☐ Ich kann schmerzlich erlebte Demütigungen in mir versöhnen
☐ Ich trage Sorge zur Umwelt
☐ Ich   habe selten Projektionen
☐ Ich lebe viele Situationen bewusst kreativ
☐ Leben ist mir wichtiger als Haben
☐ Ich habe die Liebe Gottes durch Meditation über Archetypen erfahren
☐ Wenn ich Wichtiges beurteile, dann wäge ich gründlich mit Liebe ab
☐ Ich erlebe die andern Menschen mit ihrer psychischen Ganzheit
☐ Ich orientiere wichtige Entscheidungen auch an meinen Träumen
☐ Ich nutze die Möglichkeiten meiner Güter für das Leben
☐ Ich kann Herausforderungen annehmen
☐ Ich stelle mich den Wirklichkeiten
☐ Ich integriere positiv die Haushaltarbeiten

☐ Ich verantworte Lebensqualität mit
☐ Ich kann meine Liebe mit andern teilen
☐ Ich lebe flexible Rollenteilung
☐ Das Leben hat mich "geschmiedet", die Menschen zu verstehen
☐ Ich schätze die "guten Sachen"; bin dennoch im Geist verankert
☐ Ich kann Massnahmen ergreifen, um die Liebe zu schützen, falls nötig
☐ Ich nutze alle meine Potentiale für die Lebensgestaltung
☐ Ich kann mich vielseitig aktualisieren in der Freizeit
☐ Ich lebe Solidarität zu psychisch-geistigen Werten
☐ Ich lebe mein "Schicksal" in Hingabe an den inneren Entfaltungsprozess
☐ Ich handhabe Lebenskonflikte ausgewogen
☐ Ich akzeptiere Herausforderungen von hohem innerem Wert
☐ Meine Arbeit erlebe ich als "Lebensausdruck"
☐ Ich kann eine Beziehung zum andern Geschlecht aufbauend leben

10. Die Träume, das Meditieren und der innere Geist

Die Bildungsbedürfnisse zu dem, was wir "Geist" nennen, lassen sich im Bereich der Traum- und Meditationserfahrungen feststellen. Notieren Sie, was für Sie zutrifft:
6 = vollständig; 5 = sehr; 4 = überwiegend; 3 = mittel; 2 = teilweise; 1 = wenig; 0 = nicht

☐ Ich weiss meine Träume beim Erwachen
☐ Ich kann meine Träume deuten
☐ Träume sind mir wichtige Ratgeber
☐ Ich rede mit andern über Träume
☐ Gewisse Träume haben mich beeinflusst
☐ Ich beachte Träume zum Leben
☐ Ich habe erfahren, dass in Träumen ein Geistprinzip wirkt
☐ Ich bilde meine Persönlichkeit mit meinen Träumen
☐ Gewisse Träume haben mich tief bewegt
☐ Ich bin wachsam in der Traumdeutung
☐ Ich lese/habe gelesen über Traumdeutung
☐ Ich schreibe meine Träume auf
☐ Ich meditiere zu meiner Lebensgestaltung
☐ Ich diskutiere über Meditationen
☐ Ich versuche, meditativ mich zu verstehen
☐ Ich habe gelernt zu meditieren
☐ Ich suche in meinen Träumen nach allen meinen psychischen Kräften
☐ Meine Träume haben mir wiederholt meine Widerstände klar gemacht
☐ Ich bearbeite meine Lebensthemen gründlich mit meinen Träumen
☐ Ich orientiere mich bei Problemen/Konflikten an meinen Träumen
☐ Ich befasse mich meditativ mit meinem unbewussten Innenleben
☐ Ich bin kritisch-offen bei meiner differenzierten Innenschau
☐ Ich lebe so, dass Meditation regelmässig möglich ist
☐ Ich weiss, was "innere Neugeburt" heisst
☐ Ich prüfe meine Projektionen genau
☐ Ich habe psychische Wandlungen mit Meditationen erfahren
☐ Ich bejahe die Lebenszuwendung und finde Vertiefung in Meditationen
☐ Katharsis des psychischen Lebens ist wichtig für meine Entfaltung
☐ Ich bearbeite mein unbewusstes Inventar regelmässig und gründlich
☐ Ich meditiere über Symbole und Archetypen
☐ Ich kenne meine Widerstände gegenüber dem Innenleben genau
☐ Wenn ich über Wichtiges nachdenke, berücksichtige ich Innenschau
☐ Ich nehme Intuition ernst
☐ Ich lebe reflektierte Weisheiten

- [ ] Ich habe Interesse an geistigen Werten
- [ ] Ich erlebe Sinn/Wert im Geistprinzip
- [ ] Ich pflege meine Entfaltung sorgfältig
- [ ] Das innere Wachstum ist mir wichtig
- [ ] Ich erlebe eine innere Kraft, die zu Entfaltung drängt
- [ ] Ich bejahe das gesamte psychische Leben des Menschen
- [ ] Ich sehe die andern Menschen immer auch mit ihrem Innenleben
- [ ] Ich kann meine Lust mit Geist verbinden
- [ ] Ich weiss, was "Weisheiten" sind
- [ ] Ich nehme aussersinnliche Wahrnehmung kritisch-ernst
- [ ] Ich bin fähig zur Solidarität über psychisch-geistige Werte
- [ ] Ich erlebe Verantwortung gegenüber inneren Werten
- [ ] Ich sehe differenziert hinter die Masken und Fassaden
- [ ] Ich kann gut unterscheiden zwischen "Glauben" und "Erfahrung"

Literaturverzeichnis

Adler, A.: Praxis und Theorie der Individualpsychologie. Frankfurt 1978 (1930)

Adler, A.: Menschenkenntnis. Frankfurt 1978/1966 (1927, 1947)

Adler, A.: Über den nervösen Charakter. Frankfurt 1977 (1928)

Aebli, H.: Denken: Das Ordnen des Tuns. Kognitive Aspekte der Handlungstheorie. Band I. Stuttgart 1993 (1980)

Aebli, H.: Denken: Das Ordnen des Tuns. Denkprozesse. Band II. Stuttgart 1993 (1980)

Aepli, E.: Der Traum und seine Deutung. Erlenbach 1977

Aquilera, D.C./Messinck, J.M.: Grundlagen der Krisenintervention. Freiburg 1977

Alberoni, F.: Erotik. München 1987

Alexander, F.: Psychosomatische Medizin. Berlin/New York 1985

Arnold, R.: Deutungsmuster und pädagogisches Handeln in der Erwachsenenbildung. Bad Heilbrunn 1985

Assagioli, R.: Psychosynthese und transpersonale Entwicklung. Paderborn 1992

Balint, M.: Die Urformen der Liebe und die Technik der Psychoanalyse. Frankfurt 1981

Bandler, R./MacDonald W.: Der feine Unterschied. Paderborn 1991

Bartholomäus, W.: Lust aus Liebe. München 1993

Barz, H.: Psychopathologie und ihre psychologischen Grundlagen. Bern/Stuttgart 1977

Battegay, R.: Narzissmus und Objektbeziehungen. Bern 1979

Battegay, R.: Die therapeutische Beziehung unter dem Aspekt verschiedener psychotherapeutischer Schulen. Bern/Stuttgart 1978

Bauer, W. u.a.: Lexikon der Symbole. Wiesbaden 1982

Beck, T.A.: Liebe ist nie genug. Köln 1992

Becker-Carus, C.: Grundriss der physiologischen Psychologie. Basel/Stuttgart 1982

Becker, P.: Psychologie der seelischen Gesundheit. Göttingen 1982

Bender, H.: Telepathie, Hellsehen und Psychokinese. München 1972

Berger, P.L./Luckmann T.: Die gesellschaftliche Konstruktion der Wirklichkeit. Frankfurt 1970

Biller, K.: Bildung - integrierender Faktor in Theorie und Praxis. Weinheim 1994

Blasi, A.: in: Oser, F.: Moralische Zugänge zum Menschen. München 1986

Bock, I.: Pädagogische Anthropologie der Lebensalter. München 1984

Bonin, W.F.: Lexikon der Parapsychologie. München 1976

Boron, R. de: Merlin. Der Künder des Gral. Stuttgart 1980

Boron, R. de: Die Geschichte des heiligen Gral. Stuttgart 1979

Boss, M.: Praxis der Psychosomatik. Bern 1978

Boss, M.: Der Traum und seine Auslegung. München 1974

Bosshart, E.: Christliche Symbole. Zürich 1970

Bourdieu, P.: Zur Soziologie der symbolischen Formen. Frankfurt 1974

Bourdieu, P.: Entwurf einer Theorie der Praxis. Frankfurt 1979

Bourdieu, P.: Die feinen Unterschiede. Frankfurt 1984

Bradshaw, J.: Creating Love. London 1992

Brezinka, W.: Metatheorie der Erziehung. München 1978

Bronfenbrenner, U.: Die Oekologie der menschlichen Entwicklung. Frankfurt 1989

Brüderl, L. (Hrgr.): Belastende Lebenssituationen. Weinheim 1988

Brugger, W.: Philosophisches Wörterbuch. Freiburg 1992

Buela-Casal G./Caballo, V.E.: Manual de Psicologia clinica aplicada. Madrid 1991

Burisch, M.: Das Burnout-Syndrom. Theorie der inneren Erschöpfung. Berlin 1989

Campbell, J.: Der Heros in tausend Gestalten. Frankfurt 1953

Campbell, J.: Der Flug der Wildgans. Mythologische Streifzüge. Basel 1990

Chardin de, Th.: Die lebendige Macht der Evolution. Olten 1967

Cattell, R.B.: Description and measurement of personality. 1946

Chertok, L.: Hypnose. München 1973

Chrestien de Troyes: Perceval der Gralskönig. Stuttgart 1983

Condrau, G.: Angst und Schuld. Bern 1962

Cranach von, M. (u.a.): Zielgerichtetes Handeln. Bern 1980

Czichos, R.: Creaktivität und Chaosmanagement. München 1993

Dethlefson, T.: Das Erlebnis der Wiedergeburt. München 1979

Dieterich, R.u.a.: Psychologische Perspektiven der Erwachsenenbildung. Bad Heilbrunn 1987

Dorsch, W.: Psychologisches Wörterbuch. Bern/Stuttgart 1987

Dorst, B.: C.G. Jung und die feministische Kritik. Zeitschrift 'DU'. Nr.8, 1995

Doucet, F.W.: PSI-Training. München 1975

Dowling, C.: Cinderella-Komplex. Frankfurt 1984

Drewermann, E.: Tiefenpsychologie und Exegese. Band I: Die Wahrheit der Formen. Olten 1987

Driesch, H.: Parapsychologie. München 1975

Düker, H.: Untersuchungen über die Ausbildung des Wollens. Bern 1975

Düker, H.: Über unterschwelliges Wollen. Göttingen 1983
Dürckheim Graf, K.F.: Meditieren - wozu und wie. Freiburg 1976
Dürckheim Graf, K.F.: Vom doppelten Ursprung des Menschen. Freiburg 1983

Eckensberger, L.H. (Hrgr): Entwicklung sozialer Kognition: Paradigmen, Theorien, Ergebnisse. Stuttgart 1981
Eckes-Lapp, R.: Psychoanalytische Traumtheorie und Trauminterpretation. Göttingen 1980
Eggebrecht, A.: El antiguo Egipto. Barcelona/München 1984
Eissler, K.R.: Todestrieb, Ambivalenz, Narzissmus. Hamburg 1980
Eliade, M.: Mythen, Träume und Mysterien. Salzburg 1961
Ellenberger, H.F.: Die Entdeckung des Unbewussten. 2 Bde. Bern 1973
Erickson, M.H. (u.a.): Hypnose. München 1978
Erikson, E.: Identität und Lebenszyklus. Frankfurt 1974
Eysenck, H.J./Eysenck M.W.: Persönlichkeit und Individualität. München 1987
Eysenck, H.J.: Die Ungleichheit der Menschen. Frankfurt 1989

Ferenczi, S.: Zur Erkenntnis des Unbewussten. München 1978 (Texte 1908-1929)
Filipp, S.-H. (Hrgr.): Selbstkonzept-Forschung. Probleme, Befunde, Perspektiven. Stuttgart 1979 (1993)
Filipp, S.H. (Hrgr.): Kritische Lebensereignisse. München 1981 (1990)
Flammer, A.: Entwicklungstheorien. Psychologische Theorien der menschlichen Entwicklung. Bern/Göttingen 1993 (1988)
Foppa, K./Groner, R. (Hrgr): Kognitive Strukturen und ihre Entwicklung. Bern/Stuttgart 1981
Frankl, V.E.: Anthropologische Grundlagen der Psychotherapie. Bern/Stuttgart/Wien 1975
Frankl, V.E.: Der Mensch auf der Suche nach Sinn. Freiburg 1973
Frankl, V.E.: The unheard cry for meaning. New York 1985
Freud, A.: Das Ich und die Abwehrmechanismen. München 1973 (1936)
Freud, S.: Drei Abhandlungen zur Sexualtheorie. Frankfurt 1976/1961, (1904/05 sowie verwandte Schriften 1906-1931)
Freud, S.: Die Traumdeutung. Zürich 1972 (1900)
Freud, S.: Sexualleben. Zürich 1972 (diverse Schriften 1898-1932)
Freud, S.: Das Ich und das Es. Psychologie des Unbewussten. Zürich 1972 (diverse Schriften 1911-1938)
Freud, S.: Fragen der Gesellschaft - Ursprünge der Religion. Zürich 1977 (Aufsätze 1915-1938)

Freud, S.: Bewusstsein und Unbewusstes. 1923

Freud, S.: Über Psychoanalyse. 1919

Freud, S.: Brief an Einstein im September 1932. In: Ds Unbehagen der Kultur.

Fromm, E.: Analytische Charaktertheorie. Band II der Gesamtausgabe. Stuttgart 1980

Fromm, E.: Die Kunst des Liebens. Frankfurt 1971 (1956)

Fromm, E.: Die Seele des Menschen. Stuttgart 1979

Fromm, E.: Märchen, Mythen und Träume. Konstanz/Stuttgart 1957

Fuchs, W.: Biographische Forschung. Eine Einführung in Praxis und Methoden. Opladen 1984

Fuchs, W.: Möglichkeiten der biographischen Methoden. In: Niethammer 1985

Gage, N.L./Berliner, D.C.: Pädagogische Psychologie. Weinheim 1986

Garma, A.: Tratado Mayor del psicoanálisis de los sueños. Madrid 1990

Garz, D.: Sozialpsychologische Entwicklungstheorien. Opladen 1994

Gehlen, A.: Moral und Hypermoral. Frankfurt 1969

Geue, B.: Entscheidungstraining in der Erwachsenenbildung. Baden-Baden 1993

Gloger-Tippelt, G.: Beiträge einer Entwicklungspsychologie der Lebensspanne zur Erwachsenenbildung. In: PAD 1993, 98-118

Goldbrunner, H.: Masken der Partnerschaft. Mainz 1994

Gregory, R.L. (ed.): The Mind. Oxford/New York 1987

Grindler, J./Bandler, R.: Therapie in Trance. Stuttgart 1991

Groddeck, G.: Krankheit als Symbol. Frankfurt 1990 (Aufsätze 1889-1934)

Grof, S.: Geburt, Tod und Transzendenz.München 1985 (1993)

Grof, S.: Topologie des Unbewussten. Stuttgart 1993 (6)

Gudjons, H./Pieper, M./ Wagner, B.: Auf meinen Spuren. Die Entdeckung der eigenen Lebensgeschichte. Reinbek 1986

Guilford, J.P.: Persönlichkeit. Weinheim 1964

Haan de, G./Schulze, Th.: in: Lenzen, D. 1993

Hacker, F.: Aggression. Reinbek 1973

Hall, C.S./Nordby,V.J.: The Individual and his dreams. New York 1972

Halsig, N./Schröder, A.: in: Brüderl, L.

Hare, R.M.: Die Sprache der Moral. Frankfurt 1972

Harris, Th.A.: Ich bin o.k. - Du bist o.k. Reinbek 1975

Hartmann, F.: Mysterien, Symbole und magisch wirkende Kräfte. Calw (ohne Jahr)

Hartmann, F.: Die Symbole der Bibel und der Kirche. Calw (ohne Jahr)

Hartmann, H.: Psychoanalyse und moralische Werte. Stuttgart 1973

Hartmann, H.: Ich-Psychologie. Stuttgart 1972

Haseloff, O.W./Hoffmann H.-J.: Kleines Lehrbuch der Statistik. Berlin 1971

Heckhausen, H.: Motivation und Handeln. Lehrbuch der Motivationspsychologie. Berlin 1980

Heim, R.: Die Rationalität der Psychoanalyse. Basel 1993

Heinz-Mohr, G.: Lexikon der Symbole. Düsseldorf 1976

Heinze, Th.: Interpretation eines (auto-)biographischen Dokuments. In: Gruppendynamik 19/4, 1988

Helmchen, H./Linden M./Rüger U.(Hrgr.): Psychotherapie in der Psychiatrie. Berlin 1982

Hempel, C.G.: Typologische Modelle in den Sozialwissenschaften. In: Topitsch 1970

Herder: Lexikon der Symbole. Freiburg 1978

Hertz, A.: Moral. Mainz 1972

Herzog, W.: Pädagogik und Psychologie. In: Zeitschrift für Pädagogik Nr.3/40.Jg. Weinheim 1994

Heursen, G. (Hrgr.): Didaktik im Umbruch. 1984

Hilgard, E.R./Bower, G.H.: Theorien des Lernens. 2 Bde. Stuttgart 1970

Höffe, 0. (Hrgr.): Klassiker der Philosophie. 2 Bde. München 1985

Hoffmann, N. (Hrgr.): Grundlagen kognitiver Therapie. Bern, Stuttgart, Wien 1979

Holzkamp, K.: Kritische Psychologie. Frankfurt 1972

Homfeldt, H.G. (u.a.): Sinnliche Wahrnehmung, Körperbewusstsein, Gesundheitsbildung. Weinheim 1993

Homfeldt, H.G.: Anleitungsbuch zur Gesundheitsbildung. Baltmannsweiler 1994

Hull, C.L.: Principles of behavior. New York 1943

Hull, C.L.: A Behavior system. New Haven Yake 1952

Hurrelmann, K./Ulich, D. (Hrgr.): Handbuch der Sozialisationsforschung. Weinheim 1980

Hurrelmann, K.: Persönlichkeitsentwicklung als produktive Realitätsverarbeitung. In: PAD 1993, 155-175

Hurrelmann, K.: Sozialisation und Gesundheit. Weinheim 1994

Inglehart, R.: Kultureller Umbruch. Frankfurt 1989

Illich, I.: Entschulung der Gesellschaft. München 1970

Izard, C.E.: Die Emotionen des Menschen. Weinheim 1981

Jacoby, R.: Die Verdrängung der Psychoanalyse. Frankfurt 1990

Jacobi, J.: Komplex, Archetyp, Symbol. Zürich 1957

Jacobi, J.: Der Weg zur Individuation. Zürich 1965

James, W.: Die Vielfalt religiöser Erfahrung. Olten 1979 (1901/1902)

Janov, A.: Der Urschrei. Frankfurt 1977

Jones, E.: Die Theorie der Symbolik und andere Aufsätze. Berlin 1978

Jung, E./von Franz A.-L.: Die Gralslegende in psychologischer Sicht. Olten 1983

Jung, C.G.: Aion. Olten 1978

Jung, C.G.: Psychologie und Alchemie. Olten 1972

Jung, C.G.: Über Grundlagen der analytischen Psychologie. Frankfurt 1975 (Die Tavistock Lectures 1935)

Jung, C.G.: Über die Psychologie des Unbewussten. Frankfurt 1975

Jung, C.G.: Bewusstes und Unbewusstes. Frankfurt 1977/1957

Jung, C.G.: Die Beziehungen zwischen dem Ich und dem Unbewussten. Olten 1971

Jung, C.G.: Typologie. Olten 1972

Jung, C.G. Symbolik des Geistes. Zürich 1951

Jung, C.G.: Das persönliche und das überpersönliche Unbewusste. 1916-1936

Jung, C.G.: Über die Entwicklung der Persönlichkeit. Olten 1972

Jung, C.G.: Mandala. Olten 1977

Jung, C.G. Die Individuation. Olten 1971

Jung, C.G.: Zur Empirie des Individuationsprozesses. Band 9. Olten 1976

Jung, C.G.: Die Archetypen und das kollektive Unbewusste. Olten 1976

Jung, C.G.: Zur Psychologie westlicher und östlicher Religion. Olten 1973

Jung, C.G.: Die praktische Verwendbarkeit der Traumanalyse. 1934

Jung, C.G.: Über psychische Energetik und das Wesen der Träume. Olten 1972

Jungk, R./Müllert, N.R.: Zukunftswerkstätten. München 1994

Kaufmann, H.: Struktur und Dynamik menschlichen Verhaltens. 1970

Kegan, R.: Die Entwicklungsstufen des Selbst. München 1986 (1994)

Keller, W.: Was gestern noch als Wunder galt. Zürich 1979

Kerényi, K.: Antike Religion. München/Wien 1971

Kessler, H.: Das offenbare Geheimnis. Freiburg 1977

Klupp, A.: Planen. Managen. Trainieren. München 1992

Kohli, M. (Hrgr.): Zur Soziologie des Lebenslaufs. Darmstadt 1978

Kohli, M.: Lebenslauftheoretische Ansätze. In: Hurrelmann, K./Ulich, D.: Sozialisationsforschung. Weinheim 1991

Kohut, H.: Narzissmus. Frankfurt 1973

Kruse, L./Graumann, C.F./Lantermann, E.-D.: Ökologische Psychologie. München 1990

Laaser, U. (u.a.): Prävention - Gesundheitserziehung. Berlin 1987

Lacan, J.: Grundlegung der Psychoanalyse. Frankfurt. 1973

Lacan, J.: Schriften I. Weinheim 1991 (1973 bzw. Paris 1966)

Lantermann, E.D.: Interaktionen. Person, Situation und Handlung. München 1980

Lazarus, A.: Multimodale Verhaltenstherapie. Frankfurt 1979

Langen, D.: Kompendium der medizinischen Hypnose. Basel 1972

Landmann, M.: Philosophische Anthropologie. Berlin 1969

Leinfellner, W.: Einführung in die Erkenntnis- und Wissenschaftstheorie. Mannheim 1967

Leirmann, W./Pöggeler, F. (Hrgr.): Erwachsenenbildung in 5 Kontinenten. Handbuch der Erwachsenenbildung. Bd. 5. Stuttgart 1979

Lenz, W.: Lehrbuch der Erwachsenenbildung. Stuttgart 1987

Lenzen, D. (Hrgr.): Enzyklopädie Erziehungswissenschaft. 12 Bde.Stuttgart 1984

Lenzen, D.: Handbuch und Lexikon der Erziehung. Stuttgart 1992

Lennhoff, E./Posner, O.: Internationales Freimaurer-Lexikon. Wien 1932 (1980)

Léon, A.: Psychologie der Erwachsenenbildung. Stuttgart 1977

Lersch, Ph./Thomae H. (Hrgr.): Handbuch der Psychologie. Göttingen 1960

Lersch, Ph.: Aufbau der Person. 1970 (10)

Leuner, H./Schroeter, E.: Indikationen und spezifische Applikationen der Hypnosebehandlung. Bern/Stuttgart 1975

Leuner, H. (u.a.): Katathymes Bilderleben mit Kindern und Jugendlichen. München/Basel 1978

Leuner, H. (Hrgr.): Katathymes Bilderleben. Bern/Stuttgart 1980

Lewin, K.: Feldtheorie in den Sozialwissenschaften. Bern 1963

Lowen, A.: Angst vor dem Leben. München 1981

Lowen, A.: Bioenergetik. Bern/München 1980

Lowen, A.: Liebe und Orgasmus. München 1993

Löwisch, D.J.: Einführung in die Erziehungsphilosophie. 1982

Lück, H.E. (u.a.): Einführung in die Psychologie. Leverkusen 1986

Lurker, M.: Wörterbuch biblischer Bilder und Symbole. München 1978

Mader, W.u.a.: Zehn Jahre Erwachsenenbildungswissenschaft. Bad Heilbrunn 1991

Mandel, K.H. (u.a.): Einübung der Liebesfähigkeit. München 1975

Mandel, A./Mandel, K.H.: Einübung in Partnerschaft. München 1971

Marcuse, H.: Der eindimensionale Mensch. Luchterhand 1968

Mary, M.: Schluss mit dem Beziehungskampf. München 1995

Maslow, A.H.: Motivation und Persönlichkeit. Olten 1977

Maslow, A,H.: Psychologie des Seins. München 1973

Mayer, K.E.: Grundriss moralischer Erziehung. Bad Heilbrunn 1986

Meek, G.W.: Heiler und Heil-Prozess. München 1980

Meili, H.: Analytischer Intelligenztest (AIT). Bern 1971

Meili, R./Steingrüber, H.-J.: Lehrbuch der psychologischen Diagnostik. Bern 1978

Meier, C.A.: Die Bedeutung des Traumes. Olten 1979

Meier, A./Rabe-Kleberg, U.: Weiterbildung, Lebenslauf, sozialer Wandel. Neuwies 1993

Menninger, K.: Das Leben als Balance. München 1968

Merleau-Ponty, M.: Phänomenologie der Wahrnehmung. Berlin 1974

Miers, H.E.: Lexikon des Geheimwissens. Freiburg 1980

Miller, G.A./Galanter, E./ Pribram, K.H.: Strategien des Handelns. Pläne und Strukturen des Verhaltens. Stuttgart 1991 (1973 bzw. 1960)

Montada, L.: Entwicklungspsychologie. München 1987

Müller, R.: Wandlung zur Ganzheit. Freiburg 1981

Murphy, G.: Personality. 1947

Murray, H.A.: Explorations in personality. Oxford Wiley 1963

Neue Helvetische Gesellschaft (NHG): Anno 709 p.R. Aarau 1973

Neumann, E.: Ursprungsgeschichte des Bewusstseins. Olten 1971

Nickel, E.: Die Erfahrung der kosmischen Dimension. In: Resch, A. (1973)

Niethammer, L. (Hrgr.): Lebenserfahrung und kollektives Gedächtnis. Stuttgart 1985

Obrist, W.: Die Mutation des Bewusstseins. Bern 1980

Oerter, R.: Psychologie des Denkens. Donauwörth 1972

Oerter, R./Montada L.: Entwicklungspsychologie. München/Weinheim 1987

Omkarananda Swami: Stufen zur Selbstverwirklichung. Schopfheim 1968

Olechowski, R./Zdarzil, H.: Anthropologie und Psychologie des Erwachsenen. Stuttgart 1976

Opaschowski, H.W.: Einführung in die Freizeitwissenschaft. Opladen 1994

Oser, F.: Das Gewissen lernen. Olten 1976

Oser, F./Althof, W.: Moralische Selbstbestimmung. Stuttgart 1992 (1994)

PAD (Pädagogische Arbeitsstelle des DVV: Beiträge der Bezugswissenschaften zur Erwachsenenbildung. Frankfurt 1993

Perls, F.S. (u.a.): Gestalttherapie. Stuttgart 1979

Petzold E./Reindell, A.: Klinische Psychosomatik. Heidelberg 1980

Pfniss, A.: Die Zukunft meistern. Graz 1988

Piaget, J.: Das moralische Urteil beim Kinde. Olten/Freiburg 1973

Piaget, J.: Das Erwachen der Intelligenz beim Kinde. Stuttgart 1969

Piaget, J.: Die Equilibration der kognitiven Strukturen. Stuttgart 1976

Piaget, J.: Der Aufbau der Wirklichkeit beim Kinde. Stuttgart 1975

Plutchik: Emotion. A psychoevolutionary synthesis. New York 1980
Poeppig, F.: Ursymbole der Menschheit. Freiburg 1972
Pongratz, L.J. (Hrgr.): Psychotherapie in Selbstdarstellungen. Bern 1973
Prange, K.: Bildung in dürftiger Zeit. In: Zeitschrift für internationale erziehungs- und sozialwissenschaftliche Forschung. 5/1, 1988
Preiser, S.: Kreativitätsforschung. Darmstadt 1976

Ravenscroft, T.: Der Kelch des Schicksals. Die Suche nach dem Gral. Basel 1982
Reich, W.: Charakteranalyse. Frankfurt 1976 (1933)
Reich, W.: Der Krebs. Frankfurt 1976
Reich, W.: Die Entdeckung des Orgons: Der Krebs. Köln 1974
Resch, A. (Hrgr.): Der kosmische Mensch. Bd. 4. Paderborn 1973
Richter, H.E.: Lernziel Solidarität. Zürich 1975
Riemann, F.: Grundformen helfender Partnerschaft. München 1974
Ritzl, M.: ASW-Training. Genf 1976
Rogers, C.R.: Die klientenzentrierte Gesprächspsychotherapie. München 1972
Rogers, C.R.: Entwicklung der Persönlichkeit. Stuttgart 1973
Rohracher, H.: Einführung in die Psychologie. Wien/München 1971
Rosemann, H.: Intelligenztheorien. Reinbeck 1979
Roszak, T.: Öko-Psychologie. Stuttgart 1994
Roth E.: Persönlichkeitspsychologie. Stuttgart 1969
Rothacker, E.: Die Schichten der Persönlichkeit. 1952
Ruprecht, H./Sitzmann, G.H.: Erwachsenenbildung als Wissenschaft. Weltenburger Akademie 1986

Sader, M.: Psychologie der Persönlichkeit. München 1980
Schäfer, H.W.: Kelch und Stein. Frankfurt 1983
Scharfetter, Ch.: Allgemeine Psychopathologie. Stuttgart 1976
Schellhammer, E.: Menschsein in der Zukunft. Der Prozess der Individuation. Zürich 1987 (4)
Schellhammer, E.: Seelische Innenwelt im Alltag. Traum. Imagination. Psychische Energie. Zürich 1986 (3)
Schellhammer, E.: Der innere Mensch. Das eigene Schicksal gestalten. Zürich 1987
Schellhammer, E.: Unsere Zukunft in Ihrer Hand. Bildung für Umwelt und Frieden. Zürich 1988
Schellhammer, E.: Evolutionäre Menschenbildung. Allgemeine Andragogik. 2001
Schellhammer, E.: Individuation Grundstufe. Werkhefte Nr. 1-5. Zürich 2001
Schellhammer, E.: Individuation Oberstufe. Werkhefte 1-10. Zürich 2001

Schellhammer, E.: Handbuch der Traumdeutung. 2001

Schlegel, L.: Grundriss der Tiefenpsychologie. Bde 1-4. München 1972

Schramml, W.J./Baumann, U.: Klinische Psychologie. 2 Bde. Bern 1974/75

Schultz, J.H.: Hypnose-Technik. Stuttgart 1976

Schultz, J.H.: Das Autogene Training. Stuttgart 1973

Schultz-Hencke, H.: Lehrbuch der analytischen Psychotherapie. Stuttgart 1951

Schultz-Hencke, H.: Lehrbuch der Traumanalyse. Stuttgart 1968 (1949)

Schütz, A./Luckmann, Th.: Strukturen der Lebenswelt. 2 Bde. Frankfurt 1991

Schwarz-Winklhofer,I./Biedermann, H.: Das Buch der Zeichen und Symbole. Graz 1980

Selye, H.: Stress. Frankfurt 1982

Senzky, K.: Selbstreflexion als Zielperspektive wissenschaftsorientierter Erwachsenenbildung. In: Ruprecht/Sitzmann 1986

Siebenthal von, W.: Die Wissenschaft vom Traum. 1953

Siebert, H.: Aspekte einer reflexiven Didaktik. In: Mader 1991

Siebert, H.: Das Interesse der Erwachsenenbildung an der Psychologie. In: Dieterich 1987

Simon, F.B. Der Prozess der Individuation. Über den Zusammenhang von Vernunft und Gefühlen. Göttingen 1984

Sommer, A.: in: Knörzer, W.: Ganzheitliche Gesundheitsbildung in Theorie und Praxis. Heidelberg 1994

Steinbach, L.: in: Niethammer, L. (Hrgr.): Lebenserfahrung und kollektives Gedächtnis. Frankfurt 1985

Stelter, A.: PSI-Heilung. Bern 1973

SVEB: Aus dem Leben lernen: biographische Ansätze. Education permanente 1992/1

Szondi, L.: Schicksalsanalytische Therapie. Bern/Stuttgart 1963

Szondi, L.: Schicksalsanalyse. Basel 1965

Tart, Ch.T. (Hrgr): Transpersonale Psychologie. Olten 1978

Thomae, H. (Hrgr.): Die Motivation menschlichen Handelns. Köln/Berlin 1969

Thomae, H.: Persönlichkeit. Eine dynamische Interpretation. 1955

Thomae, H.: Das Individuum und seine Welt. Göttingen/Zürich 1988

Thomas, A./Chess, S.: Temperament und Entwicklung. Stuttgart 1980

Tietgens, H.: Erwachsenenbildung als Suchbewegung. Bad Heilbrunn 1986

Topitsch, E. (Hrgr.): Logik der Sozialwissenschaften. Köln 1970

Tress, W.: Das Rätsel der seelischen Gesundheit. Göttingen 1986

Useld-Baumann, Ch.: Sex und Liebe. München 1990

Vaitl, D./Petermann, F. (Hrgr.): Handbuch der Entspannungsverfahren. Band I: Grundlagen und Methoden. Weinheim 1993. Band II: Anwendungen. Weinheim 1994
Vallejo-Nagera, L.A. (u.a.): Guia practica de Psicologia. Madrid 1991
Verny, T.: Das Seelenleben des Ungeborenen. München 1981
Vester, F.: Unsere Welt - ein vernetztes System. München 1991 (7)
Vester, F.: Phänomen Stress. München 1993
Vester, H.G.: Soziologie der Postmoderne. München 1993
Vester, F.: Phänomen Stress. München 1993 (13)
Von Eckartshausen, K.: Über die wichtigsten Mysterien der Religion. Freiburg 1978

Wagner-Simon, Th./Benedetti, C.(Hrgr.): Traum und Träumen. Göttingen 1984
Wagner-Simon, Th./Benedetti, C.(Hrgr.): Sich selbst erkennen. Göttingen 1982
Watzlawick, P.: Die Möglichkeit des Andersseins. Bern/Stuttgart 1991
Watzlawick, P. (u.a.): Lösungen. Bern/Stuttgart 1979
Watzlawick, P. (u.a.): Menschliche Kommunikation. Bern/Stuttgart 1974
Weber, H.: Das Stresskonzept in Wissenschaft und Laientheorie. Regensburg 1987
Weber, H./Knapp-Glatzel, B.: Alltagsbelastungen. In: Brüderl (Hrgr.) 1988, 140-147
Weidenmann, B.: Ambivalenzen empirisch-analytischer Weiterbildungsforschung. In: Mader 1991
Whitbourne, S.K./Weinstock, C.S.: Die mittlere Lebensspanne. München 1982
Whorf, B.L.: Sprache. Denken. Wirklichkeit. Hamburg 1974
Willi, J.: Die Zweierbeziehung. Reinbeck 1975
Willi, J.: Was Paare zusammenhält. Reinbeck 1991
Wurmser, L.: Flucht vor dem Gewissen. Heidelberg 1993

York, U.: in: Nitsch, C. (u.a.): Sexualität im Familienalltag. München 1992

Zdarzil, H./Olechowski, R.: Anthropologie und Psychologie des Erwachsenen. Stuttgart 1976